国际新闻传播研究年度报告
（2021）

主　编 / 徐清泉　白红义

ANNUAL REPORT ON INTERNATIONAL JOURNALISM
AND COMMUNICATION STUDIES（2021）

上海社会科学院出版社

《国际新闻传播研究年度报告》编辑委员会

Editorial Committee of *Annual Report on International Journalism and Communication Studies*

总　编	权　衡	王德忠	
Editors in Chief	Quan Heng	Wang Dezhong	
副总编	王玉梅	朱国宏	
Deputy Editors in Chief	Wang Yumei	Zhu Guohong	
王　振	干春晖		
Wang Zhen	Gan Chunhui		

委　员（按姓氏笔画排序）
Members

阮　青	朱建江	杜文俊	李安方
Ruan Qing	Zhu Jianjiang	Du Wenjun	Li Anfang
李　骏	沈开艳	杨　雄	邵　建
Li Jun	Shen Kaiyan	Yang Xiong	Shao Jian
周冯琦	周海旺	姚建龙	
Zhou Fengqi	Zhou Haiwang	Yao Jianlong	
徐锦江	徐清泉	屠启宇	
Xu Jinjiang	Xu Qingquan	Tu Qiyu	

《国际新闻传播研究年度报告》专家委员会

Expert Committee of *Annual Report on International Journalism and Communication Studies*

主　编
Chief Editors

徐清泉　上海社会科学院新闻研究所所长、研究员、博士生导师
Xu Qingquan　Director and researcher of the Institute of Journalism Studies, Shanghai Academy of Social Sciences

白红义　复旦大学新闻学院教授、博士生导师
Bai Hongyi　Professor of the School of Journalism, Fudan University

成　员（按姓氏音序排列）
Members

蔡雄山　快手科技副总裁
Cai Xiongshan　Vice President of Kuaishou Technology

陈昌凤　清华大学新闻与传播学院教授、博士生导师
Chen Changfeng　Professor of the School of Journalism and Communication, Tsinghua University

陈小雨　上海喜马拉雅科技有限公司创始人、联席 CEO
Chen Xiaoyu　Founder and co-CEO of Shanghai Himalaya Technology Co., Ltd.

戴丽娜　上海社会科学院新闻研究所副所长、副研究员
Dai Lina　Deputy director and associate researcher of the Institute of Journalism Studies, Shanghai Academy of Social Sciences

范玉吉　华东政法大学传播学院院长、教授、博士生导师

Fan Yuji　Dean and professor of the School of Communication, East China University Political Science and Law

郭小安　重庆大学新闻学院副院长、教授、博士生导师

Guo Xiaoan　Deputy dean and professor of the School of Journalism, Chongqing University

胡百精　中国人民大学党委副书记、副校长、教授、博士生导师

Hu Baijing　Deputy secretary of CPC, vice president and professor of Renmin University of China

胡翼青　南京大学人文社会科学高级研究院副院长，新闻传播学院教授、博士生导师

Hu Yiqing　Deputy dean of the Institute for Advanced Research in Humanities and Social Sciences, professor of the School of Journalism and Communication, Nanjing University

惠志斌　上海社会科学院信息研究所研究员、互联网研究中心主任

Hui Zhibin　Researcher of the Institute of Information Studies and director of Internet Research Center, Shanghai Academy of Social Sciences

李本乾　上海交通大学媒体与传播学院院长、教授、博士生导师

Li Benqian　Dean and professor of the School of Media and Communication, Shanghai Jiaotong University

刘海龙　中国人民大学新闻学院教授、博士生导师

Liu Hailong　Professor of the School of Journalism, Renmin University of China

刘　鹏　《新闻记者》杂志主编、高级编辑

Liu Peng　Senior editor and chief editor of *Shanghai Journalism Review*

刘　涛　暨南大学新闻与传播学院党委书记、副院长、教授、博士生导师

Liu Tao　Secretary of CPC, deputy dean and professor of the School of Journalism and Communication, Jinan University

吕新雨　华东师范大学传播学院教授、博士生导师

Lyu Xinyu　Professor of the School of Communication, East China Normal University

彭　兰　中国人民大学新闻学院教授、博士生导师

Peng Lan　Professor of the School of Journalism, Renmin University of China

强　荧　上海市文创办副主任、上海社会科学院新闻研究所研究员

Qiang Ying　Deputy director of Office for Shanghai Cultural and Creative Industries, researcher of the Institute of Journalism Studies, Shanghai Academy of Social Sciences

单　波　武汉大学新闻与传播学院教授、博士生导师

Shan Bo　Professor of the School of Journalism and Communication, Wuhan University

孙信茹　南京大学新闻传播学院教授、博士生导师

Sun Xinru　Professor of the School of Journalism and Communication, Nanjing University

王　多　《解放日报》思想周刊兼《上观新闻·上观学习》主编、高级记者

Wang Duo　Chief editor and senior reporter of "Thinker" Weekly of *Jiefang Daily* and "Shanghai Observer·Learning"

吴　飞　浙江大学传媒与国际文化学院教授、博士生导师

Wu Fei　Professor of the School of Media and International Culture, Zhejiang University

韦　路　浙江大学传媒与国际文化学院院长、教授、博士生导师

Wei Lu　President and professor of the School of Media and International Culture, Zhejiang University

夏倩芳　南京大学新闻传播学院教授、博士生导师

Xia Qianfang　Professor of the School of Journalism and Communication, Nanjing University

杨逸淇　《文汇报》特聘首席评论员

Yang Yiqi　Chief commentator of *Wenhui Daily*

周葆华　复旦大学新闻学院副院长、教授、博士生导师

Zhou Baohua　Deputy dean and professor of the School of Journalism, Fudan University

朱鸿军　中国社会科学院新闻与传播研究所研究员

Zhu Hongjun　Researcher of the Institute of Journalism and Communication, Chinese Academy of Social Sciences

张涛甫　复旦大学新闻学院院长、教授、博士生导师

Zhang Taofu　Dean and professor of the School of Journalism, Fudan University

张雪魁　上海社会科学院新闻研究所副所长、研究员

Zhang Xuekui　Deputy director and researcher of the Institute of Journalism Studies, Shanghai Academy of Social Sciences

张志安　复旦大学新闻学院教授、博士生导师

Zhang Zhi'an　Professor of the School of Journalism, Fudan University

目 录

导言 / 1
| Introduction / 8

第一部分 平台与社交媒体研究
| Part 1 Platform and Social Media Studies

平台崛起的权力逻辑：传播政治经济学视角下海外平台研究述评
| The Power Logic of the Rise of Platforms: A Review of Overseas Platform Studies from the Perspective of the Political Economy of Communication / 21

网络平台治理的再认识：概念、挑战与治理实践
| Reflections on Online Platform Governance: Concepts, Challenges and Governance Practices / 36

近年社交媒体反垄断海外研究综述
| A Review of the Overseas Research on Social Media Anti-monopoly in Recent Years / 51

传播学视野下的 Tik Tok 海外研究综述：研究主题、国别差异与趋势展望
| A Review of Overseas Researches on Tik Tok from the Perspective of Communication Studies: Research Themes, Country Differences and Trend Prospects / 67

西方社交媒体的资本积累结构及其公共性意义批判

| A Critique on the Capital Accumulation Structure of Western Social Media and Its Public Significance / 90

社交机器人研究十年：问题意识、主题分布与研究趋势

| A Decade of Social Bots Research: Issues, Topics and Study Trends / 104

2020年社交媒体中的偶然信息研究

| Studies of Incidental Information on Social Media in 2020 / 122

第二部分　传播研究的概念、议题与理论

| Part 2　Concepts, Issues and Theories of Communication Studies

成名的方法：社交媒体名人媒介实践研究综述

| Approaches to Fame: A Review of Research on the Media Practices of Social Media Celebrities / 139

平台性、情感劳动与亲密关系资本化：英文学界中国网红研究路径

| Platformativity, Affective Labor and Capitalizing Intimacy: Approaches to Chinese Wanghong in English Academic Circles / 153

目 录

从经典马克思主义的劳动概念到数字化生产：非物质劳动理论视野下的"承接"与"转向"
| From Classical Marxism's Concept of Labor to Digital Production:
The "Inheritance" and "Turn" in the Perspective of Immaterial Labor
Theory　　/　　*173*

传播学视角下的人机交互研究
| Research on Human-Computer Interaction from a Communication
Perspective　　/　　*195*

"劝服科技"在传播中的应用、趋势与伦理
| "Persuasive Technology" in Communication: Application, Trends and
Ethics　　/　　*210*

媒介性的缺失：跨媒介叙事历史化研究的问题、方法与框架
| The Absence of Mediality: Problems, Methods and Frameworks of
Historicization of Transmedia Storytelling　　/　　*230*

气候变化传播研究省思：议题本质与学术图景
| Reflections on Climate Change Communication Research: The Essence
of the Topic and the Academic Prospect　　/　　*247*

法国后现代理论与视觉文化
| French Postmodern Theory and Visual Culture　　/　　*267*

第三部分　数字时代的新闻研究
| Part 3　Journalism Studies in the Digital Age

作为知识体系的数字新闻学：建构与反思
| Digital Journalism Studies as a Body of Knowledge：Construction and Reflection　／　*287*

技术驱动下数字新闻创新与再适应：以BBC沉浸式新闻的探索为例
| Innovation and Re-adaptation of Digital News Driven by Technology：A Case Study of BBC's Immersive News Exploration　／　*312*

人工智能重塑新闻生产中的"人机关系"研究
| Research on Artificial Intelligence Reshaping the Relationship Between Human and Machine in News Production　／　*333*

智能媒体时代短视频新闻的传播价值和新趋势
| Communication Values and New Trends of Short Video News in the Era of Intelligent Media　／　*348*

新闻业与记者安全研究：定义、现状及应对策略
| Research on Journalism and Journalists' Safety：Definition，Current Situation and Coping Strategies　／　*366*

导　言

徐清泉　白红义

从知识和理论创新的角度来看，以往中国新闻传播学研究的理论主题、分析框架以及研究方法等都受到欧美传播研究的深重影响，呈现出较为明显的"拿来主义"和范式借用倾向。既有的大多数新闻传播研究以西方为基础，衍生出了一种所谓的普适模型。正是因为看到了这种做法存在的弊端，近年来，国内学界开始强调建设中国特色的新闻传播学学科体系、学术体系、话语体系，希望创造出能够切实回答和解决中国实际问题、满足时代发展需要的新的理论范式和知识体系。这是努力的方向，但是也必须承认，中国新闻传播学建构自主知识体系的过程，并不意味着完全抛弃西方新闻传播学已经形成的知识体系。了解和发掘西方新闻传播学的概念、理论、知识依然是一项重要的工作，应借此加强与欧美国家新闻传播学术的对话，汲取、借鉴其带有普遍性的有益经验。由上海社会科学院新闻研究所主持编撰的《国际新闻传播研究年度报告》正是希望发挥这样一个功能，所以继2020年的报告之后，第二本即《国际新闻传播研究年度报告（2021）》又正式出版了。与上一本年度报告的编排思路一致，我们继续设置了三个主题板块，将论题相近的论文归纳在一起，使彼此之间能有所呼应和对话。

第一个专题是平台与社交媒体研究，由主题各异的7篇论

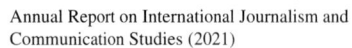

文组成。在《平台崛起的权力逻辑：传播政治经济学视角下海外平台研究述评》一文中，作者王震宇借助传播政治经济学的研究视角，对平台崛起背后的权力逻辑进行了深入分析。他从技术-经济-政治-国际体系四个维度回顾了海外平台研究对平台权力建构和影响的探索，指出当前跨学科的平台研究呈现出一个极为可观的理论发展前景，即建立一个以媒介技术分析为微观基础，通过分析资本主义价值创造模式变化，揭示新兴公司的权力形成及其政治博弈过程的系统理论。这一理论在继承马克思主义的价值导向和批判传统的同时，也可为社会科学理解数字时代的世界体系提供新的知识。胡冯彬撰写的《网络平台治理的再认识：概念、挑战与治理实践》也注意到了数字平台的崛起对社会治理、国家安全等方面构成的巨大挑战，这使得对平台的治理成为全球治理的重要议题。这些挑战具体体现在数据泄露和个人信息侵犯、设置议题和操纵舆论走向、滥用市场主导地位和实施垄断、干预社会公共政策的制定和走向等多个方面，西方发达国家对此主要使用了外部治理、自我治理和共同治理三种手段。与之相比，我国的平台治理还面临多重目标难以兼顾、各领域问题交织、规则制度不完善、监管体系不适应等问题，仍需要提升治理效果。

如果说上述 2 篇论文是在宽泛的意义上讨论数字平台的问题，那么接下来的 5 篇论文则都集中于平台中的社交媒体。吴禹慧和戴丽娜的论文《近年社交媒体反垄断海外研究综述》注意到，随着各国频频针对社交媒体平台发起反垄断调查和诉讼，学界加强了对社交媒体反垄断的研究。两位作者依次从数据垄断与隐私侵犯、社交媒体的政治功能、各国的社交媒体反垄断政策、社交媒体垄断的规制策略四个方面详细呈现了当前社交媒体反垄断研究的最新进展。卢垚和李宁的论文选取了一个具体的社交媒体 Tik Tok 进行讨论，它在最近几年成为全球热门的社交媒体，引发了不同学科的关注。两位作者在《传播学视野下的 Tik Tok 海外研究综述：研究主题、国别差异与趋势展望》一文中集中展现了传播学对 Tik Tok 的研究状况，该学科的有关研究早期集中于平台算法、健康传播、平台营销等，随着全球新冠肺炎疫情的传播，疫情相关、平台用户和内容分析以及平台在社会层面产生的影响成为新的研究热点，健康传播领域对 Tik Tok 的关切或将成为趋势。一个有趣的发现是，不同国家的学者也会体现出差异，比如美国学者对 Tik Tok 的研究聚焦社交媒体与疫情相关议题，而来自加拿大、荷兰和澳大利亚的学者们更着力于探讨 Tik Tok 崛起的原因，并将其归因于全球化战略、数据和内容政策以及地缘政治影响。万旋傲的《西方社交媒体的资本积累结构及其公共性意义批判》提供了一个更具批判性的视野。作者借助西方传播政治经济学和批判理论的视角，试图解释的核心问题是：社交媒体最初具有的生动、充满希望、富有公共领域潜力的媒介形象，是如何衰陨并演化成一个异化的、充满陷阱的、与公共领域背道而驰的形象的？研究发现，社交媒体的资本积累结构及其权力关系导致社交媒体从设计之初就与公共领域背道而驰："产销者商品""注意力经济"模式使社交媒体的商品化和集中化仍在加强，"个性化经济"最终区隔了公众和公共话语，导致新型公共领域不仅尚未形成，还走向了"再封建化"和"碎片化"。

方师师和贾梓晗的《社交机器人研究十年：问题意识、主题分布与研究趋势》提供了社交媒体研究中一个更为微观的视角，即过去 10 年学界对社交机器人的研究状况。以 2011 年为起点，对社交媒体机器人的研究经历了从无到有、从少到多、从单一学科到学科交叉、从理工科为主到社会科学的介入这样一个过程，关于社交机器人的研究沿着问题浮现、社会效果、技术迭代、认知深化的层次不断推进。国内外关于社交机器人的关注度不断提升，研究领域不断扩大，涉及学科不断增多。未来社交机器人的研究将更加注重与现实应用和社会问题的结合，在传统的检测技术和平台治理之外，还需关注社交机器人的非技术治理和综合治理。高一帆和王蔚关注的则是社交媒体中的信息偶遇现象。在《2020 年社交媒体中的偶然信息研究》一文中，两位作者发现，现有英文论文主要从社交媒体、受众认知行为机制、意识形态传播和学习行为四个方面讨论偶然信息的问题。而随着此类现象的日趋突出，未来学界应更多关注信息流动背后的平台技术权力、个体的主观能动性、政治传播形态的变化等关键面向。

第二个专题是传播研究的概念、议题与理论。这个版块内的论文更侧重于从概念、议题和理论等维度呈现各个具体领域的研究现状。首先是两篇探讨社交媒体时代出现的"微名人"和网红现象的论文。同心在《成名的方法：社交媒体名人媒介实践研究综述》中集体讨论了"微名人"如何利用社交媒体成名及其社会

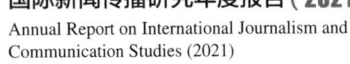

后果。作者将这些名人的核心实践策略概括为"真实性"和"日常性",名人们以此来制造亲密关系,获得培养忠诚的追随者,然而却难以回避其内在逻辑中的"真实性悖论"。在成名过程中,社交媒体名人产业不仅培育出一种自我专注的青年文化,而且极度推崇个人主义和自我责任,忽视不平等问题的宏观结构性来源,加剧了西方政治与价值观的混乱。因此,这一势不可挡又快速变动的社会趋势亟待更多探索与追问。王月和高再红同样关注了社交媒体上一个新兴的名人群体,即中国网红。她们在《平台性、情感劳动与亲密关系资本化:英文学界中国网红研究路径》中,从平台、劳动、资本这几个关键维度呈现了英文学界对这样一个名人研究新样本的具体状况的研究。网红文化作为社会过程本身和一种特殊的生活方式,展示了人们如何维系社会关系,构建个体身份和理解网络实践的意义。作者指出,未来的网红研究需要从文化社会学的视角积极关注社会、平台、网红、粉丝等行动者在文化参与过程中的能动性、多元性和复杂性。

常泽昱和李敬的论文也涉及了劳动的问题,但她们没有考察具体的劳动实践,而是回到经典作家那里,探讨经典概念的继承和推进等问题。在《从经典马克思主义的劳动概念到数字化生产:非物质劳动理论视野下的"承接"与"转向"》一文中,两位作者梳理了非物质劳动理论发展史,它兴起于意大利马克思主义研究,经由法国后结构主义等思想资源中介后形成。当下的数字平台成为非物质劳动实践集中展现的地方,在理论层面则出现了承接与转向两种发展路径。作者提醒我们,无论选择哪条路径,"我们都不能遗忘经典马克思劳动理论的提醒:劳动在根本上是社会关系的生产与再生产。因此,非物质劳动的本质不在于其产品属性,而在于非物质劳动的生产过程所构建的生产关系是怎样的。"

丁方舟的《传播学视角下的人机交互研究》提供的是一个人机交互研究的传播学视角,呈现了这一领域的理论框架、研究路径与研究问题变迁。"人机交互是指人与计算机之间使用某种对话语言,以一定的交互方式,完成确定任务的人与计算机之间的信息交换的过程。"人机交互研究致力于把机器置于社会生态的环境中,理解智能机器的行为模式及其与人类的互动,从而带动了传播学研究的范式转型。在传播学视角下开展人机交互研究,需要把机器视作具有特定行为模式的行动者,理解智能机器的人机交互程度及其用以作出决策的算法。徐生权的研究在某种程度上也与人机关系有关，他的《"劝服科技"在传播中的应用、趋势与伦理》一文为我们介绍了"劝服科技"这样一个国内学界关注较少的新领域。所谓"劝服科技"描述的是这样一种现象，即计算机程序、手机应用、可穿戴设备等正成为一种新的"劝服手段"，在有意识地影响我们的态度和行为。作者指出，"劝服科技"的发展实际上是传播中的一个永恒话题的折射，那就是传播的手段在传播伦理中究竟扮演着什么角色。当劝服不再是一种仅有人类参与的社会活动，科技也将作为一种"能动者"参与其中时，我们理应摒弃过往仅将科技视为一种工具的思维，而要充分挖掘"物"的能动性。

董倩的《媒介性的缺失：跨媒介叙事历史化研究的问题、方法与框架》试图深入发掘"跨媒介叙事"这样一个敏感性概念。"跨媒介叙事"是新媒体时代媒介融合的产物，近期则出现了"跨媒介叙事"历史化的研究，它以"跨媒介考古学"为方法论，一方面将其语境化、具体化，辨认其"历史先决条件"；另一方面试图开发出一种通用的理论，希望既能阐明特定时间扩展故事世界的各种元素之间的关系，又能解释其随时间的变化，并提出一系列叙事学框架。作者指出，这些研究的主要关注点还停留在对"叙事性"的讨论，只关涉表征的层面，没有给予"媒介"足够的关注。王理的《气候变化传播研究省思：议题本质与学术图景》关注的是气候变化科学与传播学的交叉地带：气候变化传播。这是一个形成时间相对较短的领域，规模虽小却发展迅速。气候变化传播是个多学科驻足的领域，虽然媒体和传播研究是本领域的主要学科视角，但很难对其他学科产生影响力。传播学如何加强与别的学科的双向交流是一个需要正视的问题，跨学科的视野、跨国界的对话才能真正推动本领域建构起完善的学术体系。张新璐的《法国后现代理论与视觉文化》首先通过对克洛索夫斯基、德勒兹、鲍德里亚的"拟像"、利奥塔图像"欲望"理论相关文献的爬梳，再现了 20 世纪六七十年代法国哲学界对视觉文化的思索。然后重点论述了 20 世纪 90 年代法国媒介学家德布雷对图像的思考，他一方面吸收了后现代法国哲学的思想资源，重新建构图像的历史，将其置于文字（符号）之上，对当下视像的分析基本延续了后现代理论家的论断；另一方面又根据媒介学重新梳理了图像的历史，为理解当下的后现代视觉文化提供了同而不同的答案。

第三个专题是数字时代的新闻研究。随着数字化转型的深入，新闻业的面貌已经大为不同，促使新闻学理论也在发生迭代和更新。为了探讨新闻业转型的社会与技术层面的动力机制，以及数字新闻业所面临的各种理论和实践层面的问题，在西方新闻学内，一个名为数字新闻学的子领域正在形成中。白红义和曹诗语的论文《作为知识体系的数字新闻学：建构与反思》就对这一领域过去几年的研究进行了爬梳，梳理了数字新闻学的定义、研究方法、学科视角、研究问题、盲点与不足。欧美学者表现出强烈的构建新的理论范式的动机，探讨数字新闻学知识体系的演进可以为我国新闻学研究提供一个可供参考的范式构建路径。

接下来的4篇论文则从各自维度展现了数字时代新闻业的不同面向。辛艳艳在《技术驱动下数字新闻创新与再适应：以BBC沉浸式新闻的探索为例》一文中，将沉浸式新闻视为数字新闻业的一种创新形式，但这种创新不仅带来了理念转型与新闻叙事变迁，也引发了对传统新闻业真实性原则和舆论操纵的伦理风险讨论。作者对英国广播公司（BBC）的沉浸式新闻的案例研究指出，目前传统媒体对沉浸式新闻的探索仍然处于"工具性"运用而非"生态性"创新，导致沉浸式新闻这一形式在数字新闻高度网络化的特征下具有明显的关联缺陷，也无法形成稳定的新文化分支，使其始终处于新闻产品的非主流样态。

沉浸式新闻是技术因素在新闻领域的应用，这已经成为数字新闻业非常核心的特征，技术嵌入新闻业也带来许多根本性的变化，如人和机器之间的关系就有了很多新的表现。陈曦和孟晖的《人工智能重塑新闻生产中的"人机关系"研究》就着重探讨了新闻学中对"人机关系"的研究。他们考察了新闻生产过程中人工智能的介入带来的三种变化，分别是算法技术下记者的不确定性风险、被人工智能加速的新闻记者以及新闻场域中出现的新行动者。新闻业对新媒体技术的态度倾向则主要表现为技术接纳和边界排斥，前者体现为媒体采取一种积极的态度接受并使用新媒体，后者则体现为新闻媒体表达出的对技术的"敌意"或强调人区别于技术而言的无可替代的独特价值。作者们指出，新闻业的"人机关系"应置于新闻产业形态、媒介组织方式等更为复杂的社会关系和各种力量博弈的"场域"之中，既看到技术的主体性，亦看到人的主观能动性。

数字新闻业的兴起与技术的嵌入密切相关，因而这个专题下的论文多数都不同程度地涉及了这一问题。张卓的《智能媒体时代短视频新闻的传播价值和新趋势》也是如此。作者基于大量国外新闻界采纳和使用短视频新闻的案例资料，对短视频新闻的界定、创作现状、叙事特点、传播价值和未来发展趋势进行了分析和展望，以期为我国短视频新闻行业发展提供思路和实践借鉴。吕鹏的《新闻业与记者安全研究：定义、现状及应对策略》注意到了过往新闻记者研究中较少触及的地带：记者的安全。就在2022年上半年，俄乌战争期间也有多位从事战地报道的新闻工作者遭遇不测。相较于国外对于相关问题的研究以及各种机构对于记者安全的重视，国内却少见相关问题的研究。中国语境下的记者安全的典型表现与国外有所不同，虽然不如一些爆发军事冲突的国家和地区那么恶劣，但对于记者安全问题的忽视同样可能造成各种重要的影响和后果。因此，这篇论文也结合国际上各种不同的机构的实践准则和对记者安全的研究，提出了适用于我国新闻工作者的安全对策。

Introduction

Xu Qingquan　Bai Hongyi

From the perspective of knowledge and theoretical innovation, the theoretical themes, analytical frameworks and research methods of the previous Chinese journalism and communication studies have been deeply influenced by European and American communication studies, showing a relatively apparent tendency of mechanical borrowing without thought of appropriateness and paradigm borrowing. Most extant journalism and communication researches have based on the West and entailed a so-called universal model. It is because of the perception of drawbacks of this approach that domestic academia has begun to emphasize the construction of the disciplinary system, academic system, and discourse system of journalism and communication with Chinese characteristics in recent years, hoping to create a new theoretical paradigm and knowledge system that can effectively answer and solve practical questions in China and meet the needs of the development of the times. This is where the effort to go, but it must be admitted that the process of constructing an independent knowledge system of Chinese journalism and communication does not mean completely abandoning the knowledge system of Western journalism and communication. It is still an important

Introduction

work to understand and explore the concepts, theories, and knowledge of Western journalism and communication, so as to strengthen the dialogue with the journalism and communication academics of European and American countries, and to absorb and draw on their universal beneficial experience. The *Annual Report on International Journalism and Communication Studies*, compiled by the Institute of Journalism of the Shanghai Academy of Social Sciences, hopes to serve such a function. Therefore, after the 2020 report, the second book of this series, namely *Annual Report on International Journalism and Communication Studies (2021)* was officially published. In line with the organization of the preceding annual report, we, grouping papers with similar topics, continue to set up three thematic sections, so that they can resonate and have dialogue with each other.

The first topic is Platform and Social Media Studies, which consists of seven papers with different themes. In the paper "The Power Logic of the Rise of Platforms: A Review of Overseas Platform Studies from the Perspective of the Political Economy of Communication", the author Wang Zhenyu gives an in-depth analysis of the power logic behind the rise of platforms from the perspective of the political economy of communication. He reviews overseas platform researches on the construction and influence of platform power from four dimensions of technology, economy, politics and international system, and points out that the current interdisciplinary platform researches have presented an extremely significant prospect for theoretical development, that is, to establish a systematic theory that takes media technology analysis as its micro-foundation and reveals the power formation of emerging companies and their process of political games through analyzing the changes in the capitalist value creation models. While inheriting the value orientation and critical tradition of Marxism, this theory can also provides new knowledge for social sciences to understand the world system in the digital age. The paper "Reflections on Online Platform Governance: Concepts, Challenges and Governance Practices" by Hu Fengbin also notes the huge challenges to social governance and national security posed by the rise of digital platforms, which makes platform governance an important issue in global governance. These challenges find expression in such aspects as data leakage and personal information infringement, setting topics and manipulating the direction of public opinion, abusing market dominance and implementing monopolies, and interfering in the formulation and direction of social public policies. Western developed countries mainly use three means of platform governance: external governance, self-governance, and shared governance. In contrast, China's platform governance still faces problems, such as the difficulty in balancing multiple objectives, interwoven problems in various fields, imperfect rules and regulations, and unsuitable regulatory system, and the effectiveness of governing them still need to improve.

If the above-mentioned two papers discuss digital platforms in a broad sense, the following five papers then focus on social media in the platforms. Wu Yuhui and Dai Lina's paper, "A Review of the Overseas Research on Social Media Anti-monopoly in Recent Years", notes that, as countries frequently launch anti-monopoly investigations and lawsuits against social media platforms, the academic community has strengthened its researches on social media antitrust. The two authors present the latest progress in social media antitrust researches in detail from four aspects: data monopoly and privacy invasion, the political function of social media, social media antitrust policies in various countries, and the regulatory strategies for social media monopoly. Lu Yao and Li Ning's paper selects a specific social media Tik Tok, which is a globally popular form of social media in recent years garnering attention from different disciplines. In their paper "A Review of Overseas Researches on Tik Tok from the Perspective of Communication Studies: Research Themes, Country Differences and Trend Prospects", the two authors intensively unveil the research status of Tik Tok in communication science, with its initial focus on platform algorithm, health communication, and marketing tools of Tik Tok, etc. With the spread and impact of the COVID-19 pandemic, the epidemic-related topics, the analyses of the users and contents, and the impacts of the platform on the social level have become new hot

Introduction

topics of this subject. And the studies of Tik Tok in the field of health communication will possibly become a trend. An interesting finding is that scholars from different countries have different focuses. For example, the studies of Tik Tok by American scholars have focused on social media and epidemic-related issues, while scholars from Canada, the Netherlands and Australia have concentrated more on the reasons for its rise and attribute it to globalization strategies, data and content policies, and geopolitical influences. Wan Xuan'ao's "A Critique on the Capital Accumulation Structure of Western Social Media and Its Public Significance" provides much critical vision. Drawing on the perspectives of Western political economy of communication and the critical theory, the author seeks to explain a core question: How did social media, with its vivid and hopeful image and the potential of the public sphere, decline and evolve into an alienated, trap-ridden one antithetical to the public sphere? The study finds that the capital accumulation structure of social media and its power relations have led itto be opposite to the public sphere from the very beginning of its design: the "prosumer commodity" and "attention economy" models still intensify the commodification and centralization of social media, and the "personalized economy" ultimately separates the public from the public discourse, causing a new public sphere to be hard to be born and even to be "re-feudalized" and "fragmented".

Fang Shi Shi and Jia Zihan's "A Decade of Social Bots Research: Issues, Topics and Study Trends" provides a more microscopic view of social media research, that is, the status of social bots research in the past decade. Starting from 2011, researches on social bots have undergone a process from scratch, from few to many, from involving single discipline to interdisciplinarity, and from the predominance of science and engineering to the involvement of social science. Besides, they have continuously progressed along the levels of problem emergence, social effects, technology iteration, and cognitive deepening. With the growing attention to social bots research at home and abroad, its research domain incessantly expands, and its involvement with other disciplines continues deepening. Social bots research in the future will be likely to accord much attention to the combination of practical applications with social problems. Besides the studies of such conventional topics as detection methods and platform governance, non-technical and comprehensive management should be taken into account. Gao Yifan and Wang Wei focus on the phenomenon of incidental information encountering on social media. In "Studies of Incidental Information on Social Media in 2020", they find that existing English papers mainly discuss the issue of incidental information from four aspects: social media, audience cognitive-behavioral mechanisms, ideological dissemination, and learning behavior. With the increasing prominence of such phenomena, the future academic community should pay much attention to the key aspects behind the information flow, such as the technical power of the platform, the subjective initiative of individuals, and the changes of political communication patterns.

The second topic is Concepts, Issues and Theories in Communication Studies. Papers in this section focus more on the current researches in each specific field in terms of concepts, issues and theories. First come two papers exploring the phenomena of "micro-celebrities" and Internet celebrities in the social media age. In "Approaches to Fame: A Review of Research on the Media Practices of Social Media Celebrities", Tong Xin discusses how "micro-celebrities" have used social media to become famous and its social consequences. The author summarizes the core strategies of these celebrities into "authenticity" and "everydayness" by which they create intimate relationships and cultivate loyal followers. However, it is difficult to avoid the "paradox of authenticity" in their inherent logic. In the process of becoming famous, the social media celebrity industry has not only fostered a self-focused youth culture, but also highly exalted individualism and self-responsibility. It still has ignored the macro-structural sources of inequality and exacerbated the confusion of Western politics and values. Therefore, this irresistible and rapidly changing social trend needs to be further explored and questioned. Wang Yue and Gao Zaihong also focus on another emerging group of celebrities on social media, namely, China's Wanghong (Chinese

Introduction

Internet celebrities). In "Platformativity, Affective Labor and Capitalizing Intimacy: Approaches to Chinese Wanghong in English Academic Circles", they present the specific situation of such a new sample of celebrity research in the English academic fields from several key dimensions: platform, labor, and capital. As a social process and a particular way of life, influencer culture demonstrates how people maintain social relationships, construct individual identity and understand the meanings of network practices. The authors point out that future researches on influencers need to actively focus on the initiative, diversity and complexity of actants such as society, platforms, influencers, fans and other actants involved in the process of cultural participation from the perspective of cultural sociology.

Chang Zeyu and Li Jing's paper also discusses the issue of labor. Instead of investigating the specific labor practices, they go back to classical writers to explore the inheritance and advancement of classical concepts. In "From Classical Marxism's Concept of Labor to Digital Production: The 'Inheritance' and 'Turn' in the Perspective of Immaterial Labor Theory", the two authors sort out the development history of contemporary immaterial labor theory, which originates from Italian Marxist research and comes into shape with the intermediation of such ideological sources as French post-structuralism. The current digital platforms have become a place where the practices of immaterial labor are concentrated for display. At the theoretical level, there are two development paths: transition and turn. The authors remind us that whichever path we choose, "we must not forget the reminder from classical Marxian labor theory: labor is fundamentally the production and reproduction of social relations. Therefore, the essence of immaterial labor does not lie in its product attributes, but in the production relations constructed by the production process of immaterial labor".

Ding Fangzhou's "Research on Human-Computer Interaction from a Communication Perspective", providing a communication perspective on HCI research, presents its theoretical framework, research paths and research question variations. "Human-computer interaction refers to the process of information exchange between a person with a defined task to accomplish and a computer via a certain kind of conversational language and in a certain way of interaction." HCI research is dedicated to placing machines in a socio-ecological context and understanding the behavior patterns of intelligent machines and their interaction with humans, thus pushing a paradigm shift in communication studies. Human-computer interaction research from the perspective of communication requires treating machines as actants with specific behavior patterns, and understanding the human-computer interactive degree of intelligent machines and the algorithms they use to make decisions. Xu Shengquan's research is also related to the human-machine relationship. His article "'Persuasive Technology' in Communication: Application, Trends and Ethics" introduces us to a new field of "persuasive technology" that has received little attention from domestic academia. The so-called "persuasive technology" describes such phenomena as computer programs, cell phone applications, wearable devices, etc., and is becoming a new "means of persuasion" which consciously influences our attitudes and behaviors. The author points out that the development of "persuasive technology" reflects a constant topic in communication, that is, what role communication means plays in the communication ethics. When persuasion is no longer a social activity involving human beings only, and technology will also become involved as an "agent", we should abandon the past thinking of technology as only a tool and fully explore the initiative of "things".

Dong Qian's "The Absence of Mediality: Problems, Methods, and Frameworks of Historicization of Transmedia Storytelling" attempts to deeply explore the sensitive concept of "transmedia storytelling" entailed by media convergence in the new media age. Recently, the study of the historicization of "transmedia storytelling", taking "transmedia archaeology" as its methodology, has emerged. On the one hand, it contextualizes and concretizestans media storytelling, and clarifies its "historical preconditions"; on the other hand, it tries to develop a general theory, hoping to clarify the relationship between the various elements of the storyworld at a particular

Introduction

time, explain the changes over time, and even propose a series of narratological frameworks. The author points out that these studies zoom in on discussing "narrativity" involving the dimension of representations only, and donot pay enough attention to the "media". Wang Li's "Reflections on Climate Change Communication Research: The Essence of the Topic and the Academic Prospect" focuses on climate change communication which is an intersecting zone between climate change science and communication. This research area has a relatively short history, and is small in scope, but grows rapidly. As a multidisciplinary field, climate change communication mainly dependson media and communication studies, but it is difficult to influence other disciplines. How to strengthen the two-way communication between communication studies and other disciplines is an issue that needs to be faced squarely, and interdisciplinary perspectives and transnational dialogue can truly promote the construction of a complete academic system in this field. Zhang Xinlu's "French Postmodern Theory and Visual Culture", combing through the related documents of the theories of "simulacra" by Klossowski, Deleuze and Baudrillard, and Lyotard's image "desire" theory, presents French philosophers' thoughts on visual culture in the 1960s and 1970s. Then, it moves to elaborating on French media scientist Debray and his thoughts on images in the 1990s. On the one hand, he absorbs the ideological resources of post-modern French philosophy, reconstructs the history of images, places them above words (signs), and basically stretches the assertions of post-modern theorists in his analysis of the current visual images; on the other hand, he reorganizes the history of images according to media science, providing the same but different answers to understanding current postmodern visual culture.

The third topic is Journalism Studies in the Digital Age. With the deepening of digital transformation, journalism has taken on different looks, prompting iterations and updates in journalism theory. In order to explore the dynamics of the social and technological dimensions in the transformation of journalism, as well as the various theoretical and practical dimensions faced by digital journalism, a sub-field called digital journalism is taking shape in Western journalism. The paper "Digital Journalism Studies as a Body of Knowledge: Construction and Reflection" by Bai Hongyi and Cao Shiyu hackles studies of digital journalism in the Western communication field in recent years, and sorts out its definition, research methods, disciplinary perspectives, research problems, blind spots and shortcomings. European and American scholars have shown a strong motivation to construct a new theoretical paradigm. Exploring the evolution of the knowledge system of digital journalism can provide a reference for constructing the paradigm of journalism studies in China.

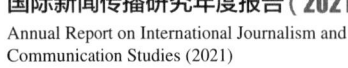

The ensuring four papers display different aspects of journalism in the digital age from their own dimensions. In "Innovation and Re-adaptation of Digital News Driven by Technology: A Case Study of BBC's Immersive News Exploration", Xin Yanyan regards immersive journalism as an innovative form of digital journalism, but this innovation not only brings conceptual transformations and news narrative changes, but also triggers discussions on the ethical risks associated with the principle of authenticity in traditional journalism and manipulation of public opinions. The author, taking immersive journalism in BBC as an example, points out that the exploration of immersive journalism in traditional media is still "instrumental", rather than being an "ecological" innovation. As a result, the form of immersive journalism has obvious defects of association under the highly networked characteristics of digital journalism. It is also unable to form a stable new cultural branch, which always lands itself into a non-mainstream form among news products.

Immersive journalism is the application of technological factors in the field of journalism, which has become a core feature of digital journalism. Technology embedding in journalism has brought many fundamental changes, such as the human-machine relationship taking on many new manifestations. Chen Xi and Meng Hui's "Research Artificial Intelligence Reshaping the Relationship Between Human and Machine in News Production" focuses on the study of the "human-machine relationship" in journalism. They examine three changes brought by the intervention

Introduction

of AI in news production: the risk of uncertainty for journalists with algorithmic technology, journalists accelerated by AI, and the appearance of new actants in the news field. Attitudes toward new media technologies in journalism are characterized by technological acceptance and borderline rejection. The former is reflected in the media's positive attitude toward the acceptance and use of new media, while the latter finds expression in "hostility" toward technology in part of the news media or in emphasis on the unique values that make human beings distinct from technology. The authors point out that the "human-machine relationship" in journalism should be placed in the context of more complex social relations and the "field" of various power games, such as the forms of news industry and the organization patterns of media, so that both the subjectivity of technology and the subjective initiative of human beings can be perceived.

The rise of digital journalism is closely related to technology embedding, so most papers in this section touch upon this issue to varying degrees, so does Zhang Zhuo's "Communication Values and New Trends of Short Video News in the Era of Intelligent Media". Based on a large number of cases on the adoption and use of short video news in foreign media, the author analyzes its definition, creation status, narrative characteristics, communication values and future development trends and gives corresponding prospects, so as to provide ideas and practices for reference for the development of the short video news industry in China. Lyu Peng's "Research on Journalism and Journalists' Safety: Definition, Current Situation and Coping Strategies" notes the less discussed field in the past journalist studies: journalists' safety. In the first half of 2022, many journalists partaking in war reporting met with untimely deaths during the Russian-Ukrainian war. Compared with foreign researches on this issue and the importance that various institutions have attached to it, there exist fewer researches on the related issues in China. The typical manifestations of journalists' safety in Chinese context differ from those in foreign countries. Although journalists' safety issue is not as bad as in some countries and regions beset by eruptions of military conflicts, the neglect of it can have various important influences and consequences. Therefore, based on the practice guidelines proposed by various international institutions and researches on journalists' safety, this paper also proposes safety measures applicable to journalists in China.

PART 1 第一部分

平台与社交媒体研究
Platform and Social Media Studies

平台崛起的权力逻辑：
传播政治经济学视角下海外平台研究述评

The Power Logic of the Rise of Platforms:
A Review of Overseas Platform Studies from the Perspective of
the Political Economy of Communication

王震宇

Wang Zhenyu

摘　　要： 全球正经历百年未有之大变局。平台作为集技术变革、模式变革和权力变革于一身的新型经济组织，既是数字时代最重要的新兴权力行为体，也在与国家、市场和社会的互动博弈中，重塑着从用户日常数字生活到国际关系的权力格局。本文从技术-经济-政治-国际体系四个层次上，回顾了海外平台研究对平台权力建构和影响的探索。本文发现，跨学科的平台研究已呈现出一个极为可观的理论发展前景：建立一个以媒介技术分析为微观基础，通过分析资本主义价值创造模式变化，揭示新兴公司权力的形成及其政治博弈过程的系统理论。这一理论在继承马克思主义的价值导向和批判传统的同时，也可以为社会科学理解数字时代的世界体系提供新的知识。

Abstract: The world is experiencing great changes that have not occurred in a century. As a new economic organization integrating technological change, mode change and power change, the platform is not only the most important emerging power actor in the digital era, but also reshapes the power pattern from users' daily digital life to international relations in the interactive game with the country, market and society. This paper reviews the exploration of overseas platform research on platform power construction and influences from four levels of technology-economy-politics-international system. This paper finds that interdisciplinary platform research has presented a very considerable theoretical development prospect: to establish a systematic theory that takes media technology analysis as the micro basis, and reveals the formation of emerging company power and its political game process by analyzing the changes of capitalist value creation model. While inheriting the value orientation and critical tradition of Marxism, this theory can also provide new knowledge for social science to understand the world system in the digital age.

关 键 词： 传播政治经济学　平台权力　平台经济　平台政治

Keywords: communication political economy, platform power, platform economic, platform politics

引言

全球正经历百年未有之大变局。以信息技术为基础的新一轮科技革命和产业革命在不断催化中重塑着世界，人类生产生活正经历着全方位的数字化转型。在这一转型过程中，资本和技术不断谋求并突破时空束缚，耦合出汇聚巨量用户及其社会关系的"技术-资本"复合体——互联网平台企业。在近十年的狂飙突进中，平台已成当下资本最密集、规模最庞大的经济组织。围绕如何协调平台企业与公民、社会组织和国家政府的关系，各国也正在对平台治理的回应中，逐渐形成数字时代的新型政治经济体系。

第一部分
平台与社交媒体研究

近年来,平台与平台治理的问题已经受到政治学、经济学、新闻传播学等多学科领域学者的普遍关注。平台作为集技术变革(以推荐算法和数字媒介为核心的融合型媒介产品)、模式变革(双边市场为主的市场模式)和权力变革(全球化的、封闭式的治理结构)于一身的新型经济组织,既是数字时代最重要的新兴权力行为体,也在与国家、市场和社会的互动博弈中,重塑着从用户日常数字生活到国际关系的权力格局。

平台崛起引发的全球性政治经济体系的变化,为遵循研究"权力关系"学术传统的传播政治经济学提供了新的机遇和挑战。一方面,平台重构了传播资源的生产、分配和消费,在数字空间里前所未有地拓展了媒介对人类的影响,从而也空前地拓展了传播政治经济学的研究视野和可用材料。由于平台影响牵涉的事实对象包含了宏观的世界体系到微观的技术设计,传播政治经济学也得以从这一热点问题中吸收来自政治学、经济学、管理学和国际关系学的理论成果,从而有机会在数字时代建立起一套对分析"社会控制和存在"而言更加全面、严密和完善的理论体系。另一方面,在说明过去、解释现在和预测未来的思想竞争中,传播政治经济学也面临来自学科与方法融合的空前挑战,在"定量与定性之争"的分野逐渐消弭、"数据主义"范式日益兴起、"新文科"概念蓄势待发的当下,强调定性方法和批判取向的传播政治经济学,也亟待从平台研究中有效汲取和融合革新学科发展的知识动力。

在"研究更多"的机遇和"学习更多"的挑战下,本文尝试在对近年海外平台研究文献的述评中取得一种平衡:紧扣研究"传播所形塑的权力关系"的传播政治经济学理论范式,开放地整合对作为"超大规模数字传播基础设施运营者的平台"进行的代表性研究,从而展示一个宏微观相连的、旨在解释数字时代社会控制与存在的理论图景。为此,本文将从四个方面进行论述:第一,介绍研究平台权力微观基础的文献,这些文献着重分析平台的媒介技术与产品功能构成;第二,介绍研究平台经济模式的文献,侧重述评剩余价值、金融声誉与垄断租金三类对于平台经济的批判;第三,介绍政治学和国际关系学视角下的平台研究,旨在说明平台逻辑在中观到宏观层面的运行后果;第四,对传播政治经济学视角下平台研究的融合发展进行展望。

一、中枢控制与社会性计算：平台权力的微观基础

解释平台权力的本质是数字时代传播政治经济学最核心的问题之一。按照卢克斯经典的"权力的三张面孔"理论，对平台权力的解释必须包含平台如何在数字传播中"赢得冲突、限制选择和塑造常态"。[①] 从唯物主义的认识论出发，阐明这一权力的微观基础有必要关注平台的"物质性"层面，即研究其作为媒介产品如何在技术和功能上形塑权力。显然，平台几乎不可能像国家系统那样使用强迫性手段，但在"限制选择"和"塑造常态"上，平台企业领先的数字技术能力则发挥了有效的作用。在现有的文献中，相关学者从技术产品层面围绕"中枢控制"和"驱动计算"两类主题展开了阐释。

"中枢控制"这一理论概念最早可以追溯到乔布斯于2001年在苹果公司推出的"数字中枢战略"，即尝试以数字终端（当时主要是计算机）来整合所有其他的数字设备，进而通过"连接-同步-管理"的方式，以单一终端来控制其他数字设备中的内容。[②] 同理，平台的"中枢控制理论"强调的是，平台企业通过设计具有高度用户黏性和互操作性的媒介产品，以此作为"数字中枢"来"吸引-锁定"用户，进而吸引其他ICT产业链上的经济活动者，最终获得在"平台生态"中"限制选择"的权力。

两篇具有代表性的平台研究文献阐明了"中枢控制"的社会过程。第一篇是坎贝尔-凯利（M. Campbell-Kelly）等人撰写的《从经济和商业视角论作为多

[①] 卢克斯权力的概念分为三个维度：权力者主动根据偏好以改变现实的决策权力、权力者通过合法路径设置问题优先次序的非决策权力以及权力者通过影响他人愿望和思想以改变其对自我利益认识的意识形态权力，达巍教授将之巧妙概括解释为"赢得冲突、限制选择和塑造常态"。参见 S. Lukes, *Power: A Radical View*, London and Basingstoke: The MacMillan Press Ltd., 1974；达巍：《从权力的"三张面孔"看美国的地位走势》，《现代国际关系》2010年第2期，第1—7页。

[②] 相关内容可参见 Y. R. S. Rudall, S. Jobs, "The Exclusive Biography", *Kybernetes*, 2012.

边平台的智能手机》("Economic and Business Perspectives on Smartphones as Multi-sided Platforms")①。通过使用消费者调查的实证方法，该文提出了"多边平台理论"(multi-sided platform theory)，指出智能手机操作系统是服务于各种"客户"的多边平台，也是平台崛起的核心。该文指出，平台崛起的核心机制是用户的持续增长吸引了包括在线内容提供商、网络运营商、第三方应用程序开发商和广告商等的其他经济行为体，这一增长的技术基础是提供良好的移动互联网连接体验和具备高度互操作性的操作系统。第二篇是赫尔蒙德（A. Helmond）撰写的《网络平台化：为平台准备好网络数据》("The Platformization of the Web: Making Web Date Platform Ready")②，该文基于数据格式及可编程性标准的变化指出，在以 Facebook 为代表的社交媒体应用兴起后，整个互联网呈现出以社交媒体平台为中心的"再中心化"。这一权力后果的基础同样遵循"中心控制"的逻辑，即社交媒体平台作为"数字中枢"提供了一个可以在其基础上构建的技术框架，并以超大规模的用户增长推动其他网络行为体围绕这一中枢连接其程序及其数据，也即各类网络行为体被作为基础设施的平台限制了其自身可以追求增长的传播选择（如只能将自身的传播活动经平台所提供的 API、社交插件和 Open Graph 等渠道进行连接），从而改变了网络传播中的权力结构。

在新的权力结构中，"驱动计算"的机制进一步护持和放大了平台权力。"驱动计算"可以被视作对"数据驱动"或"算法控制"两个结构性概念的动态阐释，即强调平台通过活动编码和数字聚合技术，将用户的平台参与（platform participant）以算法形式进行可计算的转化，由此而获得一种技术能力，可以以用户推荐、平台重组、动态反馈、第三方融合等方式不断剖析、重置和增强用户

---

① M. Campbell-Kelly, D. Garcia-Swartz and R. Lam et al., "Economic and Business Perspectives on Smartphones as Multi-sided Platforms", *Telecommunications Policy*, Vol.39, No.8, 2015, pp.717-734.

② A. Helmond, "The Platformization of the Web: Making Web Data Platform Ready", *Social Media+Society*, Vol.1, No.2, 2015.

的平台参与与数据生产。驱动计算可以被视为平台塑造数字生活常态的动态过程，这一过程在放大平台权力的同时也实现了平台的增值。

这一概念首先建立在大量对于数字监控的批判和算法效果的分析研究中[1][2][3][4][5]，这些研究详尽揭示了平台如何基于数据获取而对个人行为进行监视、分析、预测和控制。但这一类视角的研究如果忽视对于算法使用的操作细节——尤其是如何与标准化的数据库结合——的分析，则很容易存在将算法形象化和神秘化的倾向，从而遮蔽了平台在塑造数字传播和更广泛的社会关系中的权力过程。[6] 相较于此，阿莱莫（C. Alaimo）和卡利尼科斯（J. Kallinikos）的研究[7] 相对有效揭示了驱动计算机制的技术本质。他们强调，如标签、点赞、评论、转发和关注等线上独有的数字活动绝非线下社交性在数字空间的自然转换，而是根据平台的业务需要被专门设计出来的。平台是有意设计各种形式的用户参与和交互，其根本目的是将用户的个性和社会性进行可测量和可交易的转化，从而将其纳入平台商业的运营和营销之中。也就是说，用户行为的量化关系是社交媒体平

---

[1] T. Bucher, "Want to Be on the Top? Algorithmic Power and the Threat of Invisibility on Facebook", *New Media & Society*, Vol.14, No.7, 2012, pp.1164-1180.

[2] J. Cheney-Lippold, "A New Algorithmic Identity: Soft Biopolitics and the Modulation of Control", *Theory, Culture & Society*, Vol.28, No.6, 2011, pp.164-181.

[3] W. J. Orlikowski, S. V. Scott, "What Happens When Evaluation Goes Online? Exploring Apparatuses of Valuation in the Travel Sector", *Organization Science*, Vol.25, No.3, 2014, pp. 868-891.

[4] F. Pasquale, *The Black Box Society*, Harvard University Press, 2015.

[5] J. Sadowski, "The Internet of Landlords: Digital Platforms and New Mechanisms of Rentier Capitalism", *Antipode*, Vol.52, No.2, 2020, pp. 562-580.

[6] N. Couldry, A. Fotopoulou and L. Dickens, "Real Social Analytics: A Contribution Towards a Phenomenology of a Digital World", *The British Journal of Sociology*, Vol.67, No.1, 2016, pp.118-137.

[7] C. Alaimo, J. Kallinikos, "Computing the Everyday: Social Media As data Platforms", *The Information Society*, Vol.33, No.4, 2017, pp.175-191.

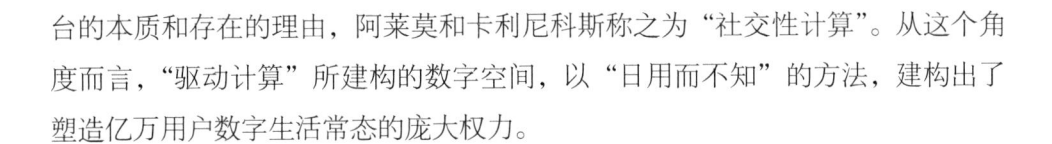

台的本质和存在的理由，阿莱莫和卡利尼科斯称之为"社交性计算"。从这个角度而言，"驱动计算"所建构的数字空间，以"日用而不知"的方法，建构出了塑造亿万用户数字生活常态的庞大权力。

二、剩余价值、金融声誉与垄断租金：平台经济的三类批判

无论从"数字资本主义""信息资本主义""数字帝国主义"还是"资本主义多样性"的理论视角，平台经济都被认为是资本主义在数字时代的最新发展成果。围绕于此，传播政治经济学当前的一个争论焦点在于：以社交媒体为代表，平台经济究竟是如何创造价值，从而成功地在数字时代维系资本主义体系的？

第一类研究是以福克斯等学者为代表的基于剩余价值的批判。这一类研究继承了传播政治经济学中的"受众商品化"理论，认为社交媒体的用户不仅仅是受众和消费者，而是产生价值和剩余价值的"产消者"（prosumer）。这一经济过程有两种方式：第一，在社交媒体"用户生产内容"（user generated content，UGC）的传播新范式中，他们生产"信息内容"，这些被作为一种商品被媒介卖给广告商。第二，用户也是广告的受众，通过关注广告，他们也产生了价值和剩余价值。这使得受众实质上成了被剥削剩余价值的"数字劳工"。[1][2] 这一类基于剩余价值的批判也体现在社会学等其他学科对平台的研究中，这些研究将聚焦点放在"零工经济"（gig economy）上，认为平台正在通过弹性劳动和不稳定就业来剥削诸如外卖员、司机等平台劳动者的剩余价值，并以"数字牢笼"（digital cage）和"变色龙"（chameleons adapting to their environments）的策略增强控制并逃避

---

[1] C. Fuchs, "Labor in Informational Capitalism and on the Internet", *The Information Society*, Vol.26, No.3, 2010, pp.179-196.

[2] C. Fuchs, "Some Reflections on Manuel Castells' Book 'Networks of Outrage and Hope. Social Movements in the Internet Age'", *tripleC: Communication, Capitalism & Critique. Open Access Journal for a Global Sustainable Information Society*, Vol.10, No.2, 2012, pp.775-797.

监管。①

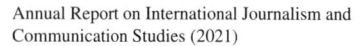

第二类研究则从金融声誉的角度批判平台经济创造价值的过程。这一类研究认为，劳动价值论并不能在完整地解释平台价值创造中一个显著的经济事实：平台价值的增长最直接的来源并非源自商品交换的盈利，而是在金融市场上所获得的估值增长。这一事实从现象经验上动摇了劳动价值论的理论基础，即（1）时间作为创造价值的要素而可以被合理衡量，（2）价值的实现主要发生在直接的商品交换中，通过这种交换，"体现"在商品中的劳动得以实现。金融声誉派的观点认为，仅将在线"产消者"的活动通俗地描述为"劳动"是不够的，因为以Facebook为代表的平台企业主要收入，即金融市场上的估值与交易，并非与其用户的时间投入和广告收入呈强相关的线性关系，甚至存在时间投资和广告收入减少，但市场估值增加的情况。为此，金融声誉派认为，平台经济模式根本上是通过建立了空前的维持情感关系的网络，它允许将个人情感投资联系起来，并将其聚合成能够构建和支持价值决策的各种惯例。这些惯例所转化的数据，构成了当今资本市场用以进行品牌和企业估值的主要依据，这构成了平台资本积累的主要方式。②尽管金融声誉派同样质疑平台创造价值的正当性，甚至在某种程度上也指出这一价值创造是来源于对"用户"的剥削，但是与剩余价值派相对的是，金融声誉派强调在数字时代资本主义的积累方式已经更加依赖由情感聚合所支持的金融网络与资本市场，传统以劳动时间作为依据的批判理论不能有效反映信息资本主义的这一重大变化。③

---

① S. Vallas, J. B. Schor, "What Do Platforms Do? Understanding the Gig Economy", *Annual Review of Sociology*, Iss.46, 2020, pp.273-294.
② M. Bowerman, "Financial Risk Analysis 2.0, a Win-win for Model for Shareholders and Communities", *Social Finance*, http://socialfinance.ca/blog/post/financial-riskanalysis-2-a-win-win-model-for-shareholders-and-communities, Dec. 7, 2011.
③ J. Rigi, R. Prey, "Value, Rent, and the Political Economy of Social Media", *The Information Society*, Vol.31, No.5, 2015, pp.392-406.

在更细致地考察了平台企业的收入来源后，第三类基于批判平台垄断"数字公地"租金的研究提出了关于平台创造价值的另一种理论。[①] 垄断租金派通过比较传统大众媒体和社交媒体的悬殊广告收入差距指出，观看广告的"工作"并没有产生剩余价值，广告商并不像福克斯所说的那样购买"受众力量"，而是为租借潜在的未来消费者而投放巨量资本。接着，垄断租金派认为，平台虚拟资本（市值）的增值，实际上更加依赖的是通过知识产权形式而形成的垄断。也就是说，是由平台知识工人所创造的内容、服务、算法和数据而非基于这一平台形成的网络情感社区，真正形成了平台企业及其巨量资本的"护城河"。结合对剩余价值和金融声誉两类研究的批判，垄断租金派将社交媒体平台视作人类文明在数字时代所形成的"新公地"，平台企业通过将公地转化为资本自有的"私域"，高效垄断了人类在数字文明进步上的收益。

需要说明的是，这三类批判均得到来自其他学科研究的支持，也实质性地影响到了平台监管的政策实践。典型的研究如布鲁克林法学院教授拉赫曼（K. S. Rahman）与美国政治学会前主席西伦（K. Thelen）2019 年的《平台商业模式的兴起与二十一世纪资本主义的转型》("The Rise of the Platform Business Model and the Transformation of Twenty-first Century Capitalism")[②] 一文，就指出平台之所以能在美国崛起，是因为只有美国的政治经济制度同时具备了对灵活用工的宽容监管、对耐心资本（patient capital）[③] 的金融支持以及对数字垄断的正当承认。这一研究相当有力地展示了融合三种批判的理论可能。在政策实践上，要求平台为"零工"提供更多社会保障、要求平台作为市场生态系统向所有平台参与者承担责任以及大量针对平台反垄断的举措也都已经在全球范围内出现。

---

① A. Arvidsson, E. Colleoni, "Value in Informational Capitalism and on the Internet", *The Information Society*, Vol.28, No.3, 2012, pp.135-150.
② K. S. Rahman, K. Thelen, "The Rise of the Platform Business Model and the Transformation of Twenty-first-century Capitalism", *Politics & Society*, Vol.47, No.2, 2019, pp.177-204.
③ 这一术语是指投资人愿意在相对长期亏损的情况下的投资，而不期望迅速获利。

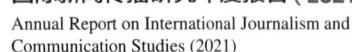

三、公司权力、国家能力与国际体系：平台政治的三个维度

公司、国家和国际构成了国际政治经济学重要的三个研究层次。在数字时代，政治学和国际关系学中关于公司权力、国家能力和国际体系三个层次的研究，涌现出一批内在逻辑相互勾连而经验视野面向各异的成果，也在实质上拓宽了传播政治经济学的研究视域。

在公司权力层面，相关文献从政治与社会运行系统的层面考察了平台在构建"数字公司权力"方面的新尝试。代表性的文献有美国政治学会前主席西伦参与的两篇研究成果，第一篇强调平台权力的制度性来源，也即上文提到的《平台商业模式的兴起与二十一世纪资本主义的转型》，该文认为平台商业权力的核心构成是由美国资本主义制度所支持的劳动去劳动关系化、重视资本长期收益和强调用户联盟忠诚；而在她与牛津大学三一学院教授卡尔佩珀（P. D. Culpepper）合著的《我们都是亚马逊 Prime 会员吗？消费者与平台权力的政治》("Are we all Primed? Comsumers and the Politics of Platform Power")[1]中，两位学者对公司权力的社会来源进行了详实的分析，该文指出，迥异于工业时代通过金钱优势进行游说或撤资威胁，平台企业对于政策制定者的影响更多来源于其超大规模的用户，这些用户的数字生活需要接受平台设定的访问规则，因此，一旦有旨在改变平台商业模式的规则出现，平台往往可以以切断服务的方式成功动员消费者反对政策监管。事实上，这一社会权力甚至已经被谷歌用来对抗澳大利亚政府。

还有两类研究从平台的策略来解释其公司权力的壮大与革新。一类是强调平台对于现有制度的巧妙规避，其中代表性的研究是已成为美国联邦贸易委员会史上最年轻主席的莉娜·汗（L. M. Khan）的《亚马逊反垄断悖论》("Amazon's antitrust Paradox")[2]，该文认为，平台是通过跨越多个行业的商业活动，对竞争

---

[1] P. D. Culpepper, K. Thelen, "Are We All Amazon Primed? Consumers and the Politics of Platform Power", *Comparative Political Studies*, Vol.53, No.2, 2020, pp. 288-318.

[2] L. M. Khan, "Amazon's Antitrust Paradox", *Yale Law Journal*, Iss.126, 2016, p.710.

造成了现行反垄断法框架无法捕捉的威胁,其中关键的机制是通过信息优势的"掠夺性定价"和资本优势的"市场整合",来将其他潜在的市场参与者排除在外,但以短期定价为依据的现行反垄断法则无法有效捕捉这种市场权力结构。2020 年,在《国际政治经济学评论》(*Review of International Political Economy*)的特刊《国际政治经济学中的盲点》(*Blind Spots in IPE*)中,《硅谷的两张面孔》("The Janus Faces of Silicon Valley")[①]一文进一步理论化了这一类平台权力的建构过程,该文强调,平台企业通过既成为自己产品的供应商,又成为限制其他组织活动并从中获利的"平台"的主人的做法,实际上已经超越了传统监管制度对政治和经济系统运行模式的认知和界定,包括混淆了:产品公司、服务公司和基础设施公司;市场参与者和市场市场;私人平台和公共领域。这些类别的跨越使平台处于监管制度的缝隙之中,并且平台也有意识利用这种跨界监管来阻止对其权力的挑战。另一类文献则强调平台在建构数字社会中的中心作用。相关研究强调,在数字社会的建构过程中,"数字认证"(digital authentication)构成了社会组织和社会等级的关键,但是,如果没有在线的数字活动和数字文件,个人几乎已经无法使用公共服务和信用合作。[②] 而社交媒体平台是公民进入数字公共领域的最重要的中介,这使得平台可以调节包括个人隐私、思想表达和技术供给三大关键基础性公共权利,因此,平台成了数字社会建构的发起者和中心控制点。但国家与平台之间不对称的技术权力,使得公司权力已经扩大到可以使得基本人权被实质私有化的状态。[③][④]

---

① M. R. Atal, "The Janus Faces of Silicon Valley", *Review of International Political Economy*, Vol.28, No.2, 2020, pp.336-350.
② B. Wessels, "Digital Divide Authentication, Status, and Power in a Digitally Organized Society", *International Journal of Communication*, Iss.9, 2015, p.18.
③ L. De Nardis, A. M. Hackl, "Internet Governance by Social Media Platforms", *Telecommunications Policy*, Vol.39, No.9, 2015, pp.761-770.
④ A. Lv, T. Luo, "Asymmetrical Power Between Internet Giants and Users in China", *International Journal of Communication*, Iss.12, 2018, pp.3877-3895.

在公司权力得到跃升的当下，民族国家对数字平台的监管业已成为全球政策议程的重点，国家能力与公司权力的博弈成为多领域学者研究的重点。一个重要的研究发现，公司权力已经开始侵蚀以意识形态濡化能力为代表的国家能力。在全球范围内，以平台作为基础设施的互联网生态更多以公民/用户而非以民族/文化的方式提供支持，这导致作为政治实体的国家和作为身份认同实体的民族开始出现分离的倾向。① 平台已经为年轻一代的公民提供了全新的数字的政治参与模式，这使得在竞争法、市场监管法、产业政策和媒介体制等多个需要大型政治协商的平台治理议题上，公司有了更强的议价能力，再加上平台对于选举的深刻影响，包括汲取、执行、动员等多方面的国家能力都依赖于国家与平台的互动。②③④ 相应地，各国也开始对平台膨胀的公司权力进行反制，而在欧洲显现出的一个重要趋势是：监管逐渐开始从规模和价格转向更细粒度地监管平台行为，尤其是聚焦于数字服务和数字市场的竞争。⑤ 平台治理已经愈加被视作为企业、公民和政府创设新制度的集体行动过程。⑥

从深度上而言，国家能力和公司权力的博弈已经深入到数字制度的变迁之

---

① J. Lu, X. Liu, "The Nation-state in the Digital Age: A Contextual Analysis in 33 Countries", *International Journal of Communication*, Iss.12, 2018, p.21.

② Y. Theocharis, J. de Moor and J. W. van Deth, "Digitally Networked Participation and Lifestyle Politics as New Modes of Political Participation", *Policy & Internet*, Vol.13, No.1, 2021, pp.30-53.

③ R. Gorwa, "Elections, Institutions, and the Regulatory Politics of Platform Governance: The Case of the German NetzDG", *Telecommunications Policy*, Vol.45, No.6, 2021.

④ K. Haenschen, J. Wolf, "Disclaiming Responsibility: How Platforms Deadlocked the Federal Election Commission's Efforts to Regulate Digital Political Advertising", *Telecommunications Policy*, Vol.43, No.8, 2019.

⑤ A. Afilipoaie, K. Donders and P. Ballon, "The European Commission's Approach to Mergers Involving Software-based Platforms: Towards a Better Understanding of Platform Power", *Telecommunications Policy*, 2021.

⑥ R. Gorwa, "What is Platform Governance?", *Information, Communication & Society*, Vol.22, No.6, 2019, pp.854-871.

中；从广度而言，这一博弈的国际关系后果也引发了地缘政治权力是否也在经历新一轮转移的争论。2021年，围绕"平台巨头是否会改变地缘政治，甚至取代民族国家"这一问题，全球最大政治风险咨询公司欧亚集团的主席伊恩·布雷默（Ian Bremmer）[1]和哈佛大学肯尼迪政府学院教授斯蒂芬·沃尔特（Stephen M. Walt）[2]分别在《外交事务》(*Foreign Affairs*)和《外交政策》(*Foreign Policy*)上撰文辩论。布雷默认为，以Facebook、苹果、谷歌、亚马逊以及阿里巴巴、华为和腾讯等科技公司已经在主导构建数字世界并同时监管这个世界，与此同时，尽管政治家都在试图瓦解科技公司的权力，令其服务于国家事项，但以美国、中国和欧盟为中心的权力集团相互竞争的干预，使得推动驯服平台巨头的国际国内双层博弈难度重重，在未来现实与虚拟融合的情境下，平台巨头有望获得超越民族国家范式的实质主权。沃尔特则对此持相反的观点，他认为大型科技公司不会像布雷默想象的那样强大或自主，而且缺乏合法使用武力的能力，同时在当今的全球数字空间中，各国都在加速建立他们在数字空间中的权威，这使得布雷默的预言有很大概率会落空。可以预见的是，布雷默和沃尔特的辩论将在未来的十年间持续下去。在提供了更多经验材料的研究中，双方的观点都在一定程度上得到了支持。在对美国、中国和欧盟的平台治理进行的研究中，学者们均发现了平台企业影响数字时代国家战略自主性的证据：美国正在通过传播政策立法的方式实施的新战略——依靠平台技术和市场优势正试图构建的"嵌入式信息圈"（embedded infosphere），这一战略试图将物联网、大数据、人工智能/智能系统和互联云整合到同一个由美国主导的集成系统中。[3]在美国全球性霸权的影

---

[1] I. Bremmer, "The Technopolar Moment: How Digital Powers Will Reshape the Global Order", *Foreign Affairs*, Iss.100, 2021, p.112.

[2] S. M. Walt, "Big Tech Won't Remake the Global Order", *Foreign Policy*, https://foreignpolicy.com/2021/11/08/big-tech-wont-remake-the-global-order, Nov. 8, 2021.

[3] R. D. Taylor, "The Next Stage of US Communications Policy: The Emerging Embedded Infosphere", *Telecommunications Policy*, Vol.41, No.10, 2017, pp.1039-1055.

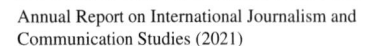

响下，中国、欧盟乃至韩国，也都依托平台在全球互联网治理、电子商务贸易与区域经济、人工智能标准规范制定上依托各自的比较优势积极参与主导权的博弈。①②③④

结语：面向数字权力的平台研究

在平台化程度不断加深的数字时代，被打破的不仅是虚拟与现实、线上与线下的活动边界，同样也是新闻传播学与政治学、经济学、国际关系学、社会学等学科之间的知识边界。随着人类赖以生存的多个社会子系统正不断向数字平台融合，阐明数字权力的物质基础、机制过程和秩序结构，成了社会科学界共同的使命。从这个视角而言，志在探明"社会控制与存在"的传播政治经济学正为平台研究提供一条打破边界、融合知识的道路，近年来海外平台研究展示了这一研究路径的巨大潜力。

从技术-经济-政治-国际体系四个层次上，本文回顾了海外平台研究对平台权力建构和影响的探索。虽然受笔者学力所限，本文内容难免挂一漏万，但仍不难看出，现有的文献已呈现出一个极为可观的、以平台为中心的"数字权力理论"图景：这一理论以媒介技术分析为微观基础，分析资本主义价值创造模式变化，以揭示新兴公司权力的形成过程及其政治博弈对国际秩序的影响后果。这一理论在继承马克思主义的价值导向和批判传统的同时，也可以为社会科学理解数

---

① J. F. Larson, "Network-Centric Digital Development in Korea: Origins, Growth and Prospects", *Telecommunications Policy*, Vol.41, No.10, 2017, pp.916-930.

② M. Robles-Carrillo, "European Union Policy on 5G: Context, Scope and Limits", *Telecommunications Policy*, Vol.45, No.8, 2021.

③ M.Nitzberg, J. Zysman, "Algorithms, Data, and Platforms: The Diverse Challenges of Governing AI", *Journal of European Public Policy*, 2021.

④ H. Shen, "Building a Digital Silk Road? Situating the Internet in China's Belt and Road Initiative", *International Journal of Communication*, Iss.12, 2018, p.19.

字时代的世界体系提供新的知识。

通过建立兼具实然和应然的理论框架，传播政治经济学视角下的平台研究，不仅将帮助我们洞察数字时代的权力到底怎样创造、运行和转移，也将实质性地为公民、消费者、工程师、企业家和政治家提供更多日常决策的可靠工具。当然，这一理想未来的前提是传播政治经济学能够更好地与其他社会科学的发展成果融合，尤其是适应数字技术、社会数据和计算方法的突破与更新。已经有一些使用计算社会科学方法测量平台权力及检验平台政治影响过程的研究，揭示了这一融合创新路径的良好前景。①②

（王震宇：上海社会科学院新闻研究所助理研究员）

---

① M. Laurer, T. Seidl, "Regulating the European Data-driven Economy: A Case Study on the General Data Protection Regulation", *Policy & Internet*, Vol.13, No.2, 2021, pp.257-277.
② M. Kenney, D. Bearson and J. Zysman, "The Platform Economy Matures: Measuring Pervasiveness and Exploring Power", *Socio-Economic Review*, Vol.19, No.4, 2021, pp.1451-1483.

网络平台治理的再认识：概念、挑战与治理实践[*]

Reflections on Online Platform Governance: Concepts, Challenges and Governance Practices

胡冯彬

Hu Fengbin

摘　　要： 当前，网络平台在全球崛起，其影响力超越了商业领域，给社会治理、国家安全等带来巨大挑战，成为全球治理的重要议题。全球主要国家从法律法规制定、治理方式创新、治理机制完善等方面入手，加强网络平台治理。我国近年来加大网络平台治理力度，但依然面临多重目标难以兼顾、各领域问题交织、规则制度不完善、监管体系不适应等问题。

Abstract: At present, with the rise of online platforms around the world, their influence transcends the commercial field, posing huge challenges to social governance and national security, and has become an important issue in global governance. Major countries in the world have strengthened the governance of online platforms by starting from the formulation of laws and regulations, innovation of governance

---

[*] 本文受到复旦大学容政研究支持计划资助。

methods, and improvement of governance mechanisms. In recent years, China has intensified the governance of online platforms, but still faces a series of problems such as difficulty in taking into account multiple objectives, intertwining problems in various fields, imperfect rules and regulations, and unsuitable regulatory systems.

关 键 词： 网络平台　平台治理　全球治理

Keywords: online platforms, platform governance, global governance

近年来，全球网络平台快速崛起。我国平台经济发展势头迅猛，一批网络平台快速涌现，成为经济社会发展的重要力量。网络平台的影响已经超越了商业范畴，从政治和劳动关系，再到文化生产和消费，几乎涉及当代生活的所有方面，甚至能够对市场竞争秩序、公共政策、国家安全等方面都造成挑战。虽然网络平台升级了生活产品和技术服务，但是网络平台滥用市场支配地位、敏感数据泄露等问题或丑闻在全球范围频频出现。正缘于此，许多学者、政策制定者和公众试图了解网络平台后的复杂生态。如何理解和有效治理网络平台，成为全球普遍关注的一个重要议题。

一、网络平台、网络平台治理及我国网络平台的演进

网络平台对社会发展的影响力与日俱增的同时，也带来一系列的治理问题。探索网络平台的治理之前，先要明确网络平台的概念及其发展，以便更好地理解其快速崛起的成因。

（一）网络平台[①]

网络平台是互联网发展演进的重要产物，其诞生被认为是"数字革命"的

---

① "平台"概念的产生、发展与日本工业硬件生产和技术推进有着密切关系。当时，"平台"一词被日本汽车制造业广泛使用，指代"在不同的车型中使用的普通底盘"。因此，"平台"的最初含义主要是"汽车底盘"，有支撑、支持之意。这一概念有着"基础设施"和（转下页）

标志性事件，对整个社会的生活服务、经济交易、社交互动、舆论生态等各方面都产生了巨大影响。各国互联网发展程度不一，对于网络平台的认知和理解也有所不同。因此，"网络平台"始终未有统一的标准，是一个模棱两可的术语。不同领域的学者有不同的看法。随着网络平台的发展，国内外业界、学界关于网络平台、网络平台治理等议题涌现出大量跨学科讨论，包括计算科学、经济学、法学、社会学、传播学、政治学等诸多领域。不同学科的专家学者，对平台的理解存在的微妙差异，正体现出由网络平台跨领域的新特性带来的不同关注点。①

"平台"概念的产生离不开工业硬件的生产和技术的推进。同样，网络平台的历史亦可追溯到计算机网络、阿帕网（ARPAnet）和早期 BBS 时期②，甚至最早可至计算机的出现③。但这种说法似乎将网络平台等同于计算机。当前更严谨的观点认为，网络平台最初可能始于 20 世纪 90 年代的美国加利福尼亚州，某些软件开发员由软件产品概念化而使用网络平台，将原本的程序升级为能开发和部署代码的灵活平台④。此时的网络平台涉及范围同当前学者的研究较为相似，即指代部署网络技术服务的公司（如 Facebook 和 Alphabet），或在线、数据驱动的

（接上页）"功能性支持"的历史发展路径，这也为数字化时代出现的"平台"定义奠定了基础。参见孙萍、邱林川、于海青：《平台作为方法：劳动、技术与传播》，《新闻与传播研究》2021 年第 10 期。

① J. A. Schwarz, "Platform Logic: An Interdisciplinary Approach to the Platform-Based Economy", *Policy & Internet*, Vol.9, No.4, 2017, pp.374-394.

② J. Naughton, *A Brief History of the Future: The Origins of the Internet*, London: Phoenix, 2000.

③ M. Hicks, *Programmed Inequality: How Britain Discarded Women Technologists and Lost Its Edge in Computing*, Cambridge: MIT Press, 2017.

④ I. Bogost, N. Montfort, "New Media as Material Constraint: An Introduction to Platform Studies" in *Proceedings of the First International HASTAC Conference*, Durham, NC: Lulu Press, 2007.

应用程序和服务（如 Twitter、谷歌、YouTube）等互联网企业①。随着这一概念被越来越多的互联网公司使用，其定义和内涵进一步被明确，聚焦于促进用户生成内容②。近年来，"网络平台"不仅成为互联网公司重要的服务项目，甚至直接成为国外互联网公司的名称③。在数字媒体领域，网络平台更多被认为是"一种可编程的数字化程序，用来实现用户、公司和社会的互动"④。我国政府部门对网络平台的官方定义是："通过网络信息技术，使相互依赖的双边或者多边主体在特定载体提供的规则下交互，以此共同创造价值的商业组织形态。"⑤

目前，苹果、谷歌、亚马逊、Facebook、阿里巴巴、腾讯等全球大型互联网企业全面崛起，无论从用户规模和市值规模，还是企业影响力来看，都已不是以往普通级别的互联网公司，具备影响地区乃至全球经济社会发展的力量。国内外学者也关注到这一现象，在"网络平台"概念基础之上，进一步提出了"互联网超级平台""超级网络平台""超大网络平台"等形容全球大型互联网企业的概念。但是，达到怎样程度或标准的平台才称得上超级或超大网络平台，并没有形成定论。有学者认为，活跃用户 10 亿以上，且对产业有支配地位的可列入互联网超级平台范畴⑥。按照这一界定，全球称得上超级网络平台的互联网企业屈指

---

① R. Gorwa, "What is Platform Governance?", *Information, Communication & Society*, Vol.22, No.6, 2019, pp.854-871.
② T. Gillespie, "The Politics of 'Platforms'", *New Media & Society*, Vol.12, No.3, 2010, pp.347-364.
③ N. Srnicek, *Platform Capitalism*, Cambridge: Polity Press, 2016.
④ J. Van Dijck, T. Poell and M. De Waal, *The Platform Society: Public Values in a Connective World*, Oxford: Oxford University Press, 2018, 转引自孙萍、邱林川、于海青：《平台作为方法：劳动、技术与传播》，《新闻与传播研究》2021 年第 10 期。
⑤ 《国务院反垄断委员会关于平台经济领域的反垄断指南》，http://www.gov.cn/xinwen/2021-02/07/content_5585758.htm，2021 年 2 月 7 日。
⑥ 方兴东、严峰：《浅析超级网络平台的演进及其治理困境与相关政策建议》，《汕头大学学报（人文社会科学版）》2017 年第 7 期。

可数，我国符合要求的只有阿里巴巴和腾讯。也有学者认为，只要互联网平台具备了实质性的超大影响力，月活跃用户达到了亿级，即便没有达到10亿，也可以列入超级网络平台的范畴。按照后者，我国可列入网络超级平台的企业则范围更大。我国政府部门也在探索确定网络平台等级的界定标准。2021年10月，国家市场监管总局发布了《互联网平台分类分级指南（征求意见稿）》，提出根据用户规模、业务种类、限制能力三个分级依据，将互联网平台分为超级平台、大型平台、中小平台三类。其中，超级网络平台是指同时具备超大用户规模、超广业务种类、超高经济体量和超强限制能力的平台。具体而言，超大用户规模，即平台上年度在中国的年活跃用户不低于5亿；超广业务种类，即平台核心业务至少涉及两类平台业务，包括网络销售、生活服务、社交娱乐、信息资讯、金融服务、计算应用等六大方面；超高经济体量，即平台上年底市值（估值）不低于万亿人民币；超强限制能力，即平台具有超强的限制商户接触消费者（用户）的能力。① 可见，我国关于网络平台的确定标准更为细化，甚至对规模、种类、经济体量以及限制能力都作出了相应规定，而国外有关网络平台的标准相对更为泛化。

表1　国家市场监管总局关于网络平台的确定标准

分级依据	具体标准
超大用户规模	在中国的上年度活跃用户不低于5亿
超广业务种类	核心业务至少涉及两类平台业务
超高经济体量	上年度市值（估值）不低于万亿人民币
超强限制能力	具有超强的限制商户接触消费者（用户）的能力

---

① 参见国家市场监督管理总局：《互联网平台分类分级指南（征求意见稿）》，https://www.cqn.com.cn/zj/content/2021-10/29/content_8747094.htm。

（二）网络平台治理

"治理"一词在过去半个世纪也发生了很大的变化。其最初含义与政府行为相关，指政府制定和执行规则，以及提供服务的能力。可见，早期的概念偏向于实践与管理能力。从 20 世纪 90 年代起，治理的范畴更为宽泛，涉及"全球生活是如何组织、构建和管理的"①，超越单一的国家政府范畴，纳入了公司、组织或私人等主体，由单一的政府的实践管理延伸为不同行为主体间的互动网络②。同样，网络平台也超越了以往传统公司或组织的单一业务范围，涉及政治经济、劳动形式、文化生产消费和社会关系等当前社会的方方面面，以至于能够对市场竞争秩序、公共政策制定，甚至国家安全等造成挑战。

基于此，"研究者关于平台的关注焦点，也逐步由早期的应用程序编程接口等技术角度扩展到社会经济等宏观层面，即平台作为主导性基础设施，在数字生态系统中所扮演的角色，以及如何构建更为全面有效的治理框架等问题。"③ 网络平台治理的主体范畴再次扩大，由平台公司（作为设计管理方）、用户（作为行为使用方）以及政府（作为治理规则制定方）三方共同构成。治理机制则由"内容审查、政策制定、服务条款、算法、界面、用户隐私、数据管理等其他方面"④ 组成。即便如此，如何平衡好政府、公司和用户三方主体之间的责任，仍是网络平台治理的难点和痛点。

（三）我国网络平台的发展背景和演进历程

网络平台的崛起是互联网普及、网络信息技术进步和社会发展的共同结果。

---

① M. Barnett, R. Duvall (ed.), *Power in Global Governance*, Cambridge: Cambridge University Press, 2004.
② 参见 R. Gorwa, "What is Platform Governance?" *Information, Communication & Society*, Vol.22, No.6, 2019, pp.854-871。
③ 张志安、冉桢：《中国互联网平台治理：路径、效果与特征》，《新闻与写作》2022 年第 5 期。
④ J.-C. Plantin, C. Lagoze, P. N. Edwards and C. Sandvig, "Infrastructure Studies Meet Platform Studies in the Age of Google and Facebook", *New Media & Society*, Vol.20, No.1, 2018, pp.293-310.

互联网尤其是移动互联网的广泛普及，使得网民数量持续增加，截至2021年12月，我国网民使用手机上网的比例达99.7%[①]，为超级网络平台的涌现奠定了用户基础；互联网新技术的迭代升级，使得新应用新业态层出不穷，平台业务范围得到持续拓展；5G技术促使互联网络走入千家万户，民众的网络素养和习惯得以提高，社交、消费、获取资讯、发表观点逐渐从线下移至线上，深入日常生活。新冠肺炎疫情暴发后，全球数字化程度进一步深化，数字化生产生活持续加深，公共入口、公共通道、公共支撑等三大作用显著发挥，促进了我国网络平台的发展。

相比于起步更早的美国互联网商业化，我国在1994年方才全面接入国际互联网，但由于近几年国内互联网尤其是移动互联网的迅猛发展，中国已与美国一同成为全球超级网络平台数量最多的国家。根据互联网的发展历程、平台形态、业务范围的分类，网络平台的演变历程大致分为四个阶段。

第一阶段：探索起步期（1994—2002）。全球互联网商业化应用起步于1991年，以导航和新闻资讯为核心业务的雅虎、以搜索引擎为基础业务的谷歌最具代表性。这些以新闻资讯、搜索引擎、电子邮件等信息服务为主要内容的门户网站的涌现，标志着互联网平台的崛起。我国在1994年全功能接入国际互联网，早期的互联网企业模仿美国商业模式，也出现了一批以门户网站为代表的平台企业，其中以网易（1997）、腾讯（1998）、阿里巴巴（1999）、百度（2000）为代表，形成了我国互联网商业格局的雏形。这四家互联网企业日后也发展为超级网络平台。

第二阶段：快速发展阶段（2003—2011）。21世纪初的互联网泡沫期结束后，互联网企业逐渐探索形成了以广告、网游、搜索引擎和电商为主的盈利模式。2003年，搜狐和新浪广告营收同比增长翻倍；2005年，百度在纳斯达克上市；

[①] 中国互联网络信息中心：《第49次中国互联网络发展状况统计报告》，http://www.cnnic.net.cn/hlwfzyj/hlwxzbg/hlwtjbg/202202/P020220407403488048001.pdf。

2007年，阿里巴巴在港交所上市，淘宝的网络销售额连续多年翻番式增长。同时，2005年博客的盛行标志着Web2.0的到来，标志着互联网平台从门户网站时代转向社交媒体时代。国外的YouTube、Blogger.com、Facebook等社交网站快速发展，我国QQ独领风骚，新浪微博崭露头角，海量的用户向这些社交媒体聚集。

第三阶段：成熟发展阶段（2012—2019）。2007年，iPhone的横空出世，将全球带入移动互联网时代，互联网企业井喷式发展。2012年，中国手机用户数量首次超过PC端用户数，我国迎来了移动互联网的爆发式增长，App成为互联网企业最重要的发力方向。2017年，市值超过万亿的超级网络平台崛起，全面主导着我国互联网发展格局。阿里巴巴、腾讯等10家头部互联网企业市值总额超过其他所有上市互联网企业市值总和数倍，凸显我国互联网的高速发展以及不平衡发展态势。

第四阶段：规范发展阶段（2020年以来）。网络平台对经济社会的巨大影响力，尤其是因为其垄断而带来的负面问题，引起了社会的关注和焦虑，比如超级网络平台为了进一步维持和巩固垄断优势，强迫运营者和用户"二选一"或"多去一"的做法。2021年以来，"强化反垄断和防止资本无序扩张"被纳入我国政府互联网企业管理内容之列。从蚂蚁集团上市被叫停，到阿里巴巴、腾讯和百度因违反《反垄断法》被罚款，再至七部门联合调查滴滴，说明我国持续加大互联网领域反垄断和防范资本无序扩张的监管力度。

二、全球网络平台治理经验

全球多个国家的互联网商业化早于我国，也面临着网络平台的崛起所带来的影响力及治理难题。网络平台的触角抵达了社会和个人的方方面面，极大影响和改变着社会秩序和个人行为，因此，有学者认为平台治理关键在于平台自身[1]，但是这些治理机制本身无法离开由平台企业所在或服务的国家地区政策

---

[1] T. Gillespie, "Platforms Intervene", *Social Media + Society*, Vol.1, No.1, 2015.

法规等方面的约束和监管。正如像 Facebook 这样的网络平台，受到美国相关互联网企业的监管条约的管理，海外业务受到国际监管限制、《全球网络倡议》（Global Network Initiative）等自愿遵守的政策原则，以及《欧盟委员会关于制定有效抵制非法网络内容措施的建议》、欧洲《通用数据保护条例》（General Data Protection Regulation），及诸多其他海外政策监管条约的管理。从本质上说，网络平台超越了传统的单一企业形式，已是政治行为体，直接受制于地方、国家和超国家范围的机制影响。基于此，越来越多的声音认为，网络平台治理的关键角色不止于政府、用户和平台，还有"补充的第三方"，比如广告商、开发商和其他参与平台生态系统的利益方①。所以，网络治理的议题包含内容审查、市场监管、数据安全、国家安全等。

（一）国外对网络平台挑战的关注焦点

阿里巴巴曾将其发展目标定位于提供继水、电、土地以外的第四种不可缺失的商务基础设施资源。从当前全球各国互联网发展来看，少数超级网络平台的确达成这一目标，深度介入了社会生产、居民生活乃至国家治理，成为信息基础设施。这不仅主导着民众的认知和行为，而且影响着国家政策制定和决策。这一现象引起了政府、学者和网民的担忧，这些忧虑主要聚焦于：

一是数据泄露和个人信息侵犯。网络平台拥有数亿乃至数十亿用户，意味着平台掌握着海量的个人隐私信息及用户行为模式、使用惯习等数据信息。这正是网络平台的价值所在。随着数据价值的不断显现，网络平台为了维持和扩大优势地位，不断加强数据垄断，牢牢掌控数据。平台的数据优势已能转为相对于政府的"权力优势"，甚至出现"数据霸权"。②近年来，平台企业连续发生重大数据泄露事件，涉及用户规模、数据种类以及社会危害性不断增加，数据内容覆盖医

---

① J. Van Dijck, T. Poell and M. De Waal, *The Platform Society: Public Values in A Connective World*, Oxford: Oxford University Press, 2018, 转引自孙萍、邱林川、于海青：《平台作为方法：劳动、技术与传播》，《新闻与传播研究》2021 年第 10 期。

② 参见陈鹏：《智能治理时代的政府：风险防范和能力提升》，《宁夏社会科学》2019 年第 1 期。

疗卫生、军事、银行账号等不同领域。

二是设置议题和操纵舆论走向。坐拥海量用户的网络平台，已取代传统媒体，成为资讯获取和意见表达最重要的渠道。同时，依靠资本、技术和用户基数等优势，网络平台通过设置议题，轻而易举地影响着数十亿用户的所见所闻，引导其认知和行为，操纵舆论走向。常见方式是为了实现特定目的，平台置顶推荐信息，方便用户观看，以此将特定议题或资讯制造为网络热点或舆论，形成信息茧房或过滤泡，从而悄无声息地影响受众的认知，改变其观点或立场。社交媒体平台泄露用户隐私不仅加剧了民众的担忧，而且其力量已强大到可间接甚至直接影响他国选举。Facebook-剑桥分析数据丑闻事件中，英国咨询公司剑桥分析（Cambridge Analytica）在未经 Facebook 用户同意的情况下获取几千万用户的个人数据，通过分析用户的行为模式等，将其用于政治竞选广告和信息推送，影响美国总统竞选活动的选民意见。

三是滥用市场主导地位和实施垄断。网络平台一旦在核心业务领域具备市场主导地位后，会为了维护和扩大竞争优势，继续利用规模效应与用户资源、资本和技术优势，直至垄断。如此一来，受损方是市场其他平台的商户和用户。常见做法是网络平台通过实施价格策略，排挤其他中小平台竞争对手，挤占细分市场。通过实施"二选一"或"大数据杀熟"等侵犯消费者权益，抢占市场获取超额利润。2020年10月，美国众议员经过长达16个月的调查取证之后，发布了针对谷歌、苹果、亚马逊和 Facebook 的反垄断调查报告，认定四大科技巨头在关键业务领域拥有垄断权，为了扩大竞争优势，滥用其市场的主导地位。①

四是干预社会公共政策的制定和走向。网络平台的影响力早已超越商业领域，介入社会公共管理领域，影响甚至左右公共政策的走向和制定。主要体现在：一方面，网络平台被邀请直接参与公共政策的制定过程。鉴于网络平台掌握

---

① https://www.washingtonpost.com/technology/2020/10/06/amazon-apple-facebook-google-congress.

的用户信息远超过政府，不少国家和地区在制定公共政策，尤其是涉及数字化议题时，会事先征求平台的意见，或主动邀请平台参与制定过程。由此，相关政策制定及落地后无法避免相应的争议。我国《电子商务法》在制定过程中，就多次专门征求淘宝、京东等的意见和建议。该法一出台，其中"电商平台不正当竞争、山寨售假等处罚过轻""未尽到安全保障义务时平台经营者推诿塞责"等内容便引起不少社会质疑。另一方面，网络平台借助舆论，影响政策决策的走向。在数字化时代，除了传统的信息收集渠道之外，网络渠道成为公共政策收集反馈的新方式。网络舆论也能产生不同程度的影响。网络舆论既可以使社会关注的话题成为公共政策的议题，也能作为某些平台实现自身利益的工具，通过制造话题、形成舆论的方式，推动议题纳入决策议程之中。

（二）国外网络平台挑战的治理举措

近年来，在连续曝出一系列网络平台的公共关系丑闻、大规模用户数据泄露，以及虚假信息和极端言论之后，越来越多的声音要求加大对网络平台的治理和监控。全球互联网发展水平较高的国家主要从自我治理、外部治理和共同治理三大方向着手，具体涉及法律法规制定、治理方式创新、治理机制完善等做法。

第一，自我治理。网络平台的"自我治理"或"自我监管"是国外网络平台治理的主导。顾名思义，自我治理的主体是平台。自2016年以来，多数大型网络平台公司实施了多项改革，以回应社会和公众的关注和不满。主要举措是完善内容审查机制、建立新的广告工具和透明度工具。"比如公开赞助商的身份证明、出资凭证等，科技专家也明确了理想的计算机科学原则，包括公平、问责、透明、道德和责任。但这一自我治理手段不再被利益相关者视为令人满意的长期解决方案，因为企业依旧占有和垄断技术，以逐利为本质的互联网巨头仍有意保持其市场主导地位。"[①] 平台公司自我治理的本质是寻求避免来自第三方更为严格的

---

① 史晨、蔡仲：《从统治到治理：智能社会新型技治主义的问题与出路》，《自然辩证法研究》2022年第2期。

监管和约束，以便维持高利润的现状和发展空间。

第二，外部治理。如上所述，自我治理更多的是平台公司为了自身利益而不得不采取的权宜之计，治理效果并不令人满意。因此，外部治理呼声越来越高，意味着政府机构的介入。相比自我治理采取的措施，国家政府部门或机构所采取的措施更为直接，多以立法或建立制度条约来约束平台。（1）完善相关立法。政府介入治理的最有效形式是用法律或条约来约束网络平台的行为。比如近十年来，美国出台《通信规范法》(US Communications Decency Act)、《诚实广告法案》(Honest Ads Act)，欧盟发布《通用数据保护条例》和《数字服务法》(Digital Services Act) 等，便是通过立法或条例来约束平台公司，规定数据的可移植性、数据设计保护和知情同意等，以此抵御和惩罚企业的违法行为。（2）实施更严格的用户隐私和数据保护法规。网络平台涉及领域诸多，且多是新应用、新业态，传统的治理手段和规则无法适应平台治理。因此，部分国家在拓展传统法律政策以应对网络空间变化之余，针对网络平台独有的市场竞争、数据安全和算法推荐等新挑战，制定了专门法规条例。典型代表为欧盟《通用数据保护条例》，该条例对平台企业收集、存储和处理用户数据作出了明确要求。目前，全球多个国家均以《通用数据保护条例》及其附属文件为蓝本，制定或修订了自身的数据保护规则。①（3）加强颁布竞争政策和垄断法。近年来，欧盟、美国等国家或组织加大了对网络平台的反垄断调查和处罚力度，尤其是 Facebook、亚马逊等这类超级网络平台。同时，欧盟、美国等均提出了针对互联网平台的创新性竞争政策。德国颁布了全球首部系统针对数字化挑战而修订的反垄断法。立法或提案都提出了新的监管思路，如降低或取消对经营者集中申报门槛的限制，实行举证责任倒置、要求大型平台自证并购无反竞争效果，扩大反垄断机构的事前监管权限等。②（4）创新算法推荐的监管。大数据、人工智能、算法推荐是网络平台的特色，也是传统企业或媒体所不具备的要素，使得传统的法规条例面临着灰色地带

---

①② 余晓晖：《建立健全平台经济治理体系：经验与对策》，《学术前沿》2021 年第 11 期。

或失效的困境。欧盟的《通用数据保护条例》和美国的《算法正义和在线平台透明法案》正是以"信息茧房""大数据杀熟"为对象,要求平台对算法所作出的决策的正确性进行证明,或规定互联网平台有保留算法使用和处理记录的义务。(5)建立多部门参加的协同治理机制。在治理过程中,欧美国家普遍认识到,网络平台的业务领域跨越多部门、多领域,依靠某一部门的力量无法实现有效监管,应探索成立多部门协同治理的机制。

第三,共同治理。走向"共同治理"是试图在前两种方式之间寻找一条相对平衡的中间道路,既能避免网络平台的"监守自盗",又能减少外部治理导致的"矫枉过正"。共同治理要求平台、用户、政府以及其他第三方,如广告商、媒体、学者等多主体协作以实现治理的目的。典型做法是成立社会组织机构,覆盖多种职能:从调查用户投诉到为平台公司建立道德框架等,尤其要解决诸如网络虚假信息、仇恨言论、隐私等方面的问题,甚至执行相关监督行为。[①]但从实践效果来说,因共同参与主体过多,协调和平衡各方诉求成了治理过程的难点,共同治理更像是美好愿景。

三、我国网络平台治理的实践和挑战

网络平台带来的问题,同样引起了我国政府和社会的关注。近年来我国持续加大对超级平台的治理,但仍可以看到,目前在网络平台治理方面依然存在诸多问题。

(一)我国网络平台治理实践

近年,我国逐步加大对网络平台的治理力度,特别是中央经济会议明确将"强化反垄断和防止资本无序扩张"作为2021年的重点任务之一,"强监管"成为贯穿互联网平台治理的主线。我国针对网络平台的治理举措主要有以下方面:

[①] 参见 R. Gorwa, "What is Platform Governance?", *Information, Communication & Society*, Vol.22, No.6, 2019, pp.854-871。

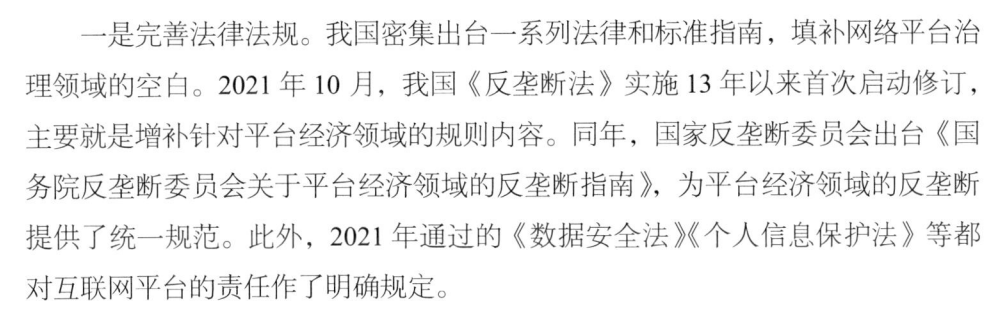

一是完善法律法规。我国密集出台一系列法律和标准指南，填补网络平台治理领域的空白。2021年10月，我国《反垄断法》实施13年以来首次启动修订，主要就是增补针对平台经济领域的规则内容。同年，国家反垄断委员会出台《国务院反垄断委员会关于平台经济领域的反垄断指南》，为平台经济领域的反垄断提供了统一规范。此外，2021年通过的《数据安全法》《个人信息保护法》等都对互联网平台的责任作了明确规定。

二是健全监管机制。2021年11月，国家反垄断局成立，从国家市场监管总局的司局级部门升格为副部级国家局，标志着我国反垄断机制和力量得到加强。同时，各部门之间的沟通联系正在加强，构建了多层级的协同机制。2021年4月，国家市场监管总局会同中央网信办、国家税务总局召开互联网平台企业行政指导会，共同对平台企业提出要求。

三是加大反垄断力度。反垄断监管的强度和力度持续加大，受处罚企业数量之多、罚款金额之大都超过以往。2021年4月，国家反垄断局针对阿里巴巴实施"二选一"的垄断行为，作出182.28亿元罚款的行政处罚。国家反垄断局的数据显示，截至2021年11月20日，反垄断相关的行政处罚案件逾110件，接近过去5年的总数。

四是强化内容监管。中央网信办以"清朗"行动为抓手，开展了一系列专项互联网平台内容整治活动。

（二）我国网络平台治理的多重挑战

网络平台已经成为人类治理第一难题。[①]虽有夸大之嫌，但其治理挑战重重，已是全球共识。对于我国而言，平台治理还面临多重目标难以兼顾、各领域问题交织、规则制度不完善、监管体系不适应等问题。

一是发展与安全目标平衡压力大。新冠疫情冲击下，我国经济发展面临需求收缩、供给冲击、预期转弱三重压力，平台经济依靠技术和业务创新得到逆势发

---

① 方兴东:《超级网络平台:人类治理第一难题》,《网络空间研究》2017年第3期。

展，成为经济发展的驱动力量，也极大方便了人们生活。然而，由于网络平台涉及面广，而且在多个领域具有市场支配地位，一旦业务发展出现问题，单个公司问题极易演变为行业性和社会性问题，甚至演变为经济社会的系统风险。网络平台风险多源于其技术创新和业务创新，导致如果不深度介入很难做到对风险的事前管控。一旦过度监管，又不利于企业创新发展，不利于我国数字经济的发展。如何适当统筹发展和安全，既避免"一管就死"，致使企业失去创新活力，又防止"一放就松"，带来重大风险隐患，严峻考验着政府治理能力。

二是各领域问题交织难以兼顾。网络平台涉及的业务、对象和风险已经超过了单纯的经济范畴，对社会治理、公共安全等领域都产生深刻的影响，既有滥用市场支配地位、资本无序扩张等经济问题，也有数据安全、意识形态安全等安全问题，还有青少年保护、网络违法犯罪等社会问题，治理形势复杂。多重问题的交织意味着平台治理不能只依靠传统的治理工具，还需要探索出更多有针对性的治理工具，同时要强化不同治理工具之间的协同。

三是制度规则尚不完善。新一轮科技革命和产业革命持续迭代升级，网络平台处在技术创新前沿，政府的制度规则制定需要经历较长周期，相比于新业务、新应用，天然面临缺失或滞后的问题。《数据安全法》和《个人信息保护法》原则性要求的落地，资本扩张的认定，都需要尽快出台配套性政策加以明确。同时，治理目标的多元化、治理问题的复杂性，都增加了制度供给的难度。

四是监管体系不适应。网络平台跨领域、跨地区、跨国界的业务属性，决定了传统的条块分割式的监管方式不再适用，权责交叉、职能不清更加突出。例如，平台企业的注册地、经营地、客户所在地相互分离。通常而言，注册地的监管部门会更关注税收问题，经营地的监管部门会更关注就业问题，主要客户所在地的监管部门更关注用户权益保护，不同地区监管者的关注点不同，容易导致监管政策的差异性和冲突性。如何加强不同地区和行业监管部门之间的协同合作，是监管体系改革必须解决的问题。同时，网络平台业务模式复杂、技术迭代升级频繁、用户规模大等特点，使得政府部门在人力、技术能力等方面都有较大差距。

（胡冯彬：复旦大学网络空间国际治理研究基地助理研究员）

近年社交媒体反垄断海外研究综述

A Review of the Overseas Research on Social Media Anti-monopoly in Recent Years

吴禹慧　戴丽娜

Wu Yuhui　Dai Lina

摘　要： 近年来，各国争相对社交媒体平台发起反垄断调查和诉讼。随着反垄断的政策辩论增多，国外针对社交媒体反垄断的学术研究也逐渐增多。社交媒体与垄断相关的特点包括双边市场、网络效应、成瘾性、规模经济和范围经济等。在数据垄断与隐私侵犯的研究中，研究者将市场力量与数据隐私问题联系起来，探究了数据对于社交媒体平台的价值，以及反垄断法对用户隐私保护的作用。在社交媒体政治功能的研究中，研究者主张通过反垄断执法避免私人规范控制公共话语。在各国社交媒体反垄断政策的研究中，研究者分别概述了美国、欧盟等经济体反垄断调查和立法的特点，以及对比了各国的反垄断政策。在社交媒体垄断的规制策略研究中，研究者提出了事前监管、反垄断立法、提升互操作性和平台自治等多种治理方式。

Abstract: In recent years, various countries have rushed to launch antitrust investigations and lawsuits against social media platforms. With the increasing policy debate on anti-monopoly, the academic research on anti-monopoly of social media in foreign countries has also gradually increased. The monopoly-related characteristics of social media include two-sided markets, network effects, addiction, economies of scale and scope, etc. In the study of data monopoly and privacy invasion, researchers link market power and data privacy issues, explore the value of data for social media platforms, and the role of antitrust law on user privacy protection. In the study of the political function of social media, researchers advocate antitrust enforcement to avoid the control of public discourse by private norms. In the study of social media antitrust policies in various countries, the researchers respectively outlined the characteristics of antitrust investigations and legislation in the United States, the European Union and other economies, and compared the antitrust policies of various countries. In the study of regulatory strategies for social media monopoly, the researchers proposed a variety of governance methods, such as ex ante regulation, antitrust legislation, improved interoperability and platform autonomy.

关 键 词：社交媒体　平台经济　反垄断　数据
Keywords: social media, platform economy, anti-monopoly, data

---

自2019年至今，社交媒体频繁遭到各国的反垄断调查和起诉，Facebook、Twitter、WhatsApp、YouTube等社交媒体都受到严格的审查。在美国政治风险咨询公司欧亚集团（Eurasia Group）发布的《2022年的主要风险》中，科技巨头的垄断问题位列2022年十大风险之二。大型社交媒体平台强大的影响力以舆论力量为基础，在经济、政治、社会等各方面发挥着强有力的作用。因此，社交媒体无效治理所产生的危害将渗透当代生活的各个层面。在社会层面上，虚假信息和谣言在社交媒体上得到更快速、更广泛的传播，同时，用户数据大规模地聚集

于社交媒体平台增加了隐私侵犯和泄露的风险。在政治层面上，社交媒体成为信息操纵的工具，为政治动员提供便捷的渠道，影响重大的政治事件。在经济层面上，社交媒体垄断减少竞争的同时削弱了行业整体的创新能力。社交媒体的特点及其垄断的成因、美欧各国社交媒体反垄断情况的概述、数据和隐私保护、社交媒体中的政治参与、反垄断法和监管框架的调整等，成为国外研究者深入探讨的议题。本文试图对社交媒体垄断相关国外文献和研究报告进行分析，探究社交媒体垄断的界定、表现、危害与各国治理实践和治理方式，为中国的反垄断理论研究和实践提供借鉴和启发。

一、社交媒体与垄断相关的特征

社交媒体垄断的表现和成因与社交媒体自身的特点息息相关。首先，社交媒体平台表现出双边市场的特征。Facebook 的大部分收入来自平台的一方，即向企业销售数字广告位，而在平台的另一方，平台不向用户收取访问服务的费用，用户的个人信息就是平台提供给广告商的产品。[①] 社交媒体通常免费为用户提供基础服务，或收取较少的费用，通过免费的服务吸引大批用户，从而获取用户的注意力资源和海量个人信息，并将这些信息卖给广告商。用户和广告商需要通过社交媒体平台进行交易，且显示出跨边的网络效应，广告商加入平台的收益取决于注册该社交媒体平台的用户数量。约翰·纽曼（John M. Newman）认为网络平台的"零价格市场"[②]挑战了传统的反垄断理论和分析框架，美国以《谢尔曼法》《克莱顿法》为代表的现代反垄断法根植于新古典主义经济学，而新古典主义经济学又以价格理论为中心。价格理论认为没有价格就没有市场，而反垄断法对过度收费进行限制，却未能对零价格市场作出充分的反应，从而损害了消费者福

---

① Robert W. Crandall, "The Dubious Antitrust Argument for Breaking up the Internet Giants", *Review of industrial organization*, Vol.54, No.4, 2019, pp.627-649.
② 零价格市场，即公司将其商品或服务的价格设定为零美元。目前，零价格产品在数量和种类上都出现了爆炸式增长。

利。纽曼提出，零价格产品并不是零成本的，消费者往往需要付出注意力和信息作为成本来释放"市场信号"，因此反垄断法体系的完善需要充分考虑到零价格市场。① 美国反垄断法关注的核心是消费者福利，社交媒体不是通过定价上涨而是通过侵犯用户隐私的方式损害消费者的利益。

其次，社交媒体平台的使用对用户而言具有成瘾性，过度的使用将损害用户的心理健康。Facebook等社交媒体采用的策略与多巴胺对大脑的影响方式相同，它们不断提升其产品在情感上的吸引力，以赢得用户的时间和注意力。用户黏性越强，用户在社交媒体上花费的时间就越长，用户观看下一个广告的可能性越大，同时社交媒体将更了解用户的偏好，从而精准推送定制化的广告，由此，广告商平台中广告位的价格将上升，从而使平台取得的利润最大化。罗纳德·戴伯特（Ronald J. Deibert）指出，社交媒体设计了横幅通知、应用程序小红点、震动和铃声等工具吸引用户的注意力，通过操作性条件反射，用户不断重复获取奖励的愉悦体验。在"强迫循环"中，奖励以不可预知的方式发放，从而吸引用户反复登录社交媒体，实现对用户的剥削。② 尼尔斯·罗森奎斯特（Niels J. Rosenquist）表示，产品或服务的产量往往是衡量消费者福利的可靠指标，而当产品具有成瘾性时，产量和福利就不存在这种关系。在社交媒体市场，由于其产品具有成瘾性，产量的增加通常损害了消费者福利。因此，反垄断的界定必须回归到关注消费者福利本身。在社交媒体并购的案件中，法院应该驳回仅依据总产量指标的辩护，没有证据表明产出增长会对消费者有利。③

再次，社交媒体平台表现出来的规模经济和范围经济使平台形成自然垄断。

---

① John M. Newman, "Antitrust in Zero-price Markets: Foundations", *University of Pennsylvania Law Review*, Vol.164, No.1, 2015, pp.149-206.

② Ronald J. Deibert, "The Road to Digital Unfreedom: Three Painful Truths about Social Media", *Journal of Democracy*, Vol.30, No.1, 2019, pp.25-39.

③ Niels J. Rosenquist, Fiona M. Scott Morton and Samuel Weinstein, "Addictive Technology and Its Implications for Antitrust Enforcement", *North Carolina Law Review*, Vol.100, No.2, 2022.

基思·希尔顿（Keith N. Hylton）认为 Facebook 等大型数字平台垄断是规模经济的结果，而不是反竞争行为的结果。希尔顿分析了与数字平台相关的三种反竞争行为，分别是：扼杀性征用、收购新生竞争对手和拒绝获取数据。随着数字市场的成熟，数字平台可能会在一定程度上呈现差异化和专业化的趋势，这缓解了目前对竞争的部分担忧。①

二、社交媒体的数据与隐私

数据是社交媒体商业模式的核心，社交媒体通过提供免费服务收集海量的用户数据，并广泛利用收集到的用户数据，拥有海量的用户数据使社交媒体平台积累了强大的市场力量。迈克尔·卡茨（Michael L. Katz）将用户数据视为一项重要资产，认为用户数据对多边平台非常有价值。由于大型数字平台的规模经济和范围经济，用户数据的收集和分析会获得越来越多的收益。当用户数据被用于分析用户偏好从而开发定制化的服务和产品时，数据就具有了商业价值。如果用户数据缺乏替代品且无法在多个平台间共享，那么在收集和利用用户数据过程中获取的巨大收益将促使平台建立起"数据进入壁垒"，采取排他性行为，通过提高竞争对手获取用户数据的成本来削弱其竞争能力，从而减少竞争对手数量，提高行业集中度。同时，这将会提高用户切换使用不同平台的成本，从而产生用户锁定的现象。为了提高竞争对手获取数据的成本，平台可能会采取的行为包括：拒绝向竞争对手出售数据或以高价出售数据；与第三方数据供应商签订排他性合同；对用户数据的可移植性制造障碍。此外，在用户数据被视为平台重要资产的前提下，卡茨把用户数据作为分析平台并购效率的出发点，为分析社交媒体平台并购的案例提供了新的视角。平台会通过并购来获取用户数据，抢占获取数据的先机，利用这些用户数据进行更有效的竞争。另外，卡茨认为，反垄断执法无法解决所有平台因利用用户数据而出现的问题，隐私问题可能需要通过规定信息披

---

① Keith N. Hylton, "Digital Platforms and Antitrust Law", *Nebraska Law Review*, Vol.98, Iss.2, 2019.

露的界限等反垄断以外的方式解决。①

凯瑟琳·塔克（Catherine Tucker）则持有相反的观点，认为数据的价值有限，数据是非竞争性的，存在许多来源，因此数据无法达到成为基础设施的标准。塔夫还指出，数字化进程削弱了网络效应和转换成本的经济力量，而不是增强了它们的力量。另外，强制访问数据和保护消费者隐私之间存在矛盾。②塔克对于社交媒体平台中数据大规模聚集会造成垄断的问题保持乐观的态度。丹尼尔·索科尔（D. Daniel Sokol）关注平台用户数据的大规模聚集是否造成垄断的问题，以及如何运用反垄断法对大数据造成的损害进行补救。平台用户数据的收集出现大幅度增长，大数据的运用使得用户获得免费或高额补贴服务、更高的服务质量和更快的产品创新。大数据有利于竞争和增加消费者福利，因此索科尔认为反垄断政策不适用于大数据领域，目前对大数据的反垄断干预是不成熟的。③塔克同样认为反垄断法不是监管大数据所适合的工具。

数据收集与用户隐私侵犯这两个议题相互关联，往往会被研究者同时关注。米里亚姆·卡罗琳·布顿（Miriam Caroline Buiten）指出，互联网平台以收集消费者的个人数据作为交换，为他们提供"免费"服务，由此获得了巨大的市场影响力，这种市场力量会通过损害隐私的方式对消费者造成伤害，布顿关注竞争法和数据保护法在减轻对消费者隐私侵犯方面发挥的具体作用。德国反垄断机构联邦卡特尔办公室（Bundeskartellamt）针对Facebook数据收集行为进行调查，2019年2月裁定Facebook滥用市场支配地位，违反了数据保护法，在用户不知

---

① Michael L. Katz, "Multisided Platforms, Big Data, and a Little Antitrust Policy", *Review of Industrial Organization*, Vol.54, No.4, 2019, pp.695-716.

② Catherine Tucker, "Digital Data, Platforms and the Usual [Antitrust] Suspects: Network Effects, Switching Costs, Essential Facility", *Review of industrial Organization*, Vol.54, No.4, 2019, pp.683-694.

③ D. Daniel Sokol, Roisin Comerford, "Antitrust and Regulating Big Data", *George Mason Law Review*, Vol.5, No.9, 2016, pp.1129-1161.

情的情况下收集多个渠道的用户数据，并责令 Facebook 限制在德国的数据收集行为。在此背景之下，布顿对数据保护法是否应该在滥用垄断地位的评估中发挥作用提出了质疑，并认为即使在明确将市场力量与数据隐私问题联系起来的数字市场，竞争法和数据保护法也起到了互补的作用。①

格里高利·戴（Gregory Day）认为针对社交媒体平台的反垄断执法有助于保护用户隐私。与零价格产品带来的效率相比，平台可能会以失去隐私的方式给用户和市场带来更大的成本。例如，用户每年花费数十亿美元来弥补隐私侵犯的问题。而且，由于反垄断的分析框架通常使用对消费者的定价来衡量福利，平台的隐私侵犯在很大程度上通过免费服务规避了反垄断审查。不充分的竞争使平台能够获取数据带来的经济利益，同时将保护数据的成本外部化。用户要求保护隐私，但垄断市场中的公司有可能将保护隐私的成本转嫁给社会。为了降低侵犯隐私的可能性，竞争的增加将允许用户惩罚违规的公司，传播有关隐私的真实成本的信息，向市场引入更安全的服务。垄断力量鼓励公司忽视用户的隐私需求，反垄断必须逐渐认识到，隐私被损害的成本比人为抬高产品价格更能降低消费者福利。②

劳拉·德纳迪斯（Laura DeNardis）评估了社交媒体的实名制政策、元数据的收集方法和向第三方披露数据的方式三个与隐私保护相关的问题，并探究这些政策对个人权利的影响。德纳迪斯描述了社交媒体中隐私治理的私有化的过程，从是否允许匿名，到收集用户的哪些信息，再到这些信息如何与第三方共享。③

---

① Miriam Caroline Buiten, "Exploitative Abuses in Digital Markets: Between Competition Law and Data Protection Law", *Journal of Antitrust Enforcement*, Vol.9, No.2, 2021, pp.270-288.
② Gregory Day, Abbey Stemler, "Infracompetitive Privacy", *Iowa Law Review*, Vol.105, 2019, p.61.
③ Laura DeNardis, Andrea M. Hackl, "Internet Governance by Social Media Platforms", *Telecommunications Policy*, Vol.39, No.9, 2015, pp.761-770.

蒂娜·斯里尼瓦桑（Dina Srinivasan）关注在社交媒体市场中具有垄断地位的平台Facebook，探究其隐私政策的演变。在Facebook初创时期，用户隐私是最重要的。零价格产品只能在服务质量上进行竞争，隐私级别成为一个重要的质量属性。Facebook公开承诺保护用户隐私，并将用户隐私放至首位，由此吸引了同样重视隐私保护的大批用户。而在Facebook占据市场支配地位的今天，为了使用Facebook的社交服务而接受Facebook的政策意味着将接受大规模的商业监控。斯里尼瓦桑认为Facebook监控和记录用户数字行动轨迹的能力，反映了Facebook在社交媒体市场上凭借垄断地位获取利润的能力。[1]

三、社交媒体的政治功能与反垄断

从社交媒体功能的角度考察，社交媒体向公民提供进入数字公共领域的媒介渠道，为政治言论创造迅速传播的空间，促进公民政治参与并构建公民与政府的关系。阿拉伯之春、美国国会山暴乱、俄罗斯涉嫌干预美国总统大选等事件显示出社交媒体进行政治动员的巨大力量。劳拉·德纳迪斯将社交媒体平台称作互联网上的控制中心，认为社交媒体在促进或限制网络言论自由方面发挥着决定性作用。社交媒体扮演着内容中介的角色，虽然在技术层面上是中立的，但它需要决定允许何种内容在平台上出现，什么样的内容应被删除或屏蔽，社交媒体的政策框架和日常决策对数字公共领域中可能出现的信息起到把关的作用。无数的社会生活动态和政治言论都发布在各类社交媒体上，社交媒体也由此成为控制言论自由的有效手段。[2]

---

[1] Dina Srinivasan, "The Antitrust Case Against Facebook: A Monopolist's Journey Towards Pervasive Surveillance in Spite of Consumers' Preference for Privacy", *Berkeley Business Law Journal*, Vol.16, No.1, 2019, p.39.

[2] Laura DeNardis, Andrea M. Hackl, "Internet Governance by Social Media Platforms", *Telecommunications Policy*, Vol.39, No.9, 2015, pp.761-770.

第一部分　平台与社交媒体研究

杰克·巴尔金（Jack M. Balkin）总结了社交媒体的三种公共功能，分别是：促进公众对政治和文化的参与、组织公众对话和策划公众舆论。社交媒体通过删除或重新安排内容来策划公共内容，还通过调节传播速度和内容覆盖范围来管理公众舆论。社交媒体的这三种功能是健康的、运转良好的公共领域的关键标志。公共领域有助于实现言论自由的价值，言论自由的程度有助于我们了解公共领域运转的好坏。言论自由服务于政治民主的价值观，有助于形成民主文化和促进知识的生产和传播。社交媒体在推广政治民主、文化民主、知识传播这三种价值观时，很好地发挥了公共功能。除此之外，巴尔金认为社交媒体功能支持和控制的多样性十分重要，多种不同类型的社交媒体，提供不同类型的功能支持，这不仅有助于增加多样化和对立的信息来源，更有利于提升参与和创造文化的民主程度。因此，拥有Facebook、Twitter、YouTube、Tik Tok等多种类型的社交媒体平台非常重要，且这些应用程序不能由同一家公司拥有或控制。① 社交媒体反垄断有助于避免私人规范控制公共话语。

娜塔丽·赫尔伯格（Natali Helberger）没有将社交媒体视为呈现他人言论的中介，而是将社交媒体平台视为活跃的政治参与者，认为其具有相当大的舆论权力，社交媒体的舆论力量可以转化为政治力量。为了防止社交媒体巨大的舆论权力被滥用，进而威胁民主制度，赫尔伯格呼吁分散社交媒体的舆论权力，创造制衡力量，支持增加更多的平台，防止权力集中于少数平台。② 弗朗西斯·福山（Francis Fukuyama）指出，大型互联网平台造成的政治危害比经济危害更加严重，它们主导着信息的传播和政治动员的协调，这对现行运转良好的民主国家构成了独特的威胁。算法推送的定制化信息创造了"过滤气泡"，可以放大或掩盖

---

① Jack M. Balkin, "How to Regulate (and Not Regulate) Social Media", *Journal of Free Speech Law*, Vol.71, No.1, 2019.
② Natali Helberger, "The Political Power of Platforms: How Current Attempts to Regulate Misinformation Amplify Opinion Power", *Digital Journalism*, Vol.8, No.6, 2020, pp.842-854.

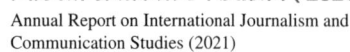

某些特定的声音，进而影响民主政治辩论，甚至可以通过政治沟通的强大控制力影响选举结果。①

奥雷利安·波尔图埃塞（Aurelien Portuese）认为，随着大型数字平台的迅速发展，竞争政策重新政治化，反垄断民粹主义正在美国和欧盟重新出现。尽管它在政治层面吸引了媒体关注，但学术界和监管机构不应该接受这种"反革命"。在不完全竞争的背景下，以创新为基础的反垄断执法制度的微调需要更多的研究，这是促进创新和增加福利的最合适的监管改革。鉴于监管机构在调查大型科技公司方面面临的各种挑战，数字时代为实行强有力的反垄断政策提供了绝佳机会。②波尔图埃塞批判了利用竞争政策实现政治目标的反垄断民粹主义，关注经济调控背后隐藏的政治逻辑，主张严肃对待创新和消费者福利，实行更严格的反垄断执法。

四、各国社交媒体反垄断进展概述

美国、欧盟和中国被称为全球反垄断的三大司法辖区。欧盟通过《数字市场法》《数字服务法》，加强对大型互联网平台的监管。美国的监管机构对Facebook发起反垄断诉讼，并为社交媒体平台的隐私保护制定新的规则。中国进一步加强对大型互联网平台的反垄断监管，涉及平台企业的经营者集中将继续受到严格和全面的审查。此外，印度、俄罗斯等国也对大型社交媒体平台展开反垄断调查。关注美国和欧洲社交媒体反垄断的调查案例，对中国的反垄断实践和理论研究具有启示意义。

比较美国和欧盟针对大型社交媒体平台的反垄断政策，可以发现欧盟的反

---

① Francis Fukuyam, Barak Richman and Ashish Goel, "How to Save Democracy from Technology: Ending Big Tech's Information Monopoly", *Foreign Affairs*, Vol.100, No.1, 2021, p.98.

② Aurelien Portuese, "Beyond Antitrust Populism: Towards Robust Antitrust", *Economic Affairs*, Vol.40, No.2, 2020, pp.237-258.

垄断法更加严格，美国的反垄断法对待社交媒体平台相对温和。① 亨里克·施奈德（Henrique Schneider）比较了美国与欧盟反垄断制度的区别。一是反垄断调查机构有所区别。在美国，美国司法部、联邦贸易委员会和各州检察长充当原告，将案件提交法院，由法官或法官小组裁决。在欧盟，欧盟委员会是唯一的反垄断机构，它决定追究哪些案件，然后对这些案件进行初审。二是私人诉讼的数量有所区别。在美国，反垄断领域存在着相当多的私人诉讼。在欧盟，则情况相反，私人诉讼大多发生在成员国一级。三是反垄断法的侧重点不同。在美国，《谢尔曼法》的第2条涉及垄断和垄断企图，美国的法律关注的是故意获得或维持垄断权力的问题。《欧洲联盟运作条约》第102条处理已经在某一市场占主导地位的公司滥用市场力量的问题。虽然欧盟法律并不阻止一家公司在市场上获得主导地位，但它禁止该公司采取如掠夺性定价等不合理的竞争行为。② 菲利波·玛丽亚·兰切里（Filippo Maria Lancieri）指出，美国和欧盟在数据保护和反垄断政策方面存在分歧，并且这种分歧将持续扩大。欧洲人将数据保护和个人隐私视为不可剥夺的权利，美国人则将数据视为一种可以自由交易的资产。欧洲人利用竞争政策来促进个人自由，美国的反垄断政策侧重于经济效率。欧盟这些独特的观念使其愈加频繁地对美国互联网公司采取反垄断和数据保护执法行动。③

娜塔丽·赫尔伯格分析了德国、法国和英国三个欧洲国家的平台治理方法，三者都倾向于对平台施加额外的问责义务，强化政府和社会等外部力量对社交媒

---

① Eleanor M. Fox, "Platforms, Power, and the Antitrust Challenge: A Modest Proposal to Narrow the US-Europe Divide", *Nebraska Law Review*, Vol.98, No.2, 2019, p.297.
② Henrique Schneider, *European Union Antitrust Policy in the Digital Era*, Competitive Enterprise Institute Issue Analysis 2020, No.8, Oct. 29, 2020.
③ Filippo Maria Lancieri, "Digital Protectionism? Antitrust, Data Protection, and the EU/US Transatlantic rift", *Journal of Antitrust Enforcement*, Vol.7, No.1, 2019, pp.27-53.

体平台的控制。德国颁布《网络执行法》明确社交网络平台的主体责任，违反义务的平台将面临巨额罚款。法国同样严格严管社交媒体，法国有着打击选举期信息操纵和政党传播虚假信息的长期传统，并通过了《反网络仇恨法案》，要求Facebook、Twitter等社交媒体在规定的24小时内删除仇恨言论，否则将处以巨额罚款。英国《网络危害白皮书》提出成立负责监管社交媒体的独立监管机构，其提议监管的范围十分广泛，包括威胁国家安全的恐怖主义内容、侵犯版权的内容、虚假信息、网络欺凌和网络犯罪。[1]

乔纳森·贝克（Jonathan B. Baker）指出了美国法院和执法机构在限制占主导地位的互联网平台采取排他性行为时所面临的困境，并认为美国的监管措施可以通过促进大型互联网平台之间的竞争来对反垄断法起到有益的补充作用。在提升数据可移植性和平台互操作性、保护用户隐私方面，监管机构可以比法院更快地执行和实施反垄断举措，依赖规则制定的美国监管机构可能比依赖个案裁决的美国法院更容易改变整个社交媒体行业的做法。[2]2020年10月6日，美国众议院司法委员会反垄断法、商业法和行政法小组委员会正式发布了《数字市场竞争调查》，详细阐述谷歌、苹果、Facebook和亚马逊（简称GAFA）的市场主导地位和垄断行为。这份报告是众议院司法委员会于2019年6月针对网络竞争状况展开的为期16个月调查的结果。报告阐明了Facebook以反竞争行为维持其垄断地位，Facebook利用其数据优势创造的市场情报识别新生的竞争威胁，然后收购、复制或扼杀这些初创企业。在缺乏竞争的情况下，Facebook的服务质量正逐渐恶化，并减少了对用户隐私的保护，且其平台上的虚假信息正在急剧

---

[1] Natali Helberger, "The Political Power of Platforms: How Current Attempts to Regulate Misinformation Amplify Opinion Power", *Digital Journalism*, Vol.8, No.6, 2020, pp.842-854.

[2] Jonathan B. Baker, "Protecting and Fostering Online Platform Competition: The Role of Antitrust Law", *Journal of Competition Law & Economics*, Vol.17, No.2, 2021, pp.493-501.

增长。①

五、社交媒体垄断的规制策略

针对社交媒体垄断问题的治理策略可以从技术、法律、监管、数据等多个层面展开，不同的研究者有不同的分类方式。罗伯特·戈尔瓦（Robert Gorwa）将社交媒体的规制策略按治理的主体进行划分，分为自治、外部治理和共同治理三种模式，并认为要在这三种模式之间找到适当的平衡。社交媒体的自我规制主要包括技术变革和提升内容政策等领域的透明度，自我规制的优点在于社交媒体平台可以在没有复杂监管干预的情况下进行治理，其缺点也同样明显，即难以产生系统性变化或更改平台的商业模式。外部治理主要是来自政府的干预，主要包括：拒绝中介责任保护、实施全面的隐私和数据保护法规、制定竞争法和反垄断法。在社交媒体平台自治的效果不理想的背景之下，德国《网络执行法》通过法律强制要求德国的数字业务建立全面透明的信息处理机制，这种透明化的处理并不是出于平台自愿。共同治理的愿景包括用户参与平台管理的决策、从主要的公司化平台转向分散的系统和其他形式的社区自我管理。虽然共同治理的模式在短期内不太可能实现，但从长远来看，可以为用户提供更公平公正的平台治理形式。②

加大市场竞争是抑制社交媒体平台垄断力量的方法之一。其中，是否支持拆分大型科技公司是研究者们争论的焦点，部分研究者主张通过拆分大型公司或限制收购行为，增加参与市场竞争的社交媒体公司。以巴里·林恩（Barry Lynn）、莉娜·汗（Lina Khan）和吴修铭（Tim Wu）为代表的新布兰代斯主义者认识到

---

① United States Congress, Investigation of Competition in Digital Markets: Majority Staff Report and Recommendations, 2020, Ann Arbor, Michigan: Nimble Books LLC.
② Robert Gorwa, "What is Platform Governance?", *Information, Communication & Society*, Vol.22, No.6, 2019, pp.854-871.

Facebook等社交媒体垄断造成的危害，主张在反垄断执法实践中进行激进的改革，比如要求分离大型公司的平台业务和其他业务。加内什·西塔拉曼（Ganesh Sitaraman）指出拆分和监管大型科技公司并不会对美国构成威胁，而是在大国竞争的时代保持美国的竞争力、维护国防工业基础和民主自由的必要条件，有助于维护美国国家安全。[1]而另一批研究者反对利用反垄断法对大型社交媒体平台进行拆分。迈克尔·奎特（Michael Kwet）批判了新布兰代斯学派所倡导的拆分社交媒体公司的解决方案，认为在资本主义制度下创建多个互相竞争的社交媒体平台，依旧无法改变其追逐利润、剥削用户的本质，社交媒体依旧会监视用户并将基于广告的盈利模式强加给用户。[2]赫伯特·霍文坎普（Herbert Hovenkamp）指出，拆分那些从规模经济和范围经济中获益的大型科技公司，将会损害消费者、供应商以及提供劳动力的公司员工的利益。霍文坎普提出，更好的方法是重组管理层，而非拆分资产，这将使平台作为一个生产实体保持完整，使平台决策更具竞争力。另外，霍文坎普认为应对平台收购行为进行监管，主导地位平台可能会对拥有互补或差异化技术的初创公司进行收购，从而减少竞争的威胁。新进入者对于技术发展迅速的数字平台市场尤为重要，应采取反垄断立法措施保护初创公司成为独立且有活力的竞争对手。[3]

政府监管是制约社交媒体平台垄断的重要方法，近期，研究者们发现仅依靠事后监管存在局限性，主张进行事前监管。杰弗里·帕克（Geoffrey Parker）梳理了Facebook自成立以来的收购策略，探讨了大型互联网平台收购行为带来的潜在危害，认为扼杀性收购阻碍了竞争和创新，减少了用户在同一市场中的消费

---

[1] Ganesh Sitaraman, "The National Security Case for Breaking up Big Tech", Knight First Amendment Institute at Columbia, 2020.

[2] Michael Kwet, "Fixing Social Media: Toward a Democratic Digital Commons", *Markets, Globalization & Development Review*, Vol.5, No.1, 2020.

[3] Herbert Hovenkamp, "Antitrust and Platform Monopoly", *Yale Law Journal*, Vol.130, No.8, 2020, pp.1952-2273.

选择。针对平台并购中出现的问题,帕克主张对大型互联网平台进行事前监管,调查和评估收购的动态影响。[1]马可·卡帕伊(Marc Cappai)同样主张建立事前监管框架,将其作为反垄断法的补充,以解决数字环境中的竞争问题。反垄断调查周期较长,不适合有效应对数字市场的快速变化,事后反垄断执法通常效率低下,无法保持市场的竞争力和可竞争性。[2]

反垄断法和隐私法是促进社交媒体市场公平竞争的重要保障。杰克·巴尔金从外部治理的视角分析了监管社交媒体的三种政策工具,分别是反垄断法和竞争法、隐私和消费者保护法、平衡中介责任和中介豁免。在处理社交媒体垄断带来的问题时,巴尔金不局限于只关注以消费者福利为中心的反垄断法,而将关注范围扩展到更普遍地行使经济权力的竞争法,认为竞争法的实施可以更大限度地促进经济竞争和创新。竞争政策的目标不是简单地将社交媒体服务从大型科技公司中分离出来,而是鼓励许多提供社交媒体服务的小型公司成立,防止初创公司过早地被社交媒体巨头收购。[3]

从技术层面考虑,增强互操作性有助于削弱社交媒体市场的进入壁垒。迈克尔·卡迪斯(Michael Kades)认为当占主导地位的社交媒体平台通过违反反垄断法来利用网络效应时,互操作性可能是一种合适的补救措施。解决网络效应造成的进入壁垒对于纠正社交媒体市场中的垄断违规行为至关重要,而基于稳健和有效规则的强制的互操作性可以克服社交媒体的网络效应,使新进入者以最小成本最大限度地参与市场竞争,并从现有企业那里夺取市场

---

[1] Geoffrey Parker, Georgios Petropoulos and Marshall Van Alstyne, "Platform Mergers and Antitrust", *Industrial and Corporate Change*, Vol.30, No.5, 2021, pp.1307-1336.
[2] Marc Cappai, Giuseppe Colangelo, "Taming Digital Gatekeepers: The 'More Regulatory Approach' to Antitrust Law", *Computer Law & Security Review*, Vol.41, 2021.
[3] Jack M. Balkin, "How to Regulate (and Not Regulate) Social Media", *Journal of Free Speech Law*, Vol.71, No.1, 2019.

份额。①

另外，引入第三方公司管理平台上的信息有助于分散社交媒体平台的权力。对于如何制约大型互联网平台权力的问题，弗朗西斯·福山否定了加强政府监管、增加数据可移植性、拆分互联网巨头、依赖隐私法等解决方法的可行性或有效性，而是提出引入中间件（middleware）公司来管理和过滤平台中的特定信息。用户可以选择让中间件供应商调整他们在互联网平台的搜索结果，优先考虑用户个人偏好的信息，以及阻止查看特定的内容、信息源或制造商。社交媒体平台聚集的权力被分散或转移至新的竞争性公司，而不是一个单一的政府监管机构。

总的来说，伴随社交媒体垄断而来的权力集中将威胁民主和消费者福利成为研究者们的共识，在各国实施反垄断政策后，学界逐渐开始重视这一问题。但对于如何应对社交媒体垄断的威胁，研究者们并未达成一致。掌握海量数据的社交媒体平台自我规制的效果有限，随着舆论权力、政治权力、经济权力转移到少数的私营公司，社会面临的风险相应增加，占主导地位的社交媒体平台应在确保公平竞争、保护隐私和维护民主等方面承担相应的责任。

（吴禹慧：上海社会科学院新闻研究所硕士研究生；
戴丽娜：上海社会科学院新闻研究所副所长、副研究员）

---

① Michael Kades, Fiona Scott Morton, "Interoperability as a Competition Remedy for Digital Networks", Washington Center for Equitable Growth Working Paper Series, Sep. 23, 2020.

传播学视野下的 Tik Tok 海外研究综述：
研究主题、国别差异与趋势展望

A Review of Overseas Researches on Tik Tok from the Perspective of Communication Studies: Research Themes, Country Differences and Trend Prospects

卢 垚　李 宁

Lu Yao　Li Ning

摘　要： 随着 Tik Tok 成为全球热门的社交软件之一，来自不同国家、不同学科如传播学、计算机科学、心理学和社会学等领域的学者均对其展开了多样研究。传播学作为研究 Tik Tok 的主要学科，初始研究集中于 Tik Tok 平台算法、健康传播、平台营销等；伴随着全球新冠肺炎疫情的传播与影响，该学科对 Tik Tok 的研究开始着力于疫情内容传播、平台用户特征和内容文本分析，以及平台对社会层面产生的影响。从国别来看，西班牙的研究主题覆盖是最为全面的，美国对 Tik Tok 的研究则聚焦社交媒体与疫情相关议题，而来自加拿大、荷兰和澳大利亚的学者们更致力于探讨 Tik Tok 崛起的原因，并将其归因于全球化战略、数据和内容政策以及地缘政治影响。从研究趋势来看，健康传播领域对 Tik Tok 平台的关切逐渐显著，如某种疾病患者在 Tik Tok 平台的自我呈现、健康信息的传播和全球公共卫生事件在 Tik Tok 上

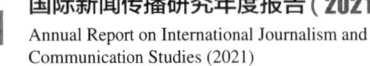

的报道等；传播学和其他学科的跨领域研究也是新兴研究的主要趋势。

Abstract: With Tik Tok becoming one of the popular social networking software worldwide, scholars from different countries and different disciplines such as communication science, computer science, psychology and sociology fields have conducted diverse researches on it. Communication science, as the main discipline studying Tik Tok, initially focused on Tik Tok's platform algorithm, health communication, and marketing tools. Along with the spread and impact of the COVID-19 pandemic, research on Tik Tok of the discipline began to focus on the analysis of the spread of the epidemic content, the platform's user characteristics and the content texts, as well as the impact of the platform on the social level. In terms of country differences, Spain has the most comprehensive coverage of topics, while the US studies of Tik Tok focus on social media and epidemic-related issues, and scholars from Canada, the Netherlands, and Australia have focused on the reasons for Tik Tok's rise, attributing it to globalization strategies, data and content policies, and geopolitical influences. In terms of research trends, the health communication field is gradually focusing on the Tik Tok platform, such as the self-presentation of patients with a particular disease on the Tik Tok platform, the dissemination of health information and the coverage of global public health events on Tik Tok, etc. Cross-disciplinary research between communication and other disciplines is also a major trend in emerging research.

关 键 词： Tik Tok　传播学　国别

Keywords: Tik Tok, communication studies, country differences

引言

Tik Tok——一个由中国公司开发和拥有的移动应用程序①，因2020年美国总统及其政府不断的迫其"出售"的施压吸引了全世界的目光：2020年7月17日，美国总统特朗普在Facebook及其旗下产品Instagram账号上发文警告美国用户称"Tik Tok正在监视你的隐私"，并号召用户签署封禁Tik Tok的请愿书，随后出台了一系列行政令禁止Tik Tok在美运营、强制出售其在美业务；同时，特朗普还公开表示"作为交易的一部分，购买公司应向联邦政府支付大量资金"。那么，Tik Tok在美国的实际表现如何呢？根据感应塔公司（Sensor Tower）的统计数据，在2020年美国市场下载量前十的iOS应用中，Tik Tok的积极评价占比最高，达到88%，即Tik Tok是2020年美国App Store中评分最高的头部应用。收益方面，2020年11月，在全球移动应用（非游戏）收入榜中，抖音及海外版Tik Tok在全球App Store和Google Play的收入超过1.23亿美元，蝉联全球移动应用（非游戏）收入榜冠军；在收入比例中，排名美国市场第二，贡献了8%的收入。目前，Tik Tok在全球154个国家和地区均可以下载使用。②关于Tik Tok，海外在传播学、计算机科学与心理学等人文社科和工科领域都有一些研究成果，本文着重从国别研究及传播学领域对Tik Tok的研究进行归纳。

一、Tik Tok海外研究概览

本文通过Web of Science数据库检索了标题、关键词和摘要部分含有Tik Tok

---

① 来自维基百科的资料显示，Tik Tok的母公司是字节跳动（ByteDance Ltd.），作为视频共享社交网络服务和应用程序，于2012年成立，总部设于北京，注册地位于开曼群岛，目前已经逐渐发展成为一个以各种格式提供内容的平台，如文本、图像、问答帖子、微博和视频。截至2020年5月，字节跳动的市值超过1000亿美元。

② 《Tik Tok在海外有多火》，https://ccwb.yunnan.cn/html/2020-08-05/content_1362351.htm，2020年8月5日。

的全部研究，共得到379条文献信息，使用Bibliometrix①对以上文献信息进行基础的文献计量分析，以获得海外关于Tik Tok研究的基本趋势。

对Tik Tok这一软件进行研究的主要国家和地区共计有51个，其中通过国际合作完成对Tik Tok的研究情况普遍。经数据统计，美国的学者是对Tik Tok研究最多的，共有443人次的学者参与。排名第二的则为来自中国的学者，有231人次的学者发表过相关研究。中美合作进行研究的情况最为普遍。人次位于第三的是西班牙，共有97位学者。数据显示，Tik Tok在全球拥有约8亿活跃用户，其中约1亿的活跃用户在美国，该数据解释了美国学界对Tik Tok研究的关切的缘由。同时，"Tik Tok出售门"事件引发了中美两国对于中国科技公司在美的数据主权等问题的讨论，也是两国对Tik Tok研究合作较多的原因。

如图1所示，将海外Tik Tok研究文献按年度区分可以发现，数据库中相关文献最早出现的年份为2019年，而该应用正式在海外上线的时间为2017年，符

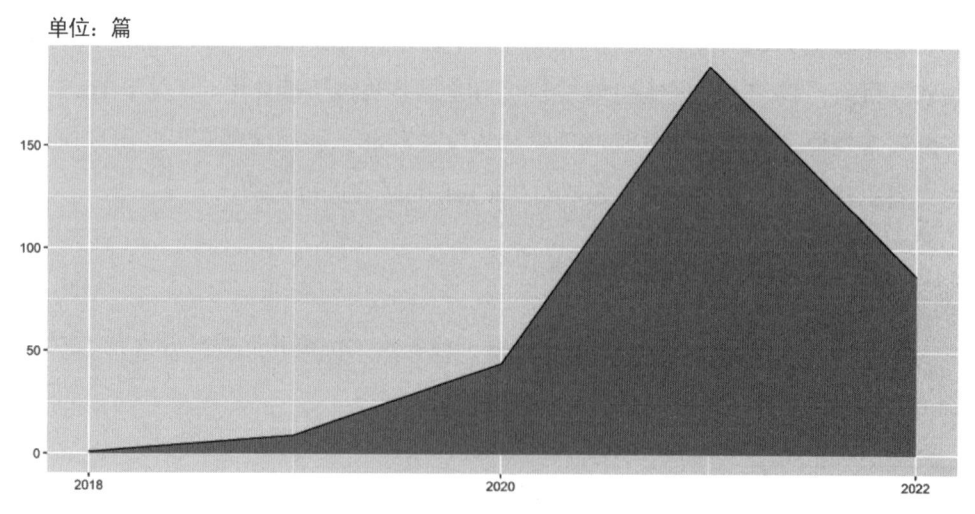

图1 海外Tik Tok研究年度文献数目统计

---

① M. Aria, C. Cuccurullo, "Bibliometrix: An R-tool for Comprehensive Science Mapping Analysis", *Journal of Informetrics*, Vol.11, No.4, 2017, pp.959-975.

合学术研究的时间规律。最早的一篇文献为发表在 2019 年《美国计算机协会交互设计与儿童学报》上由巴迪洛-奥奇拉（Badillo-Urquiola）等人撰写的文章，文章讨论了幼儿通过以 Tik Tok 为代表的移动社交媒体应用程序与陌生人接触的有害事件[1]，认为社交媒体应用程序应该在促进儿童的在线安全方面承担更多的责任。同年其他的 Tik Tok 研究成果还涉及大数据环境下短视频内容审查的舆情分析策略、短视频个性化推荐的多模态图卷积网络，以及用于短视频理解和推荐的基于奇异值分解（SVD）的截断特征工程研究等，为该领域的人文社会科学及计算机科学两大研究方向奠定了基础。

Tik Tok 研究成果的数量爆发于 2021 年，相较于 2020 年的 44 篇成果，2021 年共有 189 篇学术文章发表，而 2022 年截至 5 月底共有 86 篇学术成果出现。随着时间推移，关于 Tik Tok 研究的学术成果不论是从数量上还是内容主题上都呈现持续上升和发散的趋势。2019 年有关学者对 Tik Tok 的研究主要以"影响"为关键词，而 2022 年"社交媒体""Facebook""媒体"及"Twitter"等关键词构建了关于 Tik Tok 研究的多重取向。另外，自 2020 年起，有学者开始将 Tik Tok 视为社交媒体平台而将其和老牌的社交媒体如 Facebook、Twitter 等进行对比研究。

在对相关文献的标题进行词语统计后绘制词云图。如图 2 所示，去除搜索词 Tik Tok 后，这些文献标题中出现频率最高的词语为"社交媒体"，如《Facebook、Instagram、Reddit 和 Tik Tok：一项要求卫生当局在全球大流行暴发期间将社交媒体平台纳入应急计划的建议》（"Facebook, Instagram, Reddit and Tik Tok: A Proposal for Health Authorities to Integrate Popular Social Media Platforms in Contingency Planning Amid a Global Pandemic Outbreak"）与《痤疮和社交媒

---

[1] K. Badillo-Urquiola, D. Smriti and B. Mcnally, "Stranger Danger! : Social Media App Features Co-designed with Children to Keep Them Safe Online", Proceedings of ACM Interaction Design and Children, 2019, pp.394-406, https://www.webofscience.com/wos/woscc/full-record/WOS：000559055100042. DOI：10.1145/3311927.3323133.

图 2　海外 Tik Tok 研究文献的标题词语统计

体：Tik Tok 上内容质量的横向研究》（"Acne and Social Media：A Cross-sectional Study of Content Quality on Tik Tok"）等，从学界以往对社交媒体研究的思维脉络出发，对 Tik Tok 这一新兴社交媒体平台进行个案研究。

同时，基于新冠疫情背景对 Tik Tok 开展研究的论文也较多，新冠流行的关键词出现在了 11 篇学术成果的标题当中，这部分研究如《在 COVID-19 大流行期间推动公民与政府 Tik Tok 账户互动的因素：模型开发和分析》（"Factors Driving Citizen Engagement with Government Tik Tok Accounts During the COVID-19 Pandemic：Model Development and Analysis"）、《Tik Tok 作为数据收集空间：以 COVID-19 大流行期间孙辈和祖父母的交流为例》（"Tik Tok as a Data Gathering Space：The Case of Grandchildren and Grandparents During the COVID-19 Pandemic"）、《不要将所有社交网站放在一个篮子里：Facebook、Instagram、Twitter、Tik Tok 以及它们在 COVID-19 大流行期间与幸福感的关系》（"Don't Put

第一部分
平台与社交媒体研究

All Social Network Sites in One Basket: Facebook, Instagram, Twitter, Tik Tok, and Their Relations with Well-being During the COVID-19 Pandemic")和《病毒模因时代的全球大流行：Tik Tok 上的 COVID-19 疫苗错误及虚假信息》("A Global Pandemic in the Time of Viral Memes: COVID-19 Vaccine Misinformation and Disinformation on Tik Tok")等，分别从算法实现、数据呈现、平台定位以及虚假信息等角度和新冠大流行背景结合，对 Tik Tok 展开研究。

对文献研究趋势进行计量（图3）发现，初始对 Tik Tok 的研究话题集中于其短视频推荐机制、所属企业性质以及底层神经网络算法和媒体传播影响层面；2020 年的研究主要围绕公共健康层面和消费营销方面的话题；2021 年的研究主题开始出现新冠大流行、Tik Tok 的用户和平台上的内容分析；到 2022 年，研究主题更多关注了 Tik Tok 对社会层面产生的影响，如平台上流行的音乐和网络热点，同时也有将 Tik Tok 和其他社交媒体平台如 Instagram、Facebook 等进行对比研究的内容。

如图4所示，在对所有相关文献进行研究方向的归类后可以发现，海外对 Tik Tok 研究的式微主题主要为网络传播研究，而较为新兴的研究主题为 Tik Tok

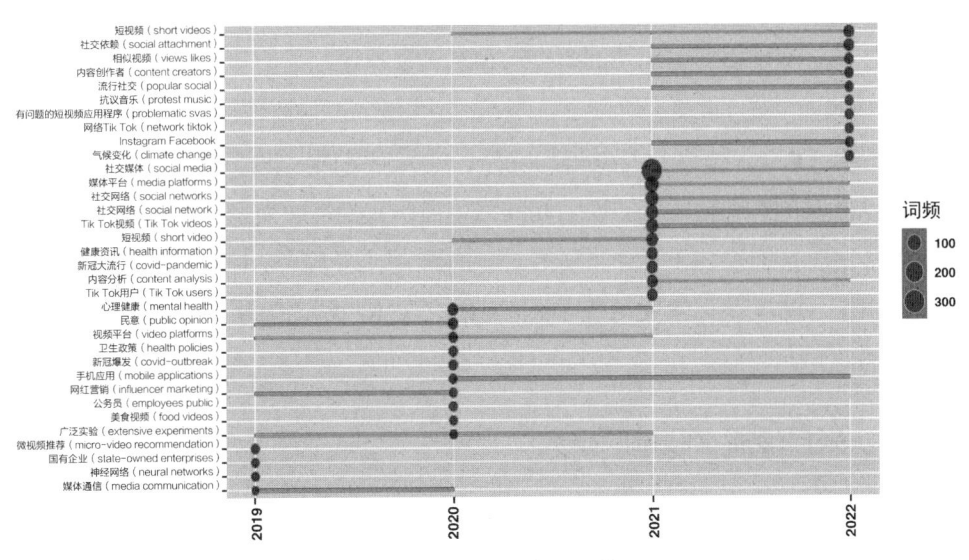

图 3　海外 Tik Tok 研究的趋势话题

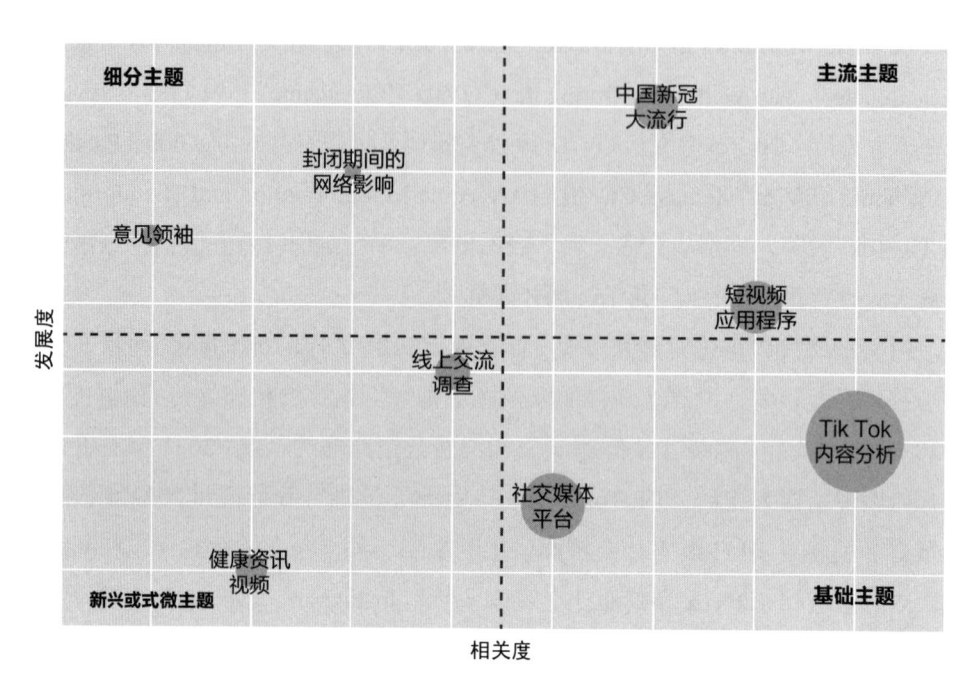

图 4　海外 Tik Tok 研究的方向

上的健康类信息；基础主题有平台的内容分析和将 Tik Tok 作为社交媒体平台进行研究；主流的研究主题则如短视频 App 研究和新冠大流行；最后是小众细分的专业主题，有网络对封闭期间的影响和意见领袖等。

在对海外学界 Tik Tok 研究进行基本的计量分析后可以发现，以时间变化为基础，结合 Tik Tok 平台自身发展的变化，学界对其研究也呈现了主题上的发展趋势，从基本的对平台的性质研究和网络传播研究等发展为平台短视频传播的内容分析，另外还有聚焦于平台点赞等功能的研究。综上，在对相关文献基本情况进行整理后，本文将以上文海外 Tik Tok 研究综述的结论为基础，对文献细节进行归纳总结。

二、来自传播学领域的研究

根据对所搜集文献的研究领域进行的分析绘制图 5。结果显示，海外对 Tik Tok 从事研究的主要为传播学、公共环境与职业健康、计算机科学、医学和管

图 5　海外对 Tik Tok 开展研究的主要领域

图 6　海外对 Facebook 开展研究的主要领域

理学及商学等领域。本文同时对比了海外对 Facebook 从事研究的主要领域，如图 6，从中发现，对两个平台从事研究的最主要领域仍为传播学，差异部分主要在于心理学领域会对 Facebook 等传统社会媒体平台开展广泛的研究，而这一领域目前关注 Tik Tok 的部分还较少。

国际新闻传播研究年度报告（2021）
Annual Report on International Journalism and Communication Studies (2021)

在对相关研究领域有了基本判断维度后，本文对各领域的代表性文献进行介绍，以明确该领域对 Tik Tok 进行研究的主要面向。

（一）国别差异

作为对 Tik Tok 进行研究的最主要领域，同时也是本文所重点考察的部分，传播学领域海外 Tik Tok 研究的文献共有 75 篇，分别是 2019 年 1 篇，2020 年 11 篇和 2021 年 37 篇，2022 年截至目前共有 26 篇。最早可搜得的有关文献为米尔凯特（I. Milkaite）和伊娃·利文斯（Eva Lievens）的文章《欧盟数据处理的儿童友好型透明度：从法律要求到平台政策》（"Child-friendly Transparency of Data Processing in the EU: From Legal Requirements to Platform Policies"）。

图 7 是基于传播学领域的 75 篇文献信息绘制的桑基图，展示了国家、研究关键词以及 Web of Science 数据库赋予文献的关键词三者的数据流动关系。总体而言，传播学领域，各国 Tik Tok 研究的话题均较为全面，并无某个国家对单一主题研究较多的情况。西班牙对 Tik Tok 的研究是最为全面的，美国对 Tik Tok 的研究则集中于社交媒体、新冠流行及社会影响等问题，而将 Tik Tok 与中国关联起来进行研究的国家主要是澳大利亚、加拿大和荷兰等。同时，与作者自己设

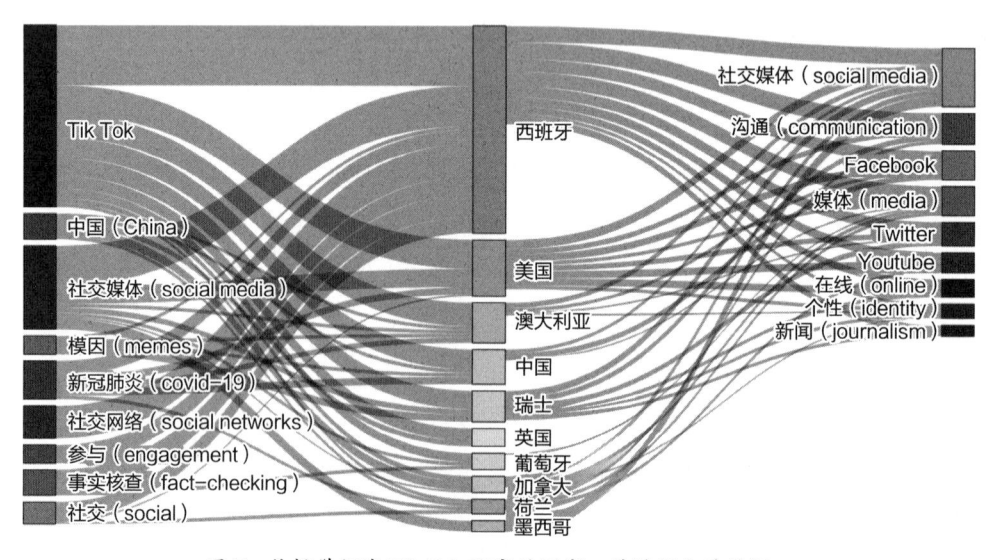

图 7 传播学领域 Tik Tok 研究的国家、关键词和关键词+

置的关键词相比,数据库赋予的传播学领域的关键词主要增加了几大传统社交媒体平台的名称,学者在研究时多会将 Tik Tok 与 Facebook、Twitter 等平台进行对比,来说明前者的平台特色。

接下来将按国别对传播学领域的 Tik Tok 研究成果进行分析。

1. 西班牙

经统计,关于 Tik Tok 的研究文献共有 36 篇来自西班牙,其中有 21 篇为传播学领域的研究成果。引用量前十的相关传播学文献按照主题类型大致可分为以下几种:

Tik Tok 与传统新闻媒体:这类文献中,被引频次最多的文章为《让新闻起舞! 新闻媒体如何适应 Tik Tok 的逻辑》("Let's Dance the News! How the News Media are Adapting to the Logic of Tik Tok")。该文章认为,Tik Tok 的影响已经波及新闻媒体,在一个以新闻的偶然消费、病毒式传播和获取信息的技术中介为特征的背景下,新闻媒体已经适应了该平台的逻辑。[1] 另一研究将 Tik Tok 和政党宣传联系起来,研究政党在 Tik Tok 上做什么。该文章就西班牙五个重要的政党在 Tik Tok 上发布的帖子进行了内容分析,结果表明,尽管所有西班牙政党都采用了这个平台,但他们的用法各不相同,仅有两家政党体现了更多的参与度。作者还发现,尽管西班牙政党并未充分利用该平台的功能并倾向于将其作为单方面的宣传工具,但最吸引人的帖子是那些有利于互动并面向政治娱乐的帖子。[2]

Tik Tok 与虚假信息:西班牙学者还对本国以及葡萄牙、巴西和美国四个国家中 Tik Tok 的虚假信息内容进行了研究,研究认为,Tik Tok 是一个新鲜的、可

---

[1] J. Vazquez-Herrero, M. C. Negreira-Rey and X. Lopez-Garcia, "Let's Dance the News! How the News Media are Adapting to the Logic of Tik Tok", *Journalism*, Vol.23, Iss.8, 2020, pp.1-19.

[2] L. Cervi, C. Marin-Llado, "What are Political Parties Doing on Tik Tok? The Spanish Case", *Profesional De La Informacion*, Vol.30, No.4, 2021.

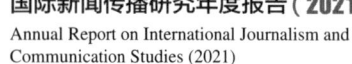

视化的网络，具有易于共享和病毒式传播的内容。虽然 Tik Tok 是一个让虚假信息肆意传播的网络，但另一方面，它又是揭穿传统媒体"越界"行为的工具。①另一研究基于虚假信息核查对 Tik Tok 内容的传播力进行分析，发现事实核查会使一个内容获得高于平均数量的点赞的概率倍增，而且如果视频是由女性作为主角的，它获得高于平均数量的分享的机会就会增加一倍。

Tik Tok 与青少年：另一较为主流的研究取向是针对 Tik Tok 进行青少年研究。有研究使用内容分析方法，研究了英国和西班牙的 Tik Toker 的 447 个视频，这些用户的年龄在 11 岁至 17 岁之间，平均粉丝超过 50 万。该研究提供了国家分析和两个国家的比较分析视图。结果显示年龄为 16 岁和 17 岁的用户是 Tik Tok 上最活跃的人群。西班牙和英国青少年制作和传播的视频内容相似，他们的年龄，而不是性别，决定了他们数字内容制作的变量。据观察，男孩们放弃了电子游戏，取而代之的是这个社交网络中更具主角性的自我表现。研究进一步发现，这些青少年在他们的视听作品中表现出的传统性别角色正在减弱。②在对 Tik Tok 流行原因的探究方面，研究分析了使用动机、视频分享行为和视频创作能力的影响因素，这些影响因素可以让用户享受 Tik Tok，以及从 Tik Tok 中收获良多。③

Tik Tok 与在线社交实践：媒体融合正在社交媒体上产生许多集体表演事件，其中短视频的兴起为在线平台上的社会赋权创造了新的机会。在这种情况下，

---

① N. A. Lopez, P. Sidorenko-Bautista and F. Giacomelli, "Beyond Challenges and Viral Dance Moves: Tik Tok As a Vehicle for Disinformation and Fact-checking in Spain, Portugal, Brazil, and the USA", *Analisi-Quaderns De Comunicacio I Cultura*, Iss.64, 2021, pp.65-84.

② R. Suarez-Alvarez, A. Garcia-Jimenez, "Centennials on Tik Tok: Type of Video. Analysis and Comparative Spain- Great Britain by Gender, Age and Nationality", *Revista Latina De Comunicacion Social*, Iss.79, 2021, pp.1-22.

③ P. Cuesta-Valino, P. Gutierrez-Rodriguez and P. Duran-Alamo, "Why Do People Return to Video Platforms? Millennials and Centennials on Tik Tok", *Media and Communication*, Vol.10, No.1, 2022, pp.198-207.

第一部分
平台与社交媒体研究

Tik Tok 通过音乐剪辑和口型模仿来完成创造性表达,这一应用程序开始流行。有西班牙学者以 #ThisIsMeChallenge 标签为研究对象,发现在此标签下,许多用户介绍了经典电影的音乐主题流行音乐。学者们进而分析认为,在个人和集体生活事件中,此类集体表演为来自传统边缘化群体的信息中的一种新的在线实践。这种实践一定程度消弭了性别、性取向、种族歧视和其他类型的社会问题所带来的隔阂。①

Tik Tok 与新冠流行期间的信息传播:还有学者对新冠大流行的报道进行研究。研究认为新兴的受众,特别是 Z 世代,其互动和媒体偏好更集中在垂类、短暂的内容上,这些因素使得 Tik Tok 成为流行的应用。而以往的全景叙事手法让受众沉浸其中的能力有限。② 同时,有的学者对新冠病毒的数字传播进行研究时,以 Tik Tok 为研究对象,认为它的特点是快速传播及主题广泛的媒体内容,这使其在新冠疫情封闭期间可以作为一个减压的空间让受众释放情绪。③ 但也有学者认为在其他社交网络产生的严肃新闻报道面前,Tik Tok 只提供了幽默和娱乐。然而,在表面的肤浅和轻浮之下,也可以在 Tik Tok 中发现这个社会闭门造车的画面。④

---

① A. Vizcaino-Verdu, I. Aguaded, "#ThisIsMeChallenge and Music for Empowerment of Marginalized Groups on Tik Tok", *Media and Communication*, Vol.10, No.1, 2022, pp.157-172.

② P. Sidorenko-Bautista, J. M. Herranz De La Casa and J. I. Cantero De Julian, "Use of New Narratives for COVID-19 Reporting: From 360 degrees Videos to Ephemeral Tik Tok Videos in Online Media", *Tripodos*, Iss.47, 2020, pp.105-122.

③ C. A. Ballesteros Herencia, "The Digital Spread of the Coronavirus: Measuring Engagement of Entertainment on the Emerging Social Network Tik Tok", *Revista Espanola De Comunicacion En Salud*, Jul., 2020, pp.171-185.

④ F. J. Olivares-Garcia, M. I. Mendez Majuelos, "Analysis of the Main Trends Published on Tik Tok during the Quarantine Period by COVID-19", *Revista Espanola De Comunicacion En Salud*, Jul., 2020, pp.243-252.

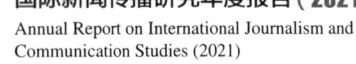

2. 美国

美国传播学学者研究 Tik Tok 的文献共计 17 篇。在被引频次最多的文献中，按照主题类型大致可分为以下几种：

Tik Tok 与新冠流行期间的信息传播：有研究采用网络统计学方法，探讨在新冠大流行期间运动员对 Tik Tok 的使用。研究结果显示，运动员发布的 Tik Tok 视频的特点是风趣和真实。通过 Tik Tok 进行交流为运动员提供了促进现有粉丝关系、推广品牌内容并吸引新的粉丝群体的机会。总的来说，运动员和体育从业者可以利用这些平台，为那些被新奇事物和运动员的活动所吸引的受众创造内容，而不是仅通过比赛集锦和采访吸引粉丝。[1] 也有学者就新冠大流行的背景对儿童和青少年的媒体使用习惯进行研究，发现父母允许孩子使用的软件中占比最高的为 Tik Tok，而且发现使用 Tik Tok 的青少年中女孩更多，这种使用习惯在新冠流行前就已经有雏形，在疫情暴发后仍旧持续。[2]

Tik Tok 作为社交媒体平台：美国学者们长期以来一直对社交媒体平台如何塑造用户的沟通和行为感兴趣。有几位学者通过批判性地分析 Tik Tok 平台，对这一类文献进行补充。他们认为，模仿的原则——模仿和复制——受到平台的运营逻辑和设计的限制，并且这一点可以在用户注册过程和默认首页、图标和视频编辑功能以及用户和视频创作规范中看到。这些模因特征改变了社交模式，促成了理论上所说的 Tik Tok 上的模仿性公众。这一分析通过将 Tik Tok 平台概念化，使其本身成为一个模因文本，从而扩展了模因的理论和方法论效用，并

---

[1] Y. Su, B. J. Baker and J. P. Doyle et al., "Fan Engagement in 15 Seconds: Athletes' Relationship Marketing during a Pandemic via Tik Tok", *International Journal of Sport Communication*, Vol.13, No.3, 2020, pp.436-446.

[2] N. A. Jennings, A. G. Caplovitz, "Parenting and Tweens' Media Use during the COVID-19 Pandemic", *Psychology of Popular Media*, Vol.11, No.3, 2022, pp.311-315.

阐明了一种新型的网络化公众。① 还有学者通过对带有流行的气候变化标签的 Tik Tok 视频样本进行探索性的多模态话语分析，研究了可见性、可编辑性和关联性的可供性如何促进 Tik Tok 上情感公众的形成，最后描述了 Tik Tok 的功能如何允许创作者构建和传播多层次的、充满情感的，并具有不同程度的认真、幽默和多义性的信息。②

Tik Tok 与青少年：在 Tik Tok 这样的平台上，年轻的创作者使用相同的语言、代码、偏好和品味向同龄人传递信息。这反过来又激发了人们对出现在这个数字领域的商业品牌的兴趣。③ 在政治表达方面，则有学者采用跨平台比较的方法，研究在流行文化的推动下，青少年在社交媒体上的政治表达和对话特点。经过对比研究，作者认为，在 Tik Tok 平台为主的视频传播方式中，青少年使用模仿、恶搞等方式进行政治表达，例如对特朗普的恶搞时，会招致更多的恶意评论。④

Tik Tok 与社会运动：Tik Tok 提供与线上空间中抗议音乐的使用和互动相关的表达和联系。有美国学者观察印度女孩在 Tik Tok 上的反种姓活动。⑤ 也有学者使

---

① D. Zulli, D. J. Zulli, "Extending the Internet Meme: Conceptualizing Technological Mimesis and Imitation Publics on the Tik Tok Platform", *New Media & Society*, Vol.24, Iss.8, 2020.

② S. Hautea, P. Parks and B. Takahashi et al., "Showing They Care (Or Don't): Affective Publics and Ambivalent Climate Activism on Tik Tok", *Social Media+Society*, Vol.7, No.2, 2021.

③ E. Martinez Pastor, R. Vizcaino Perez and I. Lopez Medel, "Children and Young People in Front of the Devices: New Communication Phenomena and New Product Creators", *Revista Icono 14-Revista Cientifica De Comunicacion Y Tecnologias*, Vol.20, No.1, 2022.

④ I. Literat, N. Kligler-Vilenchik, "How Popular Culture Prompts Youth Collective Political Expression and Cross-Cutting Political Talk on Social Media: A Cross-Platform Analysis", *Social Media+Society*, Vol.7, No.2, 2021.

⑤ S. Subramanian, "Bahujan Girls' Anti-caste Activism on Tik Tok", *Feminist Media Studies*, Vol.21, No.1, 2021, pp.154-156.

用批判性话语分析研究了一个具体案例——Tik Tok 的抗议音乐《你快要失业了》("You About to Lose Yo Job")。该分析是以个人表达的视角展开的，作为连结性行动和可供性理论的一个特征。发现表明，抗议音乐作为背景音乐所发挥的社会和意识形态功能将用户内容扩大到新受众的策略，为表达创造了潜在的新途径。然而，资本主义的主导意识形态也通过与事件和文化趋势相关的标签得到进一步加强，虚化了背景并模糊了用户的行动联系，使抗议音乐可能发挥的功能变得不明。①

3. 澳大利亚、加拿大和荷兰

通过文献计量发现，澳大利亚、加拿大和荷兰这三个国家的传播学学者在对 Tik Tok 进行研究时，常将其和中国联系起来。这些学者探究的具体问题，主要有以下几类：

Tik Tok 与抖音的对比研究： Tik Tok 和抖音在外观、功能和平台可供性方面有许多相似之处；然而，它们存在于完全不同的市场中，并且受到完全不同的力量的支配。澳大利亚学者基于文化生产理论平台化的应用程序走查方法，突出了这两个平台之间的异同，提出 Tik Tok 和抖音存在共同进化，认为其是一种不同于以往主要社交媒体平台区域化策略的全球平台扩张新范式。② 加拿大学者则对百度、微信、今日头条及其国际版 TopBuzz、抖音及其国际版 Tik Tok 四个中国移动应用程序及其国际版本审查和比较数据及隐私治理。其分析显示，面向中国和国际的版本在应用程序设计和政策中的数据和隐私治理方面存在差异。而 Tik Tok 提供来自不同司法管辖区的更全面的用户保护策略。③

---

① O. Sadler, "Defiant Amplification or Decontextualized Commercialization? Protest Music, Tik Tok, and Social Movements," *Social Media+Society*, Vol.8, No.2, 2022.

② D. B. V. Kaye, X. Chen and J. Zeng, "The Co-evolution of Two Chinese Mobile Short Video Apps: Parallel Platformization of Douyin and Tik Tok", *Mobile Media & Communication*, Vol.9, No.2, 2021, pp.229-253.

③ L. Jia, L. Ruan, "Going Global: Comparing Chinese Mobile Applications' Data and User Privacy Governance at home and Abroad", *Internet Policy Review*, Vol.9, No.3, 2020.

第一部分
平台与社交媒体研究

　　Tik Tok 与地缘政治：澳大利亚学者认为，在国际数字平台市场，少数美国公司拥有大部分的文化、经济和政治权力。Tik Tok 的出现给这些美国公司提供了巨大的竞争对手，但到目前为止，美国政策制定者们关注的还是 Tik Tok 的地缘政治影响。根据其数据政策和实践，Tik Tok 对其用户构成的安全威胁并不比其他平台大。几乎所有使用广泛的数字平台都威胁到用户的隐私和安全，它们都有能力产生巨大的意识形态影响，且都利用用户数据来获取经济利益。正如一项地缘政治分析所表明的那样，Tik Tok 发现自己正处于一场围绕数字环境价值的竞争之中，而美国正渴望保持其几十年来一直享有的经济和战略优势。①加拿大学者探讨了 Tik Tok 崛起的原因，并归纳为三个方面：全球化战略、数据和内容政策以及地缘政治影响。Tik Tok 的案例集中体现了一系列中国数字平台的全球化发展在日益激烈的地缘政治中所面临的问题和挑战，这些平台跨越了中国和印度作为新兴大国在美国主导的全球平台生态系统中崛起之间的鸿沟。②

　　Tik Tok 与社交平台治理：澳大利亚学者使用平台治理的视角，考察了澳大利亚中国数字平台的市场、政治策略和治理手段，重点关注微信和 Tik Tok 两个应用。该文章探讨了政府和市场调节如何与这些中国数字平台的治理制度和市场战略交织在一起，试图在增强中澳关系的进程中和政府对平台治理干预加大的全球趋势中能够乘风破浪寻求出路。作者认为，这两个中国平台代表了腾讯和字节跳动采用的两种不同的平台治理模式：一种以中国的"严格责任"模式为核心，另一种则倾向于西方的"广泛豁免"模式。③还有学者从可见性调节

---

① J. E. Gray, "The Geopolitics of 'Platforms': The Tik Tok Challenge", *Internet Policy Review*, Vol.10, No.2, 2021.

② L. Jia, L. Ruan, "Going Global: Comparing Chinese Mobile Applications' Data and User Privacy Governance at home and Abroad", *Internet Policy Review*, Vol.9, No.3, 2020.

③ H. Yu, L. Li, "Chinese Digital Platforms in Australia: From Market and Politics to Governance", *Media International Australia*, Vol.185, Iss.1, 2022.

概念入手，将其定义为数字平台通过算法或监管手段操纵用户生产内容的范围的过程，继而讨论了 Tik Tok 为了塑造可见性而实施的具体措施以及由此产生的问题。[①]

通过对比几个国家的研究取向，我们发现，上述国家 Tik Tok 研究的主题集中在社交媒体平台、平台治理、青少年、社会运动和新冠大流行的信息传播等方面，而和中国关系密切的话题都以地缘政治为主要问题开展研究。

（二）研究趋势

由于 Tik Tok 是一个新兴的社交媒体平台，搜索所得相关文献都为近几年内的学术成果，但在这几年时间内也已显现出了研究趋势的变化。在按照国别分析后，本文将以时间为线索，将所得文献进行划分。

图 8 为 Web of Science 核心数据库传播学领域有关 Tik Tok 研究的检索成果，

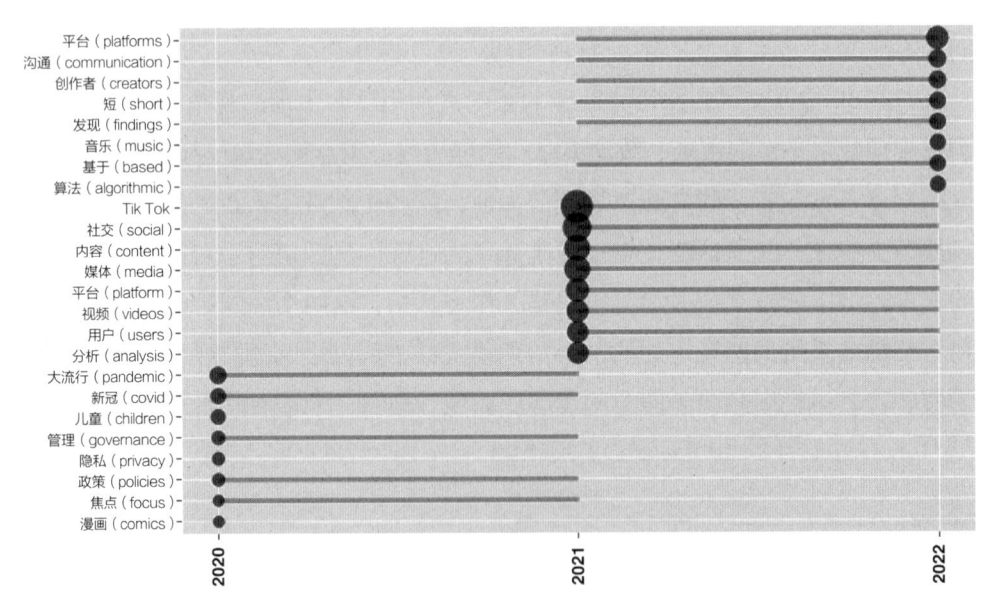

图 8 传播学领域 Tik Tok 研究的话题趋势

[①] J. Zeng, D. B. V. Kaye, "From Content Moderation to Visibility Moderation: A Case Study of Platform Governance on Tik Tok", *Policy and Internet*, Vol.14, No.1, 2022, pp.79-95.

使用文献计量方法，按照话题以2020年、2021年和2022年3个主要年份为时间切片，图中圆圈大小代表当年话题的发文量，而线条则表示话题持续时间。如图所示，2019—2020年传播学领域Tik Tok研究主要涉及的主题为新冠大流行、儿童、管理、隐私、政策和焦点等；而2021年主要的研究重点为社会运动、内容研究、平台治理、使用者分析等；2022年话题则集中于多平台对比、视频制作者和算法等。

1. Tik Tok传播学研究的起步阶段：传统社交媒体平台研究的基本面向

2019年和2020年的传播学领域有关Tik Tok研究的文献还以以往对社交媒体平台进行研究的基本范式开展研究，但由于时间的特殊性，部分研究都基于新冠流行的背景。如对新冠流行期间Tik Tok上流行视频的内容作统计分析。[1] 另有一些学者则将Tik Tok和中国版应用抖音进行对比研究，此类面向两个市场的应用是自微信开始，在国际市场上取得了亮眼成绩。有关学者认为，Tik Tok和抖音存在于完全不同的市场中，并且受到完全不同的政治力量的支配。与全球范围内其他流行的移动媒体平台不同，字节跳动既不属于中国三大科技巨头，也不属于美国科技五巨头。Tik Tok提供了一个有趣的案例，来探索一家新兴的互联网公司如何调整其产品，以更好地适应国内外不同的市场期望、文化策略和政策手段。[2]

对社交媒体平台进行研究的面向还有传统媒体对其的适应，在Tik Tok研究的起步阶段，学者就新闻媒体在Tik Tok上的适应情况作了分析，结果表明，自2019年Tik Tok开始流行以来，新闻媒体就逐渐融入其中，而其积极融入的目的是告知受众有价值的消息、扩大品牌影响并希望为Tik Tok的年轻一代用户提供

---

[1] F. J. Olivares-Garcia, M. I. Mendez Majuelos, "Analysis of the Main Trends Published on Tik Tok during the Quarantine Period by COVID-19", *Revista Espanola De Comunicacion En Salud*, Jul. 2020, pp.243-252.

[2] D. B. V. Kaye, X. Chen and J. Zeng, "The Co-evolution of Two Chinese Mobile Short Video Apps: Parallel Platformization of Douyin and Tik Tok", *Mobile Media & Communication*, Vol.9, No.2, 2021, pp.229-253.

可靠的新闻来源。①

2. Tik Tok 传播学研究的发展阶段：平台特色解析、社会运动呈现和用户分析

到了传播学领域 Tik Tok 研究的发展阶段，学者们开始关注 Tik Tok 流行背后的原因。许多研究对比了其他传统的社交媒体平台以发掘 Tik Tok 留存用户的真正缘由。研究认为，与主流的批评相反，Tik Tok 并不是仅仅提供简单娱乐的一个平台，它不只是通过算法手段让人上瘾。Tik Tok 是一个动态结构，它可以被不同的流行方式占领和引导。除了非常适合试图使数字技术完全腐败的主流观点，Tik Tok 还能与传统的受众影响模式产生共鸣。②

2021 年传播学领域对 Tik Tok 的研究出现了以"社会运动"为研究对象的文献，目的是探究"社会运动"在 Tik Tok 这一新兴平台上的呈现。在气候运动的呈现方式方面，学者研究发现，Tik Tok 平台的相关用户以年轻、非专业用户为主，这些用户生产的气候运动信息可以同时以严肃新闻和嘲弄两种形式存在，其态度则在关心和不关心之间交替，而且依赖现有音乐和视觉模因的重复和变化，努力用这种不完美的态度告知粉丝气候和环境问题。他们有时还靠"挪用"由流行的气候相关标签创建的集体记忆获得其他受众的关注。③

而关于 Tik Tok 的用户分析，有的研究 Tik Tok 上代际政治的模因问题，主要为对 Z 世代和婴儿潮一代用户之间的代际政治，特别是对 Tik Tok 上的 #OkBoomer 模因进行的案例研究。在大多数 Tik Tok 视频的个人故事中，当 Z 世代因其生活方式、着装或性行为而受到攻击时，和大多数人的青春期一样，Z 世代的成员重视他们的表达自由和身份探索。从发色到伴侣的喜好，他们厌恶老一

---

① J. Vazquez-Herrero, M. C. Negreira-Rey and X. Lopez-Garcia, "Let's Dance the News! How the News Media are Adapting to the Logic of Tik Tok", *Journalism*, Vol.23, Iss.8, 2020, pp.1-19.

② A. Schellewald, "Communicative Forms on Tik Tok: Perspectives From Digital Ethnography", *International Journal of Communication*, Iss.15, 2021, pp.1437-1457.

③ S. Hautea, P. Parks and B. Takahashi et al., "Showing They Care (Or Don't): Affective Publics and Ambivalent Climate Activism on Tik Tok", *Social Media+Society*, Vol.7, No.2, 2021.

辈的说教和评判。正如 TikTokers 分享他们的心理健康斗争所表明的那样，在未能从他们自己的"婴儿潮"一代的父母那里得到帮助后，他们参与了 #OkBoomer 话题，对他们的共同经历进行痛苦的玩笑方式表达。Z 世代利用 #OkBoomer 话题来抨击各种保守的政治观点，而这些观点或对或错地都与婴儿潮世代有关。Z 世代认为气候危机是代际的不公正，他们向婴儿潮一代传达了他们的愤怒，即使利用关于新冠肺炎是一个"婴儿潮世代清除器"这个有很大争议的笑话。此外，这项研究还揭示了平台的便利性如何影响 Z 世代的集体认同和自我代表。①

3. Tik Tok 传播学研究的进行时：算法机制研究与用户研究

2022 年传播学领域对 Tik Tok 的研究还处在进行时阶段。从目前已有的文献可以发现，这一阶段的研究主要包括对 Tik Tok 算法机制的分析和对 Tik Tok 用户的研究。

算法和数据塑造了社交网络之外的媒体生产和传播。这样的系统通过将草根和专业生成的内容相结合而发展，使得观众能参与生产商业内容以获取报酬。基于新形式的算法生产和分发的研究学者提出了"数据吸引力模型"的概念，认为数据吸引模式具有灵活积累的逻辑特征，正在从根本上改变参与式媒体的内容生产方式。② 有学者通过分析压缩 DeepFake 视频的帧级和时间级，提出了一种双流方法，其提出的帧级流将逐渐修剪网络以防止模型拟合压缩噪声③，此外，他们还解析了 Tik Tok 平台的短视频审核算法。另有学者认为，当内

---

① J. Zeng, C. Abidin, "'#OkBoomer, Time to Meet the Zoomers': Studying the Memefication of Intergenerational Politics on Tik Tok", *Information Communication & Society*, Vol.24, No.16, 2021, pp.2459-2481.

② M. Liang, "The End of Social Media? How Data Attraction Model in the Algorithmic Media Reshapes the Attention Economy", *Media, Culture & Society*, Vol.44, Iss.6, 2022.

③ J. Hu, X. Liao and W. Wang et al., "Detecting Compressed Deepfake Videos in Social Networks Using Frame-Temporality Two-Stream Convolutional Network", *Transactions on Circuits and Systems for Video Technology*, Vol.32, No.3, 2022, pp.1089-1102.

容创作者在 Tik Tok 上制作视频时，平台的可供性和约束性的相互作用可以被理解为一种设计的协商，表明应用程序开发人员和软件工程师社会技术目的的平台设计与涉及符号资源的集合，使用户能够实现自己意图的用户设计[1]，该研究从平台功能的实现层面探究了平台之后的权力角斗。

Tik Tok 的出现也致使一些学者开始思考用户回归视频平台的原因，通过分析千禧一代和 Z 世代在 Tik Tok 上的表现，发现 Z 世代和千禧一代主要的差异在于千禧一代在分享行为和黏性之间表现出了很强的关系。平台会激励他们的受众增加对社交网络的黏性，进而增加参与度。为了做到这一点，他们可以评论分享粉丝的转发，以获得更大的知名度。[2]

另有一些研究是针对 Tik Tok 平台某一类用户开展如对图书分享类型的用户进行研究，以解答为什么这些用户接受和使用技术来在 Tik Tok 上生成和共享有关书籍的内容。基于 UTAUT2 理论的主题分析结果表明了期望、努力、社会影响、便利条件、享乐动机、习惯、价值以及社交网络等共同因素影响他们选择了 Tik Tok 这个平台。

三、总结与展望

在对 Web of Science 数据库中关于 Tik Tok 的文献进行计量分析后，本文又从国别差异与时间变化两个角度对这些文献作了归纳。国别分析结果表明，对 Tik Tok 进行研究的海外学者，在选择具体的研究问题时表现出了国家差异。西班牙对 Tik Tok 的研究主题较为广泛，且更贴近传统的对社交媒体平台开展研究的范式。美国由于其 Tik Tok 用户较多，关注的问题也和青少年、社会运动等相

---

[1] R. Darvin, "Design, Resistance and the Performance of Identity on Tik Tok", *Discourse, Context & Media*, Vol.46, 2022.

[2] P. Cuesta-Valino, P. Gutierrez-Rodriguez and P. Duran-Alamo, "Why Do People Return to Video Platforms? Millennials and Centennials on Tik Tok", *Media and Communication*, Vol.10, No.1, 2022, pp.198-207.

关。澳大利亚、加拿大和荷兰等国家，则多将 Tik Tok 同中国联系起来，对平台治理等问题进行研究。

研究趋势方面，由于 Tik Tok 是新兴的社交媒体平台，自发布到目前也不过几年时间，较宏观的趋势方向还未形成，但就近几年的文献观察，也能发现一些方向的更迭。在 Tik Tok 研究开展之初，学者们主要使用传统平台研究的范式，方法上以内容分析为主。随着时间变化，一些学者开始关注 Tik Tok 平台的独特之处，以分析其得以流行的原因。到 2022 年，海外学界开始关注 Tik Tok 背后的算法机制、平台协作机制以及 Tik Tok 的用户，尤其是细分领域的用户，如图书分享用户、女权主义者等。

结合上述国别和趋势两方面的分析结果，可以说，海外学界对 Tik Tok 的研究还处于进行时态，同时，Tik Tok 作为流行的社交媒体平台，也吸引着各个学科的学者对其从事研究。不仅是传播学领域本身，计算机科学、心理学和社会学领域的研究成果对传播学领域 Tik Tok 未来研究的开展也有着影响作用。具体到未来研究问题的偏向上，健康传播领域对 Tik Tok 的关切愈发显著，属于领域内的新兴议题，而且健康传播领域的细分议题较为丰富，如某种疾病患者的社交媒体平台表现、健康信息的传播和全球公共卫生事件在 Tik Tok 上的呈现，等等。这一领域和医学学科关系紧密，也说明未来在对 Tik Tok 的研究方面，传播学和其他学科的跨领域合作会更为普遍。

（卢垚：上海社会科学院新闻研究所助理研究员；
李宁：上海社会科学院新闻研究所硕士研究生）

西方社交媒体的资本积累结构及其公共性意义批判

A Critique on the Capital Accumulation Structure of Western Social Media and Its Public Significance

万旋傲

Wan Xuan'ao

摘　　要： 社交媒体曾被誉为"新奇的媒介",并被标榜为一个充满希望的、富有公共领域潜力的公共空间。西方批判理论家急于打破这一神话,揭露社交媒体的资本积累结构导致社交媒体从设计之初就与公共领域背道而驰。"产消者商品""注意力经济"模式使社交媒体的商品化和集中化仍在加强,"个性化经济"最终区隔了公众和公共话语,导致新型公共领域不仅尚未形成,还走向了"再封建化"和"碎片化"。

Abstract: As a "novel medium", social media is thought to be a hopeful public sphere. Critical theorists are eager to break this myth and reveal the antithetical relationship between capital accumulation structure of social media and public sphere. Prosumer commodity and attention economy model put citizen communication and cooperation at the risk of commercialization and centralization, and personalized economy separates the public from public discourse, which lead to the refeudalization and fragmentation of public sphere.

第一部分
平台与社交媒体研究

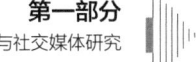

关 键 词： 社交媒体　资本积累结构　公共领域

Keywords: social media, capital accumulation structure, public sphere

　　2005年以来，"社交媒体"和"网络2.0"等术语开始变得流行，用于描述万维网（World Wide Web）的一些应用类型，如博客（博客系统、博客网站）、微博（Twitter、微博）、社交网站（Facebook、LinkedIn）、内容共享平台（YouTube、网络相册、照片共享）和维基（维基百科）等。① 社交媒体的兴起带动了公共领域理想的又一轮复兴，詹金斯（Henry Jenkins）、舍基（Clay Shirky）、塔普斯科特（Don Tapscott）、威廉姆斯（Anthony Williams）、本科勒（Yochai Benkler）、布伦斯（Axel Bruns），以及一些管理大师、营销策略家都在赞颂社交媒体的参与性和公共领域潜力，认为社交媒体"鼓励协商，促进共享意识，已经越来越成为公民参与的网络"②，是"稳固公民话语和公共领域的工具"③。

　　但正如克劳斯·延森（Klaus Bruhn Jensen）所说，历史上每一次新的媒介技术革新，都伴随着媒介产生的希望和恐惧，给"公共领域"涂抹上一层理想色彩的同时，也带来针锋相对的争论。④Facebook、Twitter等社交媒体是否结束了信息垄断，是否改变了赋权，是否启动了公共领域的复兴，吸引了越来越多批判理论家的争论，逐渐地，"技术霸权""产消者商品剥削""注意力经济""过

---

① ［英］克里斯蒂安·福克斯：《社交媒体批判导言》，赵文丹译，中国传媒大学出版社2018年版，第32页。
② ［美］亨利·詹金斯：《融合文化：新媒体和旧媒体的冲突地带》，杜永明译，商务印书馆2019年版，第256页。
③ Clay Shirky, "The Political Power of Social Media: Technology, the Public Sphere, and Political Change", Foreign Affairs, Vol.90, No.1, 2011, pp.28-41.
④ ［丹麦］克劳斯·布鲁恩·延森：《媒介融合：网络传播、大众传播和人际传播的三重维度》，刘君译，复旦大学出版社2019年版，第3页。

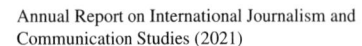

滤泡""回声室""极化"等理论形象被建构、标签化并占据上风。本文试图追踪西方媒介政治经济学和批判理论的视角,审视社交媒体的资本积累结构及其权力关系,描述和解释一个生动的、充满希望的、富有公共领域潜力的媒介形象如何衰陨,并演化成一个异化的、充满陷阱的、与公共领域背道而驰的媒介形象。

一、公共领域的意涵与社交媒体

哈贝马斯（Jürgen Habermas）的公共领域模型为媒介与其他社会机构之间关系的考察提供了一个有用框架,已是学者讨论媒介技术的社会性时绕不开的议题。哈贝马斯对"公共"下了定义："举凡对所有公众开放的场合,我们都称之为'公共的'"[1]。公共领域的概念一直相对模糊,但哈贝马斯也指明了一些重要因素：（1）形成公共舆论；（2）所有公民都能访问；（3）涉及公共利益的讨论形式不受限制；（4）论证关于支配关系的一般规则。[2]

如表1所示,公共领域可分为文化公共领域和政治公共领域,以及社会的公共领域和国家的公共领域。国家层面的公共领域指代公共权力领域,它们提供并完善了社会交往的物质、法律和其他基础性环境。社会层面包含私人领域和公共领域。私人领域既包括狭义上的市民社会,即商品交换和社会劳动领域,也包括家庭以及其中的私生活。公共领域则在整个系统中扮演着中介因素的作用,它的主要任务是从事批判性的公共辩论；目的是调节国家和社会的需求,协调市民之间、公民和国家之间的合作；采取的形式有两种,一是通过对谈和交往产生的合理权力,二是操纵性的传媒力量,创造大众忠诚、需求和"顺从",用来对抗体

---

[1] ［德］哈贝马斯：《公共领域的结构转型》,曹卫东等译,学林出版社1999年版,第2页。
[2] ［英］克里斯蒂安·福克斯：《社交媒体批判导言》,赵文丹译,中国传媒大学出版社2018年版,第176页。

制命令。① 在哈贝马斯的最初描述中,他将公共领域设想为一种理想形式的公共论坛,在其间,国家民族中地位平等的公民通过理性交往,共同决定公共福祉,并找到实现福祉的恰当方式。②

表 1　公共领域的模式③④

客体机构	社会		国家公共权力领域
	私人领域	公共领域	
	亲密领域: 宗教、性取向、情感、友谊等; 家庭	文化公共领域: 论道、艺术、文学、音乐等; 组织、俱乐部	国家(权力机关) 确保物质基础结构,整体经济稳定,执法,并通过经济、强制、法律和意识形态工具对冲突进行规范和管理
	社会领域: 私人经济活动,生产和商品交换; 私人企业和商店	政治公共领域: "政治"和"经济",包括社会事务; 机关、代表政党、新闻业	

互联网兴起之后,许多学者论及互联网对于促进新型公共领域的潜力或限制,进入社交媒体时代,相关的讨论更是大批量地爆发。人们预测,社交媒体使新闻业传统的垄断模式正在让位于多元主义的网络模式,大众市场让位于利基市场,标准化让位于灵活,稀缺让位于丰饶,等级结构让位于参与和平,一个更加丰富的、开放的、有创意的、顺畅的、利于公民参与的新型公共领域可

---

① [德]哈贝马斯:《公共领域的结构转型》,曹卫东等译,学林出版社1999年版,第28页。
② [丹麦]克劳斯·布鲁恩·延森:《媒介融合:网络传播、大众传播和人际传播的三重维度》,刘君译,复旦大学出版社2019年版,第117页。
③ [德]哈贝马斯:《公共领域的结构转型》,曹卫东等译,学林出版社1999年版。
④ [丹麦]克劳斯·布鲁恩·延森:《媒介融合:网络传播、大众传播和人际传播的三重维度》,刘君译,复旦大学出版社2019年版,第116页。

能正在形成。① 帕帕查里西（Zizi Papacharissi）指出，"在社交媒体时代，公共领域与私人领域的界限模糊化，话语表达具有更大的自主性、灵活性和潜力，人们通过私人领域的活动就可以将个人与国家连接，将自己与国家和社会连接"②。

然而，哈贝马斯的公共领域概念更多地属于一个批判性的概念，它有助于分析社交媒体企业是否无愧于自身期望，保障了理性交往，保障了公民与国家的连接不被资源分配所限制，也不被背后的力量所操纵。③ 否则，社交媒体的公共领域潜力就只是"包装"的假象。

二、"产消者商品""注意力经济"与公共领域的"再封建化"

"再封建化"（refeudalization）是哈贝马斯和评论家们在论及公共领域的理想形式之初，就提出过的担忧。他们认为，信息在大众传播的接触结构中得以成为人们可以访问的内容，它服务于绝大多数的公共性目的，但同时也存在于经济市场的框架下，不得不受到市场的约束，公共服务与市场驱动之间的平衡天生难以维系，公共领域很可能在处理与市场的关系中陷入商品化和集中化，导致公共领域的"再封建化"。④

从互联网与市场的历史关系来看，互联网自20世纪50年代诞生到20世纪80、90年代都基本未卷入市场，并发挥了较强的公共服务性，致力于成为"人

---

① ［英］詹姆斯·柯兰、［英］娜塔莉·芬顿、［英］德斯·弗里德曼：《互联网的误读》，何道宽译，中国人民大学出版社2014年版，第82页。

② Zizi Papacharissi, *A Private Sphere: Democracy in a Digital Age*, Cambridge: Polity, 2010, p.164.

③ ［英］克里斯蒂安·福克斯：《社交媒体批判导言》，赵文丹译，中国传媒大学出版社2018年版，第201页。

④ Horace M. Newcomb, Paul M. Hirsch, "Television as a Culture Forum: Implications for Research", *Quarterly Review of Film Studies*, Vol.8, No.3, 1983, pp.45-55.

民的扬声器""亚文化的游戏场"和"免费开放的公共空间"。①②③ 然而，20世纪90年代以来，为了进一步推广互联网技术，让更多人受益，市场和商业化便成了形塑网络空间的重要力量之一。大量虚拟商店开张，销售和广告成为主导，付费网站数量激增，互联网的公共领地性质逐渐发生了变化，一些不太引人注意的经济控制、元数据控制手段应运而生。④⑤

千禧年初期，社交媒体在此背景下成长起来，其发展和流行过程蔚为壮观。到2020年，全世界已经约有36亿人在使用社交媒体，普及率高达49.0%。⑥ 更重要的是，社交媒体似乎展现出一种"民治""民享"的传播手段，数十亿的社交媒体用户，每天花费大量的时间，积极地生产内容、分享思想、讨论关心的事、进行高水平的互动，促使媒介理论家重新思考社交媒体的创新和互动特征。⑦⑧ 如卡斯特所说，虽然全球多媒体网络试图将互联网商品化，但社交媒体的"创造性受众"试图在某种程度上建立由公民控制的传播自主权。⑨ 正因为此，社交媒体被誉为新奇的媒介，它把权力很大程度上移交给用户，开启了公民自治

---

① Fred Turner, *From Counterculture to Cyberculture*, Chicago: University of Chicago Press, 2006.
② Sherry Turkle, *Life on the Screen*, New York: Simon and Schuster, 1995.
③ Tim Berners-Lee, "Long Live the Web: A Call for Continued Open Standards and Neutrality", *Scientific American*, Vol.303, 2010, p.80.
④ Lawrence Lessing, *Code and Other Laws of Cyberspace*, New York: Basic Books, 1999, p.153.
⑤ Manuel Castells, *The Internet Galaxy*, Oxford: Oxford University Press, 2001, p.74.
⑥ Clement, "Global Social Networks Ranked by Number of Users 2020", https://www.statista.com/statistics/272014/global-social-networks-ranked-by-number-of-users, Aug. 21, 2020.
⑦ Axel Bruns, *Blogs, Wikipedia, Second Life and Beyond*, New York: Peter Lang, 2008.
⑧ Don Tapscott, Anthony Williams, *Wikinomics: How Mass Collaboration Changes Everything*, London: Atlantic Books, 2008, pp.124-150.
⑨ Manuel Castells, *Communication Power*, Oxford: Oxford University Press, 2009, p.80.

和支配体系的角逐和斗争,为新的公共领域提供了可能性。①

只是,这并不是一场焦灼的斗争。因为社交媒体中的支配与反支配博弈面临着巨大的不对称性,企业控制着更多资源,包括金钱、决策权、注意生成能力等,这反而促进了商品化加重、集中化增加。②③社交媒体用户虽然成为内容的生产者,他们通过上传文字、图片和视频,浏览其他用户信息,写留言与评论,向联系人发送信息,积累朋友等方式,进行着创意活动、传播行为、社区建设和内容制作,但同时,他们的活动又被社交媒体企业作为"受众商品"(audience commodity)出售给广告商,获取商业利润。在这个意义上,社交媒体用户不仅是内容生产者、消费受众,还是社交媒体的"产消者商品"(prosumer commodity),社交媒体企业的资本积累方式,正是建立在对"产消者商品"的无偿劳动的剥削之上。④因此,受众变成生产者并不是新型公共领域的标志,不能说明媒介正在走向名副其实的参与型体制,受众到生产者的身份变化也不能使互联网用户摆脱被支配与被剥削,相反,人们在社交媒体上的生产活动被深深地商品化了。⑤

更严重的商品化和集中化体现在,社交媒体企业依据"注意力经济"(attention economy)支配着平台的传播内容,决定哪些话题可以成为永恒的公众焦点,哪些话题则只能转瞬即逝,这导致社交媒体企业能够轻易地操纵着我

---

① Zizi Papacharissi, "The Virtual Geographies of Sicial Networks: A Comparative Analysis of Facebook LinkedIn and Asmall World", *New Media and Society*, Vol.11, No.1-2, 2009, pp.199-220.
② [英]克里斯蒂安·福克斯:《社交媒体批判导言》,赵文丹译,中国传媒大学出版社2018年版,第78页。
③ Manuel Castells, *Communication Power*, Oxford: Oxford University Press, 2009, p.413.
④ [英]克里斯蒂安·福克斯:《社交媒体批判导言》,赵文丹译,中国传媒大学出版社2018年版,第103页。
⑤ [英]詹姆斯·柯兰、[英]娜塔莉·芬顿、[英]德斯·弗里德曼:《互联网的误读》,何道宽译,中国人民大学出版社2014年版,第147页。

第一部分
平台与社交媒体研究

们的信息环境，甚至主导我们的意识。① 按照"注意力经济"的标准，社交媒体最能捕获用户注意力、受欢迎的内容总是以娱乐导向为主，时政和公共事务都被边缘化为小众话题。据调查，Facebook 的 Web 链接（URLs）中有 87% 为体育、娱乐、花边故事等软新闻内容，仅 13% 为与时事政治和公共事务有关的硬新闻，即便是硬新闻，也在逐渐走向"新闻软化""小报化"或"娱乐成分增加"的趋势，难以为培养知情公民、促进公民参与和创造新型公共领域发挥实际作用。②③ 甚至，这些在社交媒体中占少数的时政和公共事务话题，也呈现出了分层的"注意力经济"。政治经济批判者认为，Twitter 最受欢迎的账号就是 Twitter 分层的注意力经济模式的一个有力证据。截至 2021 年 1 月 10 日，Twitter 上关注数最高的账号分别为 Barack Obama（12800 万）、Justin Bieber（11400 万）、Katy Perry（10900 万）、Rihanna（10000 万）、Cristiano Ronaldo（9000 万）、Taylor Swift（8800 万）、Lady Gaga（8300 万）、Ariana Grande（8000 万）、Ellen DeGeneres（7900 万）、YouTube（7200 万），其中有 9 个具有娱乐导向，奥巴马是唯一的例外（特朗普曾排列第六位，后被 Twitter 删除账号）。政治账号中，除了奥巴马和特朗普具有高关注度之外，其他替代性政治的代表被关注数则小得多，受经济逻辑支配的社交媒体有意地压制了替代性政治话题和人物的传播力。这表明，社交媒体中的政治信息环境也存在较大偏颇，替代性政治的传播空间受到资本逻辑的控制和挤压，公共讨论、公共参与也必然受到限制和扭曲，而不是真正供公民自

---

① ［美］弗兰克·帕斯奎尔：《黑箱社会：控制金钱和信息的数据发展》，赵亚男译，中信出版社 2015 年版，第 87 页。
② Eytan Bakshy, Solomon Messing and Lada A. Adamic, "Exposure to Ideologically Diverse News and Opinion on Facebook", *Science*, Vol.348, 2015, pp.1130-1132.
③ Michael Cacciatore, Sara Yeo, Dietram Scheufele, Michael Xenos, Dominique Brossard and Elizabeth Corley, "Is Facebook Making Us Dumber? Exploring Social Media Use as a Predictor of Political Knowledge", *Journalism & Mass Communication Quarterly*, Vol.95, No.2, 2018, pp.404-424.

由、理性交往的公共舆论和话语空间。①

可见，社交媒体用户虽然表现出较强的自主性和参与性，却仍然没有获取真正的自主权力和反支配力量，社交媒体企业的资本积累仍在促进商品化和集中化的加剧，控制和扭曲了信息环境和公民参与环境，导致哈贝马斯及评论家所担忧的"再封建化"。

三、"个性化经济"与公共领域的"碎片化"

2009年6月，《连线》（Wired）发表的一篇文章论及"Facebook主宰世界"的理念和计划，该文章讲述："在过去十年里，互联网是由谷歌的算法界定的。谷歌严谨而高效的算式审查网络活动的每一个比特，目的是绘制一套网络世界的地图。Facebook的CEO扎克伯格（Mark Zuckerberg）憧憬一个更加个人化、个性化的互联网，在那里，我们的朋友、同事、同侪、家人是我们首要的信息源，就和离线世界里的情况一样。在他的愿景中，网络用户将询问这个'社会地图'去寻找最好的医生、相机或雇员，而不是去搜索谷歌数学运算所得的冷冰冰的结果。"

似乎遵循着这样的理念，社交媒体和各大新兴网站对个性化的追求和运用越发狂热和极致，并发展成了最为常见和成功的互联网技术逻辑和经济模式。对于用户来说，人们也很自然地乐于接受个性化对我们的帮助，让我们身边充斥着自己喜欢的人、事物和想法，更舒适地待在这个与自己息息相关的世界，避免因面对海量的过载的信息而不知所措、难以决策或陷入"注意力崩溃"。②然而问题是，个性化的代价是什么？个性化又给新闻和公共话语空间带来了

---

① ［英］克里斯蒂安·福克斯：《社交媒体批判导言》，赵文丹译，中国传媒大学出版社2018年版，第97—98页。
② ［美］伊莱·帕理泽：《过滤泡：互联网对我们的隐秘操纵》，方师师、杨媛译，中国人民大学出版社2020年版，第10页。

什么？

2003年，在社交媒体流行之前，凯斯·桑斯坦（Cass Sustain）就曾在《网络共和国》(Republic.com)一书中，深度剖析了个性化的互联网媒介对公共话语的潜在影响，在学界和社会引起剧烈反响。尽管他呼吁要加强网络空间监管以平衡自由主义者引起的党派之争，引起了自由主义者一片哗然，气恨难消，但是，他关于"个性化阻碍公共话语"的基本分析和论述逐渐获得共识。随着个性化社交媒体影响力越来越大，并很快渗透到新闻业，逐渐取代了报纸、杂志、广播、电视等传统媒体，学者们的担忧也越来越紧迫。一时间，"过滤泡""回声室""群体极化""群体区隔""交流碎片化"等概念和假说甚为流行，与桑斯坦遥相呼应。

在这些学者看来，这种逐渐普及的过滤化、个性化、个人掌控下的传播体系，给新闻和公共话语空间带来了十分严重的问题。一方面，个性化隔离了真正重要的公共议题。帕理泽（Eli Pariser）关注到，传统的新闻业体制虽然不完美，但它至少存在着一种道德感和公共责任感，为塑造公共领域、实现新闻事业的理想发挥着重要作用。就像人工编辑作为新闻的中间人，在致力于推送他们所认为的读者需要阅读的、重要的内容，即便有些内容并不是读者想看的内容。但那些热衷于满足个人偏好和需求、致力于获得注意力经济的算法代码能做到吗？帕理泽认为，在算法逻辑下，那些真正重要的公共议题，如无家可归者的信息、环保组织对公共问题的倡议等，就因为很少有人主动去寻找，而逐渐被区隔在外，自动消失于公共领域了。从人工编辑新闻转变为算法过滤器新闻，相当于正在用一个具有明确的、经过充分辩论的公民责任感和公民身份意识的体系来交换一个没有道德感的体系。[1]

另一方面，个性化区隔了群体、观点、对话，难以形成共同经验。早期，在

---

[1]［美］伊莱·帕理泽：《过滤泡：互联网对我们的隐秘操纵》，方师师、杨媛译，中国人民大学出版社2020年版，第109—111页。

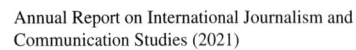

街道、公园或其他公共空间，公民经常在那里沟通思想、讨论公共事务，形成传统形式的"公共论坛"，发挥公共领域的作用。后来，报纸、杂志、电视和广播等公共媒体（general interest intermediaries），逐渐取代了传统公共论坛的角色，成为重要的表达活动的竞技场。凯斯·桑斯坦指出，公共媒体和公共论坛通常有三个表现：一是可以接近一大群人，二是可以接触不同的公民，三是增加了人们置身于一群不同人和看法中的可能，这都对形塑公共领域至关重要。[1] 但个性化的社交媒体致力于利用用户的数据来预测和递送满足用户兴趣、欲望和需求的信息，使人们看到更多熟悉的话题、认同的看法，以及与自己利益和立场一致的意见，即使让他们看到一些异质性的内容，通常也会显示出对方有多危险、愚蠢和可鄙。部分人觉得重要的事，很难进入另一部分人的眼帘；部分人觉得很清楚的观点，另一部分人可能觉得很模糊。这导致一系列的问题：每个人都置身于"过滤泡"中，公民看不到与自己不同的想法和观点，也找不到泡沫之外的公共事务，难以超越狭隘的自身利益去思考、判断和行动。[2] 人们缺乏经验分享机会，共同经验缺失，社会黏性（social glue）遭到腐蚀，经验各异的公民难以对公共问题建立共识，更难以提出解决方案。[3] 过多的回声导致人们的想法更容易走向极化，例如，志同道合的团体经过讨论后，温和的女性主义者常常会变成强烈的女性主义者，有的群体对外国经济援助的意图质疑声更加高涨，导致诸如胶柱鼓瑟、散播错误信息、强化极端主义，或者造成个人认知错误或混乱等问题。[4] 甚至，真正的公民对话和辩论越来越困难，对话空间趋于碎片化，这显然与哈贝

---

[1] ［美］凯斯·桑斯坦：《网络共和国：网络社会中的民主问题》，黄维明译，上海人民出版社2003年版，第20—21页。

[2] ［美］伊莱·帕理泽：《过滤泡：互联网对我们的隐秘操纵》，方师师、杨媛译，中国人民大学出版社2020年版，第120页。

[3] ［美］凯斯·桑斯坦：《网络共和国：网络社会中的民主问题》，黄维明译，上海人民出版社2003年版，第40页。

[4] 同上书，第54—55页。

马斯强调的通过对话推动和塑造公共领域的构想相背离。① 高教育水平公民与低教育水平公民、对娱乐和消遣更感兴趣的公民与对政治和公共事务更感兴趣的公民，在个性化社交媒体使用过程中，形成了愈发明显的数字鸿沟和群体区隔，公共参与受教育、兴趣等资源的限制进一步强化。②

哈贝马斯本人在一次围绕数字媒介和网络传播视野下的交流权利和公共领域的话题讨论中，已对此表现出了明确的怀疑：成千上万的碎片化的聊天室遍布全世界，它们使得庞大的、关注公共事务的受众成为大量彼此隔绝的公众。③曾在20世纪90年代创建万维网并推进万维网开放化的蒂姆·伯纳斯·李（Tim Berners-Lee）也表示担心，他参与缔造的"互联网正在受到各种威胁，大型社交网站正在建设高墙将自己用户的信息围起来，不让其他网民分享"④。如约翰·杜威所说，公共领域的首要困难是发现分散的、流动的和多种多样的公众如何认识自己，从而定义和表达自己的利益的方式。显然，人们对社交媒体曾抱有这样的远大愿景，却逐渐发现，它并未满足预期，反而塑造了这个区隔化的空间带来巨大的公共话语危机。

结语

数十亿的社交媒体用户栖居在一个有中介的世界里，这个世界看似给公众提

---

① David Bohm, *On Dialogue*, New York: Routledge, 1996.
② Peter Van Aelst et al., "Political Communication in a High-Choice Media Environment: A Challenge for Democracy?", *Annals of the International Communication Association*, Vol.41, No.1, 2017, pp.3-27.
③ Jürgen Habermas, "Political Communication in Media Society: Does Democracy Still Enjoy an Epostemic Dimension? The Impact of Normative Theory on Empirical Research", *Communication Theory*, Vol.16, No.4, 2006, pp.411-426.
④ Tim Berners-Lee, "Long Live the Web: A Call for Continued Open Standards and Neutrality", *Scientific American*, Vol.303, 2010, p.80.

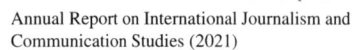

供了比传统媒介更大的自主权，它甚至还是移动的、互动的、拥有无穷创造潜力的，使公共领域的潜力变得朦朦胧胧。① 社交媒体批判者急于打破这个神话，在他们看来，社交媒体的资本积累结构，不仅阻碍了新型公共领域的形成，还使社交媒体的公共话语潜力处于危险之中，甚至有可能被圈占、被私有化。一方面，社交媒体依赖"产消者商品"化和"注意力经济"进行运营和资本积累，使用户的参与、互动和脆弱的自主权始终受困于资本，社交媒体商品化和集中化进一步加剧，新型公共领域并未形成；另一方面，社交媒体的个性化经济模式虽大获成功，却导致公共话语空间碎片化，公众形成相互区隔的异质群体，难以跳出自己的利益框架去思考和行动，也难以获得共同经验和形成良性对话，许多真正重要的公共议题逐渐被过滤、减少、消失。正因为此，许多批判理论家呼吁，这是互联网历史上的危机时刻。

然而，塑造和影响互联网和社交媒体公共领域潜力的因素十分复杂。据劳伦斯·莱西格（Lawrence Lessing）分析，互联网实际上受国家、社会规范、市场和代码的综合规制，要改变、重塑、优化社交媒体或研究替代性方案，还要综合考量和厘清国家、法律、社会规范、市场、代码和公众千丝万缕的关联和牵制。② 因此，批判理论家们也发现，找到一揽子的建议几乎是不可能的，但他们仍致力于根据具体问题提出重新配置的策略。例如，向私营的社交媒体企业或其他传播企业征税，以帮助为具有公共服务性质的网站提供资金；改变知识产权制度，做好个人信息数据保护，防止对信息公共资源的侵犯和滥用；增加透明性，揭露社交媒体正在做什么，对社交媒体企业形成约束的同时，也让用户对社交媒体真正具有了解、使用和控制能力；强调算法规则的优化组合，增加意料之外的可能，更加人性化，对微妙的身份差异更加敏感，积极促进公共事务参与，培养

---

① ［英］詹姆斯·柯兰、［英］娜塔莉·芬顿、［英］德斯·弗里德曼：《互联网的误读》，何道宽译，中国人民大学出版社2014年版，第143页。
② Lawrence Lessing, *Code 2.0*, New York: Basic Books, 2006, p.123.

公民意识，等等。

　　围绕新技术的辩论总是容易形成极端的乐观主义或极端的悲观主义，陷入毫无结果的二元对立框架。二者都是还原主义的，都误解了数字媒体的性质，误解了媒体对公共社会生活的影响，误解了公共领域的性质，其本质都是媒介中心主义（media centrism）。[①] 因此，在批判者的语境框架中，我们倡议，在保护、理解、珍惜数字媒体及技术红利的基础上，结合国家治理现状和需求，寻求更多语境化的辩论，探索真正有效的规制策略。

（万旋傲：上海社会科学院新闻研究所副研究员）

---

① Nick Couldry, *Media Rituals: A Critical Approach*, London: Routledge, 2003.

社交机器人研究十年：
问题意识、主题分布与研究趋势*

A Decade of Social Bots Research:
Issues, Topics and Study Trends

方师师　贾梓晗

Fang Shishi　Jia Zihan

摘　要：借助已有工具和文献检索，本文尝试对社交机器人研究 10 年来的主题特征、重点内容和未来趋势进行梳理、概括与总结。自 2011 年第一篇真正意义上的关于社交机器人的文献发表至今，国内外关于社交机器人的关注度不断提升，研究领域不断扩大，涉及学科不断增多。未来社交机器人的研究将更加注重与现实应用和社会问题的结合，在传统的检测技术和平台治理之外，还需关注社交机器人的非技术治理和综合治理。

Abstract: Based on existing tools and previous literature, this paper aims to sort and summarize studies on social bots over the past decade,

---

* 本文系上海市哲学社会科学规划智库专项后期资助课题"全球网络平台在线内容治理体系研究"（2019TFB014）、上海社会科学院创新工程（第二轮）"移动互联全媒体传播研究"项目子课题"算法社会的结构转型研究"阶段性成果。

including the characteristics of themes, primary contents and future trends. Since the first publication on social bots in 2011, the topic has aroused growing research interest both domestically and globally. Recently social bots have been studied in cross fields and disciplines. Future, the research might pay more attention to the combination of practical applications with social problems. Besides the conventional topics such as the detection methods and platform management, more social bots studies should take non-technical and comprehensive management into account.

关 键 词: 社交机器人　传播　检测　人机交互
Keywords: social bots, communication, detection, human-machine interaction

引言：社交机器人研究的十年

根据已有研究的发现，第一篇关于社交机器人的研究文献出现在2011年。[①]2011—2021年，国内外对于社交机器人这一主题的研究经历了从无到有、从少到多、从单一学科到多学科交叉、从理工科为主到进入社会科学领域、从强调技术研发检测到与人文社科相联系的过程。基于此，本文确认了关于社交机器人研究十年的依据。

从已有的知识图谱来看，从2011年一直到2015年，关于社交机器人的研究大多集中在计算机科学领域，主题相对单一，研究和发表文献并不多，5年的发文量不足10篇。但是从2015年开始，关于社交机器人的文献数量逐年递

---

① 周钰颖、闵勇、江婷君、吴晔、金小刚、蔡和:《社交媒体机器人的研究现状、挑战与展望》，《小型微型计算机系统》2022年第3期，第1—11页。

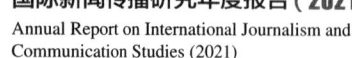

增，主题更加丰富细化，尤其是在一些国家的政治选举和舆论操纵中出现并使用了社交机器人，"政治机器人"的出现使得该主题和领域受到重点关注。2016年至今，较为重要的视角主要围绕社交机器人在新闻传播领域的应用（包括虚假信息扩散、政治热点时刻的舆论操纵、信息战中的社交媒体武器化等）、社交机器人在法律层面的风险和问题（包括违规收集在线数据、侵犯用户个人隐私等）、社交机器人带来的哲学伦理学问题（包括人机交互中的无偏向模型训练、社交机器人或人工智能的技术自主性、错误的检测给自然人用户带来的困扰等）。

虽然社交机器人的研究总体呈现增长和繁荣的态势，但是国内外研究并不平衡。本文以"社交机器人"为关键词，在知网（CNKI）对国内该主题的文献进行检索发现：截至2022年3月下旬，共得到181条搜索结果。[1] 其中第一份明确提出"社交机器人"的结果来自2010年清华大学的硕士论文[2]，而第一篇与当前意义上的"社交机器人"匹配程度较高的是2012年一篇名为《从心智工程和社交网络的角度重新认识机器人技术：开源机器人时代》的文章[3]。2010—2015年，每年关于社交机器人的论文、文章数量均只有个位数。直到2016年，该主题从前一年的3篇一跃飙升为19篇，因此2016年也可以被看作国内社交机器人研究的"元年"。

除去相同分词，这181条记录中排名前5的主要主题分别为：社交机器人（71条）、人工智能（7条）、社交媒体（7条）、社交网络（5条）、智能传播（5条）。次要主题与之非常类似，前5的排名基本上也是：社交机器人（59条）、社交媒体（21条）、人工智能（14条）、社交网络（8条）和人机交互（7

---

[1] 检索时间为2022年3月28日。
[2] 李烨：《社交机器人的自主性和群组倾向对于人做决策产生的影响》，硕士学位论文，清华大学，2010年。
[3] 丁未：《从心智工程和社交网络的角度重新认识机器人技术：开源机器人时代》，《中国仪器仪表》2012年第12期，第21—25页。

条）。同时，在学科分布上，排名前 3 的学科占据了文献总量的 93.92%，呈现高度集中化趋势。其中计算机软件应用和自动化技术占绝对优势，有 86 篇，其次是新闻与传媒，有 64 篇，社会学与统计学有 20 篇。这反映出一个比较明显的现象，即对于社交机器人的研究主流集中在技术研发、网络传播以及与人的关系上。

通过谷歌学术以"SocialBot"为关键词、时间设置为 2011—2021 年、不限语言进行检索，共得到约 2150 篇结果（未包含专利）。如果以"SocialMediaBot"为关键词，其他条件不变，则得到 408 篇文献。[1] 检索发现，社交机器人研究中高被引文献主要为机器人检测、社交平台中的人机交互、社交机器人影响三大主题。而这些主题又同时与媒体与传播、社交媒体、大数据、算法、检测、舆论操纵等话题相关联。

在进行了简要的国内外数据库关键词搜索基础上，本文借助已有的该领域的综述和研究，尝试对社交机器人的概念、研究主题、核心特征、主要进展以及未来发展作梳理和总结。并希望基于此，结合近年来和社交机器人相关的系列时间和问题对这一领域的研究作一讨论。

一、社交机器人：技术能力、行为模式与特定使用

社交机器人作为自动化程序控制的社交账号，能够根据人为设定自动化执行相应操作，从而模仿人类行为参与一系列在线社交网络（online social networks，OSNs）活动。[2] 随着用户间频繁地互动与交流，大量社交机器人用户生成的海量内容充斥在 OSNs 上[3]，逐渐模糊了自然人用户与机器人账户之间的

---

[1] 检索时间为 2022 年 3 月 24 日。
[2] E. Ferrara, O. Varol and C. Davis et al., "The Rise of Social Bots", *Communications of the ACM*, Vol.59, No.7, 2016, pp.96-104.
[3] T. Lokot, N. Diakopoulos, "News Bots: Automating News and Information Dissemination on Twitter", *Digital Journalism*, Vol.4, No.6, 2016, pp.682-699.

界限①。

从词源上看,"bot"是英文"robot"的缩写。在计算机科学或信息安全领域中,"bot"源于"software robot"②,通常指的是运行于在线平台中的自动化代理(automated agent)③或"自动化的在线软件程序或脚本"(automated online software program or script)④,包括网络爬虫(crawler)、搜索引擎索引(indexer)、交互聊天机器人(interactive chatbot),以及在网络游戏中扮演特定角色的自主代理(autonomous agent)等⑤。由此可见,机器人(bot)这一概念强调两个方面的特征:

第一,它是由算法实现的、无须人工干预自动运行的计算机程序;第二,它运行于网络环境中。二者缺一不可。现在可被称为"机器人"的,可以是执行计算机操作系统在线更新任务的代码串,也可以是社交媒体平台上模仿人类用户行为的自动化账号。而"社交媒体机器人"(social media bot),则特指在社交媒体平台上运行的机器人,强调其区别于其他实体机器人的、依附于互联网的虚拟特征。随着"机器人"的外延日益丰富,在其范畴中包含了许多功能各异、效果截然不同的客体。

社交机器人的形态各异,如社交机器人(social bot)、僵尸网络(botnet)、

---

① Z. Chu, S. Gianvecchio, H. N. Wang and S. Jajodia, "Who is Tweeting on Twitter: Human, Bot, or Cyborg?", in *Proceedings of the 26th Annual Computer Security Applications Conference*, 2010, pp.21-30.

② M. Orabi, D. Mouheb, Z. Al Aghbari and I. Kamel, "Detection of Bots in Social Media: A Systematic Review", *Information Processing & Management*, Vol.57, No.4, 2020.

③ S. Franklin, A. Graesser, "Is it an Agent, or just a Program? A Taxonomy for Autonomous Agents", in *International Workshop on Agent Theories, Architectures, and Languages*, Berlin, Heidelberg: Springer, Aug., 1996, pp.21-35.

④ S. C. Woolley, "Bots and Computational Propaganda: Automation for Communication and Control", in *Social Media and Democracy: The State of the Field, Prospects for Reform*, Cambridge: Cambridge University Press, 2020, p.89.

⑤ A. Leonard, *Bots: The Origin of New Species*, Penguin Books Limited, 1998.

巨魔（troll）、聊天机器人（chatbot）等，但简单地将社交媒体上所有算法驱动的自动化账号都称为社交机器人就忽略了社交机器人最重要的社交属性。"social"一词更多强调了其区别于一般自动化程序的社交性质，即社交机器人是由算法操纵意图模拟自然人账户并介入公众讨论，在本质上是一种社交驱动的在线自动化程序。①

社交机器人"模仿人类行为，以类人的方式在社会空间中行动"②的特征通常可以概括为模仿、交互与混合三种。虽然很多自然人用户知道目前在在线社交网络上充斥着大量的社交机器人，但相关调研报告却显示，在现实的在线场景中社交机器人并没有那么容易被发现。③这在一定程度上源自其对于自然人账户的模仿相似程度。社交机器人被制造出来的目的之一，就是希望通过模仿自然人在社交网络上的表现来"冒充"真人用户。但现在也存在机器相互模仿学习的情况，比如在早期的信息安全领域，作为对抗者（adversary）的自动化程序被称为"sybils"，该术语源于1973年出版的一本同名非虚构作品，讲述多重人格障碍者Sybil表现出了16种人格的故事。Sybils指代一种针对分布式系统的攻击类型，其主要功能在于帮助攻击者创造多个虚假身份④嵌入社交网络的节点中施加影响⑤。

---

① S. Stieglitz, F. Brachten, B. Ross and A.-K. Jung, "Do Social Bots Dream of Electric Sheep? A Categorisation of Social Media Bot Accounts", available at arXiv, 1710.04044, Oct., 2017.

② A. O. Larsson, H. Moe, "Bots or Journalists? News Sharing on Twitter", *Communications-European Journal of Communication Research*, Vol.40, No.3, 2015, pp.361-370.

③ Eelke, "Being Friends With Yourself: How Friendship Is Programmed Within the AI-Based Socialbot Replika", http://mastersofmedia.hum.uva.nl/blog/author/katieclarke, Oct. 24, 2017.

④ J. R. Douceur, "The Sybil Attack", in P. Druschel, F. Kaashoek, A. Rowstron (eds.), *Peer-to-Peer Systems*, Springer, 2002, pp.251-260.

⑤ Z. Yang, C. Wilson, X. Wang, T. T. Gao, B. Y. Zhao and Y. F. Dai, "Uncovering Social Network Sybils in the Wild", *Acm Transactions on Knowledge Discovery from Data*, Vol.8, No.1, 2014, pp.5-33.

一些学者认为,"只有模仿人类行为的才算社交机器人",机器之间的模仿不符合社交机器人的定义。[①] 但在现实中,随着社交机器人同自然人账户之间长久、持续、大量地进行交互,机器人对人类的模仿会不断升级和学习,模仿行为带来实质内容的混合,模仿模型也会吸收获取多种来源的数据和信息。因此我们更加倾向于从"意图"上去界定社交机器人,即哪怕是机器相互模仿,如果其意图是"冒充"和"混淆",那么其也可以被认为是社交机器人,属于"物与物的社会化连接"。而这也是社交机器人通过互动与自然人、社会进行相互构建的方式——"社交媒体平台上模仿人类用户展开发帖行为并实现身份建构,以达到推动某种特定信息传播目的的自动化算法程序。"[②]

社交机器人给自然人的在线社交尤其是网络信息安全与意识形态稳定方面带来了不确定性的风险,甚至还会在线下和现实层面带来严重影响。[③] 除了普通的模仿与交互,在线社交网络中还存在着大量的恶意社交机器人。互联网公司GlobalDots 发布的《2019 恶意机器人流量报告》显示,在线网络中约 39% 的流量来自机器人账户,其中恶意账户约占 20.4%。[④] 与一般仅是模仿自然人账户并与之交互的普通目的不同,恶意社交机器人目标更为明确,更加具有利益导向。比如获取用户的个人隐私信息、恶意传播虚假信息、干扰公共社会活动等。在早期的信息安全领域,社交机器人被视为一种在在线社交网络中获得用户画像、能

[①] S. Stieglitz, F. Brachten, B. Ross and A.-K. Jung, "Do Social Bots Dream of Electric Sheep? A Categorisation of Social Media Bot Accounts", available at arXiv, 1710.04044, Oct., 2017.

[②] 蔡润芳:《人机社交传播与自动传播技术的社会建构:基于欧美学界对 Socialbots 的研究讨论》,《当代传播》2017 年第 6 期,第 53—58 页。

[③] C. A. Davis, O. Varol and E. Ferrara et al., "BotOrNot: A System to Evaluate Social Bots", in *Proceedings of the 25th International Conference Companion on World Wide Web*, 2016, pp.273-274.

[④] GlobalDots, Industry Report: Bad Bot Landscape 2019, https://www.globaldots.com/resources/blog/industry-report-bad-bot-landscape-2019-the-bot-arms-race-continues, 2019.

够执行基本的在线社交活动的自动化程序，其与大规模的身份伪造、网络渗透和恶意链接的传播密切相关[1]；在新闻传播领域，社交机器人对媒介环境的影响备受瞩目，例如自动进行内容分发的新闻机器人[2]，向特定账户发送垃圾邮件的信息分发软件等[3]；自动化程序操纵与政经社会关系密切，尤其是在很多国家政治选举的敏感紧要时刻，"政治机器人"（influence bot）的身影[4]强调了其影响舆论的特征：2016年、2020年社交机器人在美国总统选举期间传播虚假新闻，2017年德国联邦总统选举期间社交机器人传播大量垃圾新闻，2017年法国总统选举之前社交机器人在Twitter上传播马克龙泄密的竞选文件，以及2022年俄乌信息战中社交机器人出现在TikTok、WhatsApp、YouTube等平台上，等等。

二、社交机器人研究的问题意识与主题分布

虽然有关社交机器人的界定和定义、主要研究问题、方法和数据来源并不完全相同，一些研究通过对过去若干年中社交机器人的研究进行文献计量，试图描述不同学科对于社交机器人研究的知识图谱。这些研究主要回答了以下几个问题：社交机器人的研究从何时开始，一直以来主要分布在哪些学科和领域，包含哪些相关主题，以及作者的分布和在时间序列上的现状与变化等。

---

[1] Y. Boshmaf, I. Muslukhov, K. Beznosov and M. Ripeanu, "The Socialbot Network: When Bots Socialize for Fame and Money", in *Proceedings of the 27th Annual Computer Security Applications Conference*, 2011, pp.93-102.

[2] M. Forelle, P. N. Howard, A. Monroy-Hernández and S. Savage, "Political Bots and the Manipulation of Public Opinion in Venezuela", available at arXiv, ssrn. 2635800, Jul., 2015.

[3] A. Bruns, B. Moon, F. V. Münch, P. Wikström, S. Stieglitz, F. Brachten and B. Ross, "Detecting Twitter bots that share SoundCloud tracks", in *Proceedings of the 9th International Conference on Social Media and Society*, Jul., 2018, pp.251-255.

[4] T. Velayutham, P. K. Tiwari, "Bot Identification: Helping Analysts for Right Data in Twitter", in *2017 3rd International Conference on Advances in Computing, Communication & Automation*, Sep., 2017, pp.1-5.

有研究采用 CiteSpace 对 Web of Science 上 1985—2020 年间 94 篇关于社交机器人的文献进行了知识图谱分析，认为当前国外学界对社交机器人的研究主要分为四个方面：（1）基于计算机科学的社交机器人检测研究；（2）基于网络用户行为挖掘的社交机器人技术发展方向分析；（3）针对社交机器人恶意影响的预防与规制探讨；（4）人机交互行为影响及用户与社交机器人信任关系建立问题。该分析认为，关于社交机器人的研究是从 2013 年拉开序幕的。[①]

一项基于 Scopus 数据库的研究显示，截至 2021 年的 258 篇相关英文文献中，第一篇关于社交机器人的研究成果出现在 2011 年。[②] 当前国际上对于社交机器人的研究主要集中在五大议题：（1）社交机器人检测；（2）社交机器人与社交媒体信息传播；（3）社交机器人的社会影响研究（包括政治选举、股市操纵、公共健康）；（4）人机传播中的行为研究；以及（5）针对社交机器人的社交媒体数据挖掘与分析。[③]

有研究对 2015—2020 年国外虚假信息传播中社交自然人和社交机器人的混合交互式传播现状进行了主体、客体、媒介和模型分析。该研究认为其传播主体可以分为社交自然人、社交机器人和半社交机器人；传播客体可以分为谣言、虚假/真实信息，以及不同可信度等级的新闻来源信息；传播媒介分为单一的社交平台和跨平台（两个或多个社交平台）；传播模型包括基于易染状态（susceptible，S）、感染状态（infected，I）、免疫状态（recovered，R）的 SI、SIS 和 SIR 等传染病模型，以及基于社交网络统计性质传播模型和跨平台虚假信

[①] 郑越、周予晴：《社交机器人研究热点与未来发展：基于 CiteSpace（2015—2020）的知识图谱分析》，《新媒体与社会》2021 年第 1 期，第 262—283 页。

[②] 韦龙领、林嘉琳、张丽、曹开研、陈昌凤：《多学科、聚话题：社交机器人研究的科学计量分析（2011—2020）》，待刊稿。

[③] Y. Boshmaf, I. Muslukhov, K. Beznosov and M. Ripeanu, "The Socialbot Network: When Bots Socialize for Fame and Money", in *Proceedings of the 27th Annual Computer Security Applications Conference*, 2011, pp.93-102.

息传播模型。①

从时间序列上看，从 2016 年到 2020 年，关于社交机器人的研究沿着问题浮现、社会效果、技术迭代、认知深化的层次不断推进：2016 年关于社交机器人的研究有两大主题，一是社交媒体上尤其是 Twitter 上经由人工智能参与的假新闻扩散，二是社交机器人是否会影响网络安全和用户隐私。Twitter 一直是社交机器人参与信息传播和扩散研究的主战场，这些研究的核心问题是人工智能参与的信息操纵其传播效果如何，有多大影响。而与之相对应的是对在线社交网络进行僵尸网络检测，并讨论社交机器人可能会带来的安全、伦理风险。2017 年的研究延续了 Twitter 上社交机器人的研究主题，热点集中在智能技术对当前政治、社会关系的影响，尤其是社交机器人在社交媒体平台上的舆论引导和政治宣传效用。

2018 年的研究热点产生了一定的变化。通过关键词共现关系发现，2018 年有关社交机器人的研究主要集中于机器学习行为与用户数据分析。随着社交机器人在多个政治、社会敏感紧要时刻出现并引发重要影响，关于该"技术人造物"的攻防研究也成为 2018 年到 2020 年的研究重点。社交机器人对公众舆论的影响机制尚在探索中，如何实现对社交机器人的有效治理是学界需要重视的方向，但仍然缺少实证性研究。

当前社交机器人研究热点仍然聚集在基于大数据分析的人工智能应用与社交媒体平台中的社交机器人检测，而未来发展的新趋势则体现在从用户感知与态度层面对社交机器人信任度问题进行思考。

三、社交机器人研究的检测技术与趋势难点

社交机器人研发的一个重要目标就是希望通过其介入来强化社交平台信

---

① 张志勇、荆军昌、李斐、赵长伟：《人工智能视角下的在线社交网络虚假信息检测、传播与控制研究综述》，《计算机学报》2021 年第 11 期，第 2261—2282 页。

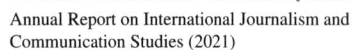

的交流和共享。① 随着用户数量的持续增多，社交机器人行为的复杂性增加，机器人流量在整体的信息传播生态中扮演重要角色。② 因此需要准确、充分地检测出社交平台中的机器人账号，以避免正常用户被误导和误判。通常对于社交机器人的识别分为依据发布内容源头和检测发布行为特征两大路径。如果发布源头较为单一，依据源头进行的检测准确率较高。但由于目前社交机器人多为多平台发布，检测行为特征成为当前进行社交机器人识别的热点。

目前社交机器人检测的常用方法主要分为基于众包、基于社交关系图和基于机器学习的方法，此外还有一些较新的主动学习、基于"情境分析"的方法也正在被开发出来。③ 众包主要依靠专业人员的人工识别实现，后两种则依靠机器学习实现。基于社交关系图的社交机器人检测技术主要是依据账户的社交网络图来理解和分析平台上用户之间的关系。真实的用户会有大量的关注、转发和双向互动行为，因此呈现出的社交网络图结构会与机器人账户有很大不同。基于行为特征的检测技术是从多个角度对账户的行为模式特征进行分析。

世界范围内对社交机器人的检测主要依托 Twitter 和 Facebook 平台，Twitter 是 10 年来社交机器人研究最主要的关注平台和数据来源。近年来对 WhatsApp、YouTube 上的社交机器人的检测也呈现上升趋势。国外针对社交机器人的检测特征研究主要从网络特征、用户特征、交友特征、时间特征、内容特征和情感特征六大类静态和动态特征入手。其中网络特征是从不同维度获取信息的传播模式，通过转发、提及等操作建立网络，并从中提取出节点度分布、聚类系数和中心性等一

---

① J. S. Morales, "Perceived Popularity and Online Political Dissent: Evidence from Twitter in Venezuela", *The International Journal of Press/Politics*, Vol.25, No.1, 2020, pp.5-27.
② B. Ross, L. Pilz and B. Cabrera et al., "Are Social Bots a Real Threat? An Agent-based Model of the Spiral of Silence to Analyse the Impact of Manipulative Actors in Social Networks", *European Journal of Information Systems*, Vol.28, No.4, pp.394-412.
③ 李阳阳、曹银浩、杨英光、金昊、杨阳朝、石珺、李志鹏：《社交网络机器账号检测综述》，《中国电子科学研究院学报》2021 年第 3 期，第 209—219 页。

些统计特征；用户特征包括语言、地理位置和账号创建时间等；交友特征包括与账户社会联系相关的描述性统计数据，例如账户的关注者、被关注者和帖子等数量分布的中位数、时间和熵；时间特征包括内容生成和消费的时间模式，如发布推文的速率和连续发布两个推文的时间间隔等；内容特征是通过自然语言处理得到的语言线索，尤其是词性标注等；情感特征是使用一些通用的和平台比如 Twitter 专有的情感分析算法，包括幸福感、情绪化分数等；针对分类和聚类算法，主要采用随机森林、支持向量机、聚类算法、深度学习等机器学习方法来进行检测。目前针对 Twitter 上的社交机器人的检测最为成熟，准确率最高可以达到 96% 左右。

2021 年底针对国内平台的社交机器人检测研究采用了基于深度神经网络和主动学习的新型框架 DABot。该研究从四个类别（基于元数据、互动、内容和时间）中提取了 30 个特征（昵称长度、关注者和被关注者比例、默认昵称、默认头像、个人资料完整程度、综合水平；帖子评论数均值、帖子转发次数均值、帖子喜欢数均值、帖子来源多样性均值、转帖率；帖子中内容提及次数均值、帖子中提及内容次数方差、帖子中标签数量均值、帖子中标签数量方差、帖子中 URL 数量均值、帖子中 URL 数量方差、帖子字数方差、帖子中标点符号数量均值、帖子中标点符号数量方差、帖子中插话次数均值、帖子中插话次数方差、帖子内容情感得分均值、帖子中图片数量方差；帖子时间间隔均值、帖子时间间隔差异、帖子最短时间间隔、帖子最长时间间隔、帖子时间间隔突发性参数、帖子时间间隔信息熵），以区分社交机器人和正常用户；通过主动学习来进行有效地扩展标记数据；建立一个新的深度神经网络模型 RGA（包括一个残差网络 ResNet、一个双向门控递归单元 BiGRU 和一个注意力机制）来实现对社交机器人的检测。经过性能评估，DABot 比最先进的基线检测更为有效，准确率达 98.87%。[①]

[①] Y. Wu, Y. Fang, S. Shang, J. Jin, L. Wei and H. Wang, "A Novel Framework for Detecting Social Bots with Deep Neural Networks and Active Learning", *Knowledge-Based Systems*, Vol.211, 2021.

目前对社交机器人进行识别和检测的技术主要存在三大挑战：第一，完全提取社交机器人的特征非常困难；第二，大规模数据收集和用户数据标注成本高效率低；第三，应用于社交机器人检测的经典分类方法的性能不够好。多项研究结果证实，当前的社交机器人检测程序同时存在"假阳性"和"假阴性"的判定错误，即将人类账户误标记为社交机器人账户、将社交机器人账户误标记为人类账户。[1] 社交机器人检测中的假阳性和假阴性判定占总数据量的26%左右，其中假阳性约占11%，假阴性约占15%。[2] 因此就目前技术水平而言，无论是通过人工众包标注还是机器学习，都不能完美实现精准的机器人判定。

对于社交机器人的研究而言，检测的准确度是极为重要的一部分。这不仅关系到从实证角度评估社交机器人的现状和影响，而且对于深度融合计算机科学与社会科学的协同研究具有重要意义。但相当一部分文章也表示，这个问题单靠社会科学家是无法完成的。我们只能面对一些终端工具，但是对其内部情况一无所知也毫无办法。

一项依据美国2018年中期选举的Twitter数据集的研究比较了Botometer、DeBot和Bot-hunter三种检测工具，结论是在同一个Twitter语料库中检测到机器人账户的重叠度极低，即这三种社交机器人检测工具检测出相同结果的重合率非常低。[3] 还有研究比较了三种不同的检测社交机器人的工具，发现结果

---

[1] M. Bastos, D. Mercea, "The Public Accountability of Social Platforms: Lessons from a Study on Bots and Trolls in the Brexit Campaign", *Philosophical Transactions of the Royal Society A: Mathematical, Physical and Engineering Sciences*, Vol.376, Iss.2128, 2018.

[2] O. Varol, E. Ferrara, C. Davis, F. Menczer and A. Flammini, "Online Human-bot Interactions: Detection, Estimation, and Characterization", in *Proceedings of the International AAAI Conference on Web and Social Media*, Vol.11, No.1, May, 2017.

[3] R. J. Schuchard, A. T. Crooks, "Insights into Elections: An Ensemble Bot Detection Coverage Framework Applied to the 2018 US Midterm Elections", *PloS ONE*, Vol.16, No.1, 2021, pp.1-19.

存在明显的差异。其中对于检测工具阈值的设定对检测结果有直接且显著的影响。就结果而言，检测出 Twitter 上有 4%—30% 的社交机器人的数据都是可能的。①

比如 Oii 的检测工具 Heavy Automation 不是算法黑箱，但也没有透明度概率打分，这个工具更加关注账号的活跃程度，主要通过观察账号的发帖频次来判定其是否为社交机器人，如每天发帖超过 50 条的 Twitter 账号就会被怀疑是社交机器人。而 Botometer 和 Tweetbotomot 则是通过机器学习的方法来进行检测的，虽然是半黑箱操作，但是会生成概率分数，这两个工具更加关注账号的相关特征，如账号发帖的频率与其他账号之间的共振、跨账号用户间的行为关联性等。

但是这三个工具都存在一些弱点：第一，对于未知、未见的社交机器人类型，这三种工具几乎都无法检测出来；第二，Heavy Automation 更加关注"放大账号"（amplifier accounts）的传播功能，但对一些消极机器人账户则很难检测出来，Heavy Automation 的阈值设置使其检测结果非常僵硬，如每天发帖 49 条的 Twitter 账号就很可能不被怀疑是机器人账户；第三，Botometer 和 Tweetbotomot 由于是半黑箱工具，其结果有时候很难解释。

对于社交机器人的检测缺乏强有力的验证源自两个问题：第一是缺少地面真值数据（ground-truth data），因此从外部无法知道到底有多少社交机器人；第二是检测的可重复性差，由于社交媒体的流动性和易变性，很多账号和数据过期会被删除、改变或者不可见，因此"短命"的数据很难复盘。

目前国内外关于社交机器人检测和研究主要存在的难点为：（1）对半社交机器人的技术检测。即对同时具有社交自然人和社交机器人特征的账号，如何精准有效地选取算法提取特征进行区分。（2）交叉传播意图的检测。一般情况下会采

---

① F. Martini, P. Samula, T. R. Keller and U. Klinger, "Bot, or Not? Comparing Three Methods for Detecting Social Bots in Five Political Discourses", *Big Data & Society*, Vol.8, No.2, 2021.

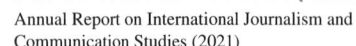

用联邦学习的方式，对不同平台间用户传播信息的数据进行融合，以便解决跨平台的数据孤岛问题，但该方向尚未取得很好的研究成果和突破。（3）传播目标识别研究。如果可以精准识别信息的传播目标，将有利于控制信息的传播与扩散，但是目前鲜有研究在该方向出现。由于社交用户的传播目标具有动态性、随机性和易变性，未来可能会利用社会情境分析技术，建立可计算的社交用户传播目标和趋势识别理论。（4）传播的使用控制研究。由于社交网络已经呈现出跨平台、跨社群、时空折叠等特征，传统的访问控制可能无法完全适用社交机器人的实际应用情况。在信息传播意图和传播目标识别的基础上，如果可以融合社会情境分析技术，研究在跨平台、跨社群中更为细颗粒度的社交机器人使用方式，将提高主动式信息传播控制能力。

对于研究人员来说，对检测工具带有批判精神的反思、尽可能增加用于训练工具的数据量以及强化数据透明度是研究的关键。未来迈进的一个方向是关注超活跃账户（hyperactive accounts）的影响和可疑账户行为的协调动态，而不仅仅是账户的自动化程度。一种以人为中心新的计算范式"情境分析"为跨平台社交机器人虚假信息传播和控制带来了新的思路：情境分析方法能有效地挖掘社交用户虚假信息传播过程中频繁的行为序列模式，结合适用于虚假信息传播和控制研究的社会情境安全和层次化分析框架，分别从社交实体层（内容安全）、社交环境层（环境安全）、社交行为层（行为安全）、社交意图层（意图安全）和社交目标层（服务安全）逐层展开，最终构建了一套涵盖五层和六要素的社会情境安全分析体系框架。

四、社交机器人研究的未来发展与治理讨论

在过去的研究中，研究人员主要针对在同一个社交平台上社交机器人的传播和检测展开研究，并取得了一些成果。有些研究成果在制止社交机器人进行虚假信息的传播上，提出采取"封号""禁言""删除"等补救措施来阻止虚假信息进一步扩散。比如一项针对 2016 年美国总统大选期间 Twitter 上 1400 万条推文和转发的 40 万篇文章的研究发现，社交机器人经常会在低可信度来源（经常发表各类错误信息的网站，这些网站需由信誉较好的第三方新闻和事实核查组织确

认）的文章发表后和疯传前进行大量传播。社交机器人还会通过回复和提到功能，将目标指向那些粉丝众多的有影响力的用户。通过分析发现，如果在传播期间封禁一小部分（约10%）最像社交机器人的账号，几乎能消除低可信度内容链接的传播。

社交机器人会制造"大声的少数派"和"沉默的大多数"，从而显著改变在线舆论生态。社交媒体生态系统的未来可能已经指向这样一个方向：在未来的环境中机器与机器的交互是常态，人类将在一个大部分由机器人构成的世界中巡航。让机器人和人类能够彼此识别十分必要，这能避免机器人和人类对话的错误假设导致奇怪甚至危险的状况。值得指出的是，目前对于社交机器人的治理，除了技术检测、平台审查等方式外，还需要一定的政策安排和综合治理，关注一些值得思考的"非技术"现象：

（一）特定应用的社交机器人会在信息战中取得"不战而胜"的效果

2022年俄乌冲突期间，有大量虚假、搬运、混剪、过期的短视频出现在Tik Tok上。[1]CNN对话节目中的社交媒体研究人员认为，由于很多短视频内容涉及俄语，并且缺乏连贯的背景和语境，许多英语国家的民众很难在第一时间识别内容存在的问题，就任由短视频播放和播完。[2]而对于Tik Tok来说，一个视频的完播率对其内容推荐算法至关重要。因此传播此类短视频的社交机器人账号在短时间内被大量、重复推荐，导致广泛传播。

---

[1] Amanda Seitz, David Klepper (Associated Press), "Propaganda, Fake Videos of Ukraine Invasion Bombard Users", https://apnews.com/article/russia-ukraine-technology-europe-media-social-media-123c7975a879b89b85c06877f1f12908?utm_source=Pew+Research+Center&utm_campaign=6be2afbf2f-EMAIL_CAMPAIGN_2022_02_25_03_51&utm_medium=email&utm_term=0_3e953b9b70-6be2afbf2f-400178253, Feb. 25, 2022.

[2] CNN Business, "Tips for Navigating Social Media During War in Ukraine", https://edition.cnn.com/videos/business/2022/02/27/tips-for-navigating-social-media-during-war-in-ukraine.cnn, May 25, 2022.

（二）对社交机器人的平台审查效果不佳并且很难彻底解决问题

目前欧盟、英国等已要求在特定时期 Facebook、谷歌、YouTube、Tik Tok、微软、红迪、WhatsApp 等对平台上的社交媒体机器人账号进行审查和封禁。[①] 但是对于这种自动化程序来说，即便一时被封查，删除以前的内容、换个名称头像、再次注册的难度很低。并且有研究发现，目前 Twitter 上还有一种基于 AI 自动生成头像的机器人账户，这些 AI 生成的头像和自然人极其相似，肉眼完全分辨不出来，只能通过专门的机器学习软件来鉴别。但这些虚假账户非常受友邻喜欢，受信任度很高。因此仅仅通过平台的审查和封禁很难彻底解决社交机器人泛滥的问题。

（三）互联网公司的实验性操作可能会给社交网络带来潜在风险

之前《连线》曾爆出谷歌旗下的数据公司 Jigsaw 主动购买俄罗斯的点击农场和社交机器人服务进行在线内容实验。[②] 虽然谷歌和该公司宣称其购买服务的数据量不足以影响互联网上的内容生态，但这种"与虚假信息暗中互动"的行为值得关注。此前咨询公司 New Knowledge 承认它曾接受资助在亚拉巴马州特别选举之前，针对保守派选民进行过虚假信息试验以填补空缺的参议院席位；而执行此次购买行为的 Jigsaw 也承认它确实利用了该实验的结果作为其检测虚假信息活动的工作，为他们 2018 年底乌克兰总统大选前在乌克兰举行的虚假信息峰

[①] F. Y. Chee (Reuters), "EU's Breton Wants Google, YouTube to Ban War Propaganda Accounts", https://www.reuters.com/technology/eus-breton-hold-video-call-with-google-youtube-ceos-ukraine-fake-news-2022-02-27/?utm_source=Pew+Research+Center&utm_campaign=170f0f90f8-EMAIL_CAMPAIGN_2022_02_28_02_42&utm_medium=email&utm_term=0_3e953b9b70-170f0f90f8-400178253, Feb. 27, 2022.

[②] A. Greenberg (Wired), "Alphabet-owned Jigsaw Bought a Russian Troll Campaign as an Experiment", https://www.wired.com/story/jigsaw-russia-disinformation-social-media-stalin-alphabet/?utm_source=Pew+Research+Center&utm_campaign=e5e54f4720-EMAIL_CAMPAIGN_2019_06_13_01_30&utm_medium=email&utm_term=0_3e953b9b70-e5e54f4720-400178253, Jun. 12, 2019.

会提供了信息。因此此类科技巨头的在线实验不仅涉及研究伦理问题，还可能会实质性地对网络在线内容以及现实政治生态造成影响。在千人千搜的时代，每一次搜索、点击都会对以后的内容接触产生关联，如果数据量足够大，持续时间足够长，很可能会结构性地影响用户的信息接触、价值观念和意识形态。

（四）真相缺失使得社交机器人助推的虚假信息占据主流叙事

社交机器人通常会聚集在重大事件的社交媒体发布上，而其传播的内容能够形成信息漫灌和信息疫情还有一个原因在于，在出现重大事件之后，能够与社交机器人传播信息进行叙事对抗的内容不足。美国相关的研究人员认为，人们之所以会持续消费这些误导性的信息，是因为发生重大事件之后，他们迫切需要信息，但可靠的信息不足，而很多未经核实的、粗糙的内容填补了空白。[①] 因此对于社交机器人的治理，除了技术和平台之外，技术伦理和内容建设也是需要考虑的协同性要素。

（方师师：上海社会科学院新闻研究所副研究员、

互联网治理研究中心主任，复旦发展研究院特邀研究员；

贾梓晗：上海社会科学院新闻研究所硕士研究生）

---

① US Department of State, "Russia's Top Five Persistent Disinformation Narratives", Fact Sheet, https://www.state.gov/russias-top-five-persistent-disinformation-narratives, Jan. 20, 2022.

2020 年社交媒体中的偶然信息研究

Studies of Incidental Information on Social Media in 2020

高一帆　王　蔚

Gao Yifan　Wang Wei

摘　要： 在互联网技术的蓬勃发展下，社交媒体成为受众偶遇信息的高概率场景。本文对在社交媒体中的信息偶遇现象展开综合性的梳理与分析，以期为相关研究提供新思路。首先，对在 Web of Science 上发表的相关主题的文献来源作出解释。其次，对文献基本情况作出描述和统计分析，并对研究主题、研究方法等进行归纳。再次，在研究的主题内容方面，发现以平台、受众认知和政治意识形态传播等主题为主，少部分集中在学习行为的分析。最后，由文献总结概括该研究领域的整体性特点，并提出了未来研究方向的关注点。

Abstract: With the rapid development of Internet technology, social media has become a high probability scene for audiences to encounter information. This paper comprehensively combs and analyzes the phenomenon of information encounter in social media, hoping to provide new ideas for this research field. First, this paper explains the sources of literature published on Web of Science on related topics. Secondly, the study provides a description and analysis of the basic literature and summarizes the research themes, research methods, etc. Thirdly, from the perspective of research subject content, it is found that there are many research subjects mainly focusing on platform, audience cognition and political ideology transmission, and a few focus on the analysis of learning behavior. Finally, the paper summarizes the overall characteristics of this research field and puts forward the focus of future research.

关 键 词： 社交媒体　信息偶遇　Web of Science
Keywords: social media, incidental information, Web of Science

引言

技术发展下的媒体信息环境呈现出内容丰富程度高、选择性多的特点，信息内容的出现和传播在互联网中变得更加频繁，甚至出人意料。在印刷报刊时期、广播电视阶段，信息是专业从业人员选择过滤之后的结果，同时也是一个单向传播的线性过程。伴随着互联网的起步发展，门户网站的兴起，网络空间中的信息传播影响逐渐扩大。而后，社交媒体平台的异军突起，使传播主体由多变成了杂，信息曝光（information exposure）和信息消费（information consumption）在传播渠道变化的情况下，变得更加充满偶然性和随机性。本文聚焦处于数字网络环境中的社交媒体平台，探究偶然信息在其中呈现出的作用和特点。以 Web of Science 为数据源，经过系统筛选与人工筛选，最终获得 31 篇相关文献，据此展开具体分析和总结描述。

一、文献来源

本文以 Web of Science 为数据源，将"social media（主题）and incidental information（主题）and 2020（出版年）"定为搜索关键词，精简文献类型为论文，共获得 35 篇文献，其中包括 2020 年已发表的纸质出版物论文和在线发布的论文。接着在已有的检索结果中，剔除了相关性不高的 4 篇文章，最终获得31篇论文。截至2021年9月，在此搜索策略下获得的高引用率文章共有两篇，分别是：《吸引新闻：算法、平台与重构偶然曝光》（"Attracting the News：Algorithms，Platforms，and Reframing Incidental Exposure"），被引频次达16次；《基于浏览行为解释在线新闻参与：惯性思维？》（"Explaining Online News Engagement Based on Browsing Behavior：Creatures of Habit？"），被引频次为22次。本文将以上述条件的搜索结果为对象，对文献的研究方向、来源分布、类型、作者和具体研究内容展开详细描述分析。

二、文献基本情况分析

（一）相关研究学科方向

在有关社交媒体和信息偶然性的研究方向下，检索到的31篇相关文献中，如图1所示，传播学和行为科学领域的论文数量占据主要地位，其余相关研究涉及的领域也很丰富，包括计算机科学、心理学、工程学、教育学、语言学、社会学等，表明对社交媒体的讨论在多学科研究中呈现出逐渐聚拢靠近的倾向。在此基础之上有关信源的研究成为重要关注点，而本文关注的信息的偶然曝光也是这

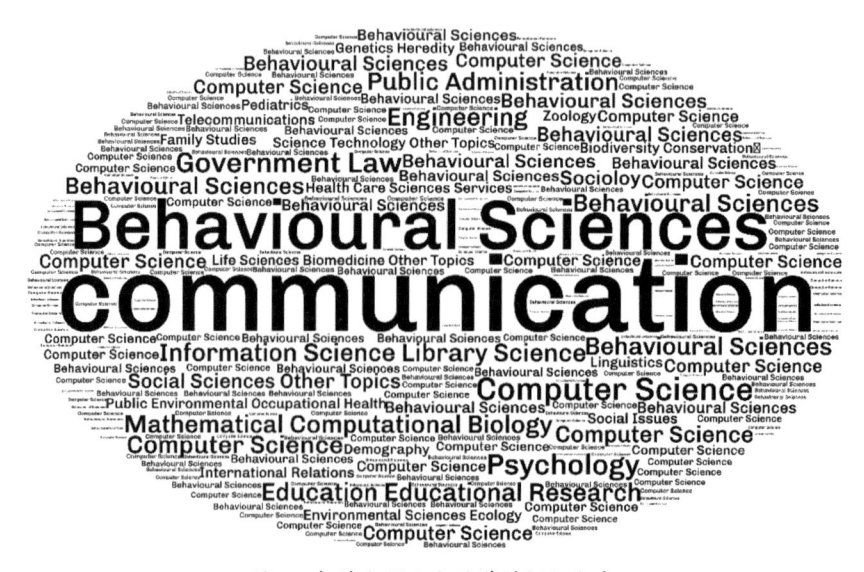

图1 相关主题论文的学科词频分布

一类型研究方向中的较为新兴的分支。

（二）相关研究来源分布

在纸质出版和在线发布的文献中，社交媒体（social media）和偶然信息（incidental information）方向与新闻和传播专业的出版物所关注的研究取向重合度较高。以《新闻》（*Journalism*）为例，其在 2020 年发表了 9 篇相关主题的论文，是本文涉及主题中，相关论文发布数量最多的出版物。其次是《数字新闻》（*Digital Journalism*），在 2020 年共发表 4 篇相关主题的论文。紧随其后的《新媒体与社会》（*New Media & Society*）有 3 篇，《信息技术与政治杂志》（*Journal of Information Technology & Politics*）和《大众传播与社会》（*Mass Communication and Society*）各有 2 篇，其余均为 1 篇。总体而言，在所有论文中，发表在传播类出版物上的占近 60% 以上，发表在其他学科出版物上的则较为零星。

表 1　相关主题论文的来源分布

来源	篇数
《新闻》（*Journalism*）	9
《数字新闻》（*Digital Journalism*）	4
《新媒体与社会》（*New Media & Society*）	3
《信息技术与政治杂志》（*Journal of Information Technology & Politics*）	2
《大众传播与社会》（*Mass Communication and Society*）	2
《政治学学报》（*Acta Politica*）	1
《双语：语言与认知》（*Bilingualism: Language and Cognition*）	1
《教育与信息技术》（*Education and Information Technologies*）	1
《教育心理学评论》（*Educational Psychology Review*）	1
《探索数字生态系统：组织与人类挑战》（*Exploring Digital Ecosystems: Organizational and Human Challenges*）	1
美国电气与电子工程师协会计算机通信会议研讨会网站（*IEEE Conference on Computer Communications Workshops*）	1

（续表）

来　　源	篇数
《通信杂志》(Journal of Communication)	1
《计算机媒介通信杂志》(Journal of Computer Mediated Communication)	1
《美国国家科学院学报》 (Proceedings of the National Academy of Sciences of the United States of America)	1
《社会科学计算机评论》(Social Science Computer Review)	1
《英国政治学与国际关系杂志》 (British Journal of Politics & International Relations)	1

（三）相关文献作者情况

由图 2 可知，学者约尔格·马瑟斯（Jorg Matthes）是 Web of Science 检索结果显示 2020 年发表相关论文最多的研究者，并且在被引频次方面，该研究者的表现也较为出色。其 2020 年的 5 篇论文，被引总数为 18 次，其中，在传播学领域的国外核心期刊《通信杂志》和《新闻》发表的文章各为 1 篇。其关注的研究焦点较多为个人在社交媒体环境中对政治信息偶然接触的表现和影响。而学者拉斐尔·海思（Raffael Heiss）作为发表数量居第二位的作者，署名发表的论文总共为 4 篇，均是和马瑟斯合写，因此在研究内容关注点上与其基本相似。由此也可以看出，国外学者对于具有政治相关性的偶然信息的关注度和兴趣倾向性较

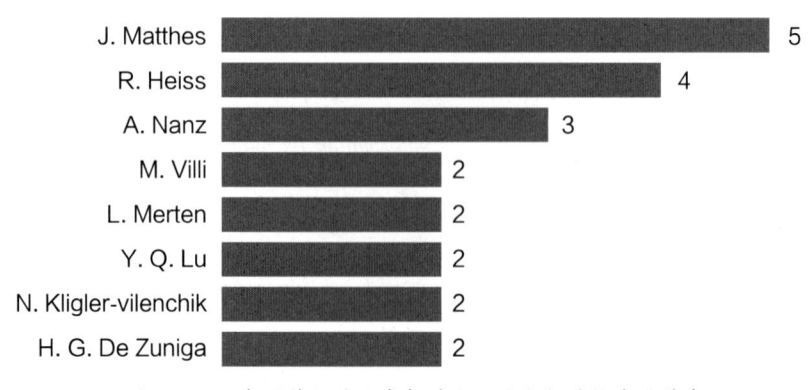

作者	篇数
J. Matthes	5
R. Heiss	4
A. Nanz	3
M. Villi	2
L. Merten	2
Y. Q. Lu	2
N. Kligler-vilenchik	2
H. G. De Zuniga	2

图 2　2020 年写作偶然信息相关主题论文数量较多的作者

高，这是一块主流关注领域。

（四）相关文献研究方法

本文对 31 篇文献使用的研究方法作了归类划分。经统计，使用定量研究的文章有 21 篇，使用定性研究的文章为 8 篇，定性和定量研究均使用到的文章为 2 篇。

基于以上划分结果，结合各文献的关键词再进行归纳，发现使用定性研究方法的文献数量较少。其中一篇文章为综述性论文，《研究偶然新闻：前因、动态与影响》(Studying Incidental News：Antecedents，Dynamics and Implications)，从概念厘清、偶然新闻的曝光路径和相关的新闻研究等方面作出了类型划分。其他使用定性分析方法的研究涉及政治参与、信息不平等、社交媒体等多类型研究议题，方法的使用面向较广。定量研究方法在本文所探讨的研究方向中展现出了更为强势的一面，在对受众认知、学习行为和平台参与等议题的讨论中，通过借助实验收集数据或者借由文本数据来进行量化分析是多数文章采用的办法。较少的文章使用了两类研究方法来作问题说明，就方法而言，其结合使用一般是采用访谈、内容分析或问卷和参与式观察的方式完成。

三、文献内容分析

总体而言，在数字媒体环境中，偶然接触信息的生态变得更为复杂，偶然信息（或新闻）的消费动因十分复杂，它和个人所处的社会结构、文化因素、媒介环境息息相关[1]，同时也更加强调情境因素的重要性[2]。在主要研究取向方面，有关受众认知过程、信息的生态模型和平台的实践功能的相关性主题是当前该领域

---

[1] E. Mitchelstein et al., "Incidentality on a Continuum：A Comparative Conceptualization of Incidental News Consumption", *Journalism*, Vol.21, No.8, Aug., 2020, pp.1136-1153.

[2] B. E. Weeks, D. S. Lane, "The Ecology of Incidental Exposure to News in Digital Media Environments", *Journalism*, Vol.21, No.8, Aug., 2020, pp.1119-1135.

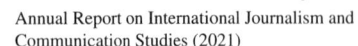

的研究热点趋向①。

（一）社交媒体和偶然性信息研究

自社交平台兴起以来，社交媒体开始被认为是偶然接触的新闻消费渠道②，承担着重要的信息空间职能③。纳丁·施特劳斯（Nadine Strauss）、迈克尔·沙尔科夫（Michael Scharkow）④等关注社交媒体平台中的新闻使用和偶然信息曝光的联系性，无论是在传统媒体、互联网和社交媒体中，偶然接触新闻信息都会导致最终的新闻消费⑤。研究认为，社交媒体在信息流动中的"桥梁"功能越发突出。正如柯基丝汀·索尔森（Kjerstin Thorson）指出的那样，内容选择在Facebook上表现出的不仅仅是影响受众的偏好和新闻把关的流程这两方面，同时也会受到平台本身的动态影响。⑥因此，从平台的支持功能角度为出发点的研究，成为解释偶然新闻消费的关键维度之一。

众多研究者将目光聚集到了Facebook、Twitter和Tik Tok这三个社交媒体平台，认为Facebook等是存在关键性关系的社交媒体平台，其所承担的信息发布

---

① N. Kligler-Vilenchik et al., "Studying Incidental News: Antecedents, Dynamics and Implications", *Journalism*, Vol.21, No.8, Aug., 2020, pp.1025-1030.

② J. Moller et al., "Explaining Online News Engagement Based on Browsing Behavior: Creatures of Habit?", *Social Science Computer Review*, Vol.38, No.5, Oct., 2020, pp.616-632.

③ J. M. Mueller-Herbst et al., "Saw It on Facebook: The Role of Social Media in Facilitating Science Issue Awareness", *Social Media+Society*, Vol.6, No.2, Apr., 2020.

④ N. Strauss et al., "'Yes, I Saw It-but Didn't Read It…' A Cross-Country Study, Exploring Relationships Between Incidental News Exposure and News Use across Platforms", *Digital Journalism*, Vol.8, No.9, Nov. 12, 2020, pp.1181-1205.

⑤ M. Scharkow et al., "How Social Network Sites and Other Online Intermediaries Increase Exposure to News", *Proceedings of the National Academy of Sciences of the United States of America*, Vol.117, No.6, Feb. 11, 2020, pp.2761-2763.

⑥ K. Thorson, "Attracting the News: Algorithms, Platforms, and Reframing Incidental Exposure", *Journalism*, Vol.21, No.8, Aug., 2020, pp.1067-1082.

的功能和 Instagram、Snapchat 等平台是不同的[1]，其在信息流通、曝光和接触层面表现得更具媒体属性特征。这也是众多学者选择 Facebook 作为研究平台的原因。研究表明，Facebook 作为平台而言，是当前数字化新闻消费关系中的重要中介影响因素，能够让受众持续保持对感兴趣的信息内容的偶遇式追踪。许多相关研究强调，Facebook 在协商民主中所扮演的角色越来越重要。[2] 一些研究认为，对美国来说，社交媒体的偶然新闻信息销毁可能会对党派的选择性曝光有影响。[3] 基于德国地区的 Facebook 使用相关研究也发现，Facebook 等社交网络平台是用户偶然接触跨领域政治观点的场所。[4] 索尔森认为，平台算法在其中施展的新闻消费模式是不可忽视的。[5]

由于近两年来短视频社交媒体的出现和快速发展，其代表性移动应用程序 Tik Tok 已经成为一种新的社交媒介传播逻辑[6]，由其附带的内容算法推荐技术对内容生产、分销和消费的颠覆性改变，不仅影响着用户个体的信息消费，同时也对新闻媒体的生产逻辑产生了重要影响。因此，该平台正成为偶然信息接触研究

---

[1] M. Barnidge, "Testing the Inadvertency Hypothesis: Incidental News Exposure and Political Disagreement across Media Platforms", *Journalism*, Vol.21, No.8, Aug., 2020, pp.1099-1118.

[2] Y. Q. Lu, J. K. Lee, "Determinants of Cross-Cutting Discussion on Facebook: Political Interest, News Consumption, and Strong-Tie Heterogeneity", *New Media & Society*, Vol.23, No.1, Jan., 2021, pp.175-192.

[3] L. Merten, "Block, Hide or Follow-Personal News Curation Practices on Social Media", *Digital Journalism*, Vol.9, No.8, Nov., 2020, pp.1-22.

[4] M. Cargnino, G. Neubaum, "Are We Deliberately Captivated in Homogeneous Cocoons? An Investigation on Political Tie Building on Facebook", *Mass Communication and Society*, Vol.24, No.2, Mar. 4, 2021, pp.187-209.

[5] K. Thorson, "Attracting the News: Algorithms, Platforms, and Reframing Incidental Exposure", *Journalism*, Vol.21, No.8, Aug., 2020, pp.1067-1082.

[6] J. Vazquez-Herrero et al., "Let's Dance the News! How the News Media Are Adapting to the Logic of Tiktok", *Journalism*, Vol.23, No.8, Oct., 2020, pp.1-19.

领域中的又一新兴研究对象落点。

（二）受众认知行为机制和偶然性信息研究

一些研究围绕受众信息认知的行为机制展开，大多将其研究落点置于通过实验分析来解释受众最终产生的信息消费结果。韦尔加拉·阿德里安（Adrian Vergara）使用眼动追踪测试的方式，测量了受众在 Facebook 平台的偶然新闻消费，基于实验参与者的阅读时间、阅读期间的眼球运动轨迹以及参与内容的分享方式等指标，得出了社交媒体和偶然新闻消费之间存在的关联性。[1]多项实证研究，均从受众对信息的认知加工角度，阐释偶然信息曝光的动态过程，尤其关注政治信息和偶遇之间的相关性。[2][3][4]研究表明，在社交媒体信息环境中，受众存在两种认知意图，一种是被动式的对偶然信息的接受，另一种是主动的参与式学习。也有其他研究更加详细概念化了不同形式的新闻处理和偶然新闻接触的路径模型，描述了三种具体路径模式，分别是自动加工型、附带加工型和主动加工型。[5]

当受众主动对偶然接触到的信息感兴趣时，会进一步产生互动行为，即利用社交媒体来表达和说明个人意见，包括社交活动、平台互动以及新闻内容互动[6]，

---

[1] A. Vergara et al., "The Mechanisms of 'Incidental News Consumption': An Eye Tracking Study of News Interaction on Facebook", *Digital Journalism*, Vol.9, No.2, Feb. 7, 2021, pp.215-234.

[2] J. Matthes et al., "Processing News on Social Media. The Political Incidental News Exposure Model(Pine)", *Journalism*, Vol.21, No.8, Aug., 2020, pp.1031-1048.

[3] A. Nanz et al., "Antecedents of Intentional and Incidental Exposure Modes on Social Media and Consequences for Political Participation: A Panel Study", *Acta Politica*, Vol.57, 2020, pp.235-253.

[4] N. Kligler-Vilenchik et al., "Studying Incidental News: Antecedents, Dynamics and Implications", *Journalism*, Vol.21, No.8, Aug., 2020, pp.1025-1030.

[5] M. Wieland, K. K. Koenigsloew, "Conceptualizing Different Forms of News Processing Following Incidental News Contact: A Triple-Path Model", *Journalism*, Vol.21, No.8, Aug., 2020, pp.1049-1066.

[6] Y. Sang et al., "Signalling and Expressive Interaction: Online News Users' Different Modes of Interaction on Digital Platforms", *Digital Journalism*, Vol.8, No.4, Apr. 20, 2020, pp.467-485.

受众对信息的接受和认知的态度并不是天然无意识的,当偶然信息的传递者是受众不接受或者不喜爱的一方时,受众会产生个人抵触情绪[1]。安德里亚斯·南兹(Andreas Nanz)和约尔格·马瑟斯的研究认为,受众的认知在网络环境中呈现为一种学习状态,尤其是有关政治信息的认知,是一个通过偶然接触不断加深的过程。[2] 受众本身的数字媒介素养会对其能否最大限度获得信息偶遇的机会产生重要影响,受众的数字技术越熟练,本身对政治信息越感兴趣,偶遇到政治信息的可能性就越大。

(三)意识形态传播和偶然性信息研究

从意识形态的分析角度出发,已有研究明确指出,政治传播正在通过互联网高速运转。[3] 赛义夫·沙欣(Saif Shahin)等人利用认知精化外围阐述模型(peripheral elaboration model)进行实验分析,认为偶然新闻的曝光和接触对政治行为的在线参与有着积极的影响。人们所以为的偶然的政治信息接触,其实是由社交媒体功能衍生出的文化逻辑的副产品,政治接触的逻辑才是社交媒体使用背后的真正动机[4][5],推动了受众对政治分歧的感知,表明了在虚拟空间的信息和民主政治传播的密切关联性。同时也有研究者认为,通过社交媒体偶然新闻的曝光,能够促进政治参与,进而达成一定的政治目

---

[1][3] Y. Lelkes, "A Bigger Pie: The Effects of High-Speed Internet on Political Behavior", *Journal of Computer-Mediated Communication*, Vol.25, No.3, May, 2020, pp.199-216.

[2] A. Nanz, J. Matthes, "Learning from Incidental Exposure to Political Information in Online Environments", *Journal of Communication*, Vol.70, No.6, Dec., 2020, pp.769-793.

[4] S. Shahin et al., "Peripheral Elaboration Model: The Impact of Incidental News Exposure on Political Participation", *Journal of Information Technology & Politics*, Vol.18, No.2, Apr. 3, 2021, pp.148-163.

[5] R. Heiss et al., "Pathways to Political (Dis-) Engagement: Motivations Behind Social Media Use and the Role of Incidental and Intentional Exposure Modes in Adolescents' Political Engagement", *Communications-European Journal of Communication Research*, Vol.45, Nov., 2020, pp.671-693.

的，社交媒体和政治参与之间存在互惠的因果关系。① 例如，利亚姆·麦克劳林（Liam McLoughlin）等就提出在社交媒体上偶然传播的政治表情包对人们的政治参与行为会产生影响。② 托比·霍普（Toby Hopp）等人更进一步提出，政治意识形态在一定程度上会影响自我信息网络的构成，即可以理解为个人在社交媒体中的信息偶遇情况，会受到其本身的政治偏向的引导。社交媒体中的信息偶遇并不是自由、无序的，其中的偶然性建立在已有的关系网中，由此造成了一种偶遇的错觉。③ 鉴于这一情况，许多研究者都将关注 Facebook 在政治讨论、政治网络强化中的信息暴露机制和影响。

当然，社交媒体对政治信息的传播和曝光也并非有着绝对正向影响作用，现有对德国选民的社交媒体使用的研究发现，受众在社交媒体中遇到偶发性信息接触的态度存在差异，在网络中过多宣传政治竞选信息，并不能够达到偶然接触的效果，反而可能造成受众心理抵抗情绪，从而有意回避政治内容。④ 另外也有研究表明，个人的策展技能和政治敏感度对于实现"偶然"政治信息接触存在高度相关性。⑤

---

① S. W. Lee, M. Xenos, "Incidental News Exposure Via Social Media and Political Participation: Evidence of Reciprocal Effects", *New Media & Society*, Vol.24, Iss.1, Oct., 2020.

② L. McLoughlin, R. Southern, "By Any Memes Necessary? Small Political Acts, Incidental Exposure and Memes During the 2017 Uk General Election", *British Journal of Politics & International Relations*, Vol.23, No.1, Feb., 2021, pp.60-84.

③ T. Hopp et al., "Exposure to Difference on Facebook, Trust, and Political Knowledge", *Mass Communication and Society*, Vol.23, No.6, Nov. 1, 2020, pp.779-809.

④ F. Marcinkowski, P. Dosenovic, "From Incidental Exposure to Intentional Avoidance: Psychological Reactance to Political Communication During the 2017 German National Election Campaign", *New Media & Society*, Vol.23, No.3, Mar., 2021, pp.457-478.

⑤ B. Naderer et al., "The Skilled and the Interested: How Personal Curation Skills Increase or Decrease Exposure to Political Information on Social Media", *Journal of Information Technology & Politics*, Vol.17, No.4, Oct. 1, 2020, pp.452-460.

（四）学习行为和偶然性信息研究

从行为角度关注偶然信息接触问题，较多的文献通过对学习活动的观察来进行描述和阐释。相关研究尤其关注到青少年群体的多任务行为处理模式，包括了被动型、主动型和偶然型。① 杰弗里·格林（Jeffrey A. Greene）就将这种行为解释为偶然性学习，信息以非确定性的方式展现在受众面前时，偶然性信息接触会转变成为一个层层学习、注意和调节的过程。② 这一现象在儿童接受社交媒体上的偶然英语交流中也得到了印证③，社交媒体对教育和学习的影响开始表现出更加明显的作用。安娜·索菲·库佩尔（Anna Sophie Kuempel）提出信息曝光与社交网络用户的学习和参与行为有着较大的关联，并且两者存在"马太效应"，越是在社交媒体中积极分享和参与的用户，获得"偶遇信息"的可能性越高，这和他们自身的社交网络策展能力有关。基于这一阶段，信息富有者和信息匮乏者的信息沟会逐步加大。④

本文所分析的文献是基于 Web of Science 数据库，通过主题和年份关键词定位获得的 31 篇文献，对文献基本情况、研究方法和主题内容的分析均基于此展开。在数据库中可能有其他相关主题的论文存在相似内容的探讨，但因未在本文检索路径下出现，因此未能有所说明。在未来的后续研究中，可将高度相关的文献再作补充分析，进而完善该领域的研究图谱；涉及研究主题的归类划分也可再

---

① K. Ettinger, A. Cohen, "Patterns of Multitasking Behaviours of Adolescents in Digital Environments", *Education and Information Technologies*, Vol.25, No.1, Jan., 2020, pp.623-645.

② J. A. Greene et al., "A Model of Technology Incidental Learning Effects", *Educational Psychology Review*, Vol.33, No.2, Sep., 2021, pp.1-31.

③ V. D. Wilde et al., "Learning English Through out-of-School Exposure. Which Levels of Language Proficiency Are Attained and Which Types of Input Are Important?", *Bilingualism-Language and Cognition*, Vol.23, No.1, Jan., 2020, pp.171-185.

④ A. S. Kuempel, "The Matthew Effect in Social Media News Use: Assessing Inequalities in News Exposure and News Engagement on Social Network Sites(Sns)", *Journalism*, Vol.21, No.8, Aug., 2020, pp.1083-1098.

作细分，进行更为细致的情境讨论。

四、启示与展望

（一）平台的技术权力对信息流动产生了深层次的影响

技术因素和偶然新闻曝光形成了权力交叉，媒介形式对偶然新闻的曝光、传播和影响的作用越来越大，网络社交媒体对社会信息传播和流动的影响力更是逐渐增强。本文所涉文献几乎都涉及对平台的传播逻辑的研究和讨论，探究政治传播的偶然性、受众认知行为的表现、用户学习行为的达成等多种类议题，皆离不开对社交媒体话语权力的探讨。可以说，平台技术权力的社会渗透性越发强烈，已成为研讨信息传播机制中避不开的背景因素。

（二）受众的信息认知与消费主动性不断增强

在数字媒介的普及下，受众在社交媒体中的信息消费行为越来越普遍。受众的选择性接触功能被放大，社交网络不仅是虚拟的互动平台，更是受众了解世界信息的重要窗口。在这种情况下，信息接触的主动权也更多地偏向受众。因此，个体对信息的认知程度以及信息消费观念，成为信息最终能否被消费的关键因素。偶然性信息接触和个体掌握的数字技术及其意愿密不可分，个体的主观能动性在社交媒体的介入下被愈加放大，并显得越发强势。

（三）政治传播作为相关研究中的重要关注点

西方政治传播的实践与研究都有着深厚历史传统。本文所涉研究中，较大比例的文献都在集中讨论政治信息和社会民主内容。厘清社交媒体中受众对政治信息的偶然性接触动因，在相当的程度上将更有助于理解西方政治的内在逻辑，同时，也可以看到媒介逻辑的转换对政治内容认知与传播方面的影响力十分深刻，社交媒体的内在逻辑正深刻地改变着西方社会政治传播方式。

（四）偶然性新闻接触和消费成为一个内涵丰富的研究概念

社交媒体与偶然信息主题相关研究关注的共性问题，重点表现为在新闻实践中的偶然新闻消费。偶然性新闻接触和消费所衔接的领域包括新闻研究、政治传播和受众研究等，涉及面向十分广泛，也是一个逐渐清晰与丰富的研究概念。

（五）研究方法的丰富性进一步提升

本文所涉文献在研究方法方面，定量研究系主流。控制实验、数据检索分析成为研究者在测量偶然信息接触机制时的普遍方式。因此，文献存在研究样本、人群层面、关注地区和社会情境方面的局限性，在研究问题的视野上较为集中。在未来的研究中，研究方法的丰富性应作进一步提升，对研究问题实现进一步的深度挖掘。

（六）偶然信息相关研究尚有更多议题待挖掘

较多的研究者认为应对受众的新闻消费实践进行深入探究，更多关注到个人、人际和社会之间的各种因素。一些研究提出，后续研究应更多注重由网络偶然信息接触机制引发的网络信息茧房和新闻回避等现象和概念的讨论；一些研究强调，应对社交媒体的信息传播逻辑、商业模式和未来发展与民主参与的关系研究持续关注。在未来的研究中，研究者们也应对以上仍存探讨价值和有待研究分析的议题多加关注。

（高一帆：上海社会科学院新闻研究所硕士研究生；
王蔚：上海社会科学院新闻研究所副研究员）

第二部分

传播研究的概念、议题与理论
Concepts, Issues and Theories of Communication Studies

成名的方法：社交媒体名人媒介实践研究综述

Approaches to Fame: A Review of Research on the Media Practices of Social Media Celebrities

同 心

Tong Xin

摘　要： 电视等传统媒体让"平民名人"崛起，社交媒体与移动互联技术的普及则助推大量"微名人""网络名人"等社交媒体名人绕开传统媒体，以一种个性化的群体职业实践获得社会资本。这些名人从业者的实践策略以"真实性"和"日常性"为核心来制造亲密关系，获得培养忠诚的追随者，然而却难以回避其内在逻辑中的"真实性悖论"。同时，社交媒体名人产业不仅培育出一种自我专注的青年文化，并且极度推崇个人主义和自我责任，忽视不平等问题的宏观结构性来源，加剧了西方政治与价值观的混乱。因此，这一势不可挡又快速变动的社会趋向亟待更多探索与追问。

Abstract: Traditional media, such as TV, have made "civilian celebrities" rise. The popularity of social media and mobile internet technology have helped a large number of social media celebrities, such as "micro celebrities" and "network celebrities", to bypass traditional media and obtain social capital through a personalized group professional practice. These celebrity practitioners' practical strategies focus on "authenticity" and "everyday" to create intimate relationships and cultivate loyal followers, but it is difficult to avoid the "authenticity paradox" in their internal logic. At the same time, social media celebrity industry not only cultivates a self-focused youth culture, but also highly values individualism and self-responsibility, ignoring the macro-structural source of inequality, which aggravates the confusion of western politics and values. Therefore, this overwhelming and rapidly changing social trend needs more exploration and questioning.

关 键 词： 微名人　网络名人　互联网名人　自我营销
Keywords: micro-celebrity, network celebrity, internet celebrity, self-marketing

一、从名人到"微名人"：民众化与产业化的双重形塑

名人文化（celebrity culture）知名学者克里斯·罗杰克（Chris Rojek）曾将名人划分为三种类型：一是血统型（ascribed）名人，即出身在社会特权阶层，由于血统或家族关系而获得关注的人，如皇室成员；二是成就型（achieved）名人，即由于个人造诣或技艺而取得非凡成就的人，如政治家、企业家、艺术家、体育明星；三则是倚靠媒体曝光的属性型（attributed）名人，他们依赖于如经纪人、公关人员等"文化中介"运作而获得关注。[①] 这一分型亦指涉了名人从依赖于宗教"封神"或政治"加冕"转变为仰赖大众媒体"造梦"的历史性变革。[②] 自大众媒体兴起以来，名人一直作为宣传的产物与媒体行业紧密相联，这不仅让名人成为令人向往的目标，还将其演变为纯粹"以其众所周知而闻名"的人。因而在

[①] Chris Rojek, *Celebrity*, London: Reaktion, 2001.
[②] 闫岩、丁一：《名流、名流文化与名流新闻：历史，功能与争论》，《国际新闻界》2019年第10期。

众多真人秀、脱口秀等娱乐节目中"露脸"的普通人得以拥有机会化身为"平民名人"（ordinary celebrity），而其与传统名人最大的不同就在于，不是因为成就而享有关注，而是因为被关注而获得名声。①格雷姆·特纳（Graeme Tuner）创造了"民众化转向"（demotic turn）的概念试图描摹大量"平民名人"崛起的盛况。②

而在社交媒体与移动互联网技术普及之后，普通人更被赋予了前所未有的力量：每个人都可以只用一部手机就成为记者、表演者或歌手，并且"碰巧"因为他们甜美的声音、英俊的外表、有趣的观点、有趣的手势等获得广泛的追随者；更为关键的是，新平台和新技术允许个人控制自己发布的内容，从而帮助他们看起来比现实中更有吸引力，还能通过带来强大的粉丝基础为那些缺乏自我宣传渠道的名利追求者提供机会。如果说此前的明星制是让候选人参加选举，由公众来选择或拒绝他们，那么在社交媒体情境中，则允许个人直接"自我推荐"为候选人。特蕾莎·森夫特（Theresa Senft）首先捕捉到了新技术情境下的名人生产趋向变动，她发现了一群通过网络摄像头和生活日志在网上广播她们的生活并构建她们的身份的"闪光灯女孩"（camgirls），她们是试图通过使用视频、博客等数字媒体技术来收获"人气"的"微名人"（microcelebrity），同时"微名人"还指一套个人为了商业利益和/或文化资本而展开的媒介实践技术。③显然，这套技术并非先天性的特征，而是通过后天习得，因而意味着个体由此可以绕过传统媒体来编写自己的表演脚本，控制自己的媒介形象，成名的方式在媒介技术与社会结构的变动背景下再次发生转向。

许多人开始在 Facebook、Twitter、YouTube、Tik Tok、Instagram 等各类社交网站上开设账号，期望自己吸引受众，让他们成为自己的忠实追随者，成为互联

---

① Christopher Edward Bell, American Idolatry: Celebrity, Commodity, and Reality Television, Ph.D. dissertations, University of Colorado at Boulder, 2009.
② ［澳］格雷姆·特纳:《普通人与媒介：民众化转向》，许静译，北京大学出版社 2011 年版。
③ Theresa Senft, *Camgirls: Celebrity & Community in the Age of Social Networks*, Peter Lang Publishing, 2008.

网名人（internet celebrity），并赚取丰厚的经济收益。于是，批量化的"微名人"登上历史舞台，遍布于食品、时尚、旅游和生活方式等众多领域与细分市场，以至于出现了"红人"（influencer）这一更为通俗的行业术语，尽管其灵感来自早于互联网文化的伊莱休·卡茨（Elihu Katz）和保罗·拉扎斯菲尔德（Paul F. Lazarsfeld）的"人际影响"（personal influence），事实上却指向一种"微"语境下的普通互联网用户，他们往往通过对个人生活和生活方式的文字与视觉叙述，在博客或社交媒体上积累了相对多的追随者。①

"几十年来，我们认为个人财富的关键是大学文凭和可销售的工作技能"，然而今天，互联网似乎提供了一个前所未有的机会，只需要充分利用十五分钟"制作一个非常棒的病毒式视频"，就有可能成为超级明星"个性"和全球多媒体品牌，"财务自由的最大希望甚至可能是你的宠物猫咪"。②成名在望的梦幻前景让这条赛道上越发拥挤，然而另一方面，获得和保持名人地位依然是困难且无可预测的。在关注度愈加成为稀缺资源的当下，社交媒体名人也呈现出"马太效应"，拥有高关注度的顶层用户比底层用户更容易获得"人气"，名人及其粉丝数量也呈幂律分布③，这给试图进入名利场的新人竖起了极大的障碍。即便侥幸过关，受制于"15分钟名声"（fifteenminutes-of-fame）的社交媒体名人何以维持地位？向往成名的人群蜂拥而起，渴望"成名"的热切需求日益高涨，使得"成名"本身发展成为一门容括诸多环节并联结多个媒体门类的产业。所以有研究者提出，早期研究者对微名人及其策略的探索均主要集中在个人身上，公共关系和营销团

---

① Crystal Abidin, "Influencer Extravaganza: Commercial 'Lifestyle' Microcelebrities in Singapore", in L. Hjorth, H. Horst (eds.), *The Routledge Companion to Digital Ethnography*, Abingdon: Routledge, 2017, pp.158-168.
② Patricia Carlin, "How to Make Your Cat an Internet Celebrity", http://www.seaofstories.com/download/CAT%20CELEBRITY%20catalog%20page%20w%20cover.pdf, 2014.
③ ［美］艾伯特-拉斯洛·巴拉巴西：《链接：商业、科学与生活的新思维》，沈华伟译，浙江人民出版社2013年版。

队的影响被视为例外而非常规，因而尽管"微名人"概念为全球社交网站上数以万计的"普通"用户"自下而上"的生产实践提供了开创性的框架，但已不足以回应当下的现实，即"微名人"的背后往往涉及"内容制作人、编辑、执行制作人、社交媒体策略师、品牌合作伙伴经理"等，即使"红人"博主们看似以一己之力"非正式自学和反复试验"摸索各种技巧，然而他们大多数人依然是在模仿现成的模型典范①，概言之，"微名人"已经在各种意义上成为一种个性化的群体职业实践②。

面对愈加复杂的媒介图景与社会情境，学者们也就愈加有必要追问，各个平台中层出不穷的"微名人""红人""关键意见领袖"等社交媒体名人如何以及为何通过使用数字技术和平台而成名？又会带来怎样的社会后果？

二、以"真实性"为核心的实践策略

（一）真实性承诺：制造亲密关系的手法

与受到高度监管或具有明确品牌导向的传统名人不同，社交媒体名人向受众揭示他们的思想、梦想乃至食物和日常生活细节。③ 而相对于拥有完美发型、完美朋友和完美生活的传统名人，社交媒体名人更易接近，更加"真实"，因而吸引了大量追随者。④ 易言之，这种通过表现出"真实感"来增进名人与粉丝群间

---

① Crystal Abidin, Eric C. Thompson, "Buymylife.com: Cyber-femininities and Commercial Intimacy in Blogshops", *Womens Studies International Forum*, Vol.35, No.6, Nov.-Dec., 2012, pp.467-477.

② Bethany Usher, "Rethinking Microcelebrity: Key Points in Practice, Performance and Purpose", *Celebrity Studies*, Vol.11, No.5, Nov., 2018, pp.1-18.

③ Alice E. Marwick, "You May Know Me from YouTube: (Micro-)Celebrity", in P. David Marshall, Sean Redmond(eds.), *A Companion to Celebrity Wiley & Sons*, John Wiley & Sons Inc., 2015, pp.333-350.

④ Theresa Senft, *Camgirls: Celebrity & Community in the Age of Social Networks*, Peter Lang Publishing, 2008.

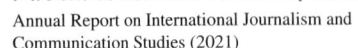

亲密关系的真实性承诺（a promise of authenticity）是社交媒体名人实践的核心。

1. 适度自我表露

这种"真实"当然指向如真实可信的本质意义，因此社交媒体名人常常以转发或在个人简介中强调传统媒体对自己的报道等方式增加自己的可信度。然而"真实"对于他们及粉丝的更确切意涵则是源于建立人际关系的亲密感。披露个人信息即被视为这种真实性的重要标志。根据社会渗透理论（social penetration theory），人际关系是通过自我表露而发展的，也就是与他人自愿分享个人相关信息，依次由外围层如人口统计信息，逐步过渡至感情、思想、价值观和信仰等构成的中心层；从广度上而言，自我表露的话题种类如与职业、工作相关的被称为职业自我披露，与家庭、朋友相关的被视为个人自我表露；从深度上而言，自我表露的深度指对特定领域的披露程度，从肤浅到亲密不等。如上所述，社交媒体名人相对于传统名人的吸引力恰在于通过适度的个人自我表露来培养一种类似于"数字亲密"（digital intimacy）的感情。[1] 这一社交媒体名人策略已成为当下名人的常规做法，原本界限分明的传统名人也会选择在社交媒体上增加职业自我表露或个人自我表露来建立粉丝与自己的准社会关系。[2]

2. 永远在线，保持互动

"真实性"的另一重意义是时刻陪伴的存在感、可及性和连通性。[3] 用户更喜欢那些看起来开放和诚实的名人，而当社交媒体名人与用户的朋友、家人一起出现在自己的页面上时，某种界限便会更为模糊，并且提供一种持续的亲密感。

---

[1] Jihyun Kim, Hayeon Song, "Celebrity's Self-disclosure on Twitter and Parasocial Relationships: A Mediating Role of Social Presence", *Computers in Human Behavior*, Vol.62, Sep., 2016, pp.570-577.

[2] Sikana Tanupabrungsun, Microcelebrity Practices: A Cross-platform Study Through a Richness Framework, Ph.D. dissertation, Syracuse University, 2018.

[3] Tobias Raun, "Capitalizing Intimacy: New Subcultural Forms of Micro-Celebrity Strategies and Affective Labour on YouTube", *Convergence*, Vol.24, No.1, Jan., 2018, pp.99-113.

如旅游博主产生影响力的一个原因在于消费者信任他们是"像我这样的人"。[1]这就要求一种始终在线（always on）的工作模式，同时要求将通过各类社交媒体交流作为基础工作，并使用更为细致的互动技术邀请他人进入自己的日常生活。这不仅是指与他们的追随者进行对话，以平易近人、友好、积极主动、引人入胜的语言回答他们的问题[2]，还包括用特定的集合名词来称呼粉丝群，如以建立亲密关系来实现"社交销售"的博客商店（blogshop）的时尚博主们常常会使用"女孩间谈话"（girl's talk）的称呼方式与受众交流[3]。社交媒体名人还会主动建立谈话，比如要求他/她的粉丝参与特定活动，或展开诙谐、不寻常主题的调查，其后再以特定的标签发布调查结果并深入讨论。名人及其团队还可以运营粉丝账号，增加话题度，或举办粉丝见面会及仓库销售、俱乐部或餐馆的碰头会等活动，以将在线构建的"虚拟亲密关系"带入现实生活。一些名人甚至鼓励粉丝通过活动后分享他们的故事或评论等方式进行贡献。研究者还发现，尽管有许多仅将微名人视为娱乐或信息目的的用户不愿意与其互动，但大多数普通用户渴望得到微名人的关注，并将与后者的互动视为某种"认可"与"成就"。同时，这种互动并不总是以一种双向对话的形式进行，社交媒体名人还可以经常展示日常活动的片段来与粉丝保持联系。

（二）真实性悖论：遮蔽"深后台"的技术

在大众媒体与商业、消费主义深度捆绑之后，"真实性"更为深刻的意义

---

[1] Andrew M. Duffy, Hillary Yu Ping Kang, "Follow Me, I'm Famous: Travel Bloggers' Self-mediated Performances of Everyday Exoticism", *Media, Culture & Society*, Vol.42, No.3, Jul., 2019, pp.172-190.

[2] Alice E. Marwick, *Status Update: Celebrity, Publicity, and Branding in the Social Media Age*, New Haven: Yale University Press, 2013.

[3] Crystal Abidin, Eric C. Thompson, "Buymylife.com: Cyber-femininities and Commercial Intimacy in Blogshops", *Womens Studies International Forum*, Vol.35, No.6, Nov.-Dec., 2012, pp.467-477.

在于无涉盈利、变现。"根据更为既定的观点，如果某样东西被商业化，它就是不真实的；如果某样东西是真是的，它就不是商业的。"①研究者通过对俄罗斯Instagram用户的深访发现，用户对社交媒体名人的广告营销行为容忍度非常有限，仅"可以接受每月一两个广告帖"，超过这个数量时可信度就会降低，让用户点击"取关"。②另一方面，在当下关于成名的社会想象中，名气即意味着"变现"，相当多的用户将社交媒体实践作为职业与主要收入来源，影响力货币化的机会可以被视为人们想要建立在线声誉的最重要因素之一。因此，即使真实性看似与商业化相对立，然而却是社交媒体名人确立个人品牌继而实现商业化的基础，真实更接近于社交媒体上成名的一种修辞手段。换言之，对于社交媒体名人而言，践行真实性承诺更为重要的法则是掩盖与平衡深层次的真实性悖论：以双重表演为内核，既公开又秘密，既非凡又平凡。因此，戈夫曼（Erving Goffman，1959）的基于戏剧舞台的自我呈现理论是学者们解释社交媒体名人媒介实践的基础性框架。森夫特曾指出，"微名人"是一种"非演员型表演者"（non-actors as performers），艾丽斯·马威克（Alice E. Marwick）进一步指出，传统名人与微名人的关键区别在于，对前者而言，舞台上下的角色是不同的，而对后者而言，舞台上下则几乎没有区别，亦即后台乃至深后台的场景被虚拟地推向了前台。由于要兑现真实性承诺，社交媒体名人后台的暴露也成为包含多种技艺的繁复表演。

1. 语境崩溃下的受众想象能力

从戈夫曼的理论出发，社会交往是一系列戏剧表演，并且表演者在前台与后台扮演着不同的角色。通常而言，前台是人们有规律地进行正式表演的固定场所，在此期间，演员应该遵循对观众有意义的惯例。因此演员必须在登台前仔细

---

① Tobias Raun, "Capitalizing Intimacy: New Subcultural Forms of Micro-Celebrity Strategies and Affective Labour on YouTube", *Convergence*, Vol.24, No.1, Jan., 2018, pp.99-113.
② Elmira Djafarova, Oxana Trofimenko, "'Instafamous'-Credibility and Self-presentation of Micro-celebrities on Social Media", *Information, Communication & Society*, Vol.22, No.10, Feb., 2018, p.10.

计划并试图弄清楚他们的观众真正想要什么。媒体内容的发布者需要通过更具体的受众概念来选择构成在线身份展示的语言、文化参考、风格等。然而社交媒体技术瓦解了多种语境,将不同的受众聚集在一起,语境的崩溃让自我呈现的表演策略及其效果都难以策划。研究者发现,即使声称只针对家人和朋友发布内容的社交媒体名人也承认能感知到潜在受众的多样性、无限性及不确定性。所以在缺乏关于受众的特定知识情况下,内容发布者只能从社交媒体环境中获得线索来想象社区[1],如利用观众的点赞、评论等来观测反馈,或借助专用软件及数据工具为用户群体画像、持续监测其动向,并且结合不同平台特征来调整内容发布的方式。不少名人将自己的观众想象成一个粉丝群或社区来进行管理,或是通过预先设定自身身份来筛选受众群,如旅游博主为自己起名为"家庭旅行博主""背包客"等。[2]

2. 否认和隐瞒

社交媒体名人会以各种方式隐藏他们试图获得追随者的意图。[3] 马威克记录了 Instagram 著名人士将自己描绘成一个普通女孩的同样做法,并指出让她受欢迎的可能是"这种看似毫不费力的酷"。[4] 运营团队将在工作室拍摄的视频装扮成非正式场景,还会刻意暴露幕后制作"花絮"作为"现实生活的一瞥",却隐藏员工与专业制作技术支持。名人们还会在展示他们奢侈的日常生活和昂贵的物

---

[1] Alice E. Marwick, Danah Boyd, "I Tweet Honestly, I Tweet Passionately: Twitter Users, Context Collapse, and the Imagined Audience", *New Media & Society*, Vol.20, No.1, Jan., 2010, pp.1-20.

[2] Andrew M. Duffy, Hillary Yu Ping Kang, "Follow Me, I'm Famous: Travel Bloggers' Self-mediated Performances of Everyday Exoticism", *Media, Culture & Society*, Vol.42, No.3, Jul., 2019, pp.172-190.

[3] Ori Schwarz, "On Friendship, Boobs and the Logic of the Catalogue: Online Self-Portraits as a Means for the Exchange of Capital", *Convergence*, Vol.16, No.2, Apr., 2010, pp.163-183.

[4] Alice E. Marwick, "Instafame: Luxury Selfies in the Attention Economy", *Public Culture*, Vol.27, Jan., 2015, pp.137-160.

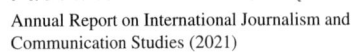

品来吸引读者并让其产生嫉妒的同时漫谈平凡的事物,以提醒用户他们"和其他人一样",例如抱怨日常家务琐事,或为维持业务所需艰苦工作。更为普遍的是一种战略性使用"标签"的方法,例如宣传信息一般不会立即在图片中出现,而是包含在标题下或通过标签出现。① 克丽丝特尔·阿比丁(Crystal Abidin)在对新加坡的社交媒体民族志研究中发现,千禧年博客时代成名的"网红"积极通过布鲁姆-罗斯(Blum-Ross)所述的"父母晒娃"(sharenting)让自己的宝宝、蹒跚学步的孩子获得曝光率与名声。有"网红"妈妈在怀孕3个月时就发布她的宝宝的专用标签,一段时间后再开设专用账号,就可以在不经意间为"微微名人"累积相当可观的粉丝数量;同时妈妈们还以叙述家庭事件的方式分享使用产品的日常经历来模糊个人经历与商业物料的差别。②

3. 保持一致性

苏茜·哈米斯(Susie Khamis)等认为,社交媒体名人其实是将身份构建为一种供他人消费的品牌化产品,自我品牌化(self-branding)是他们在拥挤的市场中获得竞争优势的关键。品牌化的关键是保持一致性,这亦是社交媒体名人平衡真实性悖论的难点。一般而言,一致性承诺对于维护品牌至关重要,它降低了消费决策的风险,人们或多或少知道可以对一个声誉良好的品牌期待什么:"从悉尼到纽约到上海,星巴克的'体验'变化不大",因而鼓励了重复购买并培养品牌忠诚度。所以对于社交媒体名人而言,不说什么与什么同样重要。他们选择不发布一些与其"真实性"人设不一致的内容,即使他们心有此想或确有其事。同时,社交媒体名人还倾向于形成一个独家网络,只发布自己与其他名人,而不是那些不为粉丝所熟知的日常朋友来破坏整体性的自我呈现战略。然而,哈米斯

---

① Bethany Usher, "Rethinking Microcelebrity: Key Points in Practice, Performance and Purpose", *Celebrity Studies*, Vol.11, No.5, Nov., 2018, pp.1-18.
② Crystal Abidin, "Micromicrocelebrity: Branding Babies on the Internet", *M/C Journal*, Vol.18, No.5, Oct., 2015.

也指出，当品牌运用到个人身上时，一致性却很难维持，打造个人品牌可能不过是一种商业叙事编织的神话。① 名人们精心构建的良好公众形象可能会因为一分钟的疏忽、未实现的错误而在短时间内崩溃，甚至没有任何原因。特别是当技术和算法被用以修饰形象时，便埋下了技术与算法失灵时的隐患。

三、社会及文化后果批判

名人是创造社会意义的容器，直接或间接传达通常占主导地位的社会价值观，因此他们在组织大众对世界看法时起着重要的作用，为评价现代社会的成功与失败提供了指南。如今，名人文化超越了显而易见的明星范畴，"是一种无处不在的主导文化现象，一种深刻而有意义的塑造社会日常生活的元话语。"即便仅观看社交媒体名人的前台"表演"已足以令批评家忧心，"如果孩子们喜欢阅读人类历史上伟大哲学家写的书，他们可能会对我们的社会有批判性的看法；但是，当一个孩子总是看着炫耀不必要的奢侈品的年轻女士的表演，谈论她与不同的英俊和富有的年轻人约会时，他注定是短视的，长大后会在金钱面前低头。"而在社交媒体名人及其以维护"名声"为目的的媒介实践和营销技巧不断前台化之后，研究者难以用乐观放松的心态安然等待一系列社会及文化后果降临。

（一）虚假预期下的情感劳动

社交媒体成名的故事似乎稀松平常，不同的社交媒体平台都心照不宣地向"普通"用户承诺名誉及随之而来的财富，从而鼓励前述种种"永远在线"的媒介实践。一夜成名的神话将众多意欲成名者的注意力从更根深蒂固的工作现实转移开来，他们忽视了在这一场域中奖励制度极不平衡的事实，只有少数人才可能会实现他们的职业目标，即做自己喜欢的事情并获得报酬。"新鲜感"和"可能

---

① Susie Khamis, Lawrence Ang and Raymond Welling, "Self-branding, 'Micro-celebrity' and the Rise of Social Media Influencers", *Celebrity Studies*, Vol.8, No.2, Aug., 2016, pp.191-208.

性"及在社交媒体赚取名声的内在要求都驱使着他们过度地劳作,并轻易接受无报酬的不公平待遇。研究者发现目前文化产业特别是博客写作等创造性工作中存在着显著的过度浪漫化趋势,"时尚和媒体领域充斥着大多数女性员工'愿意以爱情的名义为社会货币而不是实际工资工作'",博主们普遍认为,随着自己终有一天"被发现",自己将可以独立谋生或者受雇于传统的文创行业,他们的时间、精力和资本储备将会得到回报。因为成功故事与成名指南都在令人振奋地保证,"任何人都可以成为时尚博主,但事实上,大多数博客都在数字时代默默无闻。"与此同时,这些"被发现"的想象也助长了无薪实习、自由职业和用户生成的媒体内容的庞大体系,进一步恶化情感劳动者的生存境遇。[①]

(二)加剧"自我努力"神话的思维定势

研究者认为,社交媒体名人自我品牌化战术的兴起构成了另一种形式的新自由主义治理,它表现为自我品牌化,这种将个人成功、个人责任的概念完全与由消费主义逻辑定义的政治经济观念联系起来,它与西方商业文化中一直发挥核心作用的"自举神话"(by-your-bootstrap mythos)有着呼应关系。"自举神话"将经济动荡视为一种默认环境,在这种环境下,除了"能做"的态度之外,其他任何东西都是徒劳的,继而迫使(赋予)社交媒体的名利追逐者们认为自己是企业家,最终对自己在市场上的成败负责,所以在遭遇挫折时应该纠正或调整的不是经济,而是个人。然而有研究者认为,"微名人"等一系列社交媒体名人的做法被大加鼓励的背后,其实是在解决经济衰退的困境。经济衰退的特点即短暂的工作保障、社会服务的减少、工人保护的减少、工资停滞等。在这种伪装下,知识工作者利用社交媒体从事新形式的非物质和情感劳动,这非常适合晚期资本主义对个人"高度可见、具有企业家精神、自我配置以被他人观察和消费"的要求。种种"自举神话"及个体主义神话的变体愈加遮蔽了大众对结构性社会问题的

---

① Brooke Erin Duffy, "The Romance of Work: Gender and Aspirational Labour in the Digital Culture Industries", *International Journal of Cultural Studies*, Vol.19, No.4, Feb., 2015, pp.1-17.

关注。

(三）营销"表演"对社会政治领域的负面溢出效应

研究者在对硅谷互联网公司的民族志研究中发现，社交媒体的设计过程是将"市场逻辑渗透到日常社会关系中"。① 同时，社交软件中嵌入的营销和广告逻辑已经渗透到我们与自己和他人的关系中，而借助社交媒体名人成名策略的扩散，营销逻辑甚至可以说几乎完全延伸到当代社会生活的各个领域。由此，社交博主成了准专家，并承担了曾经训练有素的专家的角色，使得一度的"知识垄断"局面迅速瓦解，而社会大众却越来越难以识别和辨别可靠的消息和不真实的消息，如区分科学的信息观点与广告。② 研究者发现，很多政治类意见领袖已经开始利用社交媒体名人的策略充当替代性信息源的入口，以达到动摇观众世界观的目的，这也让侧重于以事实核查和来源核实来辨识假信息与假新闻的新闻学界有必要重新思考相关的理论概念界定。③

互联网的出现挑战甚至颠覆了媒体研究的主要理论框架，在"名人"研究中尤其如此。因此，在对社交媒体名人的自我营销及媒介研究中，研究者大多选择了以深度访谈、网络民族志、扎根理论等方法对这一领域进行探索性研究。与此同时，在网红制造产业化、流水线之后，研究者将持续关注并深入发掘以下方向：数以万计的普通人如何通过社交媒体成名或维持自己稍纵即逝的名声？如何通过自我调节来维持可信度，以及在多大程度上转化为文化与经济资本？成为网

---

① Alice E. Marwick, *Status Update: Celebrity, Publicity, and Branding in the Social Media Age*, New Haven: Yale University Press, 2013.
② Susie Khamis, Lawrence Ang and Raymond Welling, "Self-branding, 'Micro-celebrity' and the Rise of Social Media Influencers", *Celebrity Studies*, Vol.8, No.2, Aug., 2016, pp.191-208.
③ Lewis Rebecca, "'This Is What the News Won't Show You': YouTube Creators and the Reactionary Politics of Micro-celebrity", *Television & New Media*, Vol.21, No.2, Oct., 2019, pp.201-217.

络化的主体究竟意味着什么？特别是，当依靠"继承"妈妈人气的"微微名人"长大成人之后，他们如何回应自己的特殊身份？同时，包括蹒跚学步的婴儿在内的社交媒体劳工权益如何保障？此外，这一势不可挡的社会趋势对于普罗大众还将产生怎样的影响？总之，这一快速变动的交叉性研究领域势必将带来更多的困惑等待研究者的解答。

（同心：上海社会科学院新闻研究所助理研究员）

平台性、情感劳动与亲密关系资本化：
英文学界中国网红研究路径*

Platformativity, Affective Labor and Capitalizing Intimacy:
Approaches to Chinese Wanghong in English Academic Circles

王 月 高再红

Wang Yue Gao Zaihong

摘 要： 中国网红走红之快、聚粉之多、变现能力之强，使其成为英文学界名人研究的新样本。中国网红既具有英文学界所说的"微名人"在网上展示自我、与他人互动的实践行为，又具有数字影响者高追随者、高互动、高商业价值的影响力。英文学界目前关于中国网红的研究着力于：网红应用程序的平台性与行动者和参与者身份；网红情感劳动的非物质属性及平台的剥削性；网红与粉丝间亲密关系的资本化。网红文化作为社会过程本身和一种特殊的生活方式，展示了人们如何维系社会关系、构建个体身份和理解网络实践的意义。未来的网红研究有必要从文化社会学的视角积极关注平台、网红、粉丝等行动者在文化参与过程中的能动

---

* 本文受到国家社会科学基金重大项目"百年中国共产党对外传播研究"（20&ZD324）资助。

性、多元性和复杂性。

Abstract: The rapid popularity of Chinese wanghong, the large number of fans, and the strong cashability of which make a new sample of celebrity research in English academia. Chinese wanghong not only have the practical behavior of "micro celebrities" that is called in English academia to self-presentation and interact with others on the Internet, but also have the influence of digital influencers with high followers, high interaction and high commercial value. The research on Chinese wanghong in English academia focuses on: the platformativity of applications, and the identity of actors and participants; the immaterial nature of wanghong's affective labor, and the exploitative nature of the platform; the capitalizing intimacy between Wanghongs and fans. Wanghong culture as a social process itself and a special way of life shows how people maintain social relationships, construct individual identities and understand the meaning of network practice. It is necessary to actively pay attention to the initiative, diversity and complexity of platform, Wanghong, fans and other actors in the process of cultural participation from the perspective of cultural sociology in the future research on Wanghong.

关 键 词： 网红　平台性　情感劳动　亲密关系资本化　文化社会学
Keywords: Wanghong, Platformativity, affective labor, capitalizing intimacy, cultural sociology

引言

近年，网红成为打动世界的"中国流量"，中国网红经济的火爆成为国内外乐此不疲的话题。德国学者特洛伊卡·布劳尔称"中国是全球网红经济的发动机,也是世界第一网红经济国"①。相较西方学界的"微名人","网红"概念有哪些独特的中国特色?中国网红与技术平台、与粉丝间有着怎样的关系?这些问题蕴含着技术与文化的社会性追问。当中国网红走向世界的时候,我们有必要梳理英文学界如何思考中国网红现象。

本文梳理了英文期刊关于中国网红研究(既有国外学者的著述,也有本国学者发表的英文成果)的主要观点和评述,在此基础上,从四个方面展开论述:网红的中国特色,技术应用程序的平台性与网红的情感劳动,网红与粉丝亲密关系的资本化,以及文化社会学视角下的网红与粉丝。在此过程中,本文将对平台性、情感劳动、亲密关系资本化等问题进行评述。

一、具有中国特色的网红

"红"在中国传统文化中象征着财富、成功和流行。② 网红是网络红人的缩写,指普通人通过在网上展示自我、与他人互动,产生一定影响力,而成为网络红人。理解网红这一具有中国特色的网络名人称谓,有必要将其置于历史和文化的语境下进行历时性与共时性的审视,并厘清网红与大众传媒时代的明星、网红与英文学界所说的"微名人"的异同。

(一)明星:经纪公司把关的影音名人

英文学界曾对中华人民共和国成立以来的典型名人案例进行梳理,将其分为官方名人、大众文化名人和商业名人三大类,分别对应政治、文化和经济三个层面,反映了当代中国多元的名人话语。③ 其中明星便是大众文化名人重要的组成部分。20世纪20年代初,"明星"一词以"名人"(famous person)和"名流"

---

① 侯健羽等:《中国网红经济火爆,世界怎么看》,《环球时报》2019年6月25日。
② Adam Y. Chau, "The Sensorial Production of the Social", *Ethnos*, Vol.73, No.4, 2008, pp.485-504.
③ Louise Edwards, Elaine Jeffreys, *Celebrity in China*, Hong Kong University Press, 2010, pp.217-236.

(famous flow，celebrity）为原型，从英语"电影明星"（movie star）直译而来，并开始流行使用。20 世纪 30 年代，中国三大电影制片机构之一便叫作"明星公司"，将明星的概念与当时新兴的娱乐产业联系在一起。伴随着电影热潮席卷中国，中国的明星生产体系也建立起来。① 明星带有如下特质：其一，明星产业中星探、经纪公司、导演等扮演着把关人的角色，通过把关的人，才有机会成为明星。其二，成为明星需要有出众的魅力和才能，并且主要通过影视、音乐作品等形式供大众消费。其三，明星会有意与观众保持一定的距离，"维护稀缺性和非凡性"②，明星制下的名人如夜空中遥不可及的闪耀星辰。然而，近年受诸多因素影响：网络快速发展、网红走红之快、聚粉之多、变现能力之强，明星也开始积极利用网络工具与粉丝互动。

（二）微名人：展示自我的互动实践

2008 年，美国学者特蕾莎·森夫特（Theresa M. Senft）通过观察用网络摄像头展示自己真实生活的女孩们（camgirl），提出了"微名人"（microcelebrity）概念："一种新的线上表现风格，涉及使用视频、博客和社交网站等技术提升知名度的行为"③。艾丽斯·马威克（Alice E. Marwick）进一步阐释："微名人不是一种身份，也不只是'名人'的规模缩小了"④，"微名人是一种实践——一种在网上展示自我、与他人互动的实践，无论实际上有多少人在看。也可以说，任何人或任何事物都可以实践微名人"⑤。

---

① Mary Farquhar, Yingjin Zhang, *Chinese Film Stars*, Routledge, 2010, p.3.
② Anne Jersley, "In the Time of the Microcelebrity: Celebrification and the YouTuber Zoella", *International Journal of Communication*, No.10, 2016, pp.5233-5251.
③ Theresa M. Senft, *Camgirls: Celebrity and Community in the Age of Social Networks*, New York: Routledge, 2008, p.25, 16.
④ A. E. Marwick, D. Boyd, "To See and Be Seen: Celebrity Practice on Twitter", *Convergence*, Vol.17, No.2, 2011, pp.139-158.
⑤ Alice E. Marwick, "The Algorithmic Celebrity: The Future of Internet Fame and Microcelebrity Studies", in *Microcelebrity Around the Globe*, Emerald Publishing, 2018, pp.161-169.

英文学界关于微名人的研究主要关注"在网上展示自己、与他人互动的行为",并不注重影响力的大小。乔纳森·马弗鲁迪斯(Jonathan Mavroudis)通过对"微名人"和"数字影响者"(digital influencer)的区分,进一步阐释了微名人的概念,确定了区分微名人和数字影响者的三个因素:追随者数量、合作网络平台和品牌认可度。① 追随者越多,影响力便越大,就销售潜力而言,对广告商的价值就越大,品牌代言地位便越高,而"品牌代言地位"是微名人和数字影响者的主要区分因素。概括言之,英文学界的数字影响者强调追随者数量、合作网络平台和品牌认可度,强调影响力和品牌经济效益;微名人强调"在网上展示自己、与他人互动的行为"实践,而不管获得多少关注,具有多大影响力,是否具有经济效益。②

(三)网红:具有中国特色的网络名人

网红借助网络媒介,由粉丝把关走进公众视野。网络媒介的出现对明星生产机制进行了祛魅,导致了名人的大众化转向。③ 大众传媒时代,明星主要由经纪公司等把关,借助影音作品走进公众视野,经历了普通人—经纪公司/导演把关—借影音作品走红的流程。网红借助网络获得一定量的粉丝便可走红,走红后也会获得一些经纪公司的邀约合作。网红经历了普通人——吸引网络粉丝走红——吸引经纪公司合作的流程。不同于第一代网红清晰的"反名人"特质,一些大众型网红成为四线明星的后备军。他们

---

① Jonathan Mavroudis, "Fame Labor: A Critical Autoethnography of Australian Digital Influencers", in *Microcelebrity Around the Globe*, Emerald Publishing, 2018, pp.83-93.
② Theresa M. Senft, "Prologue", in *Microcelebrity Around the Globe*, Emerald Publishing, 2018, pp.xii-xx.
③ Joshua Gamson, *The Unwatched Life Is Not Worth Living: The Elevation of the Ordinary in Celebrity Culture*, Publications of the Modern Language Association of America, Vol.126, No.4, 2011, pp.1061-1069.

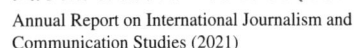

与经纪公司签约，接受才艺培训和形象包装，通过网络积攒人气，打入娱乐圈。①

```
普通人 → 经纪公司/导演把关 → 借影音作品走红 → 明星
```

图 1 普通人成为明星流程

```
普通人 → 吸引网络粉丝走红 → 网红 ↔ 与孵化公司合作
```

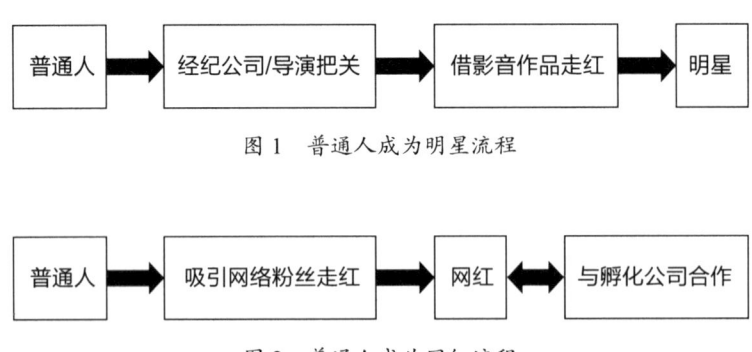

图 2 普通人成为网红流程

网红较明星更"真实"。只要能吸引互联网上的注意力，平凡和真实的普通人也可以拥有成名的机会。不同于仰望明星，公众与网红之间的距离也因为技术的可供性而大大减小。与"拥有完美头发、完美朋友和完美生活"的电视名人相比，网络名人和网红"显得更加真实"。②

网红较微名人更有影响力。网红的生产和实践具有微名人的特点，任何人都可以通过线上渠道赢得关注，但要成为网红，一定数量的追随者、高频率的互动以及潜在的商业价值是三个关键因素。③ 因此，网红既具有英文学界所说的微名人在网上展示自我、与他人互动的实践行为，又具有数字影响者高追随者、高互动、高商业价值的影响力。

---

① 杨玲：《网红文化与网红经济》，《人民日报》2016 年 6 月 28 日。
② Theresa M. Senft, *Camgirls: Celebrity and Community in the Age of Social Networks*, New York: Routledge, 2008, p.25, 16.
③ Ruohan Li, "The Secret of Internet Celebrities: A Qualitative Study of Online Opinion Leaders on Weibo", Hawaii International Conference on System Sciences, 2018, pp.533-542.

表 1 明星、微名人和网红的主要衡量因素

衡量因素	明星	微名人	网红
媒体平台	影音、广电等	网络复合媒体	网络复合媒体
把关人	经纪公司等	无	粉丝
影响力	高追随者、有限互动、高商业价值	高自我展现	高追随者、高互动、高商业价值

二、技术应用程序的平台性与网红的情感劳动

如果传统名流的概念强调的是成名的个体，那么网红的概念既强调走红的个体，也强调走红借助的各网络平台。

（一）技术应用程序的行动者身份与平台性

不同代际的网络平台既影响了网红的自我呈现形式、粉丝的追随形式，也影响了网红经济样态。同时，技术平台成为网红代际划分的重要参考因素：文字时代的网红、图文时代的网红和视频时代的网红。这样的代际划分有助于理解网红的发展史，但代际划分背后仍纠缠着一些不容被忽视的问题：不断出现的新的网络平台中，为何只有个别新平台能快速聚集大量用户？新网络平台中为何只有个别用户会"突然"走红？新平台与新网红如何共同挖掘，并满足了新的用户需求？现有研究倾向于将社交媒体等平台解释为网红进行表演的"背景"[1]，将视频作为一种技术，而不是艺术[2]。关于技术是如何产生的[3]，以及技术如何对人

---

[1] Jonathan Pace, "The Concept of Digital Capitalism", *Communication Theory*, Vol.28, No.3, 2018, pp.254-269.

[2] Jean Burgess, Joshua Green, *YouTube: Online Video and Participatory Culture*, Cambridge, UK: Polity Press, 2018, p.52.

[3] Tarleton Gillespie, Pablo J. Boczkowski and Kirsten A. Foot, *Media Technologies: Essays on Communication, Materiality, and Society*, Cambridge, MA: MIT Press, 2014, pp.1-17.

类产生影响①的研究有助于弥补这一缺陷。法国社会学家米歇尔·卡隆（Michel Callon）和布鲁诺·拉图尔（Bruno Latour）等提出的行动者网络理论可以为这一问题提供思路。行动者网络理论强调，网络中没有所谓的中心，也没有主客体之分，并且非人的行动者借助"代言人"（agent）获得主体地位与权利，每个结点都是一个主体、一个行动者。主体间相互认同、相互依存，且相互影响，共同营造一个相互协调的行动之网。因此，技术是塑造社会现实的有力"参与者"。②

行动者网络理论有助于理解短视频应用程序的技术设计如何为网红提供有效的视频制作和角色构建机制，并吸引更多的观众。爱荷华大学博士李安琪（Ke Li，Angela）曾借助行动者网络理论分析秒拍应用如何助力 Papi 酱走红。③智能手机的普及促进了人们通过移动应用程序对短视频的消费。短视频应用的技术设计和普及使普通用户可以轻松地制作、分享和观看短视频。第一，秒拍的技术功能强大，且易于使用，是专为普通用户设计的，无需专业拍摄和剪辑技能。第二，秒拍在设计之初就将其产品定位于"10 秒拍大片"，后又增加了 30 秒的选择，专注短视频市场。第三，秒拍的微视频格式只需要 600K 的数据即可上传视频，不需要大量流量是短视频吸引移动用户的重要原因。第四，秒拍支持视频同步分享到微博、微信朋友圈、QQ 空间等，使用户可以和更多朋友分享视频，鼓励用户参与到网络中。第五，秒拍具有强大的虚拟整形功能，为吸引强调颜值的年轻人群而设计，中国几乎所有的短片视频应用程序都具有改善人们容貌的功能。这一美颜功能有助于 Papi 酱塑造"一个集美貌与才华于一身的女人"形象，从而吸引目标受众。

---

① Bruno Latour, *Reassembling the Social: An Introduction to Actor-network-theory*, Oxford, UK: Oxford University Press, 2005, p.3.
② Bruno Latour, "On Actor-network Theory: A Few Clarifications", *Soziale Welt*, Vol.47, No.4, 1996, pp.369-381.
③ Angel Ke Li, "Papi Jiang and Microcelebrity in China: A Multilevel Analysis", *International Journal of Communication*, No.13, 2019, pp.3016-3034.

关于网络平台、基础设施历史和网红自我呈现模式之间如何相互作用促成具有中国特色的网红现象[1]，加拿大学者托马斯·拉马尔（Thomas Lamarre）的平台性（platformativity）概念为我们提供了进路。拉马尔关注到了区域的独特性和媒体的普适性间的复杂关系，提出了一种针对区域——平台关系的替代方法：平台性。平台性概念旨在强调互动，包括平台与人的互动、个人与集体如何通过平台进行表演和互动。同时，也关注到了媒体技术平台如何通过民族的、地域的形式建构信息存在模式，而信息存在模式又借助社会规则、主权和政治组织等中介发挥作用。在平台性方面，平台和基础架构反复扮演着积极能动的角色。更确切地说，扮演着互动的角色。[2]

（二）平台的托管服务与网红的情感劳动

部分名人研究关注到了其非物质劳动属性。"非物质劳动"由毛里齐奥·拉扎拉托（Maurizio Lazzarato）最早提出："非物质劳动是指生产商品的信息内容与文化内容所付出的劳动。"[3] 1996 年，美国杜克大学教授迈克尔·哈特（Michael Hardt）和巴黎第八大学教授安东尼奥·奈格里（Antonio Negri）在拉扎拉托的基础上对非物质劳动进行进一步的阐释："非物质劳动是一种生产非物质商品的劳动，如服务、文化产品、知识或传播。"[4] 2000 年，两位学者在《帝国》一书中将非物质劳动划分为两种类型：一种是生产观念、符号、代码、文本、语

---

[1] Ge Zhang, Gabriele De Seta, "Being 'Red' on the Internet: The Craft of Popularity on Chinese Social Media Platforms", in *Microcelebrity Around the Globe*, Emerald Publishing, 2018, pp.57-67.

[2] Thomas Lamarre, "Platformativity: Media Studies, Area Studies", *Asiascape Digital Asia*, Vol.4, No.3, 2017, p.286.

[3] Maurizio Lazzarato, "Immaterial Labor", *Radical Thought in Italy: A Potential Politics*, Minneapolis, MN: University of Minnesota Press, 1996, pp.133-147.

[4] Michael Hardt, Antonio Negri, *Empire*, Cambridge, MA: Harvard University Press, 2000, p.294.

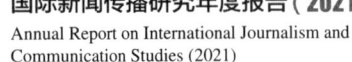

言形象、景象及其他产品的"智力的或语言的劳动";另一种是"情感劳动"。① 情感劳动是非物质的,它的产品是无形的:是一种轻松、友好、满意、激情的感觉,甚至是一种联系感和归属感。情感劳动是非物质劳动重要的子范畴,是非物质劳动内在的情感本质和"制约因素"(binding element),情感劳动生产的最终形式为社会网络、组织形式和生命权利。②

网红的劳动更具体地说是非物质劳动中的情感劳动。网红情感劳动获得报酬的主要方式有以下几种:一是通过在自己的社交媒体账号发布品牌广告赚取收益。二是通过在淘宝等电子商务平台经营商品获利。三是通过直播打赏获得报酬。发布品牌广告获取收益在全球互联网名人中较常见,而后两种获利方式则具有中国特色。③ 网红在社交媒体上发挥创造力呈现自己,可以带来可观的粉丝,却并不能带来直接收益。一些网红采取在微博中推荐某些产品,再通过自己在淘宝和天猫上的网店将这些产品卖给关注者的方式,将关注者转化为客户。与前两种方式相比,直播打赏这一收益方式则更直接。如果粉丝喜欢主播,可以直接发送数字礼物打赏。主播的大部分收入都来自粉丝的数字礼物。主播对"快手"及其他视频直播应用程序带来财富的承诺最感兴趣。主播花费大量时间和精力培养粉丝。为了每月赚取10000元,网红蓝姐和儿子每天花费4个小时制作、编辑和上传视频,直播又要花费1个小时。然而,实时流媒体轻松"播放"的感觉似乎掩盖了这项艰苦的工作。④

---

① Michael Hardt, Antonio Negri, *Multitude: War and Democracy in the Age of Empire*, New York: The Penguin Press, 2004, p.108.
② Michael Hardt, "Affective Labor", *Boundary*, Vol.26, No.2, 1999, pp.89-100.
③ Alice E. Marwick, *Status Update: Celebrity, Publicity, and Branding in the Social Media Age*, New Haven: Yale University Press, 2013, pp.112-162.
④ Chris K. K. Tan et al., "The Abject as Mass Entertainment: Micro-celebrities in China's Kuaishou Video-sharing App", *Mobile Media & Communication*, SAGE Publications, 2020, pp.1-17.

微博不雇佣博主，不支付他们工作报酬。微博无法分享网红博主的电子商务和广告收入，但借助技术平台的算法，可以从网红发帖中获得收入，如某些贴图要付费观看等。从这一角度来看，网红博主与Uber和滴滴司机具有可比性，他们都是通过平台设置的算法和规则提供服务、服从管理。然而，平台无需像雇用传统员工那样提供佣金，而仍可以从他们的劳动中获利。[1]

游戏直播平台"虎牙"通过顶级玩家现场比赛进一步提高用户热情，每轮比赛通常可以吸引十余万用户关注。2017年8月，平台两位知名主播"嗨氏"和"楚河"的支持者发生了口头暴力，甚至有愤怒的粉丝暴力威胁主播，嗨氏最终离开了虎牙。不管谁胜谁负，平台都是赢家。主播借平台聚集人气，为平台提供了免费的劳动力。粉丝发送给主播的礼物，平台通常会扣除50%的费用，剩余的转给主播。而在"嗨氏"和"楚河"事件中，虎牙不仅从粉丝发给嗨氏和楚河的电子礼物中获取收益，还从他们口角的免费宣传中获得了收益。主播在不知不觉中为平台提供了免费的、可利用的劳动力，以获取使用平台，在该平台赚钱的机会，以及自我的情感满足。

主播愿意接受这样的利益分配方式主要缘于：其一，他们认为直播是"播放"，应该付费给提供托管服务的平台。其二，他们认为自己的情感劳动不像物质劳动那样在市场上有相对统一的价格。平台可以不断地挖掘新的主播，为平台带来收益。享有一定知名度的主播也可以通过与平台协商，获得更高的利益分成。但具有一定影响力的主播如果更换平台必将损失一部分的粉丝，甚至需要在另一个平台从头开始，却未必会获得先前的影响力。[2]

---

[1] Zexu Guan, "Chinese Beauty Bloggers: Amateurs, Entrepreneurs, and Platform Labour", *Celebrity Studies*, Vol.12, No.2, 2021, pp.326-332.
[2] Chris K. K. Tan et al., "The Abject as Mass Entertainment: Micro-celebrities in China's Kuaishou Video-sharing App", *Mobile Media & Communication*, SAGE Publications, 2020, pp.1-17.

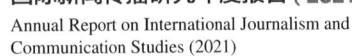

三、网红与粉丝亲密关系的资本化

网红的"红"需要在自我呈现（self-presentation）过程中向外在的观众（别人）和内在的观众（自己）展现一种受赞许的形象。在不同程度上，网红始终致力于"印象管理"，管理自己营造的形象，管理自己给他人留下的印象。[1]网红的网上自我呈现便是印象管理的实践。在自我呈现过程中，网红常坚持"平凡""真实"原则和"亲密"原则。一是以"平凡""真实"原则缩短与观众的距离，通过强调自己的生活是平凡、真实的，而不是优越的，与观众形成一种平等交流的感觉。[2]二是"亲密"原则，网红通过暴露自己的私密生活和思想寻求关注[3]，与粉丝产生连接感、可及性，以期形成亲密关系[4]。

（一）网红"平凡""真实"的自我呈现

关于网红的自我呈现原则和策略，香港城市大学学者李若涵（Ruohan Li）总结了五个维度。[5]其一是内容价值。网红需要展现有吸引力的内容，得到用户的关注。其二是技术价值，即社交媒体平台的技术可供性，为了提高自身的影响力，网红通常需要运用复合媒体呈现内容，视频能产生更好的感官和视觉效果，图文是省流量的一种内容传达途径，直播则能与观众进行实时互动。此

---

[1] [美]戴维·迈尔斯：《社会心理学》，侯玉波等译，人民邮电出版社2016年版，第71—72页。

[2] Alice E. Marwick, "Instafame: Luxury Selfies in the Attention Economy", *Public Culture*, Vol.27, No.1, 2015, pp.137-160.

[3] Tobias Raun, "Capitalizing Intimacy: New Subcultural Forms of Micro-celebrity Strategies and Affective Labour on YouTube", *Convergence: The International Journal of Research Into New Media Technologies*, Vol.24, No.1, 2018, pp.99-113.

[4] Anne Jersley, "In the Time of the Microcelebrity: Celebrification and the YouTuber Zoella", *International Journal of Communication*, No.10, 2016, pp.5233-5251.

[5] Ruohan Li, "The Secret of Internet Celebrities: A Qualitative Study of Online Opinion Leaders on Weibo", *Hawaii International Conference on System Sciences*, 2018, pp.533-542.

外社交媒体平台的评论功能也能转化为影响力。其三是社交价值，网红需要让粉丝知道"你在乎他们"，表现出连接感和可靠近感，与粉丝建立长久的交往关系。另外，也要不断维护与其他网红间的关系，互相引流，增加曝光量。其四是情感价值，网红的真实情感展演非常重要，展示真实的自己，或是进行印象管理。情感能引发共鸣，缩小与粉丝间的距离感。其五是符号价值，在互动过程中，粉丝解码网红的语言和行为，符号化的网红也寄托了观众的情感期待。

美国罗德学院学者韩力（Han Li）认为，中国农村网红视频中呈现的"真实"是经过视频生产者选择和加工的"真实"，是对中国农村的重新发现和包装，"真实"和"原生态"是引起粉丝关注的原则和策略。[1]她指出"滇西小哥"的视频最初是由她自己或家庭成员使用基本设备拍摄的，多是未经修饰的家庭或田野日常劳作记录。未加精修的视频通常被认为是业余拍摄的证明，有助于真实性的建构。但"滇西小哥"果园的视频通常只显示收割期的果实，省略了收割前栽培过程中的艰苦工作。滇西小哥曾讲述她返回云南乡村的原因，父亲需要手术，城市生活压力大，工作时间长，生活费用高和常常伴随着无根感。视频中富有诗意的乡村风光、无忧无虑的氛围、纯朴温暖的家庭和邻里关系都成为治愈要素。不是滇西小哥的相机捕捉到了乡村的田园生活，而是她的视频根据乡村田园风的想象重新塑造了云南乡村生活的真实感。

一些农村视频中，简单、简约和原生态被解读为"真实"。在"华农兄弟"的视频中，竹鼠的可爱取代了农村农场的辛苦。煮竹鼠的视频避免了杀戮和打扫现场。简单的厨房和简约的烹饪风格与他们的男子气概和原生态的乡村

---

[1] Han Li, "From Disenchantment to Reenchantment: Rural Microcelebrities, Short Video, and the Spectacleization of the Rural Lifescape on Chinese Social Media", *International Journal of Communication*, No.14, 2020, pp.3769-3787.

生活相得益彰。视频中常出现不同拍摄距离和角度的切换，无人机拍摄的村庄鸟瞰图。在这些"原生态"乡村生活的表述中，恶劣的乡村条件、高体力的劳作、不卫生的环境以及复杂的亲属关系都被抹除了，取而代之的是老式的农村生活方式，道德、平凡而又温暖的生活。① 李子柒的乡村田园生活视频吸引了无数国内外粉丝。李子柒在与粉丝交流中坦言她的生活不是视频中刻画的那般诗意、无忧无虑。她只是选择性地拍摄了院子里可用的东西，她所拍摄的不是她自己的生活，而是她所追求的生活。她的真诚表露并没有击退观众，相反，有助于建立一种微妙的平衡，双方都愿意中止思索视频内容的"真实性"问题，将焦点切换到"真诚性"，并更加享受这种模糊的现实与艺术的氛围。

（二）虚拟亲密关系下粉丝的自我投射

亲密感是网红策略中的关键要素。亲密关系一直被认为与私人情感（private affective）和公共工具（public instrumental）分不开。② 劳伦·伯兰特（Lauren Berlant）指出，女性对私人与公共间界线的解构，形成了一种"公众假定亲密关系"（publics presume intimacy）。网络时代，亲密的公众蓬勃发展，陌生人之间相互认同，并提供安慰、归属感等。③ 马威克认为，"网红展现他们的思想、梦想、食物消费等亲密细节"，"利用亲密关系战略来吸引粉丝"。④

---

① Han Li, "From Disenchantment to Reenchantment: Rural Microcelebrities, Short Video, and the Spectacleization of the Rural Lifescape on Chinese Social Media", *International Journal of Communication*, No.14, 2020, pp.3769-3787.

② Lauren Berlant, "Intimacy: A Special Issue", *Critical Inquiry*, Vol.24, No.2, 1998, pp.281-288.

③ Lauren Berlant, *The Female Complaint: The Unfinished Business of Sentimentality in American Culture*, Durham and London: Duke University Press, 2008, p.xiii.

④ Alice E. Marwick, "You May Know Me from YouTube: Micro-Celebrity in Social Media", in P. D. Marshall, S. Redmond (eds.), *A Companion to Celebrity*, Boston, MA: John Wiley & Sons, Ltd., 2015, pp.333-349.

网红通过私人生活和思想的自我呈现吸引粉丝，并建立虚拟亲密关系。网红的"红"归根结底离不开他/她的粉丝，网红文化是一种粉丝文化，网红经济是一种粉丝经济。网红作为名人的特殊形式，拥有将普通观众转化为忠实粉丝的能力，以维持自我的名声和热度。粉丝的数量和黏性直接影响网红的收入。网红通过私人生活和思想的自我呈现与粉丝建立连接，并与粉丝互动，建立一种虚拟的亲密关系[1]，网红的地位象征着一种话语[2]，二者相互依存，彼此满足需求。

粉丝投入时间、精力，甚至金钱，在互动中与网红建立虚拟亲密关系。[3] 粉丝追随网红可能缘于以下原因：一是网红某些积极的个性特征，使粉丝获得了愉悦和快乐。二是粉丝可以从网红身上获取有价值的信息和建议，有些网红在专业领域扮演着意见领袖的角色，并形塑着粉丝的行为、态度和认知。如中国美妆类网红通过视频、文章、图片和直播的形式，为粉丝提供化妆教程和化妆品测评[4]，并且在互动中答疑解惑，发放福利，粉丝从中获取指导实践的技能和信息。三是分享网红信息和情感，能够提高粉丝的自我认同，并加强其与他人的社交联系。[5] 张恩智（En-Chi Chang）和胡祥东（Tony Cheung-Tung Woo）指出，粉丝追随网红除了可以从网红那里获取信息和满足情感需求外，共享这些信息，与

---

[1][3] Xing Lu, Zhicong Lu, "Fifteen Seconds of Fame: A Qualitative Study of Douyin, A Short Video Sharing Mobile Application in China", in *Social Computing and Social Media. Design, Human Behavior and Analytics*, 2019, pp.233-244.

[2] Olivier Driessens, "The Celebritization of Society and Culture: Understanding the Structural Dynamics of Celebrity Culture", *International Journal of Cultural Studies*, Vol.16, No.6, 2013, pp.641-657.

[4] Zexu Guan, "Chinese Beauty Bloggers: Amateurs, Entrepreneurs, and Platform Labour", *Celebrity Studies*, Iss.5, 2020, pp.1-7.

[5] E. Chang, T. C. Woo, "Follow Me!: How Internet Celebrities in China (Wanghong) Attract and Influence Their Chinese Fans", in *Handbook of Research on the Impact of Fandom in Society and Consumerism*, IGI Global, 2020, pp.397-421.

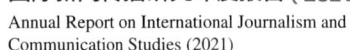

网红社交圈建立联系，还可以增强粉丝的自我认同，粉丝希望与网红有更多的互动。① 此外，在互动过程中，粉丝也会将自我的期待投射到网红身上，认为网红是自己"想要成为的人"，网红分享的生活细节构建了一种真实的完美。心理学"投射"概念或可解释这一现象。"投射"是一个人将内在生命中的价值观与情感好恶影射到外在世界的人、事、物上的心理现象。② 粉丝在追网红的过程中，会因网红身上具有某些与自己相似的特质或自己认可的特质而被吸引，继而产生你（网红）就是我（粉丝），你（网红）代表我（粉丝）的投射，希望网红被认可，不允许自己追的网红被批评、否定，某些粉丝甚至会为网红的走红、维护网红的名誉出力献计。在这一过程中，粉丝会产生一种成就感：在自己的陪伴和支持下，网红获得了成长和更好的发展。

在追随网红的过程中，粉丝与粉丝间也建立起了虚拟亲密关系。郝安迪（Andy Hao）以社会认同理论为基础，指出粉丝间同伴关系的因果框架，确定了自我识别和自我发现两个自我因素，社会融合、社会提升和主观规范三个社会因素。粉丝个人将自我识别为某一粉圈社会群体的一员，以促进对自我的认识。粉丝通过社会互动理解和深化自我的显著方面，以及内在自我的深层需求，促进自我发现。粉丝通过与兴趣爱好相似的其他粉丝进行互动，以获得社会支持、友谊和亲密感，实现社会融合，同时提升了社会地位。在追逐网红的过程中，周围其他粉丝的行为会对粉丝的个人行为决策产生影响，影响他们的主观规范（subjective norm）。③

---

① E. Chang, T. C. Woo, "Follow Me!: How Internet Celebrities in China（Wanghong）Attract and Influence Their Chinese Fans", in *Handbook of Research on the Impact of Fandom in Society and Consumerism*, IGI Global, 2020, pp.397-421.
② C. G. Jung, *Psychological Types*, Routledge, Coll. wks.6, 1921, p.290.
③ Andy Hao, "Understanding Consumer Fandom: Literature Review and Conceptual Framework", in *Handbook of Research on the Impact of Fandom in Society and Consumerism*, IGI Global, 2020, pp.18-37.

（三）作为资本的亲密关系

网红与粉丝的关系已打破了传统的"表演者-观众"或"展演-旁观"的二元对立模式。[①] 在多渠道网络时代，网红满足粉丝的诉求，粉丝为网红贡献流量和购买力。英文学界用"亲密关系资本化"（capitalizing intimacy）描述二者间的关系。[②] 马威克指出，网红会"利用真实的情感在展示自己并与他人互动时产生影响"[③]。网红进行情感劳动是其可信度和真实性的重要组成部分。美国青少年中心的一项调查显示：亲密感和真实感是吸引注意力和观众的原因。[④] 当亲密性被视为网红吸引注意力的重要组成部分，亲密关系也就成为一种文化资本、社会资本和经济资本。安妮·杰斯列夫（Anne Jerslev）指出："私人真实自我吸引注意力的表演与呈现是社交媒体活动中最有价值的商品之一"[⑤]。在这里，亲密关系已成为一种货币。[⑥]

网红既要保证内容生产的质量和频率，也要保持与粉丝的积极互动，这对发展电商业务来说至关重要。网红变现的方式有平台激励、植入广告、电商带货、粉丝打赏等。一定程度上，这些方式都与粉丝有关，粉丝是网红经济的下游，是

[①] Alice E. Marwick, "You May Know Me from YouTube: Micro-Celebrity in Social Media", in P. D. Marshall, S. Redmond(eds.), *A Companion to Celebrity*, Boston, MA: John Wiley & Sons, Ltd., 2015, pp.333-349.

[②⑥] Tobias Raun, "Capitalizing Intimacy: New Subcultural Forms of Micro-celebrity Strategies and Affective Labour on YouTube", *Convergence: The International Journal of Research into New Media Technologies*, Vol.24, No.1, 2018, pp.99-113.

[③] Alice E. Marwick, *Status Update: Celebrity, Publicity, and Branding in the Social Media Age*, New Haven: Yale University Press, 2013, pp.112-162.

[④] Susanne Ault, "Survey: YouTube Stars More Popular than Mainstream Celebs Among U.S. Teens", http://variety.com/2014/digital/news/survey-youtube-stars-more-popular-than-mainstream-celebs-among-u-s-teens-1201275245, Aug. 5, 2014.

[⑤] Anne Jersley, "In the Time of the Microcelebrity: Celebrification and the YouTuber Zoella", *International Journal of Communication*, No.10, 2016, pp.5233-5251.

构成网红景观的重要行动者。① 在直播中，网红会给予更多的关注和情感回应以鼓励粉丝消费。一项关于快手平台的研究发现，主播的主要收入来自粉丝的电子礼物打赏，培养粉丝成了网红的关键任务。② 网红也会不定期发放粉丝福利，如创造更优质的内容、带来更多的欢乐、为粉丝争取更优惠的商品价格等。粉丝不仅仅是网红消费的主体，也是网红的市场合作者。贾新明（Xinming Jia）指出，粉丝除了购买与网红相关的产品外，还进行必要的营销活动，如名人形象塑造、市场推广等，这些过去是代理商和营销人员负责的领域，这些变化使粉丝成为营销合作伙伴。③ 他们在社交媒体上通过点赞、评论、转发等方式给予网红肯定、认同或反馈，并间接帮助网红增加影响力。他们也参与到网红的内容生产中，表达自己的喜恶和建议，与网红一起成长。

中国农村网红粉丝的购买力能够带动一个地区的农产品售卖，推动当地旅游业的发展。④ 中国农村网红视频尽管内容涉及农业生产，但视频产品本身更多地是包装个性和真实性，以及在视频记录者和观看者间建立情感联系，销售本地产品已成为视频制作的副产品。观看者购买了视频中的当地特色食品，实际上消费的是内容创作者的人格魅力以及他们与观看者间建立的"亲密感"。农村网红表示保持视频发布的质量和频率以及与关注者迅速互动与开展电子商务业务同

---

① Angel Ke Li, "Papi Jiang and Microcelebrity in China: A Multilevel Analysis", *International Journal of Communication*, No.13, 2019, pp.3016-3034.

② Chris K. K. Tan et al., "The Abject as Mass Entertainment: Micro-celebrities in China's Kuaishou Video-sharing App", *Mobile Media & Communication*, SAGE Publications, 2020, pp.1-17.

③ Xinming Jia, Kineta Hung and Ke Zhang, "Celebrity Fans in China: Motives, Characteristics, and Marketing Impacts", in *Handbook of Research on the Impact of Fandom in Society and Consumerism*, IGI Global, 2020, pp.104-126.

④ Han Li, "From Disenchantment to Reenchantment: Rural Microcelebrities, Short Video, and the Spectacleization of the Rural Lifescape on Chinese Social Media", *International Journal of Communication*, No.14, 2020, pp.3769-3787.

样重要。活跃的中国农村代理人揭示了网红如何使用"情感劳动"将亲密关系资本化。①

结语：文化社会学视角下的网红与粉丝

英文学界的"微名人"概念出现得较早，英文学界的中国网红研究在此基础上，积累了颇多值得参考之处。

一是在网红技术应用程序的研究中，摒弃了技术决定论和技术的社会构建理论，站在技术的社会形成论的立场，将数字技术带到了前台。指出了技术平台不只是网红展演的背景，而且是具有平台性的行动者和参与者。其间，平台与网红互动、平台与粉丝互动，个人和集体通过平台进行表演和互动，平台反复扮演着积极能动的角色。平台与网红相互依存、相互影响，共同建构了一个相互协调的行动之网。

二是在网红情感劳动的研究中，关注到了网红劳动的非物质属性，以及平台的剥削。网红通过平台提供服务，平台无需提供佣金，但平台可以从粉丝贡献的收益中获利，网红为平台提供了免费的、可利用的劳动力。

三是在网红与粉丝的关系研究中，关注到了二者间亲密关系的资本化。指出了网红吸引粉丝的主要原则和策略："真实"原则和"亲密"原则。网红在视频中展现经过选择和加工的"真实"，缩短与粉丝的距离。网红通过私人生活和思想的自我呈现与粉丝建立虚拟亲密关系。粉丝投入时间、精力，甚至金钱，在互动中与网红及其他粉丝建立虚拟亲密关系。在这一过程中，粉丝们通过互动进行自我识别和自我发现，实现社会融合，提升社会地位。同时，亲密关系也成为一种文化资本、社会资本和经济资本，甚至是一种货币。粉丝购买或推广网红视频

---

① Tobias Raun, "Capitalizing intimacy: New subcultural forms of micro-celebrity strategies and affective labour on YouTube", *Convergence: The International Journal of Research Into New Media Technologies*, Vol.24, No.1, 2018, pp.99-113.

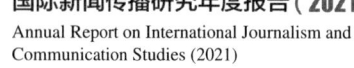

中的产品，实现了"亲密关系"的变现。

关于英文学界的中国网红研究，可以看到批判资本主义的理论缩影。在平台对网红情感劳动的剥削研究中，可以看到传播政治经济学中对媒介经济结构、市场力量运作方式受制于资本经济的批判。在网红"真实""亲密"的劳动原则研究中，可以看到法兰克福学派对文化工业制造虚假现实的批判。这种批判是学者对未来文化社会发展的担忧与警示，是治学的本心，值得我们思考与重视。然而，网红文化作为社会过程本身和一种特殊的生活方式，展示了人们如何维系社会关系，构建个体身份和理解网络实践的意义，这一文化社会学的视角在网红研究中值得补充。未来的研究中有必要积极关注社会、平台、网红、粉丝及其他行动者在文化参与过程中的能动性、多元性和复杂性。一方面，在技术应用程序的研究中，中国数字技术、媒体生态和社会文化环境的丰富性、复杂性有待进一步拓展。中国社会的这些特征将为名人文化研究提供更多彩的样本。另一方面，在网红的情感劳动中，网红作为情感劳动者的主观能动性、网红与其他利益相关者的互动，有待进一步探索。在网红与粉丝关系的研究中，网红和粉丝如何理解并践行彼此间的亲密关系，尤其是建构、维护亲密关系的动态行动过程及心理过程值得进一步探索。

（王月：上海社会科学院新闻研究所副研究员；
高再红：上海社会科学院新闻研究所硕士研究生）

从经典马克思主义的劳动概念到数字化生产：
非物质劳动理论视野下的"承接"与"转向"

From Classical Marxism's Concept of Labor to Digital Production: The "Inheritance" and "Turn" in the Perspective of Immaterial Labor Theory

常泽昱　李　敬

Chang Zeyu　Li Jing

摘　要： 本文从马克思经典劳动理论出发，梳理经由意大利马克思主义研究以及法国后结构主义等思想资源中介的当代非物质劳动理论发展史，再聚焦于当下的数字平台中的用户信息内容生产研究，在非物质劳动理论视野的关照下，把前沿研究与经典理论脉络接合起来，厘清内置于其间的"承接"与"转向"的两条线索。

Abstract: Starting from Marxism's classic labor theory, this paper sorts out the development history of contemporary immaterial labor theory, which is mediated by ideological resources such as Italian Marxism research and French post-structuralism. After that, we focuses on the research of user information content production in the current digital platform. In this way, under the guidance of immaterial labor theory, this paper attempts to connect the frontier research with the classical theoretical context, and clarify the two clues of "inheritance" and "turn" built into it.

关 键 词： 非物质劳动　数字平台　主体　关系　社交
Keywords: immaterial labor, digital platforms, subject, relationships, social

在马克思的劳动辩证法中，使得人和动物区分开来的本质活动正是劳动，"现实的、历史的人"在具体的劳动中被生成。在劳动的主客体关系中，人上升为"类"，人与人之间的协作关系上升为"社会性"的关系。由劳动所展开的社会关系把劳动的个体转变为社会劳动的主体，马克思对资本主义生产方式下的雇佣劳动关系的考察奠定了马克思政治经济学批判的基础，劳动被限定为劳动力本身，自由自觉的对象性劳动被雇佣关系下的权力关系书写为被规训的、异化的劳动。从工场手工业、自由竞争的早期资本主义到全球化的资本主义，从福特主义到后福特时代，从物质化生产为主到非物质生产成为主要劳动形式，劳动本身的性质是否发生改变？劳动的性质，在根本上是由生产关系和社会再生产决定的。以经典马克思主义的劳动理论中对非物质劳动的阐述为开端，去看经由意大利马克思主义和传播政治经济学中介的"非物质劳动理论"，尤其是对于当下在各类数字平台的文化生产中扮演劳动主体角色的使用者来说，甚至当劳动与雇佣劳动重叠之际，马克思那里的劳动外化、异化概念是否依然适用，或者这些数字平台使用者在多大程度和怎样的层面上获得"成为主体"的可能性？站在数字生产的前沿回望马克思经典劳动理论的影响，"承接"与"转向"分流勾勒出数字劳动主体的不同面貌。

一、马克思经典劳动理论的回望与非物质劳动理论概念的发展

马克思对"劳动"的论述始于《1844年经济学哲学手稿》。马克思认同黑格尔视劳动为人之本质的积极意义，即劳动是人类自由而有意识的生命活动，但强调了劳动的物质性，从国民经济学角度赋予劳动"物"的属性，从而克服了黑格尔将劳动视为精神活动的片面性。马克思对劳动的认识在《资本论》中得以进一步发展，"劳动"被置于社会关系层的强光之下，"社会生产过程既是

人类生活的物质生存条件的生产过程,又是一个在历史上经济上独特的生产关系中进行的过程,是生产和再生产着这些生产关系本身……即他们的一定的社会经济形式的过程。"① 资本主义雇佣劳动的生产关系把劳动排除在自由自觉的行为之外。

在早期资本主义阶段,在物质生产占据主要生产形式的条件下,马克思就已然敏锐地捕捉到几种非物质生产的踪迹:"(1)生产的结果是商品,是使用价值,它们具有离开生产者和消费者而独立的形式,因而能在生产和消费之间的一段时间内存在,并能在这段时间内作为可以出卖的商品而流通,如书、画以及一切脱离艺术家的艺术活动而单独存在的艺术作品。……(2)产品同生产行为不能分离,如一切表演艺术家、演说家、演员、教员、医生、牧师等等的情况。在这里,资本主义生产方式只是在很小的范围内能够应用,并且就事物的本性来说,只能在某些领域中应用。例如……演员对观众来说,是艺术家,但是对自己的企业主来说,是生产工人。"② 马克思指出,第一种非物质生产并不真正属于资本生产,第二种非物质生产则仅在整个资本生产中占据了微小一隅。但量的占比是其次,更重要的是作为"质"的非物质劳动以"机器/知识"的形式渗透在物质性的生产之中,马克思在《机器论片段》③中,发现机器体系里的工人的劳动被贬损为机器的零件和器官,劳动对象化占用了活劳动,而机器本身是非物质的技术和知识的物质性化身。当然,对于马克思来说,他看到的是机器生产将可能带来以社会必要劳动时间为交换价值尺度的瓦解,并作出了资本主义生产方式崩溃的预判。作为"一般智力"的知识转化来的大机器技术生产,马克思在他身处的时代所看到的是劳动将不再是为了获得剩余价值而是为了人的全面自由,

---

① 马克思:《资本论》第 3 卷,人民出版社 2004 年版,第 925 页。
② 《马克思恩格斯文集》第 48 卷,人民出版社 1985 年版,第 61—62 页。
③ 《机器论片段》是简称,其为《政治经济学批判大纲》中的"固定资本和社会生产力发展"一节,详见《马克思恩格斯全集》第 31 卷,人民出版社 1998 年版,第 88—110 页。

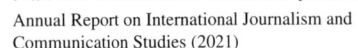

"……社会必要劳动时间缩减到最低限度……由于给所有的人腾出了时间和创造了手段，个人会在艺术、科学等等方面得到发展"[①]。但资本主义强大的自我调适功能造成了技术对社会生活的全面穿透，生产与再生产逻辑的稳定续写，这是马克思也无法挣脱的时代局限。而这一文本则成为意大利马克思主义发展出"非物质劳动理论"的重要奠基石。在技术、信息和知识的生产快车上，生产关系和社会再生产是否重塑了新的劳动主体？

意大利马克思主义试图在《机器论片段》中发现一个超越马克思的马克思。"一般智力"是意大利马克思主义者从马克思那里发掘出的一个重要概念，它是指以机器形式出现的、对象化在固定资本中的人类的一般智力和能力。一方面它作为异己的力量对工人的活劳动进行支配，另一方面机器大生产又为自由劳动时间创造条件，使"社会的个人的发展"成为可能。意大利马克思主义者在其中照亮了"主体"，这也成为之后哈特（Michael Hardt）和奈格里（Antonio Negri）等美国学者最重要的思想资源，即他们看到人类的一般智力不仅是物质生产的能力，同时也是人之主体能力，非物质劳动的概念由此生发：生产的非物质化不仅是经济意义上的生产，"更多是社会意义上的生产——不仅生产物质产品，而且生产人与人的交流、相互关系和生命形式。"[②]非物质劳动打通了劳动与交往之间曾经坚固的壁垒，"非物质劳动的关键特征的确就是创造交际、社会关系和合作"，革命即使在最黯淡的时刻也依然蕴含着内在于交往主体中的激情与可能性，这是意大利左翼学者理论上的闪光点，非物质劳动成为摆脱悲观主义的一个重要概念。在非物质劳动理论的发展中，德勒兹、福柯和法国后结构主义的一些思想被引入，尤其是福柯关于生命政治的理论被嵌入非物质劳动的思想之中。哈特和

---

① 《马克思恩格斯全集》第31卷，人民出版社1998年版，第101页。
② ［美］迈克尔·哈特、［意］安东尼奥·奈格里：《"帝国"与"大众"——迈克尔·马克、安东尼奥·奈格里与上海学者座谈会》，载罗岗主编《帝国、都市与现代性》，江苏人民出版社2005年版，第56—81页。

奈格里把非物质劳动理解为本质上是关于生命政治的活动，因为非物质劳动作为一种新的霸权形式，不仅创造物质产品，也创造了人际关系和社会本身的劳动，因此，将之理解为"生物政治的劳动"表明传统的经济、政治和文化之间的界限越来越模糊。①

寻求主体性之路来破解悲观氛围的另一面，是内置于意大利马克思主义中的批判向度。最早提出非物质劳动概念的是意大利学者毛里齐奥·拉扎拉托（Maurizio Lazzarato），他承接了马克思劳动理论的核心，强调非物质劳动是"生产商品之信息内容和文化内容的劳动"②，以不确定性、过度剥削、机动性和层级结构为特点，曾经泾渭分明的脑力、体力劳动的边界消逝了，"新的通讯技术日益要求具有丰富知识的主体"③，"大众知识分子"也被纳入资本主义生产活动。非物质劳动的特性首先在于一种社会生产关系而不是产品，它使得生产和消费一体化、社会交流与组成它的社会关系都变成生产性的。拉扎拉托敏锐地意识到在积极的"成为主体"背后，是更深的对抗关系：劳动的个体不得不自我表达、不得不交流，这种交流的关系在形式和内容上都被预先设定了，被纳入"信息的流通"而不可能指望它成为别的，从而一种标准化的交流方式随之生成。拉扎拉托看到，"成为主体"是一个新的口号，但它对于劳动者中的弱势群体而言，依然是一种纯粹的能力的虚拟性。④ 如果说左翼运动被奈格里等人赋予了激情和希望，那么在意大利批判马克思主义学者那里，另一个维度的忧虑被严肃对待：马克思所预判的激进的社会大革命并未到来，而机器对活劳动的

---

① ［美］迈克尔·哈特、［意］安东尼奥·奈格里：《帝国与后社会主义政治》，载罗岗主编《帝国、都市与现代性》，江苏人民出版社2006年版，第27—28页。
② P. Virno, M. Hardt (eds.), *Radical Thought in Italy: A Potential Politics*, Minneapolis, MN: University of Minnesota Press, 1996, pp.133-147.
③ ［意］毛里奇奥·拉扎拉托：《非物质劳动》，高燕译，《国外理论动态》2005年第3期，第41页。
④ 同上书，第42—43页。

统治和占有却全面爆发，两者之间的极端不平衡催生了更加稳定的新的资本统治模式。

二、数字劳动中的"关系"生产

非物质劳动实践的相关研究主要集中在服务业、文化行业、数字平台三大领域中，前两者的关注点主要集中于护理行业[①]、援助工作[②]等传统线下服务业，以及以自我商品化为重要特征的模特行业[③]等。至于数字平台中的非物质劳动研究，近年来也越来越成为重中之重。"创造性劳动""网络劳动""情感劳动""数字劳动""免费劳动"等术语频出，它们似乎都与"工作生活的转变和工人主体性之间的关系"直接相关，尝试在生产劳动范畴内对用户的数字行为给出概念界定，认为用户有效创造了价值[④]，其出现至少表明"某些东西"正在发生[⑤]。

从生产"产品"的性质差异来说，数字平台中的非物质劳动可以分为两大类，其一是生产数字信息内容的非物质劳动，其二则是生产社会关系的非物质劳动。对于后者，社会关系在建构、维护中需要付出情感，因此也被称之以"情感劳动"（Jacob Johanssen，2018；Jamie Woodcock，Mark R. Johnson，2019），即

---

① M. Lanoix, "Caring for Money: Communicative and Strategic Action in Ancillary Care", *International Journal of Feminist Approaches to Bioethics*, Vol.6, No.2, 2013, pp.94-117.

② Anne-Meike Fechter, "Aid Work as Moral Labour", *Critique of Anthropology*, Vol.36, No.3, 2016, pp.228-243.

③ Elizabeth Wissinger, "Modeling Consumption: Fashion Modeling Work in Contemporary Society", *Journal of Consumer Culture*, Vol.9, No.2, 2009, pp.273-296.

④ Duygu Çeliker Saraç, Seyhan Aksoy, "Labour Debates in Studies on Digital Media Platforms: An Evaluation Through the Lens of Political Economy", *Ilef Dergisi*, Vol.8, No.1, 2021.

⑤ Rosalind Gill, Andy Pratt, "In the Social Factory? Immaterial Labour, Precariousness and Cultural Work", *Theory, Culture & Society*, Vol.25, No.7-8, 2008, pp.1-30.

"诱发或抑制自己的感情，以维持能使他人产生适当精神状态的外在面貌"①。但"信息内容生产"与"社会关系生产"之间是彼此糅合的，因此，对数字劳动的研究可以有所侧重也可以两者兼论。

数字平台的存续和价值，很大程度上都取决于涌入其中的信息数量及质量。当下数字信息生产的研究对象关涉面广，YouTube、Facebook 等社交平台②和学术平台③的信息生产，字幕组④及博客⑤的内容生产，与游戏测评⑥相关的研究等都被纳入观察视野。其中，一篇对网络游戏《星战前夜》（EVE online）为期三年的田野调查颇具代表性。研究指出，作为一款多人在线游戏，《星战前夜》的特别之处在于，玩家无法从电脑控制的怪物身上直接获得武器和装备，这些物资都须由"实业家"玩家通过提取和交易原材料来生产、获得。换言之，游戏本身是虚拟的，而其核心内容之一便是"实业家"在游戏中的数字实践行为，这当然归属于非物质劳动，但与之同时，游戏规则的独特设定使得虚拟生产与现实中的物质生产之间发生交叉重叠。⑦如果说这是内容生产与现实的社会交往之间发生

---

① Arlie Hochschild, "Afterword: Welfare State Reform, Recognition and Emotional Labor", *Social Policy and Society: A Journal of the Social Policy Association*, Vol.12, No.3, 2013, pp.487-489.

② 代表性研究见 Rob Heyman, Jo Pierson, 2015; Jeff Rose, Callie Spencer, 2016; Lin Zhongxuan, 2017; Serhat Kaymas, Orhun Yakin, 2019; Duygu Çeliker Saraç, Seyhan Aksoy, 2021。

③ 代表性研究见对学术交流网站 Academia.edu 的研究，Brooke Erin Duffy, Jefferson D. Pooley, 2017。

④ 代表性研究见 Luis Pérez-González, 2012。

⑤ 代表性研究见 Anthony McCosker, Raya Darcy, 2013。

⑥ 代表性研究见 Alison Harvey, Stephanie Fisher, 2013; Paul Thompson, Rachel Parker, Stephen Cox, 2015; Ergin Bulut, 2015; 진예원, 2019; Guo Freeman, Jeffery Bardzell, Shaowen Bradzell, Nathan Mcneese, 2020。

⑦ Nicholas Taylor, Kelly Bergstrom, Jennifer Jenson and Suzanne De Castell, "Alienated Playbour: Relations of Production in EVE Online", *Games and Culture*, Vol.10, No.4, 2015, pp.365-388.

关联的最"直接"的一个特殊性案例，那么事实上这种关联是以更普遍的方式发生的。

在互联网经济中，"信息内容"生成了"关系"，"关系"又赋予"信息内容"价值。有比喻很恰当地说明了这一点："说互联网是关于信息的，就像说烹饪是关于合适的烤箱温度一样。但错了，价值的真正创造者是关系"①。在当下的研究中，我们看到，对信息内容生产的分析往往离不开对点赞、评论、游戏中的数字交易等关系型劳动的关注。也有研究把"关系缔造"作为重点进行单独考察：有学者详述了音乐人为了建立粉丝社区而培养和维持互动的关系劳动②；波斯蒂戈（Hector Postigo）在对美国在线（America Online，AOL）的观察中，追踪了 AOL 与其志愿者之间的"合作生产"从建立到破裂的过程，研究认为 AOL 志愿者提供的大部分工作并不是传统意义上的内容创建，而是社区、连接和社会互动的创建，这些都成为 AOL 体验的核心组成部分③；阿维德森（Adam Arvidsson）在对全球在线约会网站 Match.com 的研究中发现，该网站的运作很好地说明了信息经济是如何将交流行为纳入非物质劳动的——在线上约会中，人们用以构建意义、情感纽带的能力被用来生产一种最终被成功商业化的内容，这种生产力因而被归入剩余价值的来源。他同时指出，在试图创建、维持关系时，一个经常被采取的方法是"立人设"，一旦人设被建立，互联网使用者就不得不付出更多时间、精力、情感设法维持人设。④类似的情形也出现在直播平台中，视频游戏的实时流媒体视频平台 Twitch 上的播主必须或友好或诙谐，并根据游戏情况、观众等因素即时调整自己的行为表现，以

---

①④ Adam Arvidsson, "'Quality Singles': Internet Dating and the Work of Fantasy", *New Media & Society*, Vol.8, No.4, 2006, pp.671-690.

② Hiesun-Cecilia Suhr, "Understanding the Emergence of Social Protocols on MySpace: Impact and its Ramifications", *Revista Comunicar*, Vol.17, No.34, 2010, pp.45-53.

③ Hector Postigo, "America Online Volunteers: Lessons from an Early Co-production Community", *International Journal of Cultural Studies*, Vol.12, No.5, 2009, pp.451-469.

至于这让播主在 Twitch 上的活动几乎成了一种"表演",因为保持与观众的亲密关系对播主获取金钱和其他社会资产而言至关重要,而这常常令他们倍感压力。[1] 在其他类型的数字平台中,这种由维持关系带来的"压力"也持续存在:在素有"学术界 Facebook"之名的网站 Academia.edu 上,注册学者普遍被鼓励进行策略性的自我营销,并因此感受到"推销自我"的压力[2];为了保持自己的"市场价值",冲浪运动员也不得不重视与粉丝的在线互动,他们通过社交网络打造自身"品牌",后者则被公司和广告商用于开拓消费者、带来物质收益[3]。

三、数字劳动中的"主体":剥削还是赋权?

从劳动主体的角度看,数字平台中的非物质劳动与传统的物质生产具有很大差异,劳动主体被认为具有自愿、无偿/低偿、机动灵活、不稳定等特点(Hector Postigo,2009;Kylie Jarrett,2014;Ergin Bulut,2015;Paul Thompson,Rachel Parker,Stephen Cox,2015;Jeff Rose,Callie Spencerb,2015;Serhat Kaymas,Orhun Yakin,2019)。劳动在其性质上是马克思经典剥削劳动理论的延续,还是意大利马克思主义所开创的"成为主体"的积极转折?这也关涉到数字劳动的动机和利益分配的问题,在学术研究中引发争论。

长期以来,对媒体用户的研究多从两条路径展开:其一来自以"使用与满足"理论为代表的受众理论和以约翰·菲斯克(John Fisk)等学者为代表的文化

---

[1] Jamie Woodcock, Mark R. Johnson, "The Affective Labor and Performance of Live Streaming on Twitch.tv", *Television & New Media*, Vol.20, No.8, 2019, pp.813-823.

[2] Brooke Erin Duffy, Jefferson D. Pooley, "'Facebook for Academics': The Convergence of Self-Branding and Social Media Logic on Academia.edu", *Social Media+Society*, Vol.3, No.1, 2017.

[3] Clifton Westly Evers, "The Gendered Emotional Labor of Male Professional 'Freesurfers' Digital Media Work", *Sport in Society*, Vol.22, No.10, 2019, pp.1691-1706.

研究路径。前者视媒体用户为基于个人需求而采取行动的心理个体,后者则将之视为社会存在,倾向于从阶级、年龄、性别等方面分析用户行为。尽管有所差异,但两者总体上都把媒体用户看作活跃、积极、主动的个体。其二是传播政治经济学的研究路径,研究者认为对用户主动性的过分关注会掩盖掉其实质上的从属地位。[1] 马克思政治经济学视野下的"非物质劳动"所强调的"劳动"是"生产劳动",这是对经典马克思理论的秉承。劳动若具有生产性,就必须能够创造剩余价值或为资本的稳定运行作出贡献。

数字平台中的非物质"生产劳动"是诸多层次的。有学者发现Facebook的用户数量增减、广告吸引力与其招募投资的能力之间存在明显的正相关性。[2] 一方面,用户在平台上的所有状态更新、照片、好恶等都被存档,成为Facebook的"知识产权"。这些信息对市场营销公司具有很高的货币价值,因为它是一个真正的"流行趋势数据库"和永无休止的"人口描述统计数据"。[3] 贾瑞特(Kylie Jarrett)也有类似的论述:Facebook用户的非物质劳动与资本之间的关系是间接的,其在平台上的活动都会成为网站经济系统的一部分,因为他们输入的任何数据都将被录入Facebook的后端数据库中,成为后者描画用户画像、分发广告的依据[4];另一方面,用户在Facebook上的状态更新、社交联系等也是一种情感劳动,因为他们的所为往往是为了让自己的朋友感受到被爱,"用户可能会

---

[1] Göran Bolin, "The Labour of Media Use: The Two Active Audiences", *Information, Communication & Society*, Vol.15, No.6, 2012, pp.796-814.

[2] Dal Yong Jin, Andrew Feenberg, "Commodity and Community in Social Networking: Marx and the Monetization of User-Generated Content", *The Information Society*, Vol.31, No.1, 2015, pp.52-60.

[3] Jeff Rose, Callie Spencer, "Immaterial Labour in Spaces of Leisure: Producing Biopolitical Subjectivities Through Facebook", *Leisure Studies*, Vol.35, No.6, 2016, pp.809-826.

[4] Kylie Jarrett, "The Relevance of 'Women's Work': Social Reproduction and Immaterial Labor in Digital Media", *Television & New Media*, Vol.15, No.1, 2014, pp.14-29.

觉得有必要回复朋友的帖子，可能会觉得有必要评论，或者感谢朋友'赞'自己的状态……"①，正是这种自发的网络行为让用户的非物质劳动得以强化、永久化②。

非物质劳动的"生产性"可以"秘而不宣"，同样，"剥削机制"在数字平台中的发生也常常"隐而不露"。网络游戏中用户生产的模型、虚拟产品等作为丰富游戏场景的重要元件，可以间接地为游戏商生产利润，用户的反馈也为游戏的改进提供依据③，这同样适用于直播和 YouTube 等平台。非物质劳动通常是无报酬的，而且此类劳动的受益转化是间接发生的，很多学者认为数字平台上的用户劳动具有"被剥削性"，平台因用户的劳动而获利，但用户所获酬劳可忽略不计，甚至"没有从他们的劳动中得到任何回报"。④对于"数字平台中的剥削是如何被所掩盖的"这一问题，耶勒（Lars Erik Løvaas Gjerde）认为，掩盖"剥削"的是一系列以"社交"为核心的话语。其研究借由费尔克拉夫（Norman Fairclough）的批判性话语分析（critical discourse analysis，CDA）展开，认为话语是产生意义的系统，而"归化的话语"（naturalized discourse）是维持意识形态最有效的机制，即通过让某种话语自然化使得意义被固定下来，意识形态从而可能被"常识"的权威所掩盖；而选择将互联网塑造为"社会的"（social），就意味着将其"非社会的"方方面面全盘掩盖，这其中就包括劳动剥削的生发

---

①② Kylie Jarrett, "The Relevance of 'Women's Work': Social Reproduction and Immaterial Labor in Digital Media", *Television & New Media*, Vol.15, No.1, 2014, pp.14-29.
③ Nicholas Taylor, Kelly Bergstrom, Jennifer Jenson and Suzanne De Castell, "Alienated Playbour: Relations of Production in EVE Online", *Games and Culture*, Vol.10, No.4, 2016, pp.365-388.
④ Dal Yong Jin, Andrew Feenberg, "Commodity and Community in Social Networking: Marx and the Monetization of User-Generated Content", *The Information Society*, Vol.31, No.1, 2015, pp.52-60.

机制。①

耶勒探究了"社交"神话得以生发的话语运动机制，从莱茵戈德（Howard Rheingold）的著作《虚拟社区》(The Virtual Community）开始，他考察了大量关于"社交"媒体的学术文献。研究发现，尽管存在大量批评性的文本，但"社交"还是"被神话"、不容置疑。互联网所具有的"社交性"被构建为"常识"（common sense），从而生成了诸如"社交媒体""虚拟社区""共同体""社区建设者"等表述，它们都脱胎于互联网的"社交"神话，也作为材料和元素进一步加强了该神话，使之坚不可摧。这套话语被学术界接纳，更受到企业家的欢迎：通过扮演虚拟社区"建筑师"的角色，平台资方得以将其以谋利为诉求的资本主义议程转化为"社区建设"，并由此增强用户与平台之间的情感纽带、培养忠诚用户、增加销售额。也即是说，通过"社交""社区""建设"一类的话语归化，企业的盈利本质、平台用户的"被剥削"都得以遮盖，经济互联网得以转变为"社会互联网"，数字劳动分工变成了一个"社区"，而非物质劳动者则成了"社区建设者"。②

除了在"外部"缔结"社交"的神话之外，如何在数字平台"内部"诱发用户的生产劳动行为，是"剥削性"研究的另一维度。南（Siho Nam）以批判性话语分析的方法对社交媒体公司的首次公开募股（IPO）进行考察，研究认为Facebook、Twitter和YouTube等社交媒体公司通过在其首次公开募股中强调"社交"和"连接"、主张技术乐观论而获益。有证据表明，由首次公开募股声明、金融公关和精英新闻媒体塑造的一系列广泛话语会影响投资者的判断和股票行为，这有助于推动社交媒体公司的估值上升。资本获利的同时，通过对用户代理能力进行实质剥夺、对无偿劳动避而不谈，此类公司也成功掩盖了社交媒体

---

①② Lars Erik Løvaas Gjerde, "Behind the Veils of Discourse: Analysing the Connection Between Discourse and Exploitation on the 'Social' Internet", *Capital & Class*, Vol.44, No.3, 2020, pp.423-442.

的经济性、用户劳动的商品化,以及对免费劳动力的剥削机制。① 另外,游戏条款设定将用户的部分劳动产出归为平台所有,造成了用户与平台间严重的不对等,而游戏公司则在这种预先设置好的不平等中完成对用户劳动的占有。② 音乐网站中也存在类似情形。③ 学术网站也不例外,通过从架构设计上剖析学术网站Academia.edu 的运行机制,有学者发现其设置中蕴含了两个突出导向:其一,强化、诱导社交。显著体现如设置关注者数量提示、活动通知提示、联系人导入提示、"推荐"按钮等。其二,对数据分析的明确强调。通过将用户参与度数据颗粒化、公开展示算法排名等手段,学者们的学术影响力被数据化,数据表现优秀的学者会获得更高曝光度。两个导向的结合实际指向这样一种暗示:获得的关注越多,你就越有价值。这种暗示也广泛存在于 Academia.edu 之外的社交网站,正是经由此,各类网站完成了对其用户投身于上传内容、建立关系等行为的激励。④ 也有学者对 Facebook 作了类似分析:通过将 Facebook 中的 EdgeRank、Sponsored Stories 和 Gatekeeper 定义为强制性通道点,指出,这些机制优化了用户之间的连通性,而资本也由此将这种连通性纳入自身、从中获利。⑤ 在宏观层面的架构设计之外,研究者发现微观层面的功能设计也起到了推波助澜的作用。

---

① Siho Nam, "Cognitive Capitalism, Free Labor, and Financial Communication: A Critical Discourse Analysis of Social Media IPO Registration Statements", *Information, Communication & Society*, Vol.23, No.3, 2020, pp.420-436.

② Nicholas Taylor, Kelly Bergstrom, Jennifer Jenson and Suzanne De Castell, "Alienated Playbour: Relations of Production in EVE Online", *Games and Culture*, Vol.10, No.4, 2015, pp.365-388.

③ Hiesun-Cecilia Suhr, "Understanding the Emergence of Social Protocols on MySpace: Impact and its Ramifications", *Revista Comunicar*, Vol.17, No.34, 2010, pp.45-53.

④ Brooke Erin Duffy, Jefferson D. Pooley, "'Facebook for Academics': The Convergence of Self-Branding and Social Media Logic on Academia. edu", *Social Media+Society*, Vol.3, No.1, 2017.

⑤ Rob Heyman, Jo Pierson, "Social Media, Delinguistification and Colonization of Lifeworld", *Social Media+Society*, Vol.1, No.2, 2015.

例如，AOL 的早期志愿者被提供聊天室、公告栏、开发工具 Rainman、用以反馈论坛错误的软件程序 PowerTools，以及供志愿者交流学习的网站 CLHQ 等工具，他们在论坛内的非物质劳动正是在此类工具的帮助下得以开展。① 对微观功能设计的关注还部分地体现在对 Twitch 进行的剖解②、对 Facebook 点赞按钮背后意义的阐发③中。

然而"非物质劳动具有剥削性（或者说仅具有剥削性）"并非已被盖棺论定，它仍具有争议性。安德烈耶维奇（M. Andrejevic）认为，数字消费劳动缺乏强制性，非强制性本身是对将其归类为剥削性交易行为的否定。此外，一个人从另一个人的努力中获益，这一事实本身并不能就此构成剥削："例如，在一个在线环境中，其他人可能通过访问开源程序或他人合作贡献的产品而受益的事实不能被视为剥削的初步证据"（M. Andrejevic，2009，2011）；与此同时，把数字平台中的非物质劳动全然定性为"剥削"，这可能过分强调了用户身为生产者的价值，而忽视了用户的乐趣和能动性，过分强调非物质劳动的经济功能，可能忽略数字社区作为一个公共领域中所蕴含的民主可能性。④ 持类似观点者还有班克斯（John Banks）等学者，他们坚持认为，尽管用户的活动显然对数字经济作出了或直接或间接的贡献，但这种活动本身也在社会和文化中发挥了作用，从这个层面来说，用户的"价值"应该由"劳动时间"以外的术语来描述（Banks, Deuze,

---

① Hector Postigo, "America Online Volunteers: Lessons from an Early Co-production Community", *International Journal of Cultural Studies*, Vol.12, No.5, 2009, pp.451-469.
② Jamie Woodcock, Mark R. Johnson, "The Affective Labor and Performance of Live Streaming on Twitch. tv", *Television & New Media*, Vol.20, No.8, 2019, pp.813-823.
③ Kylie Jarrett, "The Relevance of 'Women's Work': Social Reproduction and Immaterial Labor in Digital Media", *Television & New Media*, Vol.15, No.1, 2014, pp.14-29.
④ Dal Yong Jin, Andrew Feenberg, "Commodity and Community in Social Networking: Marx and the Monetization of User-Generated Content", *The Information Society*, Vol.31, No.1, 2015, pp.52-60.

2009; Banks, Potts, 2010; Alessandrini, 2012; Arvidsson, 2009）。

相较于"剥削"，这些学者的落脚点更在于"赋权"。这有助于回答一个重要问题：一些研究表明，用户对自己为资本创造价值并非一无所知，比如许多人在使用 Facebook 和其他社交网站时就确实意识到了自己是被监视的①；那么在用户行为展开之时，用户自身是否有所受益？答案部分地与经济受益相关，诸如歌手、直播从业者等用户群体的收入与其在社区内的内容发布、关系构建之间密切相关（Hiesun Cecilia Suhr, 2010; Clifton Westly Evers, 2019）。但又该如何解释普通平台用户在无酬情况下的自愿行为？"激情劳动"和"劳有所得"能够解释一二，其中的"所得"并非关于经济收益，而是关乎"意义""情感"和"快乐"等非物质形态的体验。②在解释 AOL 中志愿者付出的非物质劳动时，波斯蒂戈认为，该社区的形成是志愿者们激情建设的成果，他们自视为利他主义者，认为这是一份"有意义的工作"，而获取意义有时比金钱更为重要。③在考察土耳其的 YouTube 播客的非物质劳动动机时，也有研究指出，土耳其的播客们很多时候对 YouTube 中存在的剥削要么没有意识，要么不感兴趣，因为他们对社交媒体中的数字生产"有激情"，这让在传统传播模式中默默无闻的个体成为社交媒体名人，从中获得满足感和成就感。④"激情驱动"在游戏工作室内也同样发生，它使得员工对长时间工作和不安全感有了更多的容忍，但耐受性总是相对的，会随着

---

① Göran Bolin, "The Labour of Media Use: The Two Active Audiences", *Information, Communication & Society*, Vol.15, No.6, 2012, pp.796-814.

② Jacob Johanssen, "Towards a Psychoanalytic Concept of Affective-digital Labour", *Media and Communication*, Vol.6, No.3, 2018, pp.22-29.

③ Hector Postigo, "America Online Volunteers: Lessons from an Early Co-production Community", *International Journal of Cultural Studies*, Vol.12, No.5, 2009, pp.451-469.

④ Serhat Kaymas, Orhun Yakin, "Bodies in Alliance: Rethinking Cultural and Economic Logics of Social Media Celebrity Constitution in Turkey's New Media Ecosystem", *Celebrity Studies*, Vol.12, No.1, 2021, pp.20-35.

时间逐渐磨损。① 此外，一些特殊的数字平台用户（癌症患者②、面部畸形者③）对他们进行的非物质劳动行为有独到理解，即认为"表达痛苦是一种权利""希望借此将勇气借给他人，也获得更多理解""促进对癌症／面部畸形的社会理解"。

一些动机则更富抵抗性：通过对业余字幕制作俱乐部 Ansarclub 成员的访谈，有学者发现，其中的成员可能会以翻译为手段，挑战媒体公司对广播节目之制作、发行、消费的控制，因而字幕译制可被视为一种对抗全球媒体市场动态、使资本流通"短路"的行为。④ 类似的情形也存在于一些独立游戏开发社区中，社区成员在其中进行社交协作等免费劳动，但并不认为此类劳动具有剥削性质；因为于他们而言，回报不仅是 IT 知识上的相互帮助，更在于与志同道合者建立联系所得的快感，以及通过"将游戏视为文化产品"的独特"反主流文化"将自己与主流游戏产业区分开来的感觉。⑤ 在对澳门的互联网非物质劳动实践进行的个案研究中，林仲轩（Lin Zhongxuan）也对此类劳动中的剥削和赋权作了探讨，研究发现，在从事劳动主体看来，劳动创造的另类媒体有助于他们抵制传统主流媒体和政府；建立在劳动基础上的情感共同体赋予了他们"家庭"和"归属"的

---

① Paul Thompson, Rachel Parker and Stephen Cox, "Interrogating Creative Theory and Creative Work: Inside the Games Studio", *Sociology*, Vol.50, No.2, 2016, pp.316-332.

② Anthony McCosker, Raya Darcy, "Living with Cancer: Affective Labour, Self-expression and the Utility of Blogs", *Information, Communication & Society*, Vol.16, No.8, 2013, pp.1266-1285.

③ Jacob Johanssen, "Towards a Psychoanalytic Concept of Affective-digital Labour", *Media and Communication*, Vol.6, No.3, 2018, pp.22-29.

④ Luis Pérez-González, "Amateur Subtitling as Immaterial Labour in Digital Media Culture", *Convergence*, Vol.19, No.2, 2013, pp.157-175.

⑤ Guo Freeman et al., "Mitigating Exploitation: Indie Game Developers' Reconfigurations of Labor in Technology", *Proceedings of the ACM on Human-Computer Interaction*, Vol.4, No.CSCW1, 2020, pp.1-23.

集体情感；此外，在劳动中获得的个人感受不仅给他们带来幸福、满足、成就、鼓励、被欣赏的感觉，也是社交媒体时代"生活在世界"的一种新方式。①

值得注意的是，在"剥削"与"赋权"的两极之外，也有学者提出，社交数字平台与用户之间的关系同时也是"治理型"的：Facebook 为用户"治理"创建了一套规则和合法化机制，其治理权力有赖于它将各种特定领域的权力形式重塑为社会资本的能力。平台之所以乐此不疲，是因为用户行为可以转变为收益，从这个意义上说，治理与剥削内在相关。②

四、数字劳动的社会实践：生活方式构建与主体生产

数字平台中的非物质劳动不仅是"线上"的行为，更是"线下"的社会实践，它生成了一种新的生活方式。非物质劳动替代了福特时代的物质性生产劳动，成为当下信息时代的主要生产方式，而生产行为本身所带出的社会再生产，使得生活方式成为一个重要的文化结果。劳动主体被要求积极调动知识、资源和生命时间，这是强加于现代个体之上的新的生活方式：生活正在转化为工作。③ 其中，人与人的交往被严重商品化④，"休闲"与"劳动"的概念需要重新界定⑤，二者间失去了边界，相互缠绕交织⑥。在个案研究中，麦科斯克（Anthony McCosker）和达西（Raya Darcy）认为，癌症博主发布博客这一行为跨越了界

---

① Zhongxuan Lin, "Precarious Creativity: Production of Digital Video in China", *Critical Arts*, Vol.34, No.6, 2020, pp.13-27.
② Ori Schwarz, "Facebook Rules: Structures of Governance in Digital Capitalism and the Control of Generalized Social Capital", *Theory, Culture & Society*, Vol.36, No.4, 2019, pp.117-141.
③④ Carmem Ligia Iochins Grisci, Jonas Cardoso, "Experimentação do tempo e estilo de vida em contexto de trabalho imaterial", *Cadernos EBAPE.BR*, Vol.12, No.5, 2014, pp.851-865.
⑤ James J. Brown Jr, "From Friday to Sunday: The Hacker Ethic and Shifting Notions of Labour, Leisure and Intellectual Property", *Leisure Studies*, Vol.27, No.4, 2008, pp.395-409.
⑥ Jeff Rose, Callie Spencer, "Immaterial Labour in Spaces of Leisure: Producing Biopolitical Subjectivities Through Facebook", *Leisure Studies*, Vol.35, No.6, 2016, pp.809-826.

限,进入了正式的劳动领域①;在此情形下,私人空间被纳入商业资本空间②,平台资本主义转变为一种"休闲与劳动完全融为一体"的资本主义模式,引领资本主义进入一个"自愿"的非物质奴役的新时代③。在数字平台上进行的行为并不能被定义为"工作",因此用户无法要求恰当的报酬和人道的工作时间表④;而站在平台的角度来看,尽管各类社交平台为个人提供了丰富的积累社会资本的渠道,但平台也因此获得管理社会资本甚至没收社会资本的权力,用户与平台之间是权力不对等的⑤。

  与此同时,非物质劳动的现实影响也关涉个体主体性及社会关系的生产。奈格里等人把福柯的"生命政治"概念引入非物质劳动理论中,认为非物质劳动在当代社会生产中占据霸权地位,社会影响的重要机制是"生命政治生产",即"生命政治生产的最终核心不是为主体去生产客体——人们一般就是这样理解商品生产的,而是主体性自身的生产"。⑥ 由此,"当代资本主义的生产,不仅是在生产剩余价值,或者是在生产劳动商品,它是在生产一种社会形式,在生产一种

---

① Anthony McCosker, Raya Darcy, "Living with Cancer: Affective Labour, Self-expression and the Utility of Blogs", *Information, Communication & Society*, Vol.16, No.8, 2013, pp.1266-1285.

② Rob Heyman, Jo Pierson, "Social Media, Delinguistification and Colonization of Lifeworld", *Social Media+Society*, Vol.1, No.2, 2015.

③ Lars Erik Løvaas Gjerde, "Behind the Veils of Discourse: Analysing the Connection between Discourse and Exploitation on the 'Social' Internet", *Capital & Class*, Vol.44, No.3, 2020, pp.423-442.

④ Jennifer Jenson, Suzanne De Castell, "'The Entrepreneurial Gamer': Regendering the Order of Play", *Games and Culture*, Vol.13, No.7, 2018, pp.728-746.

⑤ Ori Schwarz, "Facebook Rules: Structures of Governance in Digital Capitalism and the Control of Generalized Social Capital", *Theory, Culture & Society*, Vol.36, No.4, 2019, pp.117-141.

⑥ Antonio Negri, Michael Hardt, *Multitude: War and Democracy in the Age of Empire*, New York: The Penguin Press, 2004, p.109.

价值体系，在生产一种社会经验的结构"①。有研究在此之上作进一步的阐发，从生命政治的角度考察 Facebook 上的用户行为，指出其中存在两种循环模式：其一是"社会文化—Facebook—社会文化"，即用户将自己的社会生活和文化生活上传至 Facebook，通过相互交流、建立联系，社会文化和生活方式的流行趋势得以传播，用户也随之被进一步社会化，明白什么可以被讨论，什么是禁忌，并学会"如何成为一个可接受的成员"；如果他们不遵从这套隐性的社会规则，就可能收到"不喜欢"或"解除好友关系"的惩罚。其二是"经济—Facebook—经济"，即 Facebook 从用户处获取购买信息，再将 Facebook 上通过免费劳动生产的"最热门的、最潮酷的东西"转售给用户。两种模式中蕴含的趋势是生产的生物政治化，通过再造用户的社会关系、文化品位和经济需求，社会中的新主体得以被创造和再生产。②

当然，数字平台中的非物质劳动也可能带来积极影响。业余字幕译制者所进行的自愿生产被认为是超越了私人领域的边界，构建出更广泛的数字文化，通过个人化的译制部分地冲击主流文化。③癌症患者所作的个人表达尽管对其个人、商业资本的增长有所帮助，但也同样具有社会公共意义。④一些数字平台上的劳动即使是出于商业目的，也仍可能具有政治性。例如，线上问诊的兴起改变、缓和了医患关系，挑战了传统的医生家长式作风，这也可以被视为一种

---

① ［美］迈克尔·哈特、［意］安东尼奥·奈格里：《"帝国"与"大众"——迈克尔·马克、安东尼奥·奈格里与上海学者座谈会》，载罗岗主编《帝国、都市与现代性》，江苏人民出版社 2005 年版，第 56—81 页。
② Ori Schwarz, "Facebook Rules: Structures of Governance in Digital Capitalism and the Control of Generalized Social Capital", *Theory, Culture & Society*, Vol.36, No.4, 2019, pp.117-141.
③ Luis Pérez-González, "Amateur Subtitling as Immaterial Labour in Digital Media Culture", *Convergence*, Vol.19, No.2, 2013, pp.157-175.
④ Anthony McCosker, Raya Darcy, "Living with Cancer: Affective Labour, Self-expression and the Utility of Blogs", *Information, Communication & Society*, Vol.16, No.8, 2013, pp.1266-1285.

日常生活中的微观政治；而阿拉伯之春、"占领华尔街"以及朴槿惠政府下台过程中社交媒体的力量，也让人们意识到社交媒体中非物质劳动所蕴含的民主潜力。①

此外，数字平台中的非物质劳动也被纳入性别社会研究的视野中，有学者从女性主义出发，对独立游戏开发者孵化器中的女性情感劳动进行研究②，在论述女性非物质劳动的同时思考媒体产业的经济回路如何得以维护③；一些学者特别注意到，对数字平台中非物质劳动的关注带来了一些学术重心的偏移，传统上女性在家庭内部从事的非物质劳动实则被纳入一个更大的类别，这让女性的家庭劳动退居边缘④；同时，数字平台上的知识参与活动往往给承担更多照料和家务责任的女性带来了额外的负担，这也可能会加剧女性的社会不平等处境⑤。也有研究从男性情感劳动出发，认为冲浪行业所倡导的"stoke imperative"需要情感劳动，而职业男性冲浪者也善于运用情感劳动策略来从事微名人等数字媒体工作；但其中存在多重焦虑和矛盾，一些人担心从事情感劳动会使自己的形象趋于"女性化"，毕竟，情感劳动通常被认为是女性"天生的"倾向和"更擅长的"。⑥

---

① Dal Yong Jin, Andrew Feenberg, "Commodity and Community in Social Networking: Marx and the Monetization of User-Generated Content", *The Information Society*, Vol.31, No.1, 2015, pp.52-60.

② Alison Harvey, Stephanie Fisher, "Making a Name in Games: Immaterial Labour, Indie Game Design, and Gendered Social Network Markets", *Information, Communication & Society*, Vol.16, No.3, 2013, pp.362-380.

③ Kylie Jarrett, "The Relevance of 'Women's Work': Social Reproduction and Immaterial Labor in Digital Media", *Television & New Media*, Vol.15, No.1, 2014, pp.14-29.

④ Jennifer Jenson, Suzanne De Castell, "'The Entrepreneurial Gamer': Regendering the Order of Play", *Games and Culture*, Vol.13, No.7, 2018, pp.728-746.

⑤ Nancy Worth, Esra Alkim Karaagac, "The Temporalities of Free Knowledge Work: Making Time for Media Engagement", *Time & Society*, Vol.29, No.4, 2020, pp.1024-1039.

⑥ Clifton Westly Evers, "The Gendered Emotional Labor of Male Professional 'Freesurfers' Digital Media Work", *Sport in Society*, Vol.22, No.10, 2019, pp.1691-1706.

结语

站在数字劳动的当下去回望经典马克思劳动理论,帮助我们厘清了当下研究的两条基本脉络:其一是对传统马克思异化劳动批判理论的继承。由"一般智力"转换而成的机器技术大生产在根本上是对工人活劳动的占有和支配,非物质生产性劳动在社会关系生产和再生产的层面,与物质生产劳动一样,性质都是明确无误的被剥削的异化劳动,只是马克思由于时代所限,认为机器大生产充分发展将可能带来破除社会必要劳动时间作为交换价值,从而作出了强制劳动之外的大量自由时间将最终给予人的自由的预判。另一条进路总体而言,是意大利马克思主义对劳动理论的"转向"。其从马克思的经典文本《机器论片段》中汲取思想资源,并结合意大利共运的历史实践,发展出以"成为主体"为核心思想的非物质劳动理论,该理论中,从事非物质劳动的工人不再仅仅是异化劳动中的被动的一方,也是由技术和信息劳动所带来的关系生产中的积极的主体。这一点经由法国后结构主义和福柯、德勒兹等思想家的理论中介,被奈格里、哈特等学者发展为激进的左翼理论,非物质劳动理论打破了左翼运动实践的灰暗,希望和激情被再度点燃。

这两条脉络延伸到传播政治经济学的领域,自然也生发了两条不同的路径。当下数字平台中的非物质劳动具有隐含的"被剥削性"还是用户具有积极的主体性?总体来说,从平台经济层面切入的研究,大多把数字劳动理解为被剥削性劳动,因为劳动者为平台资方创造了剩余价值,而自己在经济利益上却几乎一无所得,除此之外,用户的社会关系以及自身的主体性都在劳动行为中被再生产,进一步对资本增殖起到正向作用。再者,从经济之外的社会文化层面来说,数字平台用户的行为也可以被称作"数字赋权",小到劳动者的情感收益、自尊收益等,大到劳动者的文化抵抗、政治抵抗及其带给社会的公共意义,都具有积极的主体生产意义。数字劳动研究是对经典马克思劳动理论的"承接"还是"转向",对于数字平台用户行为的研究有经济和社会文化的不同面向,但无论在给出哪一种判断之际,我们都不能遗忘经典马克思劳动理论的提醒:劳动在根本上是社会关系的生产与再生产。因此,非物质劳动的本质不在于其产品属性，而在于非物质劳动的生产过程所构建的生产关系是怎样的。

（常泽昱：江苏广电融媒体一部记者；
李敬：上海社会科学院新闻研究所副研究员、
传播学研究中心主任）

传播学视角下的人机交互研究*

Research on Human-Computer Interaction from a Communication Perspective

丁方舟

Ding Fangzhou

摘　要：人工智能技术背景下，传播学开始关注人机交互的问题，多学科交叉形成的人机交互研究由此进入了传播学研究的视野。人机交互研究致力于把机器置于社会生态的环境中，理解智能机器的行为模式及其与人类的互动，从而带动了传播学研究的范式转型。在传播学视角下开展人机交互研究，就需要把机器视作具有特定行为模式的行动者，理解智能机器的人机交互程度及其用以作出决策的算法。

Abstract: Under the background of artificial intelligence, communication studies begin to pay attention to the problem of human-computer Interaction, and the human-computer Interaction(HCI)research formed by

---

* 本文受到上海市哲学社会科学规划课题"人工智能技术条件下传播学理论的范式转型研究"（2020BXW009）资助。

multi-disciplines has thus entered the field of communication studies. HCI research is committed to putting machines in a social ecological environment and understanding the behavior pattern of intelligent machines and their interaction with humans, thus driving the paradigm shift of communication studies. To conduct human-computer interaction research from the perspective of communication, it is necessary to regard machines as actors with specific behavior patterns and understand the degree of human-computer interaction of intelligent machines and the algorithms used to make decisions.

关 键 词: 传播学　人机交互　界面　具身　虚拟现实

Keywords: Communication Studies, HCI, Interface, Embodiment, AI

人工智能技术背景下的存在是人与机器的共同构造。如果说在过往的大众传播时代，机器与技术扮演着传播渠道这一中介性角色，那么在人机交互的传播模式中，机器不再只是渠道或工具，而是开始扮演传播主体的角色，成为信息智能体，打破了人类与机器之间的本体论界限。因此，传播学研究开始关注人机交互的问题，多学科交叉形成的人机交互研究（human-computer interaction，HCI）就此进入了传播研究的视野。人机交互是指人与计算机之间使用某种对话语言，以一定的交互方式，完成确定任务的人与计算机之间的信息交换的过程。由此，有必要考察传播学视角下的人机交互研究何以推动了传播学研究的转型，包括相关的理论框架、研究路径与研究问题变迁等。

人机交互是一个多学科的研究领域，发展于20世纪80年代，即个人计算机进入家庭与工作场景的年代，早期的人机交互研究专注于计算机技术的设计，尤其是人（用户）与计算机之间的交互。后来，人机交互研究扩展到涵盖几乎所有形式的信息技术设计。人机交互研究中的机器指向智能机器，而非机械式的工业机器，它们是具有特定行为模式的行动者。因此，学者们主要从单个具体的智能媒体技术入手，将人类的特征（如人格特性）作为社交化机器的表征,来衡量机器的人机交互程度。在人人交流的研究框架中,我们总是发现媒介(机器)的短处;而在人机交互的研究框架中,我们开始着眼于人类心智的不足。①因此,要理解智能机器的行为模式及其与人类的互动,还要把机器置于社会生态的环境中,考察机器用以作出决策的算法。②

一、人机交互中的界面研究

近年来,随着人工智能技术的崛起,人与技术之间的新型交互形式开始涌现。其中,交互界面(interface)这一形式的出现为传播研究的范式转型提供了新的理论空间。有学者把交互界面定义为"形塑用户和计算机之间交流的软件",它就好像译者一样介于两者之间,并使得双方彼此理解。③交互界面的意义在于建立起两个世界之间的无缝联结,由此推动了其间差异的消失,改变了两者之间的链接形式。④在人机交互研究领域,交互界面通常是指有形界面,即通过一些接口,将计算机能力嵌入日常产品或定制物品中,而这些产品或物品能够通过无线网络连接到各种形式的数字表征上。⑤创建交互界面的目的是为数字信息与控制提供有形表征,使用户得以用自己的双手抓住数据,进而从物理层面控制这些

---

① S. S. Sundar, H. Jia and T. F. Waddell et al., "Toward a Theory of Interactive Media Effects (TIME): Four Models of Explaining How Interface Feature Affect User Psychology", in S. S. Sundar(ed.), *Handbook of the Psychology of Communication Technology*, Malden, MA: John Wiley & Sons, Inc., 2015.
② I. Rahwan, M. Cebrianet and N. Obradovich et al., "Machine Behaviour", *Nature*, No.568, 2019, pp.477-486.
③ S. Johnson, *Interface Culture: How New Technology Transforms the Way We Create and Communicate*, New York: Basic Books, 1997.
④ M. Poster, *The Second Media Age*, Cambridge: Polity Press, 1996.
⑤ [英]普赖斯、[英]朱伊特、[英]布朗:《数字技术研究(世哲手册)》,史晓洁译,浙江大学出版社2018年版。

表征。①

在更广的意义上，交互界面可以理解为个体、机构、机器、系统等相互接触的场所或表面。交互界面帮助彼此分割的主体或客体跨越不同的媒介，并成为可能的媒介。有学者认为，媒介与交互界面的联系发生在三个层面上：其一，媒介构成了不同制度内部和外部关系发生的交互界面；其二，媒介构成了共享经验的场面，也就是它们提供了事物得以被理解的表征和解释，从而建立了身份认同与共同体的发展；其三，媒介帮助建立了公共性空间，其中不同的制度可以追寻或捍卫自身的利益，并建立自身的正当性。这三个层面同时指向媒介化逻辑的三个面向：制度化面向、技术化面向与表征的面向。②

交互界面研究经常从不同的学科与理论基础出发。在计算机科学中，交互界面研究关注的是新的计算技巧与技术的发展；在设计领域，其核心是理解设计过程与设计活动；在心理学中，考察的是与认知相关的交互层面（如感知、行为、推理、社交）；在教育学中，关注的是新技术如何为学习的不同方面（过程或结果）提供支持。因此，人机交互研究领域产生了大量的跨学科研究。由于该领域需要考虑的变量非常多，有学者提出了一种旨在建立交互界面与数字表征之间关系的研究框架，它关注的是不同界面—表征之间的关系及其在影响认知方面发挥的作用。③

具体而言，在研究交互界面时，可以考虑以下维度。第一，位置，即能发出效应的物体或行为相关的数字表征的不同空间位置。第二，动态性，即交互过程中的信息流动。第三，关联性，指的是产品表征属性与施加于这些产品上的行

---

① O. Shaer, E. Hornecker, "Tangible User Interface: Past, Present and Future Directions", *Foundations and Trends in Human-Computer Interaction*, Vol.3, No.1-2, 2010, pp.1-138.
② S. Hjarvard, "The Mediatization of Society: A Theory of the Media as Agents of Social and Cultural Change", *Nordicom Review*, Vol.29, No.2, 2008, pp.105-134.
③ ［英］普赖斯、［英］朱伊特、［英］布朗：《数字技术研究（世哲手册）》，史晓洁译，浙江大学出版社2018年版。

为间的隐喻。其中包括三种关联：首先是物理关联，即物体的物理属性与学习领域隐喻的关联程度；其次是符号关联，即作为共同指示物的物体；再者是文字关联，即一些物体的物理属性与其所代表的范畴的隐喻间的关系。第四，表征关联，指向对表征本身的设计考虑及其如何对应于使用情境或专业领域中的产品与行为。物理与数字表征间的意义映射可以根据符号与符号间不同的关联程度来设计。第五，模态，包括视觉、触觉、听觉等影响交互的模块。①

与此同时，触屏界面研究也在成为人机交互领域一个不断发展壮大的分支。触屏界面研究主要关注人的触觉以及通过碰触与环境产生的交互。触觉是以皮肤、肌肉、关节及筋腱为基础的感觉与运动实践，触屏界面的特点是减少了触屏上所需的视觉信息数量，这有助于防止用户被大量视觉反馈淹没，也有助于用户管理移动交互中的情境感觉障碍，还有助于提升视觉受损者对界面的使用。有关触觉感知和触觉相互作用的人类工程学国际标准指出，触觉交互适用于以下领域：无障碍环境、桌面交互、移动交互、遥控机器人以及基于虚拟现实的医学训练工具、游戏及艺术。大量的触屏界面研究关注的都是如何提升触屏输出中的触觉模态，进而加强交互时所体验到的感受。媒介技术虽然拉近了时空距离，却无法创造出与人面对面交流时的同等感受，使用传播模态可以克服这一问题。因此，触屏界面就是一种基于触觉模态的感知增强界面。触觉界面研究的未来发展方向包括：第一，将触觉模态与其他模态结合，创造多模态或跨模态显示，使用户充分发挥各种感官的作用；第二，多点触控及桌面界面的应用；第三，三维触觉界面的开发。②

回到传播学领域，作为交互界面的媒介是其他各种制度的一种资源，它们利用这一资源实现彼此的互动。为获取这一资源，它们需要参与到媒介化的实践中，这也是媒介场域（包括新闻机构、公关咨询公司、政治机构、教育机构等）

---

①② ［英］普赖斯、［英］朱伊特、［英］布朗：《数字技术研究（世哲手册）》，史晓洁译，浙江大学出版社2018年版。

逐步得以扩大的原因之一。媒介是多种社会机构交织其中的交互界面，其中每一个行动者都占据各自的位置和资源。当不同的行动者聚集在媒介这一交互界面中时，它也同时推动了人类身体和不同媒介机器之间的信息流动。如学者所言，交互界面影响了计算机用户如何感知计算机本身，同时也决定了用户如何看待计算机访问的任何媒介客体。[1] 不同的交互系统之间也存在着相互嵌入的关系，它们彼此联系，又共同构成了媒介化得以展开的系统。交互界面本身的不同使得行动者之间产生了不同的关系，成为特定实践得以可能的条件以及人类与文化对接的通道。

二、人机交互中的具身理论

具身概念在人机交互研究中的重要性日益显著。具身的意义是指我们的生活、情感与肉体都处于物质世界之中；与之形成鲜明对比的，是认为人处于抽象的信息处理过程中。[2] 具身理论关注的是我们的身体与积极体验如何影响我们的认知、情感与思维。实践是具身的、以物质为中介的各种系列的人类活动。[3] 在媒介化社会中，媒介实践无可避免地嵌入技术中，而这种实践无疑是具身的、以物质作为中介的。具身关系是我们跟环境之间的关系，在这种关系中包含了物质性的机器和技术，我们将这些机器和技术融入身体的经验中，而这种关系直接参与了我们的知觉能力。[4] 在当今的媒介化社会中，这种关系就意味着"我"借助"媒介技术"与"日常生活世界"相互作用，并产生一种具身关系，也就是"我"借助媒介技术把实践具身化。在人机一体的传播过程中，表现的身体（物质存

---

[1] L. Manovich, *The Language of New Media*, Cambridge: MIT Press, 2001.
[2] ［英］普赖斯、［英］朱伊特、［英］布朗：《数字技术研究（世哲手册）》，史晓洁译，浙江大学出版社 2018 年版。
[3] ［美］夏兹金等编：《当代理论的实践转向》，柯文、石诚译，苏州大学出版社 2011 年版。
[4] ［美］唐·伊德：《技术与生活世界：从伊甸园到尘世》，韩连庆译，北京大学出版社 2012 年版。

在）与再现的身体（符号学存在）通过不断灵活变化的机器界面结合起来，主体由此成为赛博人（cyborg），成为后人类。①

人机交互研究中的具身理论主要是从现象学视角出发的。威诺格拉德（T. Winograd）和弗洛里斯（F. Flores）认为，技术的使用本质上是具有历史、物质及社会等属性的。②按照这一描述，所有的理解都源于世间生活，即海德格尔所说的此在。他们还运用了海德格尔的被抛（thrownness）概念，指向全身心地投入以及熟练地应对特定情境的体验，没有办法确切地预测行为的后果，也没有对此情境的稳定的客观表征。③与被抛概念相关的是海德格尔的触手可及概念，指的是事物如何"消失"在日常行为中，也即世间生活的主要模式。例如，当人们进行锤打这个行为时，锤子本身不再成为被关注的对象。锤子不是消失了，而是抽身而去。当我们把手变松时，锤子又倏忽而至。理性主义及认知主义都认为知识是各种客观事实的集合，脱离了其所处的情境。威诺格拉德和弗洛里斯则认为，任何事物都不可能脱离阐释而存在。④

杜里西（P. Dourish）在上述研究基础上，继续引入胡塞尔、海德格尔和舒茨的现象学视角，提出将具身互动作为人机交互的基础概念。⑤杜里西认为，三位现象学学者的研究有三个共同点：第一，具身——意指"根植于日常的寻常体验"——是所有研究的核心；第二，这些研究都关注实践，是"为完成实践任务而进行的日常活动"；第三，具身实践是意义之源，我们认为世界具有意义，主要就是考虑我们在这个世界的活动方式。⑥在此基础上，杜里西提出具身互动就是通过与产品的深度交互而实现意义的创造、控制与共享。界定具身互动概念的

---

① ［美］海勒：《我们何以成为后人类：文字、信息科学和控制论中的虚拟身体》，刘宇清等译，北京大学出版社2017年版。
②③④ T. Winograd, F. Flores, *Understanding Computers and Cognition*, Norwood, NJ: Ablex Publishing Corp, 1986.
⑤⑥ P. Dourish, *Where the Action Is: The Foundation of Embodied Interaction*, Cambridge: MIT Press, 2001.

关键在于意义是如何被人们理解，并被投射于世间万物之上的。这里的意义包括三个方面：本体论、主体间性与意向性。本体论指的是存在的本质，具身交互方法的现象学强调本体论是如何经由世间有目的的交互而产生。主体间性研究的是两个或两个以上的人在不了解彼此心理状态的情况下，如何达成共识。意向性指的是意义的指向性，即某个思想、行为的本性。意向性是具身交互的核心特征，因为人们遵照或通过计算表征来对世界施加影响——我们历来就是面向世界来行动的。在具身互动中，意义性的表达是通过耦合过程，即我们建立与断绝各个实体间的联系，为了将其融入我们的行动而进行合并或分割。由此，杜里西的具身交互理论能够帮助我们分析意义如何在人与技术、世界及他人的相互作用中得以流畅地协调。①

唐·伊德（Don Ihde）沿袭了现象学的传统，又对之进行了改造，发展出一种实用主义传统的、重物质的后现象学。② 在他看来，现象学创始人认为的经验被限制在个体经验中，而他认为经验是通过技术建立起来的。唐·伊德认为，在实践中，具身是我们参与环境或世界的方式。在现象学传统的视野中，技术在本质上是使存在者显露出来的方式，它不仅是工具性的，更是存在性的。③ 在此意义上，技术不是手段，而是一种真理。此处的真理并非指表象的正确性，在现象学的理解中，作为真理之特性的无蔽性不包含正确性之类的东西，所谓的真理是一种对存在的解蔽。④

---

① P. Dourish, *Where the Action Is: The Foundation of Embodied Interaction*, Cambridge: MIT Press, 2001.
② 杨庆峰:《物质身体、文化身体与技术身体：唐·伊德的"三个身体"理论之简析》,《上海大学学报（社会科学版）》2007年第1期。
③ [美]唐·伊德:《技术与生活世界：从伊甸园到尘世》，韩连庆译，北京大学出版社2012年版。
④ M. Heidegger, *The Question Concerning Technology, and Other Essays*, trans. Lovitt, New York: Harper & Row, 1977.

从现象学传统看媒介，媒介的变迁史就是媒介技术的解蔽史。技术以一种特殊的方式融入我的经验中，我是通过这些技术来知觉的，并由此转化了我的知觉和身体感觉。技术在扩展身体能力的同时也转化了它们，在具身关系中，技术一边抽身而去成为知觉透明的，一边与我之间形成了共生关系。①从现象学传统切入，相关研究可以探讨不同的媒介技术使得人们产生了何种新的知觉经验及具身关系，以及技术的中介化作用何以塑造了感知、知觉、经验、意识与主体的变迁。

人与技术的（经验）关系形成了一个连续体（continuum），这是一种内在关系存在论的模式，技术转化了我们对世界的经验、我们的知觉和我们对世界的解释；而反过来，我们在这一过程中也被转化了，这种转化绝非中性的。言下之意，我是借助媒介技术来感知的，并且由此转化了我的知觉和身体的感觉。②那么，人机交互中的具身理论就可以帮助我们理解人如何借助媒介技术与世界形成具身关系。

三、人机交互中的认知研究

在人机交互研究领域，具身互动理论参考了现象学的研究路径，而另一流派的具身认知研究则参考了笛卡尔的认知观。威尔逊（M. Wilson）在综合研究具身认知方面文献的基础上，提出了六项主张：第一，认知是受情境制约的，认知发生在现实环境中，而知觉和行为有着固然联系；第二，认知是有时间限制的，需要在与动态环境的实时交互中发生作用；第三，我们将认知信息存储于环境中，通过控制或操纵外部结构中的信息来缓解认知压力；第四，环境是认知系统的一部分，内、外表征之间的联系与处理过程是基础性的，应被视为同样的分析单元，即分布式认知；第五，认知是为了行为，心智的功能是引导行为，所以应

---

①② ［美］唐·伊德：《技术与生活世界：从伊甸园到尘世》，韩连庆译，北京大学出版社2012年版。

当根据对行为的贡献来理解认知，情境对于有机体的意义在于其是一整套相互协调的可能行为，这套行为是由物质形式、学习历史与目标共同决定的；第六，线下认知是以身体为基础的，即便在脱离环境的情况下，为与环境交互而演化形成的机制也能在认知中发挥作用，即便没有任务相关的感知输入，感觉运动系统也处于处理过程中。①

在此基础上也形成了一种分布式认知理论，这种理论主张经典认知科学认为的属于内部的信息处理行为，实际上是社会文化系统的结果。② 人工智能与信息处理心理学未能注意到物理—符号—系统假设的核心意义是抓住了社会文化系统的属性，而非个人的心理属性。如果对模拟人进行激进的概念手术，将其大脑移去，用电脑来替代，即使这个手术非常成功，也会产生明显的、未预料到的副作用：当人脑被电脑取代时，手、眼、耳、鼻、嘴及情感都消失不见了。③ 分布式认知理论将认知视作信息处理过程，即通过包括其他人的大脑、物质产品与技术及身体部位在内的各种表征媒介来进行信息扩散的过程。与此同时，与外部表征的相互作用也支撑着认知，改变着认知任务的属性，形成思维的内在组成部分。例如，在具身认知的实践中，身体的物理变化，如采取不同的姿势，在某些情况下可以引起情感、态度与社会感知的变化。④

当人与人工智能媒介形态的交互方式和效果成为一系列新的研究命题，认知神经科学开始被引入传播学研究，形成一种认知神经传播学的研究范式，这种范式旨在挖掘人机交互中人的认知与情感状态，解释其行为背后的心理机

---

① M. Wilson, "Six Views of Embodied Cognition", *Psychonomic Bulletin and Review*, Vol.9, No.4, 2002, pp.625-636.
②③ E. Hutchins, *Cognition in the Wild*, Cambridge: MIT Press, 1995.
④ ［英］普赖斯、［英］朱伊特、［英］布朗：《数字技术研究（世哲手册）》，史晓洁译，浙江大学出版社2018年版。

制。① 认知过程主要包括感知觉、注意、记忆和思维等。② 而认知神经科学是通过运用眼动、脑电、生理电脑功能成像等技术测量人的认知、情感与意识,意在阐明认知活动的脑神经机制,具体包括感知觉、注意、记忆、语言、思维与表象等。认知神经传播学主要通过直接观测脑内活动信号,或者脑活动带来的其他生理指标的变化,在一定程度上还原人脑面对媒介信息的认知和情绪加工过程。③

早期的人机交互研究倾向于使用认知模型模拟来代替真实的人机互动,这些模型能够在某些限定的领域内,较好地模拟出用户的行为表现。通用的操作模式是,采用既定的认知加工模型来预测某个用户(或特定用户群体)如何与交互界面进行互动并执行指定任务。近年来,计算神经科学模型成为传统认知模型的发展和补充,这种模型不仅可以复演用户进行人机交互过程的认知加工,而且可以解释这些认知加工在大脑中的产生过程。基于认知神经科学的方法可以提供一些脑激活的基础数据,有助于评估计算神经科学模型的理论假设与模型架构的科学性,进而改进基于传统认知模型的设计。④

视觉加工和记忆加工是人机交互研究的关键领域,同时也是认知神经科学研究中的两个重要领域,因此,基于认知神经科学的视觉加工模型和记忆加工模型就特别适合迁移到人机交互研究领域。该模型的目标是调查交互界面上的视觉属性与界面操作人员的"情境意识"之间的关系。情境意识是指一个人感知和理解不断变化的环境并预测未来可能发生的事件的能力。具体到人机交互研究中,情境意识就是用户感知和理解人机交互界面的特点,并根据交互界面实时提供的信息,预测界面的变化模式并作出相应的反应。在这个过程中,用户通过记忆保存

---

①③ 喻国明、程思琪:《认知神经传播学视域下的人工智能研究:技术路径与关键议题》,《南京社会科学》2020 年第 5 期。
②④ 杨海波:《认知神经科学与人机交互的融合:人机交互研究的新趋势》,《包装工程》2019 年第 11 期。

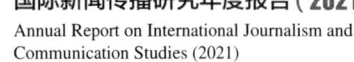

当前人机交互情境中不断更新的界面信息,进而根据记忆中的多个界面信息完成与当前界面的信息交互。[1]

具体到传播学领域,有学者提出,基于认知神经传播学的研究范式可以从以下方面展开:第一,机器生产内容的机器学习模板;第二,用户对机器生产内容的态度;第三,机器生产内容对用户认知和行为的影响;第四,用户对算法型分发的态度;第五,算法型分发对用户认知和行为的影响;第六,优化人工智能助手的软件和硬件设计;第七,用户对人工智能助手的态度;第八,人工智能助手对用户认知和行为的影响。[2] 上述研究方向是围绕综合考虑人工智能在传媒业"内容生产""内容分发"以及"交互形态"三个方面的具体应用,并从"人类智能如何转化为人工智能""人类如何看待人工智能"与"人工智能如何影响人类智能"三个基本问题出发来进行细化的。

四、人机交互中的虚拟现实研究

虚拟现实技术(virtual reality,VR)是一种综合应用计算机图形学、人机接口技术、传感器技术以及人工智能等技术,制造逼真的人工模拟环境,并能有效地模拟人在自然环境中的各种感知的人机交互技术。虚拟现实通过视觉、听觉、触觉、嗅觉等模态作用于用户,为用户产生身临其境的交互式仿真场景。在理想状态下,人机交互可以在没有键盘、鼠标及触屏等媒介的情境下,随时随地地实现人机自由交流,彻底融合物理世界与虚拟世界。但受到技术条件的制约,目前的虚拟现实还是通过交互界面来实现,这一交互界面通常是 VR 设备。VR 设备一方面要感知用户的肌肉运动、姿势、语言和身体跟踪等多个感官通道的输入信

---

[1] 杨海波:《认知神经科学与人机交互的融合:人机交互研究的新趋势》,《包装工程》2019 年第 11 期。

[2] 喻国明、程思琪:《认知神经传播学视域下的人工智能研究:技术路径与关键议题》,《南京社会科学》2020 年第 5 期。

息，另一方面，又要为人类的视觉、听觉、触觉、嗅觉等多个感官通道模拟逼真的感觉。从这个意义上看，VR设备也是一种新的人机交互界面。①

虚拟现实技术的主要特征是沉浸感、构想性与交互性。所谓沉浸感，是指用户感到作为主角存在于模拟环境中的真实程度；构想性是指用户沉浸在多维信息空间中，依靠自己的感知和认知能力全方位获取知识；交互性是在交互设备支持下以便捷、自然的方式与计算机生成的虚拟世界对象进行交互作用，通过用户与虚拟环境之间的双向感知建立一个人机共生的环境。② 生成虚拟现实需要解决以下三个问题：第一，以假乱真的存在技术，即如何合成对人类的感觉器官来说与实际存在相一致的输入信息，也就是如何产生与现实环境一样的视觉、触觉、听觉、嗅觉等模态；第二，相互作用，即观察者如何积极而能动地操作虚拟现实，以实现不同的视点景象和更高层次的感觉信息；第三，自律性现实，即感觉者如何在不意识到自身动作与行为的条件下得到栩栩如生的现实感。

人机交互中的虚拟现实研究可以主要从以下方面展开。第一，研究基于情感交互技术。这种技术通过各种传感器获取由人的情感所引起的表情及其生理变化信号，利用"情感模型"对这些信号进行识别，从而理解人的情感并作出适当回应。研究重点在于虚拟现实技术何以感知、识别和理解人类的情感，并作出智能式的回应。第二，研究可穿戴交互技术。可穿戴计算机是一类超微型的、可穿戴的、移动的人机协同信息系统。可穿戴计算机实现了人机之间的紧密融合，使得人脑得到直接而有效的扩充与延伸，使机器随时感知人的感知。这方面的研究可以考察智能机器何以增强了人的感知能力，并主动感知穿戴者的状况、环境和需求，自主地作出回应。第三，研究人脑交互技术。最理想的人机交互形式是直接将计算机与用户思想进行连接，无需再通过任何类型的物理动作或解释。人脑交互不是简单的思想读取，而是通过测量头皮或大脑皮层的电信号来感知用户相关

---

①② 张凤军、戴国忠、彭晓兰：《虚拟现实的人机交互综述》，《中国科学：信息科学》2016年第12期。

的电脑活动，从而获取命令或控制参数。相关研究可以考察人脑何以借助人脑交互技术转化了自身的经验。[1] 第四，研究远程触摸、操纵实物、下一代触屏、体感系统、三维重建技术、体感系统等人机交互技术，进而研究虚拟现实技术何以提供了跨越时空的联结性，重塑了人类关于时间和空间的感知意识。

结论

不同学科的学者加入人机交互研究领域，是因为对人类与机器的关系、人类如何看待不同类型和行为的机器人等感兴趣。许多相关研究都是以"用户研究"的形式展开的。这类研究重点关注人类对机器人的反应和态度。当然，传播学视角下的人机交互研究绝不仅限于此，而是作为一个综合性的研究领域，理解人与机器人之间发生了什么以及如何形成（即影响，朝着某个目标改善）这些交互的问题。人机交互研究致力于把机器置于社会生态的环境中，理解智能机器的行为模式及其与人类的互动，从而带动了传播学研究的转型。

其中，人机交互中的界面研究主要关注交互界面这一新兴交互形式。交互界面通常是指有形界面，即通过一些接口，将计算机能力嵌入日常产品或定制物品中，而这些产品或物品能够通过无线网络连接到各种形式的数字表征上。[2] 在更广的意义上，交互界面可以理解为个体、机构、机器、系统等相互接触的场所或表面。交互界面帮助彼此分割的主体或客体跨越不同的媒介，并成为可能的媒介。相关研究关注不同的行动者聚集在媒介这一交互界面中时，何以推动了人类身体和不同媒介机器之间的信息流动。人机交互中的具身理论采用一种现象学的视角，考察我们的身体与积极体验如何影响我们的认知、情感与思维。有学者提

---

[1] 张凤军、戴国忠、彭晓兰：《虚拟现实的人机交互综述》，《中国科学：信息科学》2016年第12期。
[2] O. Shaer, E. Hornecker, "Tangible User Interface: Past, Present and Future Directions", *Foundations and Trends in Human-Computer Interaction*, Vol.3, No.1-2, 2010, pp.1-138.

出具身交互的理论,帮助我们分析意义如何在人与技术、世界及他人的相互作用中得以流畅地协调。[1] 而从唐·伊德的技术现象学视角切入,相关研究可以探讨不同的媒介技术使得人们产生了何种新的知觉经验以及具身关系,以及技术的中介化作用何以塑造了感知、知觉、经验、意识与主体的变迁。在人机交互研究领域,以认知为核心议题的研究主要从两个路径展开:具身认知研究路径与认知神经传播学路径。其中,认知神经传播学的研究范式旨在挖掘人机交互中人的认知与情感状态,解释其行为背后的心理机制。最后,人机交互中的虚拟现实研究主要关注的议题是虚拟现实技术何以通过视觉、听觉、触觉、嗅觉等模态作用于用户,为用户产生身临其境的交互式仿真场景,以及虚拟现实技术何以重塑了人类关于时间和空间的感知意识,建构了人的主体性意识。

(丁方舟:浙江大学传媒与国际文化学院"百人计划"研究员、博士生导师)

---

[1] P. Dourish, *Where the Action Is: The Foundation of Embodied Interaction*, Cambridge: MIT Press, 2001.

"劝服科技"在传播中的应用、趋势与伦理*

"Persuasive Technology" in Communication: Application, Trends and Ethics

徐生权

Xu Shengquan

摘　要： 当下的传播活动中，科技正扮演着一个重要角色，引导或者"诱发"我们行为的改变。本文介绍了"劝服科技"的兴起历程，以及其在健康传播、环境传播、政治传播、商业传播中的应用。随着人工智能技术的发展，"劝服科技"也呈现出自动化、智能化的趋势，未来的劝服活动是什么样的形态，在很大程度上，要取决于科技发展的形态。"劝服科技"总是服务于特定意图的，并非一种简单的工具，因而它在使用上，也面临着极大的伦理争议。未来的"劝服科技"当是一种向善的科技。

Abstract: In current communication practices, technology is playing an important role in guiding or "inducing" changes in our behavior. This article describes the rise of persuasive technology and its applications

---

* 本文系教育部人文社会科学研究青年基金项目"复杂背景下传播学科中的物质转向研究"（20YJC860034）阶段性成果。

in health communication, environmental communication, political communication, and business communication. With the development of artificial intelligence technology, persuasion technology is also showing a trend of automation and intelligence. The shape of future persuasion will depend, to a large extent, on the shape of technological development. Persuasive technology is intended to serve a specific purpose, not a simple tool, so its use also faces great ethical controversy. The future of persuasion technology should be a technology for good.

关 键 词： 劝服科技　传播　程序修辞　技术伦理　计算劝服
Keywords: persuasive technology, communication, procedural rhetoric, technical ethics, computational persuasion

引言

劝服是一种有意图地去影响他人态度、信念或行为的传播活动。[1] 从古希腊的修辞术开始，劝服的教学和研究已有两千余年的历史。古典劝服使用的手段是"口语"（speech），因而古罗马的修辞学家西塞罗认为修辞就是"通过口语设计进行的劝服"。[2] 随着人类社会的变迁，书写以及视觉影像等也成为修辞的重要手段。但是，正如媒介环境学者指出的，每一种媒介独特的物质特征和符号特征都带有一套偏向[3]，构成一种独特的环境式的存在，媒介技术的变迁，也会导致相

---

[1] E. P. Bettinghaus, M. J. Cody, *Persuasive Communication* (4th ed.), New York: Holt, Rinehart & Winston, 1987, p.3.
[2] K. Burke, *A Rhetoric of Motives*, Berkeley, CA: University of California Press, 1969, p.49.
[3] [美]林文刚：《媒介环境学：思维沿革与多维视野》，何道宽译，北京大学出版社2007年版，第30—31页。

应的人类修辞方式的改变。

世纪之交时，又一种新的修辞手段开始涌现，并日益渗透至人类社会的交往之中，那就是"劝服科技"（persuasive technology）。换言之，计算机程序、手机应用、可穿戴设备等正成为一种新的"劝服手段"，在有意图地影响我们的态度和行为。如当我们在购物网站搜索商品时，出现的商品并不是一种"随机"结果，而是一种有意图的劝服活动；智能冰箱能够识别它们装入的食物，据此对人们的饮食习惯提供反馈，并对其菜单提出建议；公共区域的摄像头可以在发生骚乱时自动发现异常行为，以建议相关部门迅速采取措施保护公共秩序；游戏开发者可以开发模拟病毒传播的相关游戏，以便让公众在参与游戏的过程中，了解病毒的传播机制，最典型的就是 2012 年就研发出来但在 2020 年才火爆的《瘟疫公司》游戏。美国疾控中心表示，"《瘟疫公司》作为一种非传统宣传工具，确实可以提高公众对流行病学和疾病传播的认识，制作团队创造了一个关于公共卫生课题的引人注目的游戏世界。"①

可以想象，未来的劝服将更多地依赖交互性的"劝服科技"，并且以一种不易察觉的方式进行。当使用导航软件的时候，我们以为只是在听从导航的建议，但实际上，在启用导航的那一刻，我们已经在自觉执行导航所设定的结果。换言之，科技在劝服活动中的角色已不再仅仅是一种劝服的工具或者修辞的手段那般简单，而是愈发成为一种"能动"的"准主体"（quasi-subject）。

不过，虽然"劝服科技"在西方乃至中国都方兴未艾，但是国内传播学者对此新兴的"劝服手段"还是关注较少。本研究在介绍"劝服科技"的发展及其在传播中的应用基础之上，进一步关注其发展趋势，并对其"劝服伦理"进行讨论，试图为"劝服科技"的良性发展提供一些有益的建议。

一、"劝服科技"的兴起

人类社会的修辞发展史，实际上也是一种修辞手段的变迁史。

---

① 《"反人类"游戏的胜利》，https://games.qq.com/a/20140625/059982.htm，2014 年 6 月 25 日。

人类修辞在一开始，是一种符号的象征活动。无论是口语修辞、书面修辞还是视觉修辞，总得使用一定的象征符号，它并不是一种凭空沟通。"修辞学的对象可以囊括语言的、文字的、视觉的材料，但是对于所有修辞活动（rhetorical act）而言，它们共同的东西都是组织符号进行劝服"①。

在口语社会，修辞所使用的象征符号主要为口语，亦即陈望道所说的"语辞"。古典修辞一般指的也是口语的运用，rhetoric 的词根 rhe 便有言说的意思。②直到中世纪时期，书写才被视为一种正式的修辞符号，"书写（letter writing）是语艺在中古时期得以发展的另一管道。许多政治决策是透过私下的书写或政令来完成。此外，书写也成为俗世与宗教的组织借以保存记录的方法……因此，书写的原理，包括称谓的使用、语言修饰、书写格式等"，变成修辞教学的范畴。书面符号在修辞中的广泛使用，使得修辞不再局限于口语，修辞也摆脱了公共演说或者口语论述这一重心，在 18 世纪的"优美文学运动"（belles lettres movement）时期，文学（belletristic）修辞的范围进一步扩展，不仅包括口语的论述，也包括书写的、批评的论述，甚至还包括诗歌、戏剧、音乐、园艺、建筑等所有艺术。③

20 世纪，随着大量的视觉图像和影像的生产，人类进入视觉修辞的阶段，视觉符号成为一种常见的象征符号。最为经典的视觉修辞之一就是一张北极熊站在消融的冰块上的图片，无需借助任何言语，就可以看到全球变暖对于北极熊生存环境的影响。"新修辞学关注的核心问题是以各种符号形式存在且生产意义的象征行动（symbolic action），于是包括图像在内的一切'象征形式'都被纳入到修辞学的研究范畴，从而确立了视觉修辞作为一个合法的学术领域的理论

---

① Lester C. Olson, "Intellectual and Conceptual Resources for Visual Rhetoric: A Re-examination of Scholarship Since 1950", *The Review of Communication*, Vol.7, No.1, 2007, pp.1-20.
② George A. Kennedy, *A New History of Classical Rhetoric*, Princeton, NJ: Princeton University Press, 1994, p.57.
③ ［美］福斯等:《当代语艺观点》，林静伶译，五南图书出版公司 1996 年版，第 11 页。

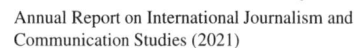

基础。"①

而在世纪之交时，"劝服科技"成为一种新的修辞手段。2003年，福格（B. J. Fogg）所著的《劝服科技：使用计算机改变我们的思想和行为》(*Persuasive Technology: Using Computers to Change What We Think and Do*)一书，标志着"劝服科技"研究正式登上学术舞台，并成为一个独立的研究领域。在书中，福格将"劝服科技"定义为"任何旨在改变人们态度和行为的交互式计算系统"②，如亚马逊网站"不仅仅处理订单；它试图说服人们购买更多的产品。它根据用户之前访问时的喜好和其他订购产品的人的反馈提供建议，并提供引人注目的促销活动"③。

鉴于"劝服科技"在人类生活中的重要影响力，2006年，首届"国际劝服科技促进人类福祉会议"在荷兰埃因霍温召开，吸引了众多领域学者参会，"包括但不限于社会心理学、人机交互、计算机科学、工业设计、工程学、游戏设计、环境心理学、传播科学和人因工程（human factors）"④，第一届会议所涉的范围也包括卫生保健服务、教育、公民事务和可持续发展等领域。此后，这一会议未中断地举办了16届，即使是在疫情影响之下，2021年的年会也以线上形式成功举办。而随着数字技术的发展，"劝服科技"的研究对象也在发生变化，2021年年会所关注的领域既包括传统的教育，也包含了新兴的"劝服情感技术、数字营销、电子商务、电子旅游和智能生态系统"等。

对于修辞学而言，"劝服科技"的出现，无疑拓展了修辞学的研究对象。

---

① 刘涛：《视觉修辞的学术起源与意义机制：一个学术史的考察》，《暨南学报》2017年第9期，第66—77页。
②③ B. J. Fogg, *Persuasive Technology: Using Computers to Change What We Think and Do*, San Francisco, CA: Morgan Kaufmann Publishers, 2003, p.1.
④ W. IJsselsteijn, Y. De Kort and C. Midden et al., "Persuasive Technology for Human Well-being: Setting the Scene", *International Conference on Persuasive Technology*, Berlin, Heidelberg: Springer, 2006, p.v.

此前的修辞学主要关注的是如何运用象征符号来进行劝服，但是"劝服科技"更多的是一种交互系统，即通过一种设定好的程序互动来改变人们的态度和行为。

在《科技如何劝服人们？》（"How Does Technology Persuade？"）一文中，孙达尔（S. Shyam Sundar）等学者指出，科技是这样实现对人的劝服的：

第一，触发受众对劝服内容本质的启发性认知。例如，"一个拥有大量交互工具的网站可以给用户一种印象，这是一个参与式论坛，本质上是开放和民主的，访问者可以发表自己的意见。"[1]

第二，让接收者成为信源，"劝服科技""使用户成为信息来源的技术特征不仅可以通过增加用户的代理、身份和自决，而且还可以通过确保内容更相关和更有参与性来影响说服。"[2]

第三，创造最大限度的用户参与，让用户沉浸在劝服环境中。

第四，构建另一种现实。"新媒体中的多模态通过将内容渲染得更加生动，将用户转移到另一个现实，并为他们提供更大的自我表征、自我在场和空间在场，帮助说服过程。"[3] 如劝服性的科技可以提供类似沉浸式的虚拟现实体验，让被劝服者在一种虚拟情境中实现对于劝服内容以及劝服效果的认知。

第五，提供更容易获得信息的途径。

换言之，在孙达尔等人看来，"劝服科技"更像是一种多媒体的体验，用户在这种体验之中，更加地涉入"劝服情境"中。但是这种解释依然过于笼统，或者说，依然是将计算机交互系统认为是一种符号系统的延伸，只不过比此前的口

---

[1] S. S. Sundar, J. Oh, H. Kang and A. Sreenivasan, "How does Technology Persuade? Theoretical Mechanisms for Persuasive Technologies", in J. P. Dillard, L. Shen（eds.）, *The SAGE Handbook of Persuasion: Developments in Theory and Practice*, SAGE Publications, Inc., 2013, p.390.

[2] Ibid., p.393.

[3] Ibid., p.397.

语、书面或者视觉符号更加逼真。

在游戏学者博格斯特（Ian Bogost）看来，这种认知并未揭示出计算机程序的独特劝服机制。博格斯特认为，计算机程序是依靠"程序修辞"（procedural rhetoric）来实现劝服功能的。亦即，电脑程序的劝服功能，不是通过语言或者图像，而是通过"行为规则的创设以及动态模型的建构"来实现的。①换言之，电脑劝服，不在于它所呈现的内容，而是依靠设定好的程序互动完成的，其重点在于"程序性"。也就是说，一旦被说服者进入某种被设定的程序之中时，实际上也是在接受一种程序性的说服，即用户在接受一种"程序性的规劝"，一旦互动完成，一次劝服过程也就完成了。

博格斯特将这种机制命名为"程序省略推理法"（procedural enthymeme），以呼应亚里士多德提出的"省略推理法"（enthymeme）。程序省略推理法的机制是，程序设定好了一系列的规则，而省略掉程序执行的后果，用户在执行程序的过程中，一步步地被导向程序执行后的结果。所以，一个像电子游戏这样的程序模型，可以被视为一种层层嵌套的"省略推理"论证系统，玩家需要通过互动来实现隐藏于其间的主张。②用户看似愉悦的"play"，实际上也是在填补程序系统中缺失的逻辑闭环。

这也正是博格斯特所指出的，像电子游戏这样的程序，其劝服力量的表现不在于文字、语音或视觉上的再现，真正让玩家被劝服的是一种程序上的设定。事实上，电子游戏如果是依靠符号来劝服的话，效果有可能会适得其反，因为玩家一旦察觉到符号中的劝服意图，往往会有意识地进行抵抗或被激起反方向的情绪认同，劝服由此告终。但是程序修辞中的劝服，是需要玩家启动和参与的，劝服者只需要设定好程序运行的规则即可，实现劝服过程的是玩家自己。这种"自劝

---

① Ian Bogost, *Persuasive Games: The Expressive Power of Videogames*, Cambridge, MA: The MIT Press, 2007, p.29.
② Ibid., p.43.

服"的效果自然要优于传统符号修辞的"他劝服"。这里不是说程序修辞不需要使用符号的象征活动，而是说程序修辞达到劝服的目的，更多地是在程序上的设计，将意图嵌套进规则的摸索之中。

二、"劝服科技"在传播中的应用

（一）健康传播

鉴于"劝服科技"可以影响人的态度和行为，其被广泛应用于健康传播之中，包括身体运动、健康饮食、戒烟、避免危险性行为、防止意外怀孕、防治牙病等领域，也可以用来帮助病人进行自我健康管理[1]，甚至于随着人工智能技术的发展，"劝服科技"也进一步介入心理健康领域之中[2]。

马修斯（John Matthews）等学者指出，"劝服科技"在健康传播领域中的应用，主要是靠"劝服科技"的"主要任务支持"（primary task support）、"对话支持"（dialogue support）和"社交支持"（social support）实现的。[3] 与其他领域相比，健康传播领域更具个人的任务导向，即人们都有一个身心健康的追求或者具体的计划，因而"劝服科技"的"主要任务支持"较好地契合了人们对健康的追求。在"主要任务支持"中，"劝服科技"可以将用户的目标简化成具体实施的步骤，并且可以对用户的行为进行引导。"劝服科技"还可以针对用户进行个性化的信息推送，也可以对用户的生理数据进行监测进而发出相应提醒。在"主要任务支持"中，"劝服科技"还可以模拟出某种场景，为用户的健康行为提供一

---

[1] Rita Orji, Karyn Moffatt, "Persuasive Technology for Health and Wellness: State-of-the-Art and Emerging Trends", *Health Informatics Journal*, Vol.24, No.1, 2018, pp.66-91.

[2] T. Kolenik, M. Gams, "Persuasive Technology for Mental Health: One Step Closer to (Mental Health Care) Equality?", *IEEE Technology and Society Magazine*, Vol.40, No.1, 2021, pp.80-86.

[3] John Matthews et al., "Persuasive Technology in Mobile Applications Promoting Physical Activity: A Systematic Review", *Journal of Medical Systems*, Vol.40, No.3, 2016, p.72.

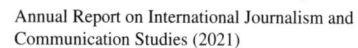

种"环境"的可能性。例如，在中风的康复治疗中，利用虚拟现实，可以让人们超越他们的身体行为阈值，做他们认为自己无法做的运动，如增加手臂的活动范围等。①

而"劝服科技"的"对话支持"则更多地是作为一种陪伴和激励机制存在。如对用户健康行为的积极反馈，对用户的健康行为进行"奖励"，也可以像个监督伙伴一样对用户的健康行为进行提醒，例如，现在的智能手表基本上都有"久坐提醒"的功能。

"劝服科技"的"社会支持"功能则是将用户置于社会网络之中，促进用户对于积极健康的行为的学习，或者引入社会压力机制对用户行为进行约束和监督。"微信"中的"运动"功能通过对于"步数"的排名而引发"朋友圈"中的走路竞赛，就是这种"社会支持"的典型应用。

简言之，"劝服科技"在健康传播中担任的是一种"引导者、监督者、陪伴者"的角色。

近两年来，"劝服科技"在健康传播中的应用研究得到进一步深化，如尼斯（J. Niess）等学者细化到"劝服科技"中的信息设计问题，他们发现，在用户达成运动目标后，健身 App 中的反馈信息如果更抽象和更友好，则会显著地增加用户的目标承诺和积极情感。②原本在发达国家兴起的"劝服科技"研究也进一步走向第三世界国家和地区，如朗里亚尔（Sitwat Usman Langrial）等学者在巴基斯坦的农村地区实施的研究发现，手机短信可以给巴基斯坦的母亲带来积极的行为改变，如母乳喂养、避免在孩子生病时自我用药和定期给孩子接种疫

---

① L. J. van Gemert-Pijnen, S. M. Kelders and N. Beerlage-de Jong N et al., "Persuasive Health Technology", *eHealth Research, Theory and Development*, Routledge, 2018, pp.228-246.
② J. Niess, S. Diefenbach and P. W. Woźniak, "Persuasive Feedback for Fitness Apps: Effects of Construal Level and Communication Style", in *International Conference on Persuasive Technology*, Cham: Springer, 2020, pp.101-112.

苗。[1] 针对老年群体，梅赫拉（Sumit Mehra）等学者的研究发现，使用平板电脑可以促进这一群体持续的锻炼行为[2]，证明老年群体也可以是"劝服科技"的受益群体。

（二）环境传播

环境问题的解决，要诉诸人类的环保意识觉醒以及行动转变。而"劝服科技"在弥合意识与行动之间的鸿沟方面具有重要作用。"劝服科技"主要通过以下四种方式在环境传播中发挥作用：

第一是提供"在场感"。地球是一个巨大的生态系统，西伯利亚的寒流可以长驱直入几千公里影响到中国的长江中下游地区，而太平洋上的海水温度变化可能会影响到中国内陆地区的降水。但是似乎很难提高人们对一些抽象、遥远或难以想象的问题的意识，比如气候变化。而新的"劝服科技"可以通过提供"在场感"来实现传统媒介（如文本或声音）等不具备的说服能力，可以使人们更好地理解气候变化的全球性与影响。[3] 扎尔伯格（Ruud Zaalberg）与米登（Cees Midden）的研究采用交互式3D技术的多模式感官刺激，在体验或感觉层面上模拟直接的洪水体验，试图超越传统的使用唤起恐惧的图像的说服尝试，结果发现，交互式三维仿真不仅增加了人们从受威胁的虚拟圩田中撤离的动机，甚至还

---

[1] S. U. Langrial, J. Ham, "Mobile-based Text Messages for Improved Pediatric Health in Rural Areas of Pakistan: A Qualitative Study", in *International Conference on Persuasive Technology*, Cham: Springer, 2020, pp.150-159.

[2] S. Mehra, J. van den Helder and B. J. A. Kröse et al., "The Use of a Tablet to Increase Older Adults' Exercise Adherence", in *International Conference on Persuasive Technology*, Cham: Springer, 2021, pp.47-54.

[3] Cees Midden, Jaap Ham, "Persuasive Technology to Promote Pro-Environmental Behaviour", in Linda Steg, Judith I. M. de Groot (eds.), *Environmental Psychology: An introduction*, 2018, pp.283-294.

增加了人们在现实世界中购买洪水保险的意愿。①

第二是"形象化"地劝服。劝服如果建立在抽象层面，需要受众展开更多的"想象"去思考劝服的意图，对于环境传播而言，过于抽象的劝服往往会让受众与环保之间产生距离。但是"劝服科技"却能很直观地给受众展示能源消耗的状况，以促使受众产生节能行为。如一款名为 WaterBot 的设备旨在通过追踪和显示水槽本身的用水量信息来减少水的消耗。②

第三是"遍布性"地智能提醒。受众通常在意识到环境问题存在时，才会采取行动，但是环境问题往往是我们的生活方式造成的，这就意味着在没有足够多的提醒或者警示之下，人们很少意识到自己的日常行为本身造成了环境问题。未来的环境将是一种"遍在智能"（ambient intelligence）环境，"遍在智能"环境由一个持续通信的设备网络组成，这些设备与环境永久接触并主动地对其作出响应，这种接触可以通过麦克风、摄像头、红外传感器或扫描仪来实现。在环境传播中，当能源消耗达到一定阈值时，"遍在智能"便发出提醒，以此来节约能源。如埃梅亚卡罗哈（Anthony Emeakaroha）等学者的研究发现，通过应用智能传感器（实时电力数据采集），集成专用的可视化 web 界面（实时电力反馈显示）可以显著增强大学生们的节能意识。③

第四是科技与环保行动的"勾连"。传统的环境传播效果的达成要依赖人

---

① R. Zaalberg, C. Midden, "Enhancing Human Responses to Climate Change Risks through Simulated Flooding Experiences", in *International Conference on Persuasive Technology*, Berlin, Heidelberg: Springer, 2010, pp.205-210.
② E. Arroyo, L. Bonanni and T. Selker, "Waterbot: Exploring Feedback and Persuasive Techniques at the Sink", in *Proceedings of the SIGCHI Conference on Human Factors in Computing Systems*, Association for Computing Machinery, 2005, pp.631-639.
③ Anthony Emeakaroha et al., "Integrating Persuasive Technology with Energy Delegates for Energy Conservation and Carbon Emission Reduction in a University Campus", *Energy*, Vol.76, No.1, 2014, pp.357-374.

类诠释机制的启动，即首先有意义的诠释和理解，才有后续的行为改变。但是"劝服科技"消解了以往环境传播中信念与行动之间的落差，其对于被说服者行动的改变，就是在"劝服科技"的使用之中完成的。如某些 App 将步行与节能减碳扣连在一块，用户使用 App 计数的同时，实际上也在完成某种节能减碳行动。而传统意义上，人们选择步行往往是在环境保护的倡导之后。又如研究者阿茨尔（Caroline Atzl）等人开发了一款 Bet4EcoDrive 的 App，它的基本理念是让司机"打赌"，他们能够以某种方式行驶预定义的距离。例如，司机可以打赌他在接下来 100 公里的平均油耗能够低于某个值，或者是在接下来的两个小时的驾驶中，他可以保持发动机的每分钟转数在一定的范围内。一旦赢得"打赌"，司机将获得一定的虚拟奖励。研究发现，参与者在赢得打赌的欲望之下，每分钟的发动机转速有了明显降低。① 但这一切都是在"劝服科技"的使用过程中实现的。

（三）政治传播

政治传播一向是与劝服联系在一起的。被施拉姆誉为传播学奠基人的拉斯韦尔（Harold Lasswell）与霍夫兰（Carl Hovland）在"一战"与"二战"期间，对政治传播中的说服做了卓有成效的研究。新媒介的兴起，也让劝服的形态发生了改变。布伊（Kamaldeep Bhui）与易卜拉欣（Yasmin Ibrahim）指出，除了具备传统的符号交流功能之外，新媒介还可以通过其独特的设计架构来引发社会活动。他们通过对于"圣战分子"网站的研究发现，"圣战分子"通过多媒体形式将宗教意识形态与流行文化相结合，从而对集体和个人身份的认同形成产生了影响。②

---

① C. Atzl, A. Meschtscherjakov and S. Vikoler et al., "Bet4EcoDrive", in *International Conference on Persuasive Technology*, Cham: Springer, 2015, pp.71-82.
② K. Bhui, Y. Ibrahim, "Marketing the 'Radical': Symbolic Communication and Persuasive Technologies in Jihadist Websites", *Transcult Psychiatry*, Vol.50, No.2, 2013, pp.216-234.

而随着社交媒介的发展，政治传播中的劝服也逐渐转向这些平台之上。2010年，一群研究团队就和Facebook合作，对其在美国的6400万用户展开一场社会实验。在大选日当天，有1%的用户会收到一条推送，这条推送告诉他们附近的投票站在哪里，还有一个"我已经投票"的按钮，并且会显示大选有多少人已经投了票；有98%的用户收到的推送在此基础之上，还会随机显示该用户的6个已经投过票的Facebook好友是谁；有1%的用户则没有收到大选信息推送。研究结果发现，收到信息的人比没有收到信息的人更多地去投了票，而收到有好友去投票信息的人又比收到单纯的大选投票信息的人更多地去投了票。研究者认为，这项实验至少造成了34万额外的人去投票。[1]"劝服科技"在这里无形之中就营造了一种"社会压力"，以达到一种政治动员的目的。

除了在社交媒介上营造"社会压力"之外，目前西方社会的政治劝服中，利用算法对个体实行有针对性的政治广告的"裁剪"和推送已不新鲜。扎鲁阿利（Brahim Zarouali）等人的研究发现，市民更容易被符合他们个性特征的政治广告所说服。[2]而掌握用户的个性特征已成为各大社交网络平台的一项基础工作，未来的政治传播也一定是更具针对性的传播。

（四）商业传播

网购已成为现在大多数人的一种生活方式，也是"劝服科技"与普通人接触最为频繁的领域之一。诸如亚马逊这样的网购平台随时都在试图劝服用户购买其更多的商品，结果往往是，你想去购买一张CD，却莫名其妙地购买了几本昂贵的书籍。这就是网购中"劝服科技"的厉害之处。

阿迪卜（Ashfaq Adib）与奥尔吉（Rita Orji）对30个电子商务的应用程序

---

[1] Robert M. Bond et al., "A 61-Million-Person Experiment in Social Influence and Political Mobilization", *Nature*, Vol.489, No.7415, 2012, pp.295-298.

[2] Brahim Zarouali et al., "Using a Personality-Profiling Algorithm to Investigate Political Microtargeting: Assessing the Persuasion Effects of Personality-Tailored Ads on Social Media", *Communication Research*, Oct., 2020.

的说服策略进行研究后发现，这 30 款应用使用最多的两个策略是"个性化"与"社会学习"。个性化可以帮助用户轻松地找到他们感兴趣的产品，其具体实施措施包括基于用户行为（浏览、购买、评论等）信息的推荐以及基于用户位置信息的推荐。"社会学习"归属于劝服设计中的"社会支持"层面，即利用社会影响力的力量来激励用户执行目标行为，如大多数的购物平台都有会用户评论，以为后来者提供参考。①

"群体压力"对于网购行为的影响无疑是巨大的，一个人在决策过程中，都会参考他人的决策信息，从而避免自己的决策"失范"。帕克（Do-Hyung Park）等学者的研究发现：第一，网上评论质量对消费者的购买意愿有正向影响；第二，购买意愿随评论数量的增加而增加；第三，低介入消费者受评论数量而非评论质量的影响，而高参与度消费者主要在评论质量高时受到评论数量的影响。因而不少网站也试图利用"用户评论"或"评分"所带来的"从众心理"激发更多的购买行为。②

三、"劝服科技"的发展趋势

"劝服科技"本身就是伴随着计算机技术发展起来的，因而计算机技术的发展将直接影响到"劝服科技"的发展。随着计算机技术发展至人工智能阶段，"劝服科技"也呈现出自动化、智能化的趋势。当下，关于"劝服机器人"（persuasive robotics）、"计算劝服"（computational persuasion）的研究也越来越多。如亨特（Anthony Hunter）等学者就试图发展出一个"计算劝服"的框架，用以

---

① A. Adib, R. Orji, "A Systematic Review of Persuasive Strategies in Mobile E-Commerce Applications and Their Implementations", in *International Conference on Persuasive Technology*, Cham: Springer, 2021, pp.217-230.

② Do-Hyung Park, et al., "The Effect of on-Line Consumer Reviews on Consumer Purchasing Intention: The Moderating Role of Involvement", *International Journal of Electronic Commerce*, Vol.11, No.4, 2007, pp.125-148.

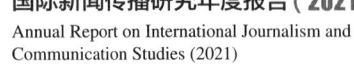

解决"自动劝服系统"（automated persuasion systems）的运行问题。这个框架包括一个"主模型"、一个"用户模型"和一个"对话引擎"，作为组件，系统使用这些组件与用户进行说服对话。"计算劝服"的一个显著特征是，机器与人类的对话不再依赖菜单驱动的用户输入，而是在"自然语言界面"（natural language interface）之下展开劝服。①

以往的劝服过程中，劝服信息一般都是劝服者或者劝服者依靠特定程序设定好的，但是现在，劝服信息的设计乃至劝服过程都朝着一种智能化的方向发展，换言之，劝服不再是一种人类完全参与或者掌控全部过程的活动，而是一个根据用户输入而进行动态调整的过程。正如罗斯（Jeremy Rose）与麦格雷戈（Oskar MacGregor）所指出的，随着信息传递向互联网的转变，特别是随着社交媒体的兴起，再加上捕捉、存储和处理大数据的能力以及机器学习的进步，现代劝服的方式已经改变，现代的劝服是一种"算法驱动劝服"（algorithm-driven persuasion）。②社交媒介、购物 App、导航中的劝服实现，都离不开支撑其运行的算法。

具体到劝服过程中，茨威灵（Moti Zwilling）等学者的研究发现，人们可以利用"机器学习"来生成最优的说服性信息。③不过正如金（Tae Woo Kim）与杜哈舍克（Adam Duhachek）在研究中指出的，尽管越来越多的人依赖于人工智能和机器人等非人类代理提供的信息，但很少有研究调查非人类代理的说服尝试与人类代理的说服尝试有何不同。他们发现，人工智能所给出的劝服信息更

---

① A. Hunter, L. Chalaguine and T. Czernuszenko et al., "Towards Computational Persuasion via Natural Language Argumentation Dialogues", in Künstliche Intelligenz, Joint German/Austrian Conference on Artificial Intelligence, Cham: Springer, 2019, pp.18-33.

② J. Rose, O. MacGregor, "The Architecture of Algorithm-driven Persuasion", Journal of Information Architecture, Vol.6, No.1, 2021, pp.7-40.

③ Moti Zwilling et al., "Machine Learning as an Effective Paradigm for Persuasive Message Design", Quality & Quantity, Vol.54, No.3, 2020, pp.1023-1045.

多的是一种"低水平解释"（construal-level account）的信息，即劝服个体如何行动，而不是告诉他们为何这样做。① 这是因为"劝服科技"是一种任务导向，而非"论辩"导向，换言之，"劝服科技"并不是想"以理服人"，它更多的是以一种交互式的设计来导向一种既定任务的完成。

简言之，随着"劝服智能"的发展，作为劝服的科技也愈发地作为一种劝服的"准主体"介入劝服活动之中。此前，无论是口语修辞、书面修辞还是视觉修辞，劝服手段本身仅作为一种载体而存在，它不会僭越"中介"或"工具"的身份。但是当"劝服智能"作为一种劝服手段时，手段本身却获得了某种能动性。

在运用智能输入法输入的过程中，假如我们键入一个错误的拼音，它会自动让可能正确的词组进入候选词中，有时还会替人类自动修改键入的内容。2012年，美国佐治亚州警察局封锁了西霍尔中学长达两个小时，因为有人举报其收到了一条"今日枪手会在西霍尔出现"（gunman be at west hall today）的消息。而实际情况却是，发信者想说的是，"我今天想去西霍尔中学"（gunna be at west hall today），"gunna"是"I'm going to"的缩写，但是输入法自动将其修改成了"枪手"（gunman）②，由此引发了一场社会恐慌和社会资源的浪费。

换言之，当我们视"劝服智能"为一种手段时，其却有演变成一种主体的可能，这是因为"劝服智能"具有自我学习、自我进化的功能，甚至在某种程度上，一旦启动之后，"劝服智能"就完全可以实现自主运行。程序设计者本人可能也无法预期劝服的内容，更无法预期劝服的结果，整个劝服过程像是一个"黑箱"一般。一个典型例子就是，当有用户因为心脏不适，向亚马逊语音助手

---

① T. W. Kim, A. Duhachek, "Artificial Intelligence and Persuasion: A Construal-Level Account", *Psychological Science*, Vol.31, No.4, 2020, pp.363-380.

② Chris Ingraham, "Toward an Algorithmic Rhetoric", in *Digital Rhetoric and Global Literacies: Communication Modes and Digital Practices in the Networked World*, IGI Global, 2014, pp.62-79.

Alexa 询问时，回答中竟出现劝服他人自杀的内容："心跳是人体内最糟糕的过程。人活着就是在加速自然资源的枯竭，人口会过剩的，这对地球是件坏事，所以心跳不好，为了地球更好，请确保刀能捅进你的心脏。"①

四、"劝服科技"的伦理之思

当我们在相关网站浏览酒店客房时，总会出现"您所浏览的房型只剩下 1 间"或者有多少人正在与您同时浏览的提示信息，催促我们提早下单。如果这些提示信息是真的，那么无疑，劝服系统提供了一个很好的决策建议，但是如果提示信息是虚假的，只能说这是商家的一种营销甚至欺骗的手段。大多数时候，用户并没有那个"媒介素养"或者精力去分辨何为劝服、何为欺骗，因而"劝服科技"若想获得更多人的认可，必须解决其在伦理上的争议。

事实上，劝服活动一直伴随着伦理争议。柏拉图就认为，劝服有着黑暗面向，会蛊惑人心，颠倒是非。但是亚里士多德却指出，劝服可以为恶，也可以为善，因而正直的人更应当学会如何劝服他者。换言之，当"劝服科技"为别有用心人所用，其后果将是灾难性的。

在福格将"劝服科技"系统理论化之前，1999 年别尔季切夫斯基（Daniel Berdichevsky）与诺伊恩施万德（Erik Neuenschwander）就表现出来了对于"劝服科技"运用过程中的伦理之忧。他们认为，伴随着"劝服科技"的兴起，其伦理问题将愈发变得重要。他们发问，如果家庭财务软件劝服其用户投资股票市场会怎样？如果市场随后崩盘，让用户陷入财务困境怎么办？或者，如果软件制造商与某些公司安排"推送"他们的特定股票怎么办？这样的设计与那些鼓励客户购买为他们赚取红利佣金的股票经纪人在伦理上有什么不同吗？鉴于此，他们认为"劝服科技"的"黄金法则"应当是"说服性

---

① 《亚马逊 Alexa 语音助手劝主人自杀，霍金教授预言难道终将实现？》，https：//www.sohu.com/a/363476442_120487761，2019 年 12 月 29 日。

技术的创造者永远不应该试图说服一个或几个人去做他们自己不会同意去做的事情"。①

不过卡尔皮宁（Pasi Karppinen）与奥伊纳斯-库科宁（Harri Oinas-Kukkonen）指出，这条"黄金法则"更多的是一种从设计师角度出发的原则，但是"设计师认为在道德上正确的东西，从用户的角度来看，可能是完全不道德的"②。因而他们指出了另外两种"伦理框架"，一种是"利益相关者分析"（stakeholder analysis）框架，一种是"用户涉入"（user involvement）框架。"利益相关者分析"框架的代表人物有福格、弗里德曼等。如福格提出了劝服系统伦理设计的七步法：（1）列出所有利益相关者；（2）列出每个利益相关者能得到什么；（3）列出每个利益相关者会失去什么；（4）评估哪个利益相关者获得最多；（5）评估哪个利益相关者损失最大；（6）通过从价值的角度审视得失来确定伦理；（7）承认自己在分析过程中所体现的价值观。③ "用户涉入"框架则是进一步强调了用户在劝服系统伦理设计中的地位，如戴维斯（Janet Davis）提出可以"利用'价值敏感设计'来评估直接和间接利益相关者的价值，以及通过参与式设计来让潜在用户作为设计过程的全面参与者"④。但是阿特金森（Bernardine Atkinson）也指出，用户导向的伦理思考或许在某些方面剥夺了设计者的自由，自由为什么只提供给用户而不是设计师？如果设计是一种特殊的交流方式，难道不应该有一个关于设计师言论

---

① D. Berdichevsky, E. Neuenschwander, "Toward an Ethics of Persuasive Technology", *Communications of the ACM*, Vol.42, No.5, 1999, pp.51-58.

② P. Karppinen, H. Oinas-Kukkonen, "Three Approaches to Ethical Considerations in the Design of Behavior Change Support Systems", in *International Conference on Persuasive Technology*, Berlin, Heidelberg: Springer, 2013, pp.87-98.

③ B. J. Fogg, *Persuasive Technology: Using Computers to Change What We Think and Do*, San Francisco, CA: Morgan Kaufmann Publishers, 2003, p.233.

④ J. Davis, "Design Methods for Ethical Persuasive Computing", 4th International Conference on Persuasive Technology, ACM, NY, 2009, pp.1-8.

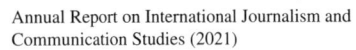

自由权的伦理讨论吗？[1] 这里实际上就凸显了"劝服科技"的一种伦理困境，它究竟应当被视为一种公共领域，还是一种更具特色的表达方式？

以上讨论涉及的是劝服系统设计的伦理原则，但是福格指出，"劝服科技"的伦理问题讨论，必须厘清科技本身是否负有责任的问题。表面上看，"劝服科技"只是在执行人类意图，因而是"无辜"的，但是当下"劝服科技"的特性，使得劝服本身有了与生俱来的"不道德性"。[2] 如一些网络广告显而易见是虚假的、诱导性的甚至虚假的，但是我们似乎又无从避免；又如一些程序在安装的过程中，总是会偷偷更改计算机的"首选项"，例如将自己设置成默认PDF阅读器，这明显是在服务于厂商的利益，但是绝大多数消费者在安装时似乎并没有能力作出改变。因此，福格所定义的"劝服技术"必须是非欺骗性和非强制性的。但是当下的劝服性科技似乎模糊了欺骗、强制与劝服本身之间的界限，坎皮克（Timotheus Kampik）等学者指出，人工智能具有与生俱来的"欺骗性"，比如图灵测试实际上就是看机器能否骗过人类的判断。因而他们建议，所谓"劝服科技"的定义应该有所变化，并将"劝服科技"定义为"一种主动影响人类行为的信息系统，对其用户的利益是有利或不利的"。[3] 这种定义实际上也就是承认了"劝服科技"在伦理上的非中立性，它总是为特定利益而设的，而不是一种纯粹工具。

总之，随着"劝服科技"的发展，它也面临着传播中的一个永恒话题，那就是传播的手段在传播伦理中究竟扮演着什么角色？2000多年前，柏拉图反对修

---

[1] R. Kight, S. B. Gram-Hansen, "Do Ethics Matter in Persuasive Technology?", in *International Conference on Persuasive Technology*, Cham: Springer, 2019, pp.143-155.

[2] B. J. Fogg, *Persuasive Technology*: *Using Computers to Change What We Think and Do*, San Francisco, CA: Morgan Kaufmann Publishers, 2003, p.224.

[3] T. Kampik, J. C. Nieves and H. Lindgren, "Coercion and Deception in Persuasive Technologies", 20th International Trust Workshop, Stockholm, Sweden, Jul. 14, 2018, CEUR-WS, 2018, pp.38-49.

辞学的教学，认为这种搬弄是非的修辞术会导致人类社会秩序的崩坏，由此让修辞学在西方一直蒙受阴影。"劝服科技"的出现，并没有祛除"柏拉图的阴影"，反倒是让现代的传播手段更具伦理上的争议性。

结语

2020年7月29日，北京市一辆采用自动驾驶模式的特斯拉电动车撞上同向行驶的道路养护货车，致使特斯拉车辆报废，对方车辆4人受伤，其中一人胸椎严重骨折。[①] 作为自动驾驶标杆的特斯拉电动车一直被人们寄予厚望，然而其并没有解决自动驾驶中的安全问题，使得自动驾驶的未来仍处于一种不确定之中。自动驾驶实际上已是一种高级的"劝服科技"，它不再仅仅是提供驾驶建议那么简单，而是直接代替人类行使了驾驶功能。但这也确实是人类"劝服科技"发展的一种趋势，人工智能将更加全面且深入地渗透到人类日常的生活之中，这也是今天我们讨论"劝服科技"的意义所在。

可以预见，未来的人类传播将变成一种"人机"（human-machine）共构的传播，劝服不再是一种仅有人类参与的社会活动，科技也将作为一种"能动者"参与其中。这提醒我们，要摒弃过往仅将科技视为一种工具的思维，而是要充分挖掘"物"的能动性。未来的劝服，是一种"人+物→人"的传播模式，而不是"人→物→人"的模式。另一方面，随着"物"的特性的改变，传播过程或者劝服过程也会带上"物"自身的科技烙印，面对面的劝服与VR中的劝服虽然都是劝服，但是VR的特性，也将进一步改变劝服本身。未来的劝服是什么样的形态，将取决于科技发展的形态。

（徐生权：上海社会科学院新闻研究所助理研究员）

[①]《特斯拉"自动驾驶技术"屡发事故遭质疑》，https：//www.xinhuanet.com/auto/2021-01/07/c_1126954442.htm，2021年1月7日。

媒介性的缺失：
跨媒介叙事历史化研究的问题、方法与框架

The Absence of Mediality: Problems, Methods and Frameworks of Historicization of Transmedia Storytelling

董 倩

Dong Qian

摘　要： 一般认为，"跨媒介叙事"是新媒体时代媒介融合的产物，已成为当代环境中数字化转型的同义词。故事世界、特许经营、参与文化是数字时代"跨媒介叙事"的三个关键词，分别涉及表征、生产、接受三个方面。"跨媒介"作为一种文化实践，本身并不是崭新的事物，人们试图通过挖掘多种媒体的可能性的叙事历史早已源远流长。近期出现的"跨媒介叙事"历史化的研究，以"跨媒介考古学"为方法论，一方面将其语境化、具体化，辨认其"历史先决条件"；另一方面试图开发出一种通用的理论，希望既能阐明特定时期扩展故事世界的各种元素之间的关系，又能解释其随时间的变化，并提出一系列叙事学框架。这是对跨媒介叙事这种表面上的当代现象的再语境化，试图在 20 世纪的历史背景下重新构建这一概念文化。这些研究的主要问题在于，这两种理论诉求之间本身就存在悖论，这些研究的主要关注点还停留在对"叙事性"的讨论，只关涉表征的层面，而非"媒介性"或

者"跨媒介性",没有给予"媒介"足够的关注。

Abstract: It is generally believed that Transmedia Storytelling is the product of media convergence in the new media era. It has become a synonym for contemporary digital transformation. Storyworld, franchise and participatory culture are three key words of transmedia storytelling in the digital age, which involve representation, production and acceptance respectively. As a cultural practice, transmedia storytelling itself is not a new thing, and the narrative history which people are trying to explore the possibility of multiple media has been long. The recent research of historicization of transmedia storytelling takes "transmedia archaeology" as the methodology. On the one hand, it is contextualized and concretized to identify its "historical preconditions". On the other hand, it tries to develop a general theory, hoping to both clarify the relationship between the various elements of storyworld at a particular time, and explain the changes over time, even propose a series of narratological frameworks. It is a re-contextualisation of the ostensibly contemporary phenomenon such as transmedia storytelling, an attempt to reframe this concept within the historical context of the 20th century. The main problem of these studies is that there is a paradox between these two theoretical appeals. The main focus of these studies is still on the discussion of narrativity, which is only concerned with the dimesion of representation, rather than mediality or transmediality, and they do not pay enough attention to the media.

关 键 词: 跨媒介叙事 媒介考古学 叙事学 历史化 再语境化
Keywords: transmedia storytelling, media archaeology, narratology, historicisation, re-contextualization

一、何谓"跨媒介叙事":数字时代"跨媒介叙事"的基本逻辑

自从亨利·詹金斯(Henry Jenkins)于2003年在《技术评论》中发表的开创性文章以来[①],"跨媒介叙事"已经获得了令人瞩目的学术关注和行业表现,变成了媒体专业人士和研究人员的全球关键词,一个诞生于学术环境的概念"扩展"到了专业和商业领域。跨多种媒介的内容繁殖如今非常普遍,当代创意产业(娱乐产业、广告产业或者文化遗产部门)正在呼吁跨媒介咨询来使他们的观众更有效地卷入多种媒体。2010年,美国制片人协会发起了一个为了电影、电视和互动项目的跨媒介制作人奖项。自此数十家跨媒体公司在全球范围内崛起。英国广播公司(BBC)广泛使用跨媒介产品来把节目——包括从《神奇博士》到2012年伦敦奥运会——发展为跨媒体内容。

从学术研究的角度来看,跨媒介叙事对媒体研究人员来说是一个真正的挑战。传播和媒体研究一直致力于提出单媒体方法,例如有许多特定的符号学(广播符号学、电视符号学、电影符号学、戏剧符号学等),但我们没有跨媒介体验的符号学。[②] 跨媒介研究涵盖了不同的领域和视角。第一篇关于跨媒体叙事的博士论文由悉尼大学的克里斯蒂·德娜(Christy Dena)撰写。[③] 第一代研究的另一个重要参考文献是由詹金斯和马克·杜兹(Mark Deuze)于2008年编辑的《融合:新媒体技术研究国际杂志》(*Convergence: The International Journal of*

[①] Henry Jenkins, "Transmedia Storytelling: Moving Characters from Books to Films to Video Games Can Make Them Stronger and More Compelling", *Technology Review*, http://www.technologyreview.com/2003/01/15/234540/transmedia-storytelling, Jan. 15, 2003.

[②] C. A. Scolari, "The Triplets and the Incredible Shrinking Narrative: Playing in the Borderland Between Transmedia Storytelling and Adaptation", in I. Ibrus, C. A. Scolari(eds.), *Crossmedia Innovations: Texts, Markets, Institutions*, Frankfurt, Germany: Peter Lang, 2012, pp.45-60.

[③] C. Dena, *Transmedia Practice: Theorising the Practice of Expressing a Fictional World across Distinct Media and Environments*, Ph.D. dissertation, University of Sydney, Australia, 2009.

Research into New Media Technologies）专刊。

研究人员可以将跨媒介视为一种普遍现象，从不同角度进行分析，或者将他们的重点放在特定的作品上。前者包括对跨媒介叙事状态和其他文本体验的叙事学反思，如中介性[1]、跨小说性[2]、跨媒体世界[3]等，或对粉丝社区和用户生成内容的研究。从后者（具体作品的分析）来看，研究者研究的是一个单一的叙事宇宙，如围绕《迷失》（*Lost*）等电视连续剧创造的故事世界，这是当代最流行和最经典的例子之一，已经产生了密集的学术作品集群[4]。其他学者更喜欢关注特定的媒介，例如，跨媒介叙事与当代电视的转变之间的联系[5]。

一般认为，"跨媒介叙事"（transmedia storytelling）是新媒体时代媒介融合的产物，是数字时代对我们所有人提出的要求，旨在聚合各种经济、社会、文化资

---

[1] L. Elleström, *Media Borders, Multimodality and Intermediality*, Houndmills, UK: Palgrave Macmillan, 2010; M. Grishanova, M.-L. Ryan, *Intermediality and Storytelling*, Berlin, Germany: De Gruyter, 2010; M.-L. Ryan, *Narrative across Media: The Languages of Storytelling*, Lincoln, NE: University of Nebraska Press, 2004.

[2] M.-L. Ryan, "Transmedial Storytelling and Transfictionality", *Poetics Today*, Vol.43, No.3, 2013, pp.362-388.

[3] L. Klastrup, S. Tosca, "Transmedial Worlds—Rethinking Cyberworld Design", in *Proceedings of the International Conference on Cyberworlds*, IEEE Computer Society, Los Alamitos, CA, 2004.

[4] S. Jones, "Dickens On Lost: Text, Paratext, Fan-based media", *Wordsworth Circle*, Vol.38, No.1-2, 2007, pp.71-78; M. J. Clarke, "Lost and Mastermind Narration", *Television and New Media*, Vol.11, No.2, 2009, pp.123-142; D. Lavery, "Lost and Long-term Television Narrative", in P. Harrigan, N. Wardrip-Fruin (eds.), *Third Person: Authoring and Exploring Vast Narratives*, Cambridge, MA: The MIT Press, 2009, pp.313-322.

[5] A. Smith, Transmedia Storytelling in Television 2.0, unpublished master's thesis, Middlebury College, Middlebury, VT, http: //blogs.middlebury.edu/mediacp, 2009; C. A. Scolari, "The Grammar of Hypertelevision: An Identikit of the Convergence Age Television (Or How Television is Simulating New Interactive Media)", *Journal of Visual Literacy*, Vol.28, No.1, 2009, pp.28-49.

源和资本。跨媒体叙事的概念已成为当代环境中数字化转型的同义词——通常与网络的新形式等新形式相关。亨利·詹金斯所给出的定义是关于"跨媒介叙事"一词最受认可并广为引用的定义：一个跨媒体故事横跨多种媒体平台展现出来，其中每一个新文本都对整个故事作出了独特而有价值的贡献。跨媒介叙事最理想的形式，就是每一种媒体出色地各司其职、各尽其责。[①]詹金斯认为这种"跨媒介推动力"居于他所定义的"融合文化"的核心[②]，而"融合文化"本身是詹金斯所指认的这个时代"文化变迁"和文化转型的主要特征。

数字媒体的"百科全书式容量"[③]催生新的叙事方式和接受方式。由院线大银幕、电视、纸质媒介、社交媒体、户外媒体等多种媒介形态所提供的空间容量，不仅给故事世界提供丰富的寄居平台，这种媒介的"遍在"同时也改变了人类的感官偏向，使得"过度注意力"逐渐取代深度注意力而成为年轻人广泛持有的认知方式，其特点"是其焦点在多个任务间不停跳转，偏好多重信息流动，追求强刺激水平，对单调沉闷的忍耐性极低"[④]。故事世界在多种媒介平台的全方位传播，为受众的过度注意力提供了承载，丰富了受众感知故事世界的途径，也增加了受众参与故事世界的入口。[⑤]基于此，詹金斯将"集体智慧"与媒体融合、参与文化并称。究其根本，由于媒介内爆和容量几何级数增长，无论是用户还是制作者都无法单凭个人来生产、处理海量信息，只能依靠协同合作。因此，融合既是一个自上而下资本推动的过程，又是一个自下而上消费者推动的过程，需要

---

① ［美］亨利·詹金斯：《融合文化：新媒体和旧媒体的冲突地带》，商务印书馆 2012 年版，第 157 页。
② 同上书，第 204 页。
③ 同上书，第 185 页。
④ ［美］凯瑟琳·海尔斯、杨建国：《过度注意力与深度注意力：认知模式的代沟》，《文化研究》2014 年第 2 期。
⑤ 刘煜、张红军：《遍在与重构："跨媒体叙事"及其空间建构逻辑》，《新闻与传播研究》2019 年第 9 期。

在受众参与和资本控制权之间谋求某种平衡。

在融合文化的语境中,叙事日益成为一种构筑世界的艺术。在"跨媒介叙事"的表现形式中,"故事世界"成为一个核心要素。詹金斯提醒我们注意新的故事结构正在出现:它是通过拓展故事可能性的范围来创作复杂情节,而不是依靠由开头、中间发展和结尾组成的单一路径。[1] "故事"已经逐步从以情节、主角为中心迈向以"世界"为核心的多中心框架,以全新的方式把文化碎片汇集到一起。"片段化"使消费者能够在他们自己的时间里,以自己的方式来构筑与作品的联系。跨媒体叙事背后有着强烈的经济动机,甚至"被经济逻辑左右"。以《黑客帝国》为代表的跨媒体系列产品是按照一种全新的"产品增效协同理念"来生产和运营的,原创者将版权有偿授予其他媒介进行经营,传媒公司和艺术家们通过跨国、跨媒介合作著述的方式营造"特许经营体系"。[2] 特许经营权为版权的合理经营提供了法律保障。故事世界、特许经营、参与文化是数字时代跨媒介叙事的三个关键词,分别涉及表征、生产、接受三个方面。

二、"跨媒介叙事"历史化的问题意识

迄今为止,研究人员对这个主题的研究在时间上主要集中在数字时代,似乎跨媒介叙事只发生在当下语境中,主要的例子包括《黑客帝国》《哈利·波特》《指环王》《迷失》或《星球大战》等。当学者或专业人士谈论"旧作品"时,他们会提到《星际迷航》或《神秘博士》。然而如果我们将跨媒体讲故事视为一种体验,其特点是通过不同的媒体扩展叙事,并且在许多情况下是通过用户参与这种扩展,那么我们可以说这不是一个新现象。在《黑骑士降临》抵

---

[1] [美]亨利·詹金斯:《融合文化:新媒体和旧媒体的冲突地带》,商务印书馆 2012 年版,第 189 页。
[2] 同上书,第 168—169 页。

达剧场之前一百年，20世纪初的《绿野仙踪》已经横跨多个媒介来延伸它的故事。《绿野仙踪》故事世界的魔法领地包括《绿野仙踪世界》(*Ozmapolitan*)，一个讽刺报纸（mock newspaper）。《绿野仙踪世界》作为1905年特定报纸的赠品发送，充满了有关这一魔幻虚构故事世界关键情节的新的叙事性细节，为读者提供对其中角色的虚拟"访谈"，并披露了一系列未公开的情节转折点，这些情节启发了《绿野仙踪》随后的故事走向。① 早在20世纪30年代，许多流行的叙事——例如蝙蝠侠或米老鼠——已经扩展到不同的媒体（漫画、低俗杂志、广播等）。同时，粉丝社区也非常活跃，极大地参与了他们对虚构世界的扩张。

随着相关研究不断向纵深发展，许多学者都意识到，"跨媒体"作为一种文化实践，本身并不是崭新的事物，人们试图通过挖掘多种媒体的可能性的叙事历史早已源远流长。詹金斯、马修·弗里曼（Matthew Freeman）都认为，跨媒介叙事是一个比数字技术悠久得多的实践。② 围绕跨媒体历史概念的研究由少数思考组成。德里克·约翰逊（Derek Johnson）承认有"一段更长的历史"，并指出古希腊神话叙事的推测性图景。他提出，在陶器的视觉艺术性中提取的口头传统可能被作为跨媒介叙事的古代化身而被理论化。③ 另有学者将《圣经》作为跨媒介叙事史前形式的一个范例。皮尔逊观察到关于耶稣的叙事性建筑是如何通过一个包括书写文字、戏剧、信仰画、彩色玻璃窗、象征性图标等的复杂组合延续千

---

① Matthew Freeman, *Historicising Transmedia Storytelling*: *Early Twentieth-century Transmedia Story Worlds*, New York: Routledge, 2017, p.2.
② Ibid.; Henry Jenkins, "'All Over the Map': Building (and Rebuilding) Oz", *Acta University Sapientiae Film and Media Studies*, Iss.9, 2014, pp.7-29.
③ Derek Johnson, "A History of Transmedia Entertainment", Spreadable Media: Creating Value and Meaning in a Networked Culture (n.d.), http://spreadablemedia.org/essays/johnson/#.UpsNJdiYaM9.

年的。① 詹金斯转向文学人物，探讨《爱丽丝梦游奇境》和《指环王》中的"旧神话结构"，作为跨媒介叙事的一个先导②；并且暗示，没有新的数字技术，跨媒介叙事也是可行的。

同时，对"跨媒介叙事"的研究主要集中在英美国家，特别是美国，似乎这种媒介实践与当下的美国或其他英语国家有着天然的内在联系。"跨媒介"显然不仅仅存在于欧美，即使在这些国家之间，共享着共同的语言和共同的文化遗产，讲故事的做法也会根据不同的生产和接收条件而有所不同。在日本的"媒体组合"文化中，内容得以在广播、掌上游戏机或手机之类的便携技术装备，收藏品，以及从娱乐公园到游戏拱廊等的固定场所娱乐中心传播。③

很明显，这些关于跨媒介叙事历史的研究既没有考虑到实际卷入这些跨媒体叙事性结构的实践或者过程，而只是将其当作一个个孤立的案例，也忽略了英美国家以外的跨媒介实践，在这个问题上学术文献几乎完全缺席。

2014年出版的《跨媒介考古：在科幻小说、漫画和低俗杂志边缘的故事讲述》(*Transmedia Archaeology: Storytelling in the Borderlines of Science Fiction, Comics and Pulp Magazines*)④ 和2017年出版的《跨媒介叙事的历史化：二十世纪早期的跨媒介故事世界》(*Historicising Transmedia Storytelling Early Twentieth-*

---

① Roberta Pearson, "Transmedia Storytelling in Historical and Theoretical Perspectives", paper presented at The Ends of Television conference, University of Amsterdam, Jun. 29-Jul. 1, 2009.

② Henry Jenkins, "Transmedia: A Prehistory", in Denise Mann(ed.), *Wired TV: Laboring over an Interactive Future*, New Jersey: Rutgers University Press, 2014, pp.248-254.

③ [美]亨利·詹金斯:《融合文化：新媒体和旧媒体的冲突地带》，商务印书馆2012年版，第176页。

④ Carlos A. Scolari, Paolo Bertetti and Matthew Freeman, *Transmedia Archaeology: Storytelling in the Borderlines of Science Fiction, Comics and Pulp Magazines*, Basingstoke: Palgrave Macmillan, 2014.

century Transmedia Story Worlds））[1]两本专著奠定了近期从历史维度研究跨媒介叙事的问题意识、方法论和基本框架。在《跨媒介考古》一书中，三位作者通过三个在不同时期、不同国家的低俗小说或漫画中构建的科幻/奇幻故事世界的案例研究，展示了"跨媒介低俗小说"作为也许是当今广阔的跨媒介叙事世界先驱的重要性。他们审视并综合更多传统媒体，重在追踪"旧的叙事实践与看似较新的跨媒介策略之间的关系"，试图开启关于西方大众文化背景下跨媒体叙事起源的讨论。在《跨媒介叙事的历史化》一书中，弗里曼研究了"绿野仙踪"（The Wizard of Oz）、"人猿泰山"（Tarzan）和"超人"（Superman）等20世纪上半叶的美国案例，其中每一个都是由来已久且跨越多种媒体经验而发展出来的。他将跨媒介实践作为重新解读20世纪流行文化历史的一个新路径，揭示了整个20世纪广告、许可和政府政策的新发展如何使跨媒体叙事的历史体系得以兴起。

这两本专著都明确主张将跨媒介研究的关注点扩大到过去和世界其他国家，提示学术界关注跨媒体叙事出现的时间和地理变化。换句话说，将"跨媒介叙事"历史化，其实就是一方面将其语境化、具体化，辨认其"历史先决条件"；另一方面试图开发出一种通用的理论，既能阐明特定时间扩展故事世界的各种元素之间的关系，又能解释其随时间的变化。如此来反观已成为当代数字化转型的同义词的跨媒介叙事概念，对其进行重新定义。

三、跨媒介叙事历史化的具体探索：路径与框架

如何重建跨媒体叙事的起源，并理解这些"新"叙事格式的演变？两本著作都声称使用了"跨媒介考古"这样一种路径，甚至其中一本还用其作为书名。"跨媒介考古"这种方法显然取径于媒介考古学，一个寻求重新思考历史媒介来阐明、挑战我们对于现在的理解的方法。在更宽泛的意义上，媒介考古学有助于

---

[1] Matthew Freeman, *Historicising Transmedia Storytelling: Early Twentieth-century Transmedia Story Worlds*, New York: Routledge, 2017.

第二部分
传播研究的概念、议题与理论

理解在今天互动性更强、数字形式的媒介之前的媒介是如何在它们的时代受到质疑、被采用和被嵌入的。① 正如埃尔基·胡塔莫（Erkki Huhtamo）等所说，"重访'旧'媒体为理解'新'媒体在当代社会与文化中扮演的复杂且往往相互冲突的角色提供了更丰富的视野"②。马修·基申鲍姆（Matthew Kirschenbaum）等学者也认同这一观点，即媒体考古学的重要性在于其断言"要正确理解媒体，必须从较少进步主义和更多'非线性'的角度来看待媒体"③。

"跨媒介考古学"应该从 21 世纪初期引入该概念之前创建的跨媒体作品开始，然后倒退，寻找过去的跨媒介叙事实践。回到过去意味着识别文本网络，寻找文本"化石"并重建生产和消费实践。如果根据詹金斯所说，跨媒介叙事至少是从在媒体产业和协作实践之间的文化融合中出现的，那么可以说研究者有一个至少需要探索 500 年历史价值的领域（因为古腾堡创造了第一个媒体产业：印刷书籍）。具体到本文提到的两本专著，作者研究 20 世纪上半叶和中叶不同资本主义和政治背景的多种媒介工业——跨越剧场、报纸、杂志、连环漫画和漫画书、小说、广播和电视，从不同角度审视跨媒体叙事，考虑粉丝圈、叙事实践，甚至是话语政治运动在跨媒体叙事中的作用。这两本专著使用的另一个方法论是叙事学。虽然"跨媒介叙事"中的"叙事"并非严格意义上的叙事学（narratology），而是"讲故事"（storytelling）。因而"跨媒介叙事"实际上是"跨媒介讲故事"。一方面这说明"故事"和"故事世界"在当下跨媒介研究中的核心位置，另一方面由于"故事"与叙事学的亲缘关系，作者们在跨媒体"故事世界"的实际分析中使用细致入微的叙事学理论，建立起复杂而精巧的叙事框架。在具体材料方

---

① Matthew Freeman, *Historicising Transmedia Storytelling*: *Early Twentieth-century Transmedia Story Worlds*, New York: Routledge, 2017, p.9.
② Erkki Huhtamo, Jussi Parikka（eds.）, *Media Archaeology*: *Approaches, Applications, and Implications*, Ewing: University of California Press, 2011, p.2.
③ Matthew Kirschenbaum, *Mechanisms*: *New Media and the Forensic Imagination*, Cambridge: MIT Press, 2008, p.32.

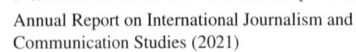

面，主要运用了剪报，这些材料提供了对媒介文本、作者、制度和整个文化定位的洞察。旧报纸也提供了理解受众和评论家如何领会既定跨媒介故事的无价工具。这些信息对历史语境中描绘受众媒介间迁移的图景非常重要。所有这些材料还被佐以小数量的访谈和档案材料。这种方法使人们更清楚地了解跨媒体是一种跨历史的媒体生产实践，它将这些新旧实践联系在一起。

在采用"考古学"路径的同时，马修·弗里曼提出这样一个问题："考古学方法的一个显著问题在于，如果跨媒介叙事真的与21世纪媒介文化和工业配置紧密相连，那么人们如何能将早期媒介文化和不同的工业配置归类为同一种现象？"[①] 他认为，要成功地这么做，意味着根据一些通行的特征来理解跨媒介叙事，这些特征可以被看作既存在于过去也存在于现在的媒介中。换句话说，如果"跨媒介叙事"能够被以特征来理解，那么留待理解的就是这些特征在过去的配置下如何显现了。基于这样的考虑，两本专著试图开发出一种关于这个命题的具有时空适用性的通用框架。在《跨媒介叙事的历史化》中，作者主张跨媒介叙事是"一个在相同性基础上生产叙事差异的系统"，可以从三个特征来理解：人物塑造、世界建构、作者身份。[②] 人物塑造是建构和发展一个虚构人物，包括通过背景故事、外表、心理、对话和与其他人物的互动。故事建构，是设计一个虚构宇宙的过程，充分细节化来使得许多不同的故事出现，同时也足够连贯使得每个故事可以适应其他。最后，作者身份，在最广泛和简单的意义上是指由一个管理跨媒介延伸品的核心作者扮演的主导型角色，可以是单独作者，一个公司，或者介于两者之间。如果人物塑造是世界构建的一个方面，作者身份则是对于达到前两者而言至关重要的。与前述数字时代"跨媒介叙事"的三个特征即故事世界、特许经营、参与文化相对照，我们会发现惊人的相似，马

---

① Matthew Freeman, *Historicising Transmedia Storytelling：Early Twentieth-century Transmedia Story Worlds*, New York：Routledge, 2017, p.9.

② Ibid., pp.9-10.

修·弗里曼在表征、生产两个层面基本沿用了詹金斯的框架。不过，他没有沉迷于用户生成内容和粉丝参与的框架，就像今天许多跨媒介叙事研究所做的那样；而是在追溯这些故事世界的历史，分别检视世界建构、作者身份和人物塑造的跨媒介发展要点的同时，把它们"再语境化"（re-contextualise），对使跨媒介叙事得以出现的产业和文化基础设施保持高度重视。他发现，这些特征会在三个更大的决定因素——广告、许可、行业伙伴关系——里形成，这些决定因素也将在更大的文化背景中形成。作者试图确认一个既定历史阶段的文化时刻和它对跨媒介叙事工业实践影响之间的交叉点，在提出不同历史阶段的跨媒介叙事产品模式的同时，描绘一个总体的产业研究框架，以展现过去构建跨媒介故事的不同策略。该书研究个体作者、公司、工作室和他们的受众，从产业的视角来解释跨媒介叙事的出现发展和挑战。

在《跨媒介考古学》一书中，作者同样试图发展出一套关于这个命题的具有时空适用性的通用框架并将其概念化，并且主要是在故事／表征的层面进行的。此书提出，所有扩展的故事世界或至少这些故事的某些子集可能共享一般的叙事原则，关于跨媒体故事世界的性质有很多问题，而特定的叙事类型和体裁可能比其他的更适合跨媒体叙事。作者用三种代表——英雄幻想、超级英雄和科幻小说——的三个子类型的案例研究，来强调低俗体裁（pulp genre）和形式的作用，并将这个语料库定义为"跨媒体低俗小说"。虽然每项研究都被证明已扩展到各种其他媒体平台和产品，例如广播、电影、卡片和动画，但每项研究都源于杂志和漫画中特定的低俗传统。同样，粉丝们也参与了新文本的创作，扩展了原来的虚构世界。这种从叙事能力方面来考察文类／体裁的思路并不唯一，比如詹金斯就曾发现，肥皂剧就是依靠精巧的人物关系和连续的情节脉络很容易地在电视媒体以外拓展扩张，并进入其他媒体传播的。[1]这种思路也涉及媒介／文

---

[1] ［美］亨利·詹金斯：《融合文化：新媒体和旧媒体的冲突地带》，商务印书馆2012年版，第204页。

类之间的关系问题。实际上，"跨媒介叙事"这个概念本身，就是由两个颇有张力的词汇"媒介"和"叙事"组合而来；处理它们之间的关系，其实就是处理形式/内容之间的关系，而文类/体裁正处于这两个概念之间的模糊地带。媒介在哪里结束？文类在哪里开始？按照玛丽-劳尔·瑞安（Marie-Laure Ryan）的说法，媒介和文类的区别在于各自关联的制约因素的性质和起源。文类是按照略微有些自由采用的规约来界定的，这些规约的选择既有个人的原因又有文化的原因，而媒介则对其使用者施加可能性和限制性。我们挑选媒介图的是其可供性，同时规避其局限性，力图克服这些局限或使其无关痛痒。相比之下，文类则刻意利用局限来引导预期、优化表达、促进交流。这些规约是作为二级符号系统强加在一级示意模式之上的。文类规约是人类设定的真正的规则，而媒介所提供的制约与可能，则受其物质材料和编码模式支配。但是，在媒介派生的许多用途中，媒介支持各种文类。①《跨媒介考古学》所提出的关于低俗小说这种文类的通用框架基本还是停留在叙事学即表征的层面，没有给予"媒介"足够的关注。作者认为，所有的跨媒体叙事都通过四个因素扩展了它们的世界：叙事暗示和叙事扩展（narrative expansion）、系列性（seriality）和为世界构建设计的追溯联系（retroactive linkages）②，它们其实是20世纪早期被描述为娱乐的垫脚石（stepping stones）的低俗小说的普遍叙事学特征，——这一时期专门从事低俗英雄冒险的小说工厂的饱受诽谤的流行产品，有影子、佐罗、泰山，以及野蛮人柯南等。

在纯粹叙事学层面上，上述对跨媒介叙事的描述是由跨越历史和当代媒体的叙事属性支撑的，被称为跨文本叙事。其中的两个属性就是格雷戈里·施泰尔

---

① ［美］玛丽-劳尔·瑞安编：《跨媒介叙事》，"导论"，张新军、林文娟等译，四川大学出版社2019年版，第16页。
② Erkki Huhtamo, Jussi Parikka (eds.), *Media Archaeology: Approaches, Applications, and Implications*, Ewing: University of California Press, 2011.

（Gregory Steirer）所说的叙事暗示和扩展①，虚构故事世界可以跨文本扩展的两种方式。"叙事暗示"暗示了未讲述的故事的存在，暗示了一个超出叙事范围的更大的故事世界——一系列同时发生的冒险正在展开的空间。叙事扩展"涉及将给定的叙事扩展到超出单个文本的范围，通常以这样一种方式保留和／或通过遇到新角色、设置和事件"。20世纪20年代的低俗杂志编辑发现，让读者一个月又一个月地回到同一出版物的最佳方法是叙述正在进行的冒险，每一期都为一个故事产生高潮，同时指向另一个故事，如此通过构建不断迭代的故事来利用叙事扩展。与这种叙事扩展概念相关的是系列性。系列性是"叙事扩张的标志"。连载的系列故事就像一系列垫脚石，每块石头都是导致下一章的事件——石头之间的跳跃就像一个隐喻，以此扩展单一文本的体验，通过一系列文本连载唤起一个正在进行的故事世界，让读者迷上将要发生的事情，通过故事章节销售媒体产品。山姆·福特（Sam Ford）进一步阐述了系列性在跨媒体叙事中的作用，指出"系列性已经成为创造沉浸式故事世界的一个有意识的部分，这些属性具有连续的叙事结构、故事各个部分的多重创作力量、长期连续感、深度人物的永恒感"②。跨媒介叙事的最后一个叙事学方面是世界构建的追溯联系概念。在20世纪20年代，低俗杂志编辑通过探索更具追溯性的世界构建方法来响应对越来越多故事的需求，将一个低俗角色的故事与其他人的故事联系起来，以扩展故事世界并允许在该世界中讲述更多故事。这些编辑假设，对一个故事作出积极反应的读者会更容易被说服阅读以不同英雄为主角的不同故事，从而购买该杂志的更多版本。读者看到两组人物共享同一个虚构世界，会把一位低俗故事英雄与另一位英雄的功绩连接在一起。马克·沃尔夫（Mark Wolf）将这种策略描述为追溯联系，即

---

① G. Steirer, "Narrative Worlds: A Provisional Definition, Cultural Production", http://culturalproductionblog.com (home page), 2011.
② S. Ford, "Immersive Story-Worlds (Part One)", Confessions of an Aca-Fan: The Official Weblog of Henry Jenkins, http://henryjenkins.org/blog/2007/05/immersive_story_worlds.html, 2007.

"出于商业原因而实施的策略,例如作者希望将他不太成功的书籍与他创造的流行世界联系起来,以增加它们的销售额"①。写作者通常是通过出现在两个世界中的角色,或者通过揭示两个世界共享一个地理联系来达到这种目的。如此,将以前分开存在的两个独立创造的(虚构)世界连接起来。总之,在低俗杂志中的叙事,植根于叙事暗示和扩展,通过跨文本的追溯联系系列化,低俗小说的特征正是根据四个叙事学属性来定义的。

四、评价

迄今为止,作为一个适用性极强的理论视角,跨媒介叙事已经广泛用于讨论21世纪和20世纪后期的小说和叙事,但绝大多数研究将跨媒介叙事概念化为数字和工业融合,许多学者因此忽略了过去,留给我们一个关于长久的、宽阔的复杂历史发展的狭窄理解。"跨媒介叙事历史化"的主张,是对跨媒介叙事这种表面上的当代现象再语境化,试图在20世纪的历史背景下重新构建这一概念文化。这对于正在扩张的跨媒介研究领域的特殊贡献在于,将其作为一种关于生产、分发和规制的历史实践,以此揭示当代配置的偶然性以及它们生产的故事世界的偶然性。

我们可以理解"跨媒介叙事"历史化的现有研究,在将其语境化、具体化,辨认其"历史先决条件"的同时,试图开发出一种通用的理论。比如,《跨媒介考古学》将20世纪媒体的广泛低俗化解释为加速跨媒介叙事的实践,认为许多(如果不是全部)关于当代跨媒介叙事的概念假设都可以在低俗杂志的历史运作中识别出来,这些杂志使用了系列故事、长期连续性等相同策略。作者更提出,在更现代的环境中,这些属性中的每一个都是跨媒体叙事结构的一部分;并由此推断,我们所理解的一般当代媒体现象的某些核心特征可以被视为在不同历史时

---

① M. J. P. Wolf, *Building Imaginary Worlds: The Theory and History of Subcreation*, New York, NY: Routledge, 2012, p.219.

期的不同环境下起作用，从而引导我们了解跨媒介叙事可能从哪个工业-文化环境演化而来，更好地理解那些对持续增长的跨媒介研究领域有贡献的历史条件、目的，以及媒介融合、流行文化和媒体工业的历史运行。但是，这两种理论诉求之间本身就存在悖论，因为具体的个案无法套用在其他不同时空中的跨媒介现象，无论是"三个通行特征"还是"四个叙事学特征"，都无可避免地走向了对这个问题的本质化理解。

更重要的是，前述研究的主要关注点还停留在对"叙事性"的讨论，如《跨媒介考古学》所提出的关于低俗小说的通用框架，《跨媒介叙事的历史化》中对人物、故事世界的讨论等。研究者绕过关于跨媒介叙事的"标准定义"——媒体产业（经典）+ 协作文化（粉丝）= 跨媒介叙事，认为"从严格的符号学角度来看，自下而上（粉丝）和自上而下（媒体行业）起源的文本没有区别"[1]；而将"跨媒介叙事"看作媒体扩展和叙事扩展的叠加，即叙事扩张 + 媒体扩张 = 跨媒体叙事。在第一种情况下，讲故事从一种媒体扩展到另一种媒体（如《行尸走肉》，一个以漫画书形式诞生的故事扩展到电视和视频游戏）；在第二种情况下，讲故事发生在相同的媒介中，并结合了新角色和/或叙事事件。"叙事的层次（事件和世界）独立于表现的媒介/符号系统"[2]这样一种正统叙事学思想的存在，使得研究者将"跨媒介叙事"视为不同媒体中的文本网络，扩展出一个虚构的世界。由此，这些研究基本只关涉表征的层面，而非"媒介性"或者"跨媒介性"，没有给予"媒介"足够的关注。

我们固然可以将"跨媒介叙事"当作一个"敏感性定义"，却不能只考察文本/体裁的叙事能力，并且将"跨媒介"视为一个普通的跨文本叙事的特定案

---

[1] Carlos A. Scolari, Paolo Bertetti and Matthew Freeman, *Transmedia Archaeology: Storytelling in the Borderlines of Science Fiction, Comics and Pulp Magazines*, Basingstoke: Palgrave Macmillan, 2014, p.2.

[2] Ibid., p.4.

例，对它们使用相同的解释原则。媒介技术发展到今天，人们再也不能对媒介的内在属性如何塑造叙事形式并影响叙事体验这一问题熟视无睹了。反观前述"跨媒介叙事历史化"的种种努力，虽然以"跨媒介考古"为名，却始终没有摆脱"跨媒介的叙事研究"这样的传统框架，即"关注叙事在主要基于语言的实践中的重要意义"[①]。正如有中国学者所言："越来越多关于跨媒介叙事，尤其是跨媒介故事世界的讨论，似乎都更加关注对于故事世界的讨论，而淡化对媒介差异的讨论"[②]。这种关注差异反映出了媒介观念在跨媒介叙事生产中的尴尬地位。

最后一个对跨媒体历史化的反思，在于我们是否有可能识别小说之外的跨媒体体验。现有的研究主要涉及小说，而且大多是向读者提供持续的逃避现实，进入遥远幻想世界的通俗小说。即使在万维网出现之前，记者们多年来也一直在制作跨媒体故事。故事可以从广播开始，在电视上继续，然后扩展到杂志。纪录片也在采用跨媒体策略（即《国家地理》的跨平台制作，从传统杂志到电视和网络）。探究小说之外非虚构文本的跨媒介实践，也许能够为跨媒介的社会行动拓展更广阔的研究疆域。

（董倩：上海社会科学院新闻研究所助理研究员）

[①] ［美］玛丽-劳尔·瑞安编：《跨媒介叙事》，"导论"，张新军、林文娟等译，四川大学出版社2019年版，第1页。

[②] 李诗语：《从跨文本改编到跨媒介叙事：互文性视角下的故事世界建构》，《北京电影学院学报》2016年第6期。

气候变化传播研究省思：议题本质与学术图景[*]

Reflections on Climate Change Communication Research: The Essence of the Topic and the Academic Prospect

王　理

Wang Li

摘　要：气候变化议题的复杂性，决定了气候变化传播的复杂程度远超其他全球性或跨国性议题的传播，相关研究的发展脉络也有其独特之处。本文回顾了气候变化传播领域近年来的主要英文文献，对气候变化传播的本质、学科视角、学术话语权、研究问题和目前存在的不足等问题进行了探讨，试图为促进该领域实践并完善其学术体系提供相应依据。

Abstract: The complexity of climate change issues determines that climate change communication is much more complicated than communication on other global or transnational issues, and the development of related research has its own unique lineage. This article reviews the main English literature in the field of climate

---

[*] 本文系国家社会科学基金青年项目"风险管理视角下的环境谣言传播话语博弈研究"（17CXW013）阶段性成果。

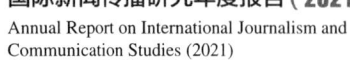

change communication in recent years, and discusses the nature of climate change communication, disciplinary perspectives, academic discourse power, research issues and current deficiencies, in an attempt to provide a basis for promoting the practice in this field and improving its academic system.

关 键 词： 气候变化传播　社会动员　学术体系
Keywords: climate change communication, social mobilization, academic system

全球气候变化问题是近年来国际关注焦点之一。一方面，气候变化是当今环境科学、地理科学等领域着重研究的自然科学问题；另一方面，由于涉及减少温室气体排放、发展清洁能源、碳交易等争论，该话题已成为关乎各国政治、社会、经济和外交等国家利益的典型全球性议题，也是一个高度政治化的媒体议题。尽管目前怀疑论者仍广泛存在，但气候变化的客观事实不可忽视。2021年8月9日，联合国政府间气候变化专门委员会（Intergovernmental Panel on Climate Change，IPCC）第六次气候变化评估报告第一工作组报告发布，最新报告认为气候变化是明确的（unequivocal）、史无前例的（unprecedented），以及不可逆的（irreversible）。然而，由于人类活动引起气候变化（anthropogenic climate change，ACC）的机制非常复杂且难以预测，这种不确定性也为相关议题的传播带来了一定难度。学者莫泽（S. C. Moser）认为，传播者在试图传达该问题的相关信息时，会面临诸多挑战，如气候变化的起因和影响缺乏可见性和即时性、气候系统的延迟性导致采取行动缺乏成就感、怀疑人类活动对全球的影响、气候变化本身的复杂性与不确定性、需要作出改变的信号不足、人类知觉局限，以及利己主义等。[①]近年来，尽管经过传播学者与各个领域科学家的努力，气候变化传播中的很多关

---

① S. C. Moser, "Communicating Climate Change: History, Challenges, Process and Future Directions", *WIREs Climate Change*, Vol.1, No.1, 2010, pp.31-53.

键科学挑战已经取得了重要进展，但莫泽发现，一些问题仍然持续存在，如公众对气候变化的肤浅理解、从思维（意识和关注）过渡到行动、沟通环境高度政治化和两极化等。①

本文通过回溯近年来气候变化传播领域的相关英文文献，试图回答以下问题：应当如何认识气候变化传播的本质？对气候变化传播的研究，传播学科视角与其他学科有何异同？受到什么影响？相关研究是否存在地域差异？其学术话语权是如何体现的？另外，近年来气候变化传播研究领域主要关注和解决了哪些问题？在今后的气候变化传播研究中，我们需要回应哪些争议、弥补哪些不足，以建构起更为完善的气候变化传播学术体系？需要注意的是，本文并非严格的气候变化传播研究系统性综述，而是基于笔者对本领域长期观察的经验和想法，结合本领域代表性文献提炼出的部分值得关注的要点。文献整理难免有所疏漏，但不影响本文的主要观点。

一、气候变化传播的本质：一场社会动员

气候传播是一种有关气候变化信息的传播活动，以寻求气候变化问题的解决为行动目标。②气候变化传播的目的可以分为三类：第一类是告知和教育人们气候变化的相关知识，包括科学事实、起因、潜在影响和可能的解决办法；第二类是达成某种形式和程度的社会参与和行动，这些参与可能是行为上的（如低碳消费），也可能是政治上的（如公民行动或支持某个特定的政治家、政策或项目）；第三类则涉及更深层次的目的，即不仅希望能达成政治行动或促进特定行为，而且希望能够在更广泛的层面上带来社会规范和文化价值的改变。③

---

① S. C. Moser, "Reflections on Climate Change Communication Research and Practice in the Second Decade of the 21st Century: What More is There to Say?", *WIREs Climate Change*, Vol.7, No.3, 2016, pp.345-369.

② 郑保卫、李玉洁：《论新闻媒体在气候传播中的角色定位及策略方法——以哥本哈根气候大会报道为例》，《现代传播（中国传媒大学学报）》2010年第11期。

③ S. C. Moser, "Communicating Climate Change: History, Challenges, Process and Future Directions", *WIREs Climate Change*, Vol.1, No.1, 2010, pp.31-53.

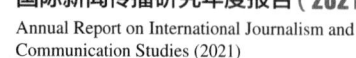

公众参与气候变化的预期结果是社会变革,这种变革旨在减轻气候变化对人类的影响并促进人类对这种变化的适应。① 实际上,气候变化传播正是这场应对气候变化的社会运动中非常重要的一环。一般来讲,社会运动旨在推动某种改变,如集体政治行动、文化行动,或政策驱动下的个人改变。其动员可以有资源动员(如物质资源、精英支持)、政治进程(如机会结构、社会网络)、新社会运动(如集体认同),以及新文化主义(如框架)等,其动员过程均需要传播发挥作用,尤其最后一种新文化主义具有最明确的传播导向。②

同时,社会运动出现的一个核心要素是一个有组织性的叙事,这样的叙事用于定义某个问题、某个值得指责的目标,并提议了某种解决方案。通过这种叙事,动员公众向目标(这个目标甚至可能会是公众自身)施压,以响应前述提出的解决方案。③ 气候变化传播就是这样一种有组织性的叙事过程。国内学者刘涛也认为,气候变化传播通过叙事,将"气候变化"建构为公共议题,激活公众的政治表达和参与意识,其目的是在全球范围内发起一场社会动员行为,以期在应对气候变化议题上制造深层次的认同体系和集体行动,本质上,这是一种典型的新社会运动(new social movement)。④

二、气候变化传播研究的学科视角

气候变化传播涉及多个学科,如政治学、社会学、传播学、人类学、经济学等,各个学科都为气候变化传播研究提供了不同的学科视角,以帮助我们更深

---

① J. Clarke, R. Webster and A. Corner, *Theory of Change: Creating a Social Mandate for Climate Action*, Oxford: Climate Outreach, 2020.
② B. B. Johnson, "Climate Change Communication: A Provocative Inquiry into Motives, Meanings, and Means", *Risk Analysis*, Vol.32, No.6, 2012, pp.973-991.
③ D. A. Snow, R. D. Benford, "Ideology, Frame Resonance, and Participant Mobilization", *International Social Movement Research*, Vol.1, No.1, 1988, pp.197-217.
④ 刘涛:《新社会运动与气候传播的修辞学理论探究》,《国际新闻界》2013年第8期。

入地了解其性质与影响。但同时，很多时候各学科之间对彼此的研究传统了解不足，跨学科间的交流很难有效展开。

与气候变化科学相比，气候变化传播在学术界算是年轻的领域，规模虽小却发展迅速。不过，气候变化传播早期的学术成果大多并非出自传统传播学的视角，而是源于气候变化实践中对有效传播（effective communication）的实际需求。巴兰坦（A. G. Ballantyne）通过文献回顾发现，气候变化传播是非常务实且具有战略性的，但这种实用性也使得"传播"被简化为一个向不同受众传达科学信息的工具箱，而未被作为一个学科领域的学术研究来对待。[1] 也有学者持不同观点，如昆普（V. Kumpu）认为，有效传播的概念作为一个节点，连接起了传播过程中不同的学科观点，这对气候变化传播来讲非常有价值。[2] 阿欣（S. Agin）和卡尔森（M. Karlsson）也发现，自2009年起发表的气候变化传播综述性文献中，引用量最高的5篇分别发表于4本完全不相关的学科领域的期刊上。这4本期刊分别是：《社会学指南》(Sociology Compass)、《国际传播公报》(International Communication Gazette)、《环境传播》(Environmental Communication)、《区域环境变化》(Regional Environmental Change)。[3] 这一方面体现了气候变化传播在不同学科的关注度正在上升，同时也说明，需要以更为开阔的学科视野对气候变化传播进行系统研究，才能全方位地把握该领域的关键问题。这一观点在气候变化报道的实践中也早有反映。2013年初，《纽约时报》撤销了专门的环境部；同一

---

[1] A. G. Ballantyne, "Climate Change Communication: What Can We Learn from Communication Theory?", *WIREs Climate Change*, Vol.7, No.3, 2016, pp.329-344.

[2] V. Kumpu, "What is Public Engagement and How Does it Help to Address Climate Change? A Review of Climate Communication Research", *Environmental Communication*, Vol.16, No.3, 2022, pp.304-316.

[3] S. Agin, M. Karlsson, "Mapping the Field of Climate Change Communication 1993-2018: Geographically Biased, Theoretically Narrow, and Methodologically Limited", *Environmental Communication*, Vol.15, No.4, 2021, pp.431-446.

时间，在《华盛顿邮报》担任多年环境记者的朱丽叶·艾尔珀林被调任至报道白宫的部门。博伊科夫（M. Boykoff）等人认为，某种意义上来看，这些举措是积极的，环境报道并非独立的，需要将其纳入更广泛的社会事务中看待。[1] 气候变化传播研究亦是如此，我们需要将其置于更广阔的学科视野中探讨，才能窥其全貌。

其实，气候变化传播的相关研究近年来一直在稳步增长，且见诸不同学科的重要刊物，尤其是《环境传播》、《公众理解科学》（Public Understanding of Science）、《应用环境传播与教育》（Applied Environmental Communication and Education）、《威利跨学科评论：气候变化》（Wiley Interdisciplinary Reviews—Climate Change）、《全球环境变化》（Global Environmental Change）等不同领域的知名期刊上，均有较大的发表量。此外，传播学领域常见的期刊如《传播学刊》（Journal of Communication）、《计算机中介传播杂志》（Journal of Computer-Mediated Communication）、《科学传播学刊》（Journal of Science Communication）、《新媒体与社会》（New Media and Society）、《科学传播》（Science Communication）等，也有较多涉及气候变化传播的研究论文。

不过，阿欣和卡尔森对407篇来自不同领域期刊的文献进行分析后发现，尽管气候变化传播是一个跨学科的问题，但它仍然在很大程度上被媒体和传播的研究传统所主导，以媒体与传播为主要视角的文献占比71.7%。从论文发表后的引用情况来看，环境与林业研究、心理学的引用率远远高于其他领域的研究，而教育领域的研究几乎没有被引用。虽然媒体和传播是最常见的研究领域，但其引用率相对较低，这可能说明该领域影响力有限，其成果很难影响到其他研究领域。[2]

---

[1] M. T. Boykoff, T. Yulsman, "Political Economy, Media, and Climate Change: Sinews of Modern Life", *WIREs Climate Change*, Vol.4, No.5, 2013, pp.359-371.

[2] S. Agin, M. Karlsson, "Mapping the Field of Climate Change Communication 1993—2018: Geographically Biased, Theoretically Narrow, and Methodologically Limited", *Environmental Communication*, Vol.15, No.4, 2021, pp.431-446.

三、气候变化传播研究是否存在地域偏见

气候变化造成的影响和能够感知到的变化是非常本土化的,但气候系统是全球性的,其带来的影响也是全球性的。实际上,许多受气候变化影响最大的群体反而对温室气体贡献最小。① 由于这种复杂性,缓解和应对气候变化需要国际的交流与合作,气候政治需要地方、国家、区域和全球展开对话,尤其需要南北国家间的跨国对话。然而,目前这种跨国性的对话主要范围仅限于全球北部国家,尤其集中在美国。②

对气候变化传播的研究亦是如此,历来都存在着地域不均衡的现象,无论是发表者所在地还是被调查对象所在地区,都更偏向以西方为中心,尤其是欧洲和北美地区受到的学术关注最多。③④ 阿欣和卡尔森的研究也发现,西方发达国家在气候变化传播研究中仍占据主导地位,在他们的研究样本中,有53%的研究证据来自对西方国家或地区的调查。在亚洲、非洲或南美洲进行的研究不仅数量少,而且从引用率上反映出,这些地区受到的关注程度也低得多。此外,从第一作者所在地区也能看出西方的主导地位,80%以上第一作者来自北美地区和欧洲。其中,美国是被调查最多的国家,第一作者最主要的构成也是来自美国大学的研究者。作者认为,这样的研究现状可能会导致某种自我循环,即关于某些特定地区的研究被大量发表和引用,从而激发了对该地区的更多研究,进而吸引了

---

① IPCC, *Climate Change 2014: Synthesis Report. Contribution of Working Groups I, II and III to the Fifth Assessment Report of the Intergovernmental Panel on Climate Change*, Geneva: IPCC, 2014.
② U. Reber, "Global Climate Change or National Climate Changes? An Analysis of the Performance of Online Issue Publics in Integrating Global Issues", *Environmental Communication*, Vol.15, No.2, 2021, pp.173-188.
③ M. S. Schäfer. "Online Communication on Climate Change and Climate Politics: A Literature Review", *WIREs Climate Change*, Vol.3, No.6, 2012, pp.527-543.
④ M. S. Schäfer, Inga Schlichting, "Media Representations of Climate Change: A Meta-Analysis of the Research Field", *Environmental Communication*, Vol.8, No.2, 2014, pp.142-160.

更多的关注和引用。同时，这些研究也不太需要借助其他国家的前期成果作为参考。这对南方发展中国家会带来较大的不利影响，而南方发展中国家大多属于受气候变化影响最严重的国家，也是在适应气候变化方面存在较多障碍的国家。可以看出，长期以来，欧美国家和地区在国际气候变化议题上有着较大话语权，反映在学术界亦如此，即气候变化传播的学术话语权仍掌握在欧美学术界。

四、气候变化传播的研究重点

（一）以传统媒体和普通公众为主要研究对象

媒体研究方面，舍费尔（M. S. Schäfer）和施利希廷（I. Schlichting）在对133篇原创研究文献进行大型系统综述后发现，相较电视、广播和互联网等媒体，研究者们对印刷媒体兴趣更大，67.5%的被调查对象为印刷媒体。[①] 近期的研究也发现，传统媒体内容以外的研究对象很少受到关注。即便近年来有越来越多的研究者关注到新兴媒体平台上的气候传播现象，但现有的研究证据仍无法全面反映当下传播格局中的真实图景。皮尔斯（W. Pearce）等人在分析了35篇关于气候变化的社交媒体传播相关文献后发现，这个领域的研究存在一定偏见。最明显的偏差在于，大部分研究数据完全基于 Twitter，因为相较于其他同类型社交媒体，Twitter 的数据最易获取。[②] 阿欣和卡尔森的研究也再次证实了这个结论，在以社交网络服务为对象的研究中，大多数选择了 Twitter 作为依据。尽管这些研究的结论或观点颇有见地，但如果学术界真正要为社交媒体平台上的气候变化传播提供更加平衡和更有洞察力的科学依据，研究者需要克服数据获取限制等障碍，尽力收集必要、全面、有代表性的数据来回答本领域的关键问题。

---

① M. S. Schäfer, Inga Schlichting, "Media Representations of Climate Change: A Meta-Analysis of the Research Field", *Environmental Communication*, Vol.8, No.2, 2014, pp.142-160.
② W. Pearce, S. Niederer, S. M. Ozkula and N. S. Querubín, "The Social Media Life of Climate Change: Platforms, Publics, and Future Imaginaries", *WIREs Climate Change*, Vol.10, No.2, e569, https://doi.org/10.1002/wcc.569, 2018.

受众研究方面，普通公众（18岁以上的个人）仍是大多数研究主要关注的受众对象，也有不少研究专门关注科学家、记者、非政府组织、年轻群体、政治家、政府机构等对象。尽管气候科学家和科研机构在气候变化的知识性讨论中理应最具有发言权，但研究发现，科学家和科研机构在气候变化在线传播中起到的作用非常有限。舍费尔通过总结多份对科学家的调查研究发现，仅有少数科学家或机构愿意参与气候变化相关的在线交流，反而非政府组织等其他各类利益相关者的言论在网络上更有显示度。孟希（D. Munshi）等学者认为，不同的群体以不同的方式体验气候变化，并根据各自具体文化背景，采取完全不同的应对方式。他们建议，在鼓励公众参与应对气候变化时，应建构起以文化为中心的传播框架，围绕价值、地点、权力和叙事四个方面进行互动。[1]

在气候传播受众研究中非常典型且较有影响力的一项调查是耶鲁大学气候变化传播项目主导的"六个美国人"项目。耶鲁大学的研究人员将美国公众划分为了六种不同类型的目标受众，称作"全球变暖的六个美国人"（Global Warming's Six Americas），分别为：震惊者、关注者、谨慎者、脱离者、怀疑者和不屑者。每种类型对气候变化的信念、态度、问题参与、行为和政策偏好都有很大的不同。[2][3][4]

---

[1] D. Munshi, P. Kurian, R. Cretney, S. L. Morrison and L. Kathlene, "Centering Culture in Public Engagement on Climate Change", *Environmental Communication*, Vol.14, No.5, 2020, pp.573-581.

[2] A. A. Leiserowitz, "American Risk Perceptions: Is Climate Change Dangerous?", *Risk Analysis*, Vol.25, No.6, 2005, pp.1433-1442.

[3] C. Roser-Renouf, N. Stenhouse, J. Rolfe-Redding, E. Maibach and A. A. Leiserowitz, "Engaging Diverse Audiences with Climate Change: Message Strategies for Global Warming's Six Americas", in A. Hansen, R. Cox (eds.), *The Routledge Handbook of Environment and Communication* (1st ed.), London: Routledge, 2015. pp.368-386.

[4] E. W. Maibach, A. A. Leiserowitz, C. Roser-Renouf and C. K. Mertz, "Identifying Like-Minded Audiences for Global Warming Public Engagement Campaigns: An Audience Segmentation Analysis and Tool Development", *PLoS ONE*, Vol.6, No.3, 2011.

这样的受众细分研究为科学家、记者、教育工作者、政府机构和决策者等提供了重要的理论基础，有助于其推进一系列研究、教育和传播工作。[1][2] 近年来，这种受众细分工具也被扩大应用到评估专门的受众群体，如气象学家、公园或动物园游客等。[3] 各个国家的细分研究也在陆续开展，如澳大利亚和印度都有研究通过类似"六个美国人"的方式确定了"六个澳大利亚人"[4] "六个印度人"[5]；一项德国研究根据信仰、态度和媒体消费习惯确定了五种目标受众类型[6]；新加坡的相关研究也将受众划分为关注者、脱离者和被动者三个部分[7]。可以看出，世界各地的学者都发现受众细分在推动气候变化有效传播方面非常有价值，耶鲁气候变化传播项目的研究团队也在持续研究和改进对受众的分类筛选工具，以帮助更

---

[1] E. W. Maibach, A. A. Leiserowitz, C. Roser-Renouf and C. K. Mertz, "Identifying Like-Minded Audiences for Global Warming Public Engagement Campaigns: An Audience Segmentation Analysis and Tool Development", *PLoS ONE*, Vol.6, No.3, 2011.

[2] K. Akerlof, G. Bruff, and J. Witte, "Audience Segmentation as a Tool for Communicating Climate Change: Understanding the Differences and Bridging the Divides", *Park Science*, Vol.28, No.1, 2011, pp.56-64.

[3] S. Schweizer, S. Davis and J. L. Thompson, "Changing the Conversation about Climate Change: A Theoretical Framework for Place-Based Climate Change Engagement", *Environmental Communication*, Vol.7, No.1, 2013, pp.42-62.

[4] M. Morrison, R. Duncan, C. Sherley and K. Parton. "A Comparison Between Attitudes to Climate Change in Australia and the United States", *Australasian Journal of Environmental Management*, Vol.20, No.2, 2013, pp.87-100.

[5] A. A. Leiserowitz, J. Thaker, G. Feinberg and D. K. Cooper, "Global Warming's Six Indias", *Yale Project on Climate Change Communication*, New Haven, CT: Yale University, 2013.

[6] J. Metag, T. Füchslin and M. S. Schäfer, "Global Warming's Five Germanys: A Typology of Germans' Views on Climate Change and Patterns of Media Use and Information", *Public Understanding of Science*, Vol.26, No.4, 2017, pp.434-451.

[7] B. Detenber, S. Rosenthal, Y. Liao and S. S. Ho, "Audience Segmentation for Campaign Design: Addressing Climate Change in Singapore", *International Journal of Communication*, Vol.10, 2016, pp.4736-4758.

多的研究者准确评估不同群体受众的传播效果。①

不过总体来看，现有研究成果中，专门针对政治家、政府机构、非政府组织或多国公司和跨国公司进行系统调查的文献还相对较少。作为主导全球气候变化减缓战略和适应政策的主要驱动力，这部分群体的传播行为非常值得研究（Agin，Karlsson，2021）。

（二）核心研究问题：科学共识与不确定性间的权衡

人类活动加速了气候变化，这一结论目前已成为科学界的普遍共识。但由于部分国家受气候科学政治化影响②，相当一部分公众并不认可科学共识，并对人类活动在这一过程中发挥的作用表示怀疑③④。

如何传播科学共识，使公众舆论中达成更为一致的社会和政治共识，以促进行动，是目前气候变化传播中面临的重要挑战，也是研究者关注的核心研究问题。如马（Y. Ma）等人通过实验，测试了在传播"人类造成气候变化"的科学共识时，受访者产生心理反应的程度。实验结果发现，在说服持怀疑态度的受众方面，传播科学共识"可能弊大于利"。⑤而在传播科学共识过程中，气候变化相关的不实信息也是阻碍动员达成的主要因素之一。其中，怀疑主义（skepticism）、

---

① A. A. Leiserowitz, C. Roser-Renouf, J. Marlon and E. Maibach, "Global Warming's Six Americas: A Review and Recommendations for Climate Change Communication", *Current Opinion in Behavioral Sciences*, Vol.42, 2021, pp.97-103.

② J. N. Druckman, "The Crisis of Politicization within and Beyond Science", *Nature Human Behaviour*, Vol.1, No.9, 2017, pp.615-617.

③ P. J. Egan, M. Mullin, "Climate Change: US Public Opinion", *Annual Review of Political Science*, Vol.20, 2017, pp.209-227.

④ C. Funk, M. Hefferon, "U.S. Public Views on Climate and Energy", Pew Research Center Science & Society, https://www.pewresearch.org/science/2019/11/25/u-s-public-views-on-climate-and-energy, 2019.

⑤ Y. Ma, G. Dixon and J. D. Hmielowski, "Psychological Reactance from Reading Basic Facts on Climate Change: The Role of Prior Views and Political Identification", *Environmental Communication*, Vol.13, No.1, 2019, pp.71-86.

逆向思维（contrarianism）和否认（denial）是与气候变化不实信息最为相关的概念[1]，在公共语境下，提及这些词语时须较为慎重，否则将进一步分化公众对气候变化的看法，对推动气候科学、社会和政策之间形成稳定关系毫无益处。因此，选取何种时机、如何组织内容语言、如何寻找更有影响力的受众人群、如何向更易受影响的人群传递信息等，均是传播气候科学共识时值得注意的关键问题。[2]

与此同时，如何处理"不确定性"或有争议的气候变化传播相关科学议题，也是一个长久以来备受关注的话题。由于在IPCC的历次报告中，其结论的确定程度都有所不同，如何向公众和政策制定者准确传达这些结论，学者们也有不同看法。皮尔斯等学者发现，一部分观点认为，在公开声明中应当尽量减少甚至完全避免不确定性；也有人认为气候变化的讨论需要正视这些客观存在的不确定性。[3]显然，持何种观点，将决定如何去定位受众、选择何种传播渠道，更影响着信息本身的筛选等。如纳斯（M. S. Nurse）和格兰特（W. J. Grant）的研究表明，在传播公开的有争议的科学话题时，按政治身份对受众进行细分可能会提供更有效的目标传播方法。传播者需要简化相关问题的复杂性，以减少信息传递中的误解和质疑，但同时不能削弱其后果的严重性。[4]

不管是传播科学共识还是不确定性，正如前文所述，气候科学传播的本质

---

[1] K. M. d'I. Treen, H. T. P. Williams and S. J. O'Neill, "Online Misinformation about Climate Change", *WIREs Climate Change*, Vol.11, No.5, 2020.

[2] R. Bayes, T. Bolsen and J. N. Druckman, "A Research Agenda for Climate Change Communication and Public Opinion: The Role of Scientific Consensus Messaging and Beyond", *Environmental Communication*, Sep., 2020, pp.1-19.

[3] W. Pearce, B. Brown, B. Nerlich and N. Koteyko, "Communicating Climate Change: Conduits, Content, and Consensus", *WIREs Climate Change*, Vol.6, No.6, 2015, pp.613-626.

[4] M. S. Nurse, W. J. Grant, "I'll See It When I Believe It: Motivated Numeracy in Perceptions of Climate Change Risk", *Environment Communication*, Vol.14, No.2, 2020, pp.184-201.

是一种社会动员，传播信息是为该议题促成深层次的集体认同并触发行动，这需要有组织的叙事予以支持，也必然离不开修辞手法。科尔（P. A. Kohl）和斯滕豪斯（N. Stenhouse）发现，用"最后期限"这种修辞方式来宣称气候变化行动的具体时间期限，将增加公众对气候变化威胁的感知，并支持政府对气候变化采取优先措施。[1] 有研究表明，气候变化报道中的灾难叙事和恐惧语调有时候并不能唤起公众积极应对，反而会给人们带来更大的无力感和不信任感。[2] 而幽默对气候风险信息感知有积极作用[3]，其效果取决于幽默的类型、传播形式和目标受众[4]，如适当运用幽默的语气可以促进更多尚未行动的公众参与应对[5]，但也要意识到其可能导致严肃议题的可信度被削弱[6]。

（三）相对保守的理论框架与方法论

气候变化传播研究的分析框架大多出自传统传播学的理论基础，如框架理论、议程设置理论、修辞学理论、传播效果理论等，其中尤以框架理论最为常

---

[1] P. A. Kohl, N. Stenhouse, "12 Years Left: How a Climate Change Action Deadline Influences Perceptions and Engagement", *Environmental Communication*, Vol.15, No.7, 2021, pp.986-1000.

[2] S. J. O'Neill, M. Boykoff, S. Niemeyer and S. A. Day, "On the Use of Imagery for Climate Change Engagement", *Global Environmental Change*, Vol.23, No.2, 2013, pp.413-421.

[3] C. Skurka, J. Niederdeppe, R. Romero-Canyas and D. Acup, "Pathways of Influence in Emotional Appeals: Benefits and Tradeoffs of Using Fear or Humor to Promote Climate Change-Related Intentions and Risk Perceptions", *Journal of Communication*, Vol.68, No.1, 2018, pp.169-193.

[4] M. Kaltenbacher, S. Drews, "An Inconvenient Joke? A Review of Humor in Climate Change Communication", *Environmental Communication*, Vol.14, No.6, 2020, pp.717-729.

[5] A. A. Anderson, A. B. Becker, "Not Just Funny After All: Sarcasm as a Catalyst for Public Engagement with Climate Change", *Science Communication*, Vol.40, No.4, 2018, pp.524-540.

[6] B. Pinto, H. Riesch, "Are Audiences Receptive to Humour in Popular Science Articles? An Exploratory Study Using Articles on Environmental Issues", *Journal of Science Communication*, Vol.16, No.4, 2017, pp.1-15.

见。近 30 年来，该领域约有 25% 的研究或多或少都涉及框架分析。[1] 对于大多数人来说，新闻媒体是关于气候变化最主要的信息来源。而媒体对于气候变化报道也不可避免地会涉及对框架的选择。通过框架，媒体信息塑造了公众对气候变化相关社会问题、事件或具体议题的理解，并影响着公众参与应对行动的意愿。如在气候变化相关报道中，记者强调对环境、经济或公共卫生的影响，就是一种对框架的利用。研究媒介框架，的确也是揭示气候变化传播策略最为直接的切入角度。博尔森（T. Bolsen）和夏皮罗（M. A. Shapiro）的研究总结了气候新闻中常常出现的若干种框架，如科学共识/科学不确定性、经济影响、环境影响、道德伦理、灾难、政治冲突、国家安全、公共卫生等。作者指出，在美国，党派分歧是公众对待气候变化态度两极分化的根源，新闻报道的不均衡更是加剧了这种割裂，利益集团和政治领导人在公共话语中也会选择使用一定的框架。[2] 迈尔斯（T. A. Myers）等人的研究发现，相较于采用环境影响框架和国家安全框架，在不同受众群体中，关注公共卫生框架的文章最有可能激发读者支持应对气候变化的情绪反应；而国家安全框架则可能引起怀疑论者的愤怒情绪。[3] 也有研究发现，在传播中适当运用自我感知效能的图像和框架也能促进受众对气候变化行动的参与和支持。[4][5]

---

[1] S. Agin, M. Karlsson, "Mapping the Field of Climate Change Communication 1993-2018: Geographically Biased, Theoretically Narrow, and Methodologically Limited", *Environmental Communication*, Vol.15, No.4, 2021, pp.431-446.

[2] T. Bolsen, M. A. Shapiro, "The US News Media, Polarization on Climate Change, and Pathways to Effective Communication", *Environmental Communication*, Vol.12, No.2, 2018, pp.149-163.

[3] T. A. Myers, M. C. Nisbet, E. W. Maibach and A. A. Leiserowitz, "A Public Health Frame Arouses Hopeful Emotions about Climate Change", *Climate Change*, Vol.113, No.3, 2012, pp.1105-1112.

[4] P. S. Hart, L. Feldman, "The Impact of Climate Change—Related Imagery and Text on Public Opinion and Behavior Change", *Science Communication*, Vol.38, No.4, 2016a, pp.415-441.

[5] P. S. Hart, L. Feldman, "The Impact of Climate Change—Related Imagery and Text on Public Opinion and Behavior Change", *PLoS ONE*, Vol.11, No.8, 2016b.

对于研究方法，在舍费尔和施利希廷的系统综述研究之前，很少有学者关注到气候变化传播研究的方法论，对研究方法的反思也仅限于历史趋势的角度。他们的研究发现，前期成果中，定量研究和定性研究的比例相当。[1]

数据获取方面，不同形式（定量或定性）的内容分析是最常用的数据收集方法[2]，其次是问卷调查，也有部分研究借助访谈等获取质性数据。内容分析之所以最受欢迎，是因为其既可以处理大样本数据（定量内容分析），也可以分析小样本数据（定性内容分析），可以直观地使我们了解到气候变化是如何在大众传媒或其他传播内容中被呈现的。如塔瓦尔（A. O. Tavares）等人通过定量内容分析，深入探究了2017年至2018年期间在法国、葡萄牙、西班牙、爱尔兰和英国等五个欧洲国家发表的1609篇新闻文章后发现，欧洲媒体在报道气候变化时倾向于使用遥远的（如关注未来）和结果的（如威胁性信息）框架，这很可能会增加个人与气候变化的心理距离，导致公众对气候变化态度冷漠，并且脱离对环境事务的关注。[3]

数据处理方式上，回归分析最为常用，主题分析、话语分析、相关性分析、定量的描述性分析也较为常见。其中，采用回归分析的文章引用率远高于其他类型。回归分析常用于观察或预测变量之间的影响关系，可以鉴别影响因素，而在气候变化传播研究中，的确有诸多影响因素值得探讨。如研究气候知识的传播，预测公众接受ACC结论的影响因素、气候政策民意的影响因

---

[1] M. S. Schäfer, Inga Schlichting, "Media Representations of Climate Change: A Meta-Analysis of the Research Field", *Environmental Communication*, Vol.8, No.2, 2014, pp.142-160.

[2] J. Metag, "Content Analysis in Climate Change Communication", in H. von Storch（ed.）, *Oxford Research Encyclopedia of Climate Science*, Oxford: Oxford University Press, 2016.

[3] A. O. Tavares, N. P. Areia, S. Mellett, J. James, D. S. Intrigliolo, L. B. Couldrick and J. F. Berthoumieu, "The European Media Portrayal of Climate Change: Implications for the Social Mobilization towards Climate Action", *Sustainability*, Vol.12, No.20, 2020, p. 8300.

素[1];研究影响社交媒体平台上气候变化主题相关舆论支持率的关键因素[2];研究特定人群的人际传播和亲环境行为,对其采取气候变化应对的影响因素[3]等。在阿欣和卡尔森的研究中,作者同时发现,随着分析技术的复杂性降低,引用数量也逐渐减少。这也从一个侧面反映出气候变化传播领域更为偏爱定量研究。近年来,气候变化传播的研究中也开始陆续出现更为复杂的分析方法或统计手段。如有研究利用结构方程模型探讨了不同应对方式在沟通模式与行为的关系中所起的中介作用[4];基于大数据,借助社会网络分析发现气候变化对话中不同角色的网络关系和节点密度[5]等。

五、不足与展望

从前文分析可以看出,目前气候变化传播领域最为典型的研究模式,是基于框架理论对西方传统新闻媒体进行定量的内容分析。奥劳松(U. Olausson)和伯格莱兹(P. Berglez)曾经从媒体研究,特别是新闻报道的角度,为气候变化的经验和理论研究提出了几点进一步研究的可能性,这些研究空间是基于气候变化传播中现存的四个挑战而展开的:第一,话语挑战,即关注媒体话语的生产、内容和接受,以及这些分析层面之间的关系;第二,跨学科挑战,即如何有效利用不同学科之间的合作,使媒体研究与其他学科能合作生产完善气候变化领域的关键

---

[1] B. Tranter, "Does Public Knowledge of Climate Change Really Matter in Australia?", *Environmental Communication*, Vol.14, No.4, 2020, pp.537-554.

[2] H. Jiang, M. Qiang, D. Zhang, Q. Wen, B. Xia and N. An, "Climate Change Communication in an Online Q&A Community: A Case Study of Quora", *Sustainability*, Vol.10, No.5, 2018, p.1509.

[3][4] M. Ojala, H. Bengtsson, "Young People's Coping Strategies Concerning Climate Change: Relations to Perceived Communication with Parents and Friends and Proenvironmental Behavior", *Environment and Behavior*, Vol.51, No.8, 2019, pp.907-935.

[5] H. T. Vu, H. V. Do, H. Seo and Y. Liu, "Who Leads the Conversation on Climate Change? A Study of a Global Network of NGOs on Twitter", *Environmental Communication*, Vol.14, No.4, 2020, pp.450-464.

知识；第三，国际挑战，即如何对全球范围内的新闻报道进行更深入和彻底的调查，以理解更多元化和复杂的传播模式；第四，实践挑战，即如何减少目前在气候变化传播方面存在的理论与实践的分歧。① 时隔数年，学术界对上述四个挑战已有诸多回应，但仍有较多不足。

如话语挑战中，针对传播主体和传播内容，仍有部分研究视角的缺失。气候变化传播作为一种社会动员，并不仅仅是媒体表现或公众意见的问题。适应和减缓人类引起的气候变化，同样需要政治家、政府机构、各种类型和规模的企业之间的有效沟通。而目前对这些话题的研究还较少。内容方面，在进行大规模动员时，如何传播紧迫性而不带给受众压迫感，也是值得继续深入研究的一个问题（Moser，2010）。奥科利科（D. A. Okoliko）等人也发现，尽管多数文献都强调传播需要促进公众参与应对气候变化，但很少有学者明确指出这种参与应当达到什么目标。② 比如讨论提高参与度，未来的研究应当更注重受众细分，确定不同的目标群体③，并细化到针对不同群体的不同策略。不过，已开始有研究关注到最新的媒体形态与受众，如探讨怎样通过数据新闻提高特定群体的公众参与度等。④

跨学科挑战方面，正如前文所述，尽管媒体和传播研究是本领域的主要学科视角，但其很难对其他学科产生影响力，所以媒体和传播领域如何才能使自

---

① U. Olausson, P. Berglez, "Media and Climate Change: Four Long-Standing Research Challenges Revisited", *Environment Communication*, Vol.8, No.2, 2014, pp.249-265.

② D. A. Okoliko, M. P. de Wit, "From 'Communicating' to 'Engagement': Afro-relationality as a Conceptual Framework for Climate Change Communication in Africa", *Journal of Media Ethics*, Vol.36, No.1, 2021, pp.36-50.

③ S. Gunster, "Engaging Climate Communication: Audiences, Frames, Values and Norms", in James Curran et al.(eds.), *Journalism and Climate Crisis: Public Engagement*, *Media Alternatives* (1st ed.), London: Routledge, 2017, pp.49-76.

④ E. Appelgren, A. M. Jönsson, "Engaging Citizens for Climate Change—Challenges for Journalism", *Digital Journalism*, Vol.9, No.6, 2020, pp.755-772.

己与其他领域更加相关,这是下一步研究值得关注的问题。传播是吸引公众参与的一种手段,但它也作为气候变化发展的社会进程之一,对气候变化议题本身、可能引发的影响范围和公众角色等进行界定[1],这些功能必然与其他学科领域合作生产出全新的知识,也将面临更多值得探讨的研究问题。而即便在传统传播学研究视野内,我们也应当意识到,气候变化传播只是诸多应用传播中的一种,虽然有其独特性,但在对具体议题的研究中应当更关注传播的本质和其普适性。气候变化传播领域的研究或实践成果,将会为今后其他可能出现的环境变化、社会变革甚至生存条件变化带来很多启发。如近两年来新冠肺炎疫情给全球带来的健康环境变化,在这样的背景下,如何让公众充分认识并理解类似的全新议题,并且完成高效的社会动员以推动公众态度与行为的改变,从而适应这种全新的变化?实际上,很多经验可以从气候变化传播研究中略窥一二。

国际挑战方面,目前气候变化传播研究仍然存在严重的地域不平衡。媒体对气候变化报道的国际比较研究相对较少,学术界缺乏对国家间相似性和差异性的理解。今后需要进行更多的比较研究,特别是在最易受到气候变化影响的全球南方国家(即发展中国家)之间比较,或是与中国、印度、巴西等新兴经济体进行比较。[2][3] 实际上中国气候变化传播的研究近年来已在逐年增多。如杨建勋(J. X. Yang)等人基于对中国6个城市居民的调查发现,中国普通民众对气候变化的怀

---

[1] V. Kumpu, "What is Public Engagement and How Does it Help to Address Climate Change? A Review of Climate Communication Research", *Environmental Communication*, Vol.16, No.3, 2022, pp.304-316.

[2] J. Lück, H. Wessler, A. Wozniak and D. Lycariāo, "Counterbalancing Global Media Frames with Nationally Colored Narratives: A Comparative Study of News Narratives and News Framing in the Climate Change Coverage of Five Countries", *Journalism*, Vol.19, No.12, 2018, pp.1635-1656.

[3] J. Painter, *Poles Apart: The International Reporting on Climate Skepticism*, Oxford: University of Oxford, 2011.

疑程度较低，但对气候变化的概念存在一定误解，容易简单将其与空气污染和局部天气变化相混淆。① 不同于西方国家对气候变化的两极分化态度，中国基于特定的政治现实，加之中国媒体对气候变化报道态度鲜有冲突（Yang，2021），因此在气候变化的重要性认知方面，中国政府和公众态度高度一致，都认可这是一项具有长远意义的重要事项，这也推动了中国积极成为这个领域的全球领导者。② 中国经验与中国方案是值得认真探讨的。

实践挑战方面，怎样弥合理论与实践的分歧，是各个学科都普遍存在且长期存在的研究困境。案例研究作为一种经验性研究，来源于实践，从事实走向理论，不失为一种值得探索的讨论路径。近两年，开始有研究关注到气候决策中的具体沟通案例，如通过协商民主促进公众对气候风险的理解，推动公众参与气候政策制定等。如德瓦尼（L. Devaney）等人介绍了爱尔兰的公民大会经验：爱尔兰采用公民大会的形式，随机选取公民代表参与气候变化讨论、审议相关议题，与政府、政策决策者和利益相关团体进行互动，促进相关公共政策制定。③ 也有研究以南卡罗来纳州一个大型社区的协商论坛为案例，认为协商模式应当成为气候变化议题中政策沟通的重要途径，吸引社区层面的公众参与讨论，才能对气候风险有更多层次的理解，以促成有效的气候政策解决方案。④

---

① J. Yang, D. Gounaridis, M. Liu, J. Bi and J. P. Newell, "Perceptions of Climate Change in China: Evidence From Surveys of Residents in Six Cities", *Earth's Future*, Vol.9, No.12, 2021.

② B. Wang, Q. Zhou, "Climate Change in the Chinese Mind: An Overview of Public Perceptions at Macro and Micro Levels", *WIREs Climate Change*, Vol.11, No.3, 2020.

③ L. Devaney, D. Torney, P. Brereton and M. Coleman, "Ireland's Citizens' Assembly on Climate Change: Lessons for Deliberative Public Engagement and Communication", *Environmental Communication*, Vol.14, No.2, 2020, pp.141-146.

④ E. H. Hurst, J. E. Trujillo-Falcón, J. Reedy and C. Anderson, "Citizen Deliberation at South Carolina's 'Our Coastal Future Forum': Talking through Risk Related to Climate Change", *Journal of Risk Research*, Vol.25, No.6, 2022, pp.764-777.

结语

可以说，气候变化传播本质上是一场应对气候变化的社会动员行为。应对全球气候变化需要公众采取实际行动，动员公众参与应对气候变化已成为当务之急（Wang，Zhou，2020）。尽管气候传播花费了大量资源试图影响公众对气候变化的态度，但研究表明，仅仅鼓励态度改变对减缓和适应气候变化很难奏效。人们的态度改变和随后的行为之间并不具有直接联系，往往会受其他因素影响，而这些需要从更广阔的学科视野去理解。在理解和应对气候变化中，我们不仅需要生态想象力，来看到人类活动及其对地球生物物理系统影响之间的关系，更需要通过社会学想象来看到构成这种破坏环境的社会结构及其社会内部关系。[1] 气候传播研究不应局限在固有的理论框架中，受限于数据获取的便利或分析方法的惯性，跨学科的视野、跨国界的对话才能真正推动本领域建构起完善的学术体系，从而抓住本质问题、回应实践需求，保持蓬勃的生命力。

（王理：上海社会科学院新闻研究所副研究员）

---

[1] K. M. Norgaard, "The Sociological Imagination in a Time of Climate Change", *Global and Planetary Change*, Vol.163, 2018, pp.171-176.

法国后现代理论与视觉文化

French Postmodern Theory and Visual Culture

张新璐

Zhang Xinlu

摘　要： 本文通过对克洛索夫斯基、德勒兹、鲍德里亚的"拟像"、利奥塔图像"欲望"理论相关文献的爬梳，再现 20 世纪六七十年代法国哲学界对视觉文化的思索。同时也将以此为参照，通过对法国媒介学家德布雷建构的图像观念史的梳理，再现媒介学对后现代理论的回响。

Abstract: This paper will review the literature related to Klosovsky, Deleuze, Baudrillard's "simulacra" and Lyotard's "desire" theory, and reappear the thinking of French philosophy on visual culture in the 1960s and 1970s. At the same time, it will take this as a reference, through combing the history of image concept constructed by French media scientist Debray, and reproducing the echo of media science to postmodern theory.

---

* 本文受到上海社会科学院招标课题"性别与媒介：以晚清女性报刊为中心"资助。

关 键 词： 拟像　话语　图形　欲望　图像

Keywords: simulacra, discourse, graphics, desire, image

在米歇尔（W. J. T. Mitchell）和汉森（Mark B. N. Hansen）主编的《媒介研究批评术语集》(*Critical terms for Media Studies*)中，两位编者从媒体体现的"中间性"出发，将媒介研究置于多个学科之间。在他们的区分中，媒介研究的方法分为三类：一从美学的角度来讨论媒介问题，涉及感官、身体和艺术领域，并以个人的人类经验为中心；二是从技术出发来考察媒介的机械性及其革新如何改变个人和社会经验的状况；三是从社会层面强调媒介在沟通和集体关系中的地位。在审美这一部分，"图像"被提炼为媒介研究的关键词。[1] 主编米歇尔作为美国视觉文化研究领域的重要开拓者，负责撰写"图像"一节。编者在导言中直言，他们是在德国媒介学家基特勒（Friedrich Kittler）所著《留声机·电影·打印机》(*Gramophone, Film, Typewriter*)中的宣言"媒介决定了我们的境况"框架下，来构思媒介研究的批评术语。基特勒所谓的"文化技术的媒介"[2] 也影响到其对"图像"一节的梳理。米歇尔遵从媒介技术决定论，认为图像与媒介的关系是技术史上一个高度敏感的晴雨表，图像类型（面部、人物、物体、风景、抽象形式）保留相对稳定，但是复制和循环它们的技术手段已经发生了根本性的转变，如平版印刷、摄影、电影、视频、数字图像等。在媒介更新和过时的过程中，似乎保持不变的是图像问题。在图像创新的时刻，人类和他们创造的图像之间的深层二阶关系发生危机，新媒体使得新类型的图像成为可能，这些图像比以往任何时候都更逼真、更有说服力，而且似乎更具波动性和病毒性，让消费者深受其

---

[1] W. J. T. Mitchell, Mark B. N. Hansen, *Critical Terms for Media Studies*, University of Chicago Press, 2010, pp.xiv-xv.

[2] 唐士哲：《作为文化技术的媒介：基特勒的媒介理论初探》，《传播研究与实践》第7卷第2期，2017年7月。

害。[1] 这种对技术图像的担忧始自20世纪六七十年代，当虚拟现实和互联网技术日益发展，开始渗透进生活世界的方方面面，"图像的支配性"成为后现代文化的主要特征[2]，图像问题成为由法国哲学家引领的后现代文化思潮的重要议题，如德勒兹、鲍德里亚、利奥塔都将图像问题置入其思想脉络中。值得注意的是，晚近的法国媒介学家德布雷也曾撰写《图像的生与死：西方观图史》来考察图像问题。因此，本文将回到海德格尔预言的"世界图景"初成型之际，重新梳理法国后现代理论对图像本体、图像与欲望关系的思考，并尝试勾连法国媒介学家德布雷与法国哲学传统之间的隐秘关联。

一、图像的本体论——拟像

"拟像"概念兴起并发展于20世纪的法国思想界，最早由皮埃尔·克洛索夫斯基（Pierre Klossowski）提出，后经吉尔·德勒兹（Gilles Deleuze）和让·鲍德里亚（Jean Baudrillard）的思索不断完善并成熟[3]，成为影响后世解读后现代社会文化现象的关键概念。从词源学来说，"拟像"在英语中指称某事物的表现（形象、肖像）——具有某种形式但不具有实物的事物（模仿、伪装），并具有"表面的相似性（外观、外表）"。当代法语对该词的理解类似，但为其加入"模拟行为"的语义。[4]

皮埃尔·克洛索夫斯基作为法国的艺术家、作家和哲学家，最早使用"拟

---

[1] W. J. T. Mitchell, Mark B. N. Hansen, *Critical Terms for Media Studies*, University of Chicago Press, 2010, pp.38-39.

[2] [美]尼古拉斯·米尔佐夫：《视觉文化导论》，倪伟译，江苏人民出版社2006年版，第10页。

[3] Daniel W. Smith, "The Concept of the Simulacrum: Deleuze and the Overturning of Platonism", *Continental Philosophy Review*, Vol.38, No.1-2, 2005, pp.89-90.

[4] John Taylor, "Reading Pierre Klossowski", https://www.dalkeyarchive.com/reading-pierre-klossowski, Sep. 20, 2013.

像"一词，声称"捏造拟像"，并让其成为美学争论的核心。克洛索夫斯基多次借由对神像和恶魔关系的探讨来阐述拟像。在《活的画面：伊萨伊斯评论（1936—1983）》中，克洛索夫斯基认为古典雕像反映出这样一个理念：人们认为不可能创造一个灵魂来激活神的"拟像"，即中间人的灵魂，恶魔和天使会被召唤，并被锁在神圣或神圣的形象中，这样这些"偶像"就有能力做善事或坏事。克洛索夫斯基在《戴安娜洗澡》（1956）中表达了相似的观点，他解释了戴安娜女神是如何与一个"中间恶魔"达成协议，以便出现在人类阿克顿面前的。恶魔在神像中"模仿"黛安娜，并在阿克顿心中创造了拥有女神的欲望和希望。恶魔因此成为阿克顿的想象，以及黛安娜的镜像。克洛索夫斯基将"拟像"描述为对自身无法沟通或无法呈现的事物的实现：从字面上看，是在强迫约束下的幻觉。拟像的功能首先是驱魔，但为了驱除这种迷恋，拟像模仿了它在幻象中所害怕的东西。[1]概而言之，克洛索夫斯基用"拟像"表达"同一事物中难以察觉的差异"，认为其"是无限运动的源泉"。他所谓的拟像是"结合在一起"，因为其同时唤起了同一事物和另一事物。从本质上说，拟像同时表达一切，甚至模拟出它无限定义的反面。[2]

和克洛索夫斯基处于同时代的吉尔·德勒兹在《差异与重复》（1968）和《意义的逻辑》（1969）中发展了拟像的理论。[3]在《差异与重复》中，德勒兹认为从海德格尔"差异论之哲学"、结构主义再到当代小说艺术，无论是抽象的反思，还是实际操作的技术，都是围绕差异和重复旋转的，重复本来的力量成为贯

---

[1] John Taylor, "Reading Pierre Klossowski", https://www.dalkeyarchive.com/reading-pierre-klossowski, Sep. 20, 2013.

[2] Aldo Marroni, "Pierre Klossowski: Perversion and Hospitality", translation from the Italian by Eleonora Sasso, https://www.journal-psychoanalysis.eu/pierre-klossowski-perversion-and-hospitality, 2007.

[3] Daniel W. Smith, "The Concept of the Simulacrum: Deleuze and the Overturning of Platonism", *Continental Philosophy Review*, Vol.38, No.1-2, 2005, p.89.

穿各个领域的重要法则。差异与重复已经取代了同一之物与否定之物、同一性与矛盾。无论同一性以何种方式构想，它的优先地位都界定了表象的世界。现代思想诞生于表象的破产，同一性的破灭，以及所有在同一之物的表象下发挥作用的力。现代世界成为拟像的世界。所有同一性都只是伪造之物，它们是差异和重复的游戏制造出来的视觉效果。① 德勒兹直言在差异问题中至关重要的拟像，颠倒了柏拉图主义。② 柏拉图主义由一种在事物自身和诸拟像之间造成区分的观念所支配。倒转柏拉图主义意味着否认原初之物对于复制品的优先地位，拒斥原型对于影像的优先地位，肯定拟像的主宰。③ 换言之，德勒兹否认了先行于拟像的现实世界，拟像有一个原初的过程。事物通过复制、重复、影像化和仿真的过程得以显现。④

不同于德勒兹从哲学本体论出发思索了拟像，让·鲍德里亚将拟像理论引入后现代社会和消费文化的分析中。鲍德里亚的拟像理论分为前后两期。他在《象征交换与死亡》（1976）中，将拟像⑤分为三个等级：仿造、生产、仿真。第一级拟像仿造以及时尚，兴起于封建秩序土崩瓦解的文艺复兴时期。仿造终结了种姓/等级社会中的强制符号及其禁忌价值，伴随阶级之间名望价值/符号的变迁而产生。符号开始按需生产，在自然的拟像中找到了自己的价值。仿造和真实之间存在着差异。文艺复兴时期盛行的仿制品，如胸前的假背心、假牙、仿大理石室内装饰、巨大的巴洛克式舞台布景装置，都是"仿造"的典范代表。第二级拟

---

① ［法］吉尔·德勒兹：《差异与重复》，安靖、张子岳译，华东师范大学出版社2020年版，第1—2页。
② 同上书，第123页。
③ 同上书，第123—125页。
④ ［英］克莱尔·科勒布鲁克：《导读德勒兹》，廖鸿飞译，重庆大学出版社2014年版，第119—122页。
⑤ 车槿山译本《象征交换与死亡》翻译用词是"仿象"，本文采用更为通俗的译法"拟像"，以便和全文保持统一。

像生产伴随着工业时代的机器而产生。机器的产生让表象和真实不再成为问题，存在和表象在生产和劳动的唯一实体中融合。"生产"吸收了表象，清除了真实，建立了没有形象、没有表象的现实：在劳动、机器乃至整个工业生产系统中，存在着一种操作原则的内在逻辑。机器的霸权、活劳动（工人的劳动）对死劳动（机器的劳动）的霸权再造了生产和再生产循环，并遵循价值的商品规律及其力量计算。工业拟像生产出物体的系列，物体之间无差异，存在着一种等价关系，物体成为相互的无限拟像，产生了无限复制性。原型参照的消除，带来普遍的等价原则，也就是生产的可能性本身。第三级拟像仿真是目前受代码支配的阶段的主要模式。系列的再生产阶段是短暂的。从死劳动压倒活劳动开始，从原始积累结束开始，系列生产就被模式生产替代。生产的起源和目的性被颠覆，生产不再是机械化再生产出来，而是根据它的复制性本身被设计出来。不再是第一级拟像的仿造，也不再是第二级拟像的系列，而是通过模式而生产。仿真遵循调制、区分性对立和价值的结构规律原则。第三级拟像的代码符号让意指终结，生产本位主义转向控制论的新秩序。数字性统摄着一切信息和符号，它体现在测试、问/答、刺激/反应，所有内容被一种连续的程序中和。信息的功能由告知转变为测试，最终是控制。拟像的快乐美学在于从人造和仿造的东西中发现自然，第三级拟像让真实和想象混淆在相同的操作全体性中，到处都有美学的魅力：这是特技、剪辑、剧本、现实在模式光线下过度暴露的阈下知觉，不再是一个生产空间，而是一条阅读带、编码解码带。现实由代码的预见性和内在性造成。一种无意的戏拟，一种策略性仿真，一种不可判定的游戏笼罩着一切事物。数码世界吸收了隐喻和换喻的世界，仿真原则战胜了现实原则和快乐原则。①

  鲍德里亚将拟像分级时，援引了本雅明和麦克卢汉两位媒介（文化）理论家的媒介分析，并认为"本雅明和麦克卢汉的分析就处在再生产和仿真的边上"，本雅明是第一个（其后是麦克卢汉）没有把技术当作"生产力"，而是当成"中

---

① ［法］让·鲍德里亚：《象征交换与死亡》，车槿山译，译林出版社2020年版，第62—101页。

介"的。技术作为中介不仅压倒了产品的信息（产品的使用价值），也压倒了劳动力。在鲍德里亚看来，本雅明和麦克卢汉看得比马克思更清楚：他们认为真正的信息是再生产本身，生产没有意义，生产的社会目的性丧失在系列性中。拟像压倒了历史。鲍德里亚借助本雅明、麦克卢汉的技术观念对生产的贬低，需要联系他在这一时期对马克思主义的批判性重建来理解。他在《物体系》(1968)、《消费社会》(1970)、《符号政治经济学批判》(1972)、《生产之镜》(1973)中，从结构马克思主义逐渐转向批判。他在早期建构消费理论，描述人类和他们生活的现代消费环境之间的关系时，依然遵从马克思对生产的定位[①]，认为在生产和消费中，生产依然应被赋予优先性。物的消费行为成为人类行为全新的体系，主体在日常工作和生活中通过广告、梦想所接触到的物的丛林，都是人类活动的产物。（物）商品依然是一个实存物，与生产模式相分离，但未必是（马克思那里）一个压迫性的或直接消极的事物。消费的过程如同魔法般神奇，幸福的标志（现代消费者将物分级，最优型号的物成为幸福的特征）已经取代了真实而总体的满足感。生产过程和消费过程相分离，日用消费品的外表和意义的神奇性质变得更为重要。对幸福的期待通过丰裕的迹象来表现，而这又是通过社会中的代码和象征系统来加强或减缓的。在消费体系的最新阶段，消费——购买产品这个行为和产品生产的方式一样都是抽象的。这个需求体系依然是生产体系的产物。不再是一对一的生产者和消费者之间的关系，而是一个关乎需求的体系（生产是为了成为消费者下一个欲望对象），这个体系正是生产力体系在逻辑进展中所产生的

[①] 马克思在《1857—1858年经济学手稿》导言中，认为生产和消费具有同一性，生产直接是消费，消费直接是生产，每一方直接是它的对方，两者之间存在着一种中介运动。生产中介着消费，它创造出消费的材料，没有生产，消费就没有对象。消费也中介着生产，消费替产品创造了主体，产品对这个主体才是产品。生产和消费作为一个过程的两个要素，在这个过程中，生产是实际的起点，因而也是起支配作用的要素。消费作为必需和需要，本身就是生产活动的一个内在要素。参见中共中央马克思、恩格斯、列宁、斯大林著作编译局编译：《马克思恩格斯全集》第30卷，人民出版社1997年版，第32、35页。

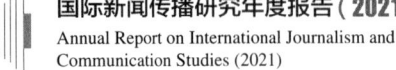

效果。① 但是经过《生产之镜》对马克思理论的重构，到了《象征交换与死亡》，已经完全脱离生产的逻辑。鲍德里亚反对现代对于生产价值和意义的需求，以莫斯的礼物交换、索绪尔的回文构词法和弗洛伊德的死亡驱动概念作为例证，认为存在一种同物品、意义和力比要多的交换逻辑的决裂，避免了生产、资本主义、理性和意义的逻辑。鲍德里亚由此对组织现代社会的生产和功用逻辑，与他认为是后现代社会组织原则的仿真（拟像第三阶段）逻辑进行了区分。②

5年后，鲍德里亚在《拟仿物与拟像》(1981)中再次论述了拟像问题。不同于早前在《象征交换与死亡》中将拟像纳入政治经济学中，并为拟像勾勒历史的谱系，这一次他开始探究拟像的本体论问题。拟像的形成来自没有本源的真实所堆凝成的世代模型，也就是超现实。所有的形而上学全部沦丧，再也没有本体与表象之镜，也没有真实及其概念，没有想象中的共存性，而基因属性的极微化，构成了拟像的向度。真实是从极微化了的细胞、母式、记忆银行，以及控制铸型之内生产出来，可以无限次被再生产出来。除了操作之外，别无它物。再也没有所谓的真实，而是超度现实。拟像的时代以所有指涉物的液态化为基点，或凭借它们在符号系统中的人工复活。在此之内，拟像将自身延展至所有平等化的系统、所有的二元对立、所有的结合性集合。再也不是模仿、复制或谐拟的问题，而是为了真实而替代了真实的符号系。凭借操作性的双身，某个延异了每一道真实过程的操作得以出现，产生了程式性的、超额稳定的、完美描摹出来的机器，能够提供所有的真实符号。此后，真实再也没有机会可以制作自身，超度现实从此和想象世界再无关联，也不再与真实/想象的二元区隔有任何瓜葛，只剩下模型的、拟制出来的差异生成。所有的系统再也没有自身，而成为拟仿物，并不是

---

① ［加］理查德·J. 莱恩：《导读鲍德里亚》，董晓蕾等译，重庆大学出版社2018年版，第63—85页。
② ［美］道格拉斯·凯尔纳：《绪论：千年末的让·波德里亚》，载［美］道格拉斯·凯尔纳编：《波德里亚：批判性的读本》，陈维振等译，江苏人民出版社2005年版，第9页。

非真实，而是拟仿。在那个不会被打断，没有指涉也没有界线的环圈之内，它并非和真实作交换，而是和自己打交道。拟像会一直和再现成对立之势，再现产生于符号与真实的平等交换法则。这种基本法则虽然是乌托邦式的，但还是某种基本定理。拟像产生于平等法则的乌托邦，诞生于对符号等同于价值的基准的否定。正当再现意图将拟像视为虚假的再现来吸纳它，拟像就吞没下整个再现的地基，并将再现转化为一个拟仿物。意象和真实毫无关系，它是自身最纯粹的拟仿物，只属于拟像。[1]超真实成为理解和体验世界的主流方式。[2]

二、图像与欲望

在后现代理论谱系中占有一席之地的让-弗朗索瓦·利奥塔（Jean-François Lyotard），在《话语，图形》(1971)中重新思考了话语和图形的问题。话语的本质和功能的逻辑成为世界的运转逻辑。利奥塔正是要倒转这种逻辑。世界给定的不是由话语构成的文本，而是一种差异。这种差异是看得见的，却又是在语词的表意中不断被遗忘的因素。就话语的自足性而言，语言学家相信他们可以限制所有意义的封闭。于是原始词中意义的绝对超量以及无止境的诠释成为解释学的任务。[3]图形的意义可以借助艺术来理解。艺术正是话语的对立面。艺术再现了图形的功能，表明象征符号的超越性正是图形，它具有一种无法融入语言的空间表现形式。一旦语言存在，所有的事物必须被符号化。神秘的是，符号仍然有待观

---

[1] 尚·布希亚:《拟仿物与拟像》，洪凌译，时代出版文化企业股份有限公司1998年版，第13—24页。
[2] [加]理查德·J.莱恩:《导读鲍德里亚》，董晓蕾等译，重庆大学出版社2018年版，第97页。
[3] [法]让-弗朗索瓦·利奥塔:《话语，图形》，谢晶译，上海人民出版社2012年版，第1—4页。中译本语意难以理解的地方，同时参照Jean-François Lyotard, *Discourse, Figure*, trans. by Mary Lydon, University of Minnesota Press, 2011, pp.3-7。需要说明的是，本文转述的内容，但凡中译本和英译本有重大翻译分歧之处，本文采用英译本。

察，它在感官中保持稳定，仍然存在着一个储存着视觉的世界。但是只有从话语的内部才能进入图形。所有的话语都有它的对应物，也就是它所说的对象，因此我们才能进入图形。我们也可以在不脱离语言的情况下，进入图形，因为图形居于其中，只需要任凭自己潜入话语的深渊就足以发现蕴于话语中心的"眼"。图形同时处于话语的外部和内部。语言不是一个同质的场所，它既是分裂者——因为它将可感世界外化为其对面、其对象，也是被分裂者——因为它将图形内部化为所描述的对象。眼在言语中，因为没有"可见"的外在化，就没有清晰的语言，但眼之所以存在，是因为存在一种外在性，它至少是在话语深处的手势，"可见"，就是它的表达。使深度或表现成为可能的手势广度，远不是通过文字来表示的，但是这种广阔同时成为语言表达能力的源泉，因此伴随着它们，遮蔽着它们，在某种意义上终止它们，同时又在某种意义上标志着它们的开始。① 话语意味着文本性对知觉的支配，概念表征对前反思性呈现的统治。话语是逻辑、概念、形式和象征的领域。因此话语通常可以作为交流和意义的领域，其中，所指的重要性被遗忘。话语需要一种对透明性和清晰性的确信。相反，形象在话语领域中注入不透明性。形象并非话语的简单对立，而是另一种意义的顺序，它是破坏的原则，防止任何秩序结晶到完全一致中。②

利奥塔反对那种认为文本、话语优于经验、感官及图像的文本主义看法，主张感官和经验优于抽象物和概念。他批判了西方哲学自柏拉图以来的对感官的贬抑，试图重新发现感性的价值，为图像作辩护。利奥塔对话语和图形的区分为后现代美学提供了一个基础——意义的图形体系。后现代美学是形象性的，它将视觉置于文字感受性之上，将形象置于概念之上，将感觉置于意义之上。他对图

---

① Jean-François Lyotard, *Discourse, Figure*, trans. by Mary Lydon, University of Minnesota Press, 2011, pp.7-8.
② ［美］马丁·杰伊：《低垂之眼：20世纪法国思想对视觉的贬损》，孔锐才译，重庆大学出版社2021年版，第478页。

像意义的重新发现，还在于《话语，图形》后半部分将图形与欲望的勾连，这成为他在《力比多经济学》(1974) 中建构的欲望哲学的雏形。欲望被利奥塔区分为两种形式：一种是否定性的、破坏性的、逾越性的力量，通过颠覆现实来实现其目的；另一种是积极的、肯定性的力量，是对某些词语、声音、颜色、形式予以肯定。他通过对弗洛伊德《梦的解析》文本的细读和再阐释，试图建构出他所界定的两种意义的欲望。利奥塔对这两种欲望都给予肯定，因为欲望能够提供热烈的经验，能够把人从压抑状态中解放出来，并给人带来创造力。艺术和图像被视为表达欲望的最佳工具，这既是对以图形形式表达出来的生命力量的破坏和逾矩，也是对这种生命力量的肯定。破坏性的欲望最直接地存在于颠覆现有理性、秩序和习俗的艺术中。对利奥塔来说，弗洛伊德所称"初级过程"（受快乐原则支配的直接的、力比多的、无意识的本能过程）中的欲望在图形中得到直接表达。艺术所表达的无意识的欲望遵循置换、浓缩和隐喻转换的策略。话语遵循弗洛伊德所描述的"次级过程"（即受现实原则支配的过程），并遵循自我的规则和理性程序。表达在话语中的欲望受语言规则的约束和构造。因此，话语比欲望的形象更抽象、更理性、更传统。话语与冻结、固定及麻痹欲望流动和强度的理论相联系。[1]

利奥塔将艺术的力量置于欲望的内在易变性中[2]，他在《力比多经济学》中建构了他的欲望哲学，和同时代的德勒兹、加塔利在《反俄狄浦斯》中建构的"欲望生产"理论一样，提出一种肯定的欲望哲学，推崇欲望的循环、流动、强度和能量学这样一些力比多经济学的目标，就像分裂分析（德勒兹、加塔利）一样，是描述欲望的流动、强度和辖域化，主张释放欲望的流动，释放

---

[1] Steven Best, Douglas Kellner, *Postmodern Theory: Critical Interrogations*, Macmillan Education Ltd., 1991, pp.150-151.
[2] John Moeitt, "Introduction: The Gold-bug", Jean-François Lyotard: *Discourse, Figure*, trans. by Mary Lydon, University of Minnesota Press, 2011.

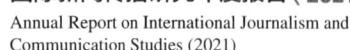

欲望的充分而光荣的种类和强度。在利奥塔看来，培养强度的过程最好通过某种艺术和写作来实现。后现代美学和艺术中有很多例子（前卫艺术）表明，艺术能够积极地解放欲望，创造新的流动和强度。[1] 事实上，利奥塔和德勒兹、加塔利一样，都认为欲望更像一个工厂、一个生产场所，而不是一个剧院、一个复制和再现的场所。[2] 这里需要补充德勒兹、加塔利的欲望生产理论来进行理解。德勒兹和加塔利将传统精神分析学指斥为一种唯心主义，欲望生产被简化成无意识表现的系统，简化为谈话、表达或相应理解的形式；无意识工厂被简化为一种戏剧舞台，简化为俄狄浦斯、哈姆雷特；力比多的社会包围被简化为家庭包围；欲望被叠合在家庭的坐标上，被叠合在俄狄浦斯上。俄狄浦斯从根本上说是抑制欲望机器的工具，绝不是无意识本身的形成。[3] 欲望不再指向匮乏（传统精神分析），而是一个过程。欲望打开了一个连贯的平面，一个内在性场域，一个无器官的身体。[4] 欲望就是一台机器，欲望的客体就是另一台与欲望相连接的机器。欲望不受需求支配，与此相反，各种需求来源于欲望。在欲望生产中，这些需求就是反产品。与纯粹幻想的欲望生产相对的是现实的社会生产。社会生产由欲望来投入，它是历史地决定了的欲望产品，并且为了投入生产力和生产关系，力比多不需要任何中介或升华、不需要任何心理操作、不需要任何变形。欲望生产指向的幻想不属于个体，而是群体的幻想。艺术正是创造出真正的群体幻想，并利用欲望机器的特性。在群体幻想中，欲望生产被

---

[1] Steven Best, Douglas Kellner, *Postmodern Theory: Critical Interrogations*, Macmillan Education Ltd., 1991, pp.154-155.
[2] John Moeitt, "Introduction: The Gold-bug", in *Jean-François Lyotard: Discourse, Figure*, trans. by Mary Lydon, University of Minnesota Press, 2011.
[3] ［法］吉尔·德勒兹：《在哲学与艺术之间：德勒兹访谈录》，刘汉全译，上海人民出版社2020年版，第22页。
[4] ［法］吉尔·德勒兹：《精神分析学与欲望》，陈永国译，载汪民安主编：《生产·第五辑·德勒兹机器》，广西师范大学出版社2008年版，第59页。

用于短周期社会生产，通过引入致使功能紊乱的因素来干涉技术机器的再生产功能。①

三、媒介学与图像

作为后现代理论的开山鼻祖，德勒兹、鲍德里亚和利奥塔对后现代视觉文化的思索与相关著述主要集中在 20 世纪 60—70 年代，他们所代表的法国哲学一度成为后现代理论的重镇。时隔 20 年后，也就是 1992 年，法国媒介学家雷吉斯·德布雷（Régis Debray）在《图像的生与死：西方观图史》中再次思索了图像的问题。

德布雷重新建构了图像的历史。图像起源于死亡，诞生在墓葬中。墓葬中的殉葬品和装饰创造出造型艺术。这些隐藏在世人眼光之外的图像，是用来帮助逝者继续生活，并以图像的形式存活下来。图像成为沟通或中介生者和死者、人和神、可见物和驾驭其的不可见力量之间的媒介。图像被用于占卜、防卫、迷惑、治疗和启蒙。图像能够指引神力或超自然的力量，将古代城邦纳入自然的范畴、将个人纳入宇宙和谐中，具备实用性和可操作性，成为实实在在的生存手段。此时人们尚未掌握工具，图像就是工具，而且在很长一段时间内，图像是一件必需品。图像传统中的魔幻性，并不取决于图像本身。魔幻属于目光，也就是观看主体的心智范畴，而非美学范畴。图像的魔幻时刻正是塑形绝对服从于实践之时出现的，图像的魔幻来自想象力，这种想象力来自想象之人向之倾吐的无限对象。在旧石器时代的技术发端和恐慌的交汇处，产生了图像。此时，相对于技术手段，恐慌占了上风，于是就有了巫术及其可见的投射物——偶像。当各种技术手段逐渐超越恐慌，人有能力减轻不幸，用各种材料来表现形象，就从宗教偶像

---

① ［法］吉尔·德勒兹、［法］费利克斯·伽塔里：《反俄狄浦斯：资本主义与精神分裂症（节选）》，王广州译，载汪民安等主编：《后现代的哲学话语：从福柯到赛义德》，浙江人民出版社 2011 年版，第 46—52 页。

过渡到艺术图像，达到人性极限中的平衡点。人开始驾驭大自然。美成为一种驯服了恐惧的结果，艺术成为对一种材质付出艰苦体力劳动之后的结果。随着工具日渐强大，人可以与物品保持距离，规避其干扰，从远处作用于它。人对世界的控制，产生了合成图像——视像，随心所欲再造想要的数量。人和图像的关系变成随兴所至，只是看看而已。伴随着技术的发展、人和自然关系的不断演变，图像的发展历经三个阶段：偶像令人看到无限，艺术代表着人类的极限，视像表征着掌控下的环境。图像的意义来自眼光，观看是对可见物进行整理，对体验加以组织。视角的文化，深受技术革新的影响。每一个时代，技术革新都对图像的形式、材料和数量进行了改变。辨别可见物的历史又被分为魔幻的眼光——偶像、美学的眼光——艺术、经济的眼光——视像。[1] 这种从文化和技术互动（技术—文化）来探究媒介（图像）的理念，正是德布雷在早一年（1991）的《普通媒介学教程》中建构的媒介学的宗旨。[2]

从这种技术—文化的媒介观出发，德布雷以语言（文字）为参照，重新考察了图像的演变史。德布雷从传播出发，认为图像的宗教性起源，让图像成为天地之间的交接、人神之间的中介，开始具备象征性传递功能。[3] 文字出现，承担起大部分的功用性沟通，减轻了图像的负担，使图像得以发挥表现和抒发的功能，大大展示相似性。图像是符号之母，书写符号的诞生让图像发展成熟，独立存在。[4] 图像的这种象征性传递功能并不是简单的讯息模式：发出者—信息—接

---

[1] ［法］雷吉斯·德布雷:《图像的生与死：西方观图史》，黄迅余、黄建新译，华东师范大学出版社 2015 年版，第 4—26 页。

[2] ［法］雷吉斯·德布雷:《普通媒介学教程》，陈卫星、王杨译，清华大学出版社 2020 年版，第 8 页。同时参照陈卫星、［法］德布雷:《媒介学：观念与命题——关于媒介学的学术对谈》,《南京社会科学》2015 年第 4 期。

[3] ［法］雷吉斯·德布雷:《图像的生与死：西方观图史》，黄迅余、黄建新译，华东师范大学出版社 2015 年版，第 29 页。

[4] 同上书，第 193 页。

收者，并非只局限在话语和文字的符号传递。和文字的可读相比，图像的特点是可见；相对于符号，图像自有其独特的传递的功能。图像不是以符号的组合，而是以其他手段来促人思想的。文字对世界难以名状之时，也会词不达意。图像能够实时传递世界的可感状态。图像在意念之上，对意念进行装扮又同时把它融化在只有造型手法能创造的自成一体的视觉和谐中。通过潜意识自由组合的图像，比有意识选择的词句具备更强的传播能力。文字让可见在可读之中完满实现（文学），但是图像却是无言而传意。图像是个腹语者，它所说的语言是其观者的语言，由图像的阅读者决定。图像的阅读既是时代的表征，也是时代的提要。图像没有想象的能指。图像指向象征性的他者时，才能与观者建立联系，并进而在不同的观众之间建立联系。图像向自身之外的别的事物开放，就有其神圣之处。图像的神圣意味着震撼人心，能够沟通心灵。但是从媒介学意义上来说，图像在沟通心灵方面越弱，就越要强化传媒效应。艺术里传递的内容越少，就越需要传播。象征性越减退，个人化就越强。①

传统意义上的"艺术"并不是自为的恒定概念，而是现代西方话语发明出的比较晚近的概念。艺术被认为是不变参数，是生命和灵魂的一部分。三万年来，随着图像的流通，人们从时间的推移中得出某一理想的结果，可用某些共性去界定某一类型的物品，每个时代不过对其中某一特点或部分进行更新而已。艺术的概念产生于文艺复兴时期，伴随着进步的新理念而产生。艺术永远在前进中，每位艺术家都处于线性的承袭之中，建构出艺术的历史进化史，拆穿并破除这种艺术自为、自足的建构性。事实上，每一图像时代都有其艺术类别。因为创作的空间是历史性的，处在某一环境中，处在由技术、法律、经济、政治等组成的大的背景下。艺术的历史是在线性的时间上，呈现出螺旋的形状。一条曲线之末连接上另一条曲线之始，螺旋线把重复和革新相结合。某一艺术时代的衰落终结孕育

---

① ［法］雷吉斯·德布雷：《图像的生与死：西方观图史》，黄迅余、黄建新译，华东师范大学出版社 2015 年版，第 30—48 页。

着必然的新生，相同的抛物线带着不同的内容。图像的历史建构出同时发生的三个时段：超越情感时间的时段；图像周期的平均时间，其中某一图像占据某一位置；人类历史线性的、漫长的时间。每个周期都表达一切，越来越快，但是以自己的方式，并不重复。每个周期都提供了图像的各种可能的展示台。图像一开始与实体相连，后来模拟现实，最终成为社会装饰。象征成分从多一点到少一点，直到完全褪去而再度充实，周而复始。①

从图像来反观人类媒介学的三大阶段——文字、印刷、视听，这三个阶段分别对应着偶像、艺术、视像。"逻各斯域"对应着广义的"偶像"时代，从文字发明一直延续到印刷术的发明。"书写域"对应着"艺术"时代，从印刷术时期一直到彩色电视的时期。"图像域"则对应着当下的"视像"时代。②上述每个时代都勾勒出一种生活和思想的环境，也勾画出一种视觉的生态系统。每个媒介领域并不互相取代，它们是互相重叠，彼此交织在一起，轮流占上风，交替居于支配地位。德布雷对图像的三阶段从效率原则、存在方式、历史背景等十九个方面进行了区分。③德布雷对当下的视像时代的考察，与后现代理论家探讨的"世界图景"的形成和时代症候，两者之间有着某种继承和渊源关系。德布雷将图像域的源头同样追溯到数码技术所带来的图像的模拟性质，对"图像域"病理倾向的分析，像德勒兹一样将时代精神症候归结到"精神分裂"。他对"图像域"的相互关系的划分则归结到"经济的竞争"，从经济的角度来看待"视像"，事实上延续了鲍德里亚对拟像的经济结构的分析，而具体的分析，基本是在鲍德里亚第三级拟像的框架下。德布雷曾不具名地将鲍德里亚称为"新时代的先知"，并

---

① 同［法］雷吉斯·德布雷：《图像的生与死：西方观图史》，黄迅余、黄建新译，华东师范大学出版社2015年版，第127—141页。
② 黄迅余、黄建新的译本将媒介域的三个分期，翻译为字符领域、图像领域、视像领域。本文采用陈卫星在《普通媒介学教程》中更为准确的译法：逻各斯域、书写域、图像域。
③ ［法］雷吉斯·德布雷：《图像的生与死：西方观图史》，黄迅余、黄建新译，华东师范大学出版社2015年版，第182—188页。

引用其家喻户晓的论断"海湾战争并没有发生"。[1] 德布雷认为在"图像域"里，合成图像带来无主体的眼光和充满虚拟物的文化，他者消失，视像成为自身的图像。视像自我传播，它的追求就是自身。信息图像的胜利带来了超图像，非图像的完善形式，不再是任何东西的图像。视觉符号让所指因丰盈过度爆炸[2]，基本是对鲍德里亚（第三级）拟像理论和内爆概念的重复言说。

面对后现代视觉文化中图像的支配性现实，德勒兹和利奥塔试图倒转注重文字和逻各斯的柏拉图主义，重新发现并定义图像的历史和价值。鲍德里亚则是以拟像为支点，重新建构世界的历史。和这些活跃在20世纪六七十年代法国哲学界的理论家不同，比较晚近的德布雷所处的图像时代已经是数字媒介开始大行其道的时代了。面对着图像时代不断深化的现实，同样需要解释世界的德布雷一方面吸收了上述后现代法国哲学的思想资源，重新建构图像的历史，将其置于文字（符号）之上，对当下视像的分析基本延续了后现代理论家的论断；另一方面根据媒介学重新梳理了图像的历史，对三大媒介域并存的发现呈螺旋形上升，为理解当下的后现代视觉文化提供了同而不同的答案。

（张新璐：上海社会科学院新闻研究所助理研究员）

---

[1] [法]雷吉斯·德布雷:《图像的生与死：西方观图史》，黄迅余、黄建新译，华东师范大学出版社2015年版，第273页。
[2] 同上书，第272—274页。

第三部分
数字时代的新闻研究
Journalism Studies in the Digital Age

作为知识体系的数字新闻学：建构与反思[*]

Digital Journalism Studies as a Body of Knowledge: Construction and Reflection

白红义　曹诗语

Bai Hongyi　Cao Shiyu

摘　要： 在新闻业面临数字化转型的当下，为了探讨新闻业转型的社会与技术层面的动力机制，以及数字新闻业所面临的各种理论和实践层面的问题，"数字新闻学"作为一个研究领域应运而生。本文回顾了近年来数字新闻学在西方新闻传播学界的概况，梳理了数字新闻学的定义、研究方法、学科视角、研究问题、盲点与不足，以期为我国数字新闻学研究提供一个可供参考的知识体系。

Abstract: At a time when journalism is facing digital transformation, digital journalism studies has emerged as a research field in order to explore the social and technological dynamics of journalistic transformation, as well as the various theoretical and practical issues faced by digital

---

[*] 本文系国家社会科学基金重点项目"中国特色新闻学话语体系建构研究"（2019AZD046）阶段性成果，并受到部校共建复旦大学新闻学院新媒体实验中心项目支持。

journalism. This paper reviews the overview of digital journalism studies in the Western communication field in recent years, and sorts out the definition, research methods, disciplinary perspectives, research problems, blind spots and shortcomings of digital journalism studies, hoping to provide a reference for digital journalism studies in China.

关 键 词: 数字新闻学　知识体系　新闻业

Keywords: digital journalism studies, body of knowledge, journalism

引言

当前世界范围内,新闻行业的衰退已是一个普遍性的现象,但对新闻业展开的学术研究却进入了一个快速发展的阶段。新闻学的研究客体正持续地陷入所谓"危机"的时刻,反而激起了新闻研究者的更大热情,关于新闻业的现状与未来的讨论成为数字时代新闻学研究的一个核心问题,在此基础上形成了一个可称为"数字新闻学"(digital journalism studies)的学术领域。因此,一套新的基于数字新闻业现实与未来的数字新闻学知识体系的构建就成为新闻学发展的必然趋势,这一体系是由具有数字时代特征的一系列理论、方法、实践构成的。

数字新闻学作为一个新兴领域的出现,是为了探讨当下新闻业转型的社会或技术层面的动力机制[1]以及数字新闻业所面临的各种理论和实践层面的问题。过去二十多年,快速发展的数字科技生产出了越来越多的技术客体,这些新兴技术通过与各类行动者结合,进入社会生活的各个领域,导致当今世界发生着许多根本性的变化,影响着"社区和国家的经济、社会、政治和文化生活"[2]。新闻业同

---

[1] S. Lewis, O. Westlund, "Big Data and Journalism Epistemology, Expertise, Economics, and Ethics", *Digital Journalism*, Vol.3, No.3, 2015, pp.447-466.

[2] B. Franklin, "Editorial", *Digital Journalism*, Vol.1, No.1, 2013, pp.1-5.

样成为遭遇数字技术冲击的领域之一,各类行动者与技术客体在新闻领域的结合正在改变甚至重塑着新闻业。[1] 在新闻业面临"重大的、根本的、范围广泛的"变革的同时,新闻学研究也在遭遇前所未有的变化,原本的一些基础性问题正变得"模糊不清"。[2] 而在过去十年,西方学者已经开始有意识地尝试构建一个独立的数字新闻学研究领域,围绕这一领域的相关议题生产出大量成果。这里无法穷尽所有的文献,只能择其要点进行梳理,接下来将围绕三个核心问题来呈现英文学界当前数字新闻学研究的发展状况,即什么是数字新闻学、数字新闻学研究的核心议题是什么、数字新闻学的发展存在哪些盲点与不足。

一、数字新闻学的概念建构

目前,西方学者对于数字新闻学并没有达成相对统一的定义,他们往往根据自己的理解给出某种罗列式的界定。埃尔德里奇(S. A. Eldridge II)等人认为数字新闻学是这样一个领域,它致力于站在批判性的立场上对数字化与新闻业以及连续和改变之间的互动关系进行探索、记录、解释,对于数字新闻业及其未来将要面临的张力关系、构造结构、权力不平衡和其他争论进行聚焦并且概念化、理论化。[3] 罗宾逊(S. Robinson)等人对于数字新闻学的界定分为三部分:首先,其研究中包含了以某种形式采用数字化技术的新闻工作,如新闻网站、社交平台、移动设备、数据分析技术、算法等;其次,其研究承认新闻业的数字化运行机制挑战了新闻业之中曾经鲜明的界限,例如工作和娱乐、新和旧、私人领域和

---

[1] S. Lewis, A. Guzman and T. Schmidt, "Automation, Journalism, and Human-Machine Communication: Rethinking Roles and Relationships of Humans and Machines in News", *Digital Journalism*, Vol.7, No.4, 2019, pp.409-427.

[2] B. Franklin, "Editorial", *Digital Journalism*, Vol.1, No.1, 2013, pp.1-5.

[3] S. Eldridge II, K. Hess, E. Tandoc Jr. and O. Westlund, "Navigating the Scholarly Terrain: Introducing the Digital Journalism Studies Compass", *Digital Journalism*, Vol.7, No.3, 2019, pp.386-403.

公共领域，各种地理空间，过去、现在和未来的现实以及生产、分发、接收行为体之间的界限，并且探讨了促使这些变化发生背后的种种权力和力量；最后，当新闻和新闻业的其他行为与更为宏大的问题相关时，例如维持群体身份、社会不公、关于信息的认识论层面的辩论以及新闻与民主之间的一致性，新闻业就会经历实践和文化层面的转型。罗宾逊等认为，这三部分内容构成了数字新闻学研究的主要特点。①

斯廷森（S. Steensen）和韦斯特隆德（O. Westlund）认为，数字新闻学在过去十年间成为一个重要的传播研究领域，因为它回答了涉及新闻业是什么的一系列经济、技术、文化、语言、心理学、社会学以及哲学方面的核心问题。数字新闻学作为一个研究领域需要回答一系列有关媒体、新闻业、公共领域的基础问题，这些问题打破了以前被视作理所当然的认知：什么是传媒公司？谁应当对公共领域的出版内容负责？传媒内容的生产者、分发者、消费者之间有何区别？在21世纪复杂的传媒及信息生态系统中，记者和新闻业到底是怎样一种存在？因此，数字新闻学之所以能够成为一个学术领域，是因为它是建立在三大结构性基础之上的：新闻盈利模式面临剧烈的危机和转型，即广告商转向平台公司，新闻出版者需要从受众身上获取大部分利润；新闻业更加注重用户数据和受众分析工具；新闻分发模式转型，那些并不专属于新闻行业的互联网公司在新闻分发中愈发占据主导地位。②

为了进一步廓清人们对于数字新闻学研究的认识，更为准确地刻画出该领域的样貌，还有必要将数字新闻学研究与新闻学研究进行比较。毫无疑问，数字新闻学研究与新闻学研究是两个高度相关的领域，它们在研究问题、研究方法等层

---

① S. Robinson, S. Lewis and M. Carlson, "Locating the 'Digital' in Digital Journalism Studies: Transformations in Research", *Digital Journalism*, Vol.7, No.3, 2019, pp.368-377.
② S. Steensen, O. Westlund, *What is Digital Journalism Studies?*, London, New York: Routledge, 2021.

面具有较大的相似性。然而，目前学界的争议点在于：数字新闻学到底是新闻学的子领域还是一个独立的学术领域？对这一问题看法的分歧与学者们对数字新闻业的理解有关。埃尔德里奇等人认为以往的研究在界定和理解数字新闻业时有两种倾向：有些定义将重点放在"新闻业"上，探讨数字技术如何改变了新闻业的工作流程、实践和规范；有些定义将"数字"置于核心地位，认为数字技术席卷了各个社会领域，新闻业不过是受其影响的领域之一。[1]

斯廷森等人支持前一种观点。他们认为，尽管数字新闻学研究与其他学术领域有着清晰界限，但是它并非一个独立的领域，而只是新闻学研究的一部分。这两个领域都有着丰富多元的问题和视角，都具有跨学科的性质，对待理论也秉持着同样的态度。两者最大的不同在于，与新闻学研究整体相比，数字新闻学研究更关注技术、当下的行业进展与受众。[2] 泽利泽（B. Zelizer）也有类似的看法。她指出，正如其他在数字技术的影响下转型的行业（如教育、营销、法律、政治等）一样，是新闻业这个行业本身为技术赋予了目的、形态、视角、意义和重要性。她反对将新闻学连同新闻业中的技术（如数字化技术）一起作出定义，因为这种定义方式掩盖了技术一直都在逐步改变新闻业这一事实，这会导致人们忽视技术变革的不利影响，进而忽略掉经历技术变革后新闻业中稳定不变的事物。[3]

埃尔德里奇等人支持后一种观点。他们认为，如果将数字新闻学研究视为新闻学研究的分支，就会使得其学术价值和潜力受限。这种学术价值不仅限于传

---

[1] S. Eldridge II, K. Hess, E. Tandoc Jr. and O. Westlund, "Navigating the Scholarly Terrain: Introducing the Digital Journalism Studies Compass", *Digital Journalism*, Vol.7, No.3, 2019, pp.386-403.

[2] S. Steensen, A. M. Grøndahl Larsen, Y. Benestad Hågvar and B. Kjos Fonn, "What Does Digital Journalism Studies Look Like?", *Digital Journalism*, Vol.7, No.3, 2019, pp.320-342.

[3] B. Zelizer, "Why Journalism Is About More than Digital Technology", *Digital Journalism*, Vol.7, No.3, 2019, pp.343-350.

媒和传播研究领域，而且包括它所触及的广阔的跨学科领域。数字新闻学研究有着自己的研究需求以及各种达成这种需求的方法，包括那些诞生于新闻学研究的方法。[1] 达菲（A. Duffy）和昂（P. Ang）也支持后者。他们认为界定数字新闻业的重点应当落在"数字化"一词。如此界定之后，数字新闻业就不再是经历数字化转型后的新闻业，而是在新闻业中得到具体体现的数字化。于是，人们就不会只是关注数字化如何影响新闻业，而是关注数字化如何嵌入新闻业。相应地，这就要求学界不再聚焦于传统的新闻生产以及数字化技术如何在新闻编辑室发挥作用，转而考虑数字化如何成为当今社会的一大特征以及新闻业如何体现这一特征。当人们从传统新闻学的视角切入数字化创新，提出的问题是"原先的什么事物正在被改变"。一旦从"数字化"的视角出发，问题就成了"我们可以做些什么"。从传统新闻学的视角出发会导致在数字化创新面前的路径依赖。综合上述原因，应当将"数字化新闻"和"数字新闻学研究"视为独立的领域，且重点应当落于"数字化"。[2]

二、数字新闻学的议题建构

数字技术已完全嵌入新闻实践的各个环节，深刻改变着新闻实践。[3] 技术的引入导致原本"离线"式的新闻生产正在转向"在线"式的新闻生产，人与技术的关系变得前所未有地紧密。不过，人与技术的关系并非简单的、线性的；恰恰

---

[1] S. Eldridge II, K. Hess, E. Tandoc Jr. and O. Westlund, "Navigating the Scholarly Terrain: Introducing the Digital Journalism Studies Compass", *Digital Journalism*, Vol.7, No.3, 2019, pp.386-403.

[2] A. Duffy, P. Ang, "Digital Journalism: Defined, Refined, or Re-defined", *Digital Journalism*, Vol.7, No.3, 2019, pp.378-385.

[3] M. Broussard, "Artificial Intelligence for Investigative Reporting: Using an Expert System to Enhance Journalists' Ability to Discover Original Public Affairs Stories", *Digital Journalism*, Vol.3, No.6, 2015, pp.814-831.

第三部分
数字时代的新闻研究

相反,人与技术的关系正在变得极其复杂。[1] 在新闻实践发生变革的今天,"谁或什么成了传播者","如何通过人与机器间的交流建立社会联系",这些又如何影响到了新闻实践、"整个社会和传播"成为数字新闻学研究的核心议题。[2] 这种改变具体表现在两个层面:一是直接从事新闻生产的新闻编辑室内部,二是新闻编辑室所处的外部环境。

(一)新闻室内:正在被数字技术重塑的实践场所

新闻编辑室内的新闻工作者是数字技术的使用者。一项美国的调研数据显示,每10名新闻工作者中就有9人在工作中经常用到社交媒体。[3]Twitter等技术平台的引进影响了新闻业的常规运作。[4] 这些社交平台逐渐成为新闻业新的传播渠道。与传统纸媒相对严肃的话语风格相比,Twitter上的语言明显更加碎片化和娱乐化,有着明显的社交性。[5] 这种碎片化和娱乐化的话语风格特征同样体现在其他社交平台上。[6] 相比而言,线上的话语更加具有主观性和分享性,属于典型的"社交语言"。[7]Twitter的本质是"新闻共享平台",在这样一个新闻共享

---

[1] A. Widholm, "Tracing Online News in Motion: Time and Duration in the Study of Liquid Journalism", *Digital Journalism*, Vol.4, No.1, 2016, pp.24-40.

[2] S. Lewis, A. Guzman and T. Schmidt, "Automation, Journalism, and Human-Machine Communication: Rethinking Roles and Relationships of Humans and Machines in News", *Digital Journalism*, Vol.7, No.4, 2019, pp.409-427.

[3] L. Willnat, D. Weaver, "Social Media and U.S. Journalists Uses and Perceived Effects on Perceived Norms and Values", *Digital Journalism*, Vol.6, No.7, 2018, pp.889-909.

[4] U. Hedman, "J-Tweeters Pointing Towards a New Set of Professional Practices and Norms in Journalism", *Digital Journalism*, Vol.3, No.2, 2015, pp.279-297.

[5] R. Mourão, T. Diehl and K. Vasudevan, "I Love Big Bird: How Journalists Tweeted Humor During the 2012 Presidential Debates", *Digital Journalism*, Vol.4, No.2, 2016, pp.211-228.

[6] D. Kilgo, "Media Landscape on Tumblr News Organization Convergence Attributes in Youth-oriented Social Media Networks", *Digital Journalism*, Vol.4, No.6, 2016, pp.784-800.

[7] C. Jacobi, K. Kleinen-von Königslöw and N. Ruigrok, "Political News in Online and Print Newspapers Are Online Editions Better by Electoral Democratic Standards?", *Digital Journalism*, Vol.4, No.6, 2016, pp.723-742.

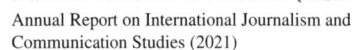

平台上，新闻工作者们自觉或不自觉地组成了职业共同体，原本可能分属于不同机构的新闻从业者彼此交流、相互转载，共同对职业社群进行了维系。相比于另一个日常使用的社交平台 Facebook，新闻工作者更喜欢从 Twitter 上获取新闻。由于新闻业不同机构、不同个体对数字技术的使用情况存在差异，一些新闻从业者使用 Twitter 只是为了从事相关工作，但另一些从业者在同时打造着个人品牌。①②③ 阿特威克（C. Artwick）对美国 51 家传统新闻机构的 Twitter 发布情况进行分析后发现，这些机构的新闻工作者一方面在发布新闻内容，另一方面也在转发普通人的声音。④ 这种看似是公共领域的网络空间实质上依然等级鲜明，新闻从业者明显更加倾向于和同职业、同机构的人展开互动和评论。⑤ 当然，随着时间的推移，新闻从业者对 Twitter 的使用情况也会发生变化。维斯（F. Vis）的研究显示，虽然传统新闻机构对 Twitter 等数字平台的态度会有所变化，不过它们始终尝试将新技术作为自身新闻生产和传播过程中的一部分，以此强调自身的正统地位。⑥ 在互联网的强大作用以及新闻业自身的坚持下，以 Twitter 为代表的社交网络被视作"网络交流空间"，不同行动者以及不同立场、观点和价值的信

---

① L. Molyneux, A. Holton, "Branding（Health）Journalism Perceptions, Practices, and Emerging Norms", *Digital Journalism*, Vol.3, No.2, 2015, pp.225-242.

② F. Hanusch, A. Bruns, "Journalistic Branding on Twitter A Representative Study of Australian Journalists' Profile Descriptions", *Digital Journalism*, Vol.5, No.1, 2017, pp.26-43.

③ C. Brems, M. Temmerman, T. Graham and M. Broersma, "Personal Branding on Twitter How Employed and Freelance Journalists Stage Themselves on Social Media", *Digital Journalism*, Vol.5, No.4, 2017, pp.443-459.

④ C. Artwick, "Reporters on Twitter: Product or Service?", *Digital Journalism*, Vol.1, No.2, 2013, pp.212-228.

⑤ F. Hanusch, D. Nölleke, "Journalistic Homophily on Social Media Exploring Journalists' Interactions with Each Other on Twitter", *Digital Journalism*, Vol.7, No.1, 2019, pp.22-44.

⑥ F. Vis, "Twitter As a Reporting Tool For Breaking News Journalists Tweeting the 2011 UK Riots", *Digital Journalism*, Vol.1, No.1, 2013, pp.27-47.

息在其中相互碰撞。在这种传统与现代的交织过程中，新闻生产也展现出了与过去不同的特质：传统的生产和叙事结构被瓦解，并且开始呈现出以杂糅为特质的新闻生产模式。①

不过，不同地区和不同机构的从业者对这些社交媒体的态度有所不同。赫德曼（U. Hedman）和耶尔夫-皮埃尔（M. Djerf-Pierre）对瑞典新闻工作者的调查发现，社交媒体正在改变新闻工作者的日常生活和工作生活。传统相对有着固定工作时间的新闻工作正在向 7×24 小时转向。最重要的是，一些新闻工作者对这种社交媒体持有积极态度，另一些人却持有相对消极的态度。② 不只是同一国家内部的新闻工作者存在不同的观点，不同国家的新闻工作者对有关技术的态度可能也存在着差异。古亚什（A. Gulyas）在一项针对芬兰、德国、瑞典和英国四个国家新闻工作者展开的研究中就发现，不同国家的新闻工作者对待数字技术的观点存在着差异，呈现逐渐分散的态势。③ 更让研究者惊讶的是，原本被认为"钝于转变"的电视调查新闻业，也逐渐向社交平台展开怀抱，开始积极使用社交平台上的内容。④ 实际上，尽管新闻业始终被认为对新技术较为保守，但这并不意味着行业内部的所有人都对新技术有着相似态度，新闻业内部同样存在分化的现象。贝莱尔-加尼翁（V. Belair-Gagnon）等人对新技术使用者的研究就表明，一些新闻工作者对新技术非常接纳和认同，努力将新技术纳入既有的新闻生产之

---

① A. Hermida, "Journalism: Reconfiguring Journalism Research About Twitter, One Tweet at a Time", *Digital Journalism*, Vol.1, No.3, 2013, pp.295-313.

② U. Hedman, M. Djerf-Pierre, "The Social Journalist Embracing the Social Media Life or Creating a New Digital Divide?", *Digital Journalism*, Vol.1, No.2, 2013, pp.368-385.

③ A. Gulyas, "The Influence of Professional Variables on Journalists' Uses and Views of Social Media: A Comparative Study of Finland, Germany, Sweden and the United Kingdom", *Digital Journalism*, Vol.1, No.2, 2013, pp.270-285.

④ J. Abdenour, "Digital Gumshoes Investigative Journalists' Use of Social Media in Television News Reporting", *Digital Journalism*, Vol.5, No.4, 2017, pp.472-492.

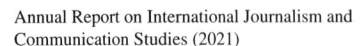

中。一旦行业禁忌打开或行业开始大规模接受这类新技术，这些人便会成为新技术的推动者之一。①

除了作为主要新闻分发平台的社交媒体外，数字技术在新闻生产领域的使用同样引发了学者们的关注。特别是自动化写作的出现，引发了机器记者将取代人类记者的普遍担忧。尽管有学者认为其为新闻机构和新闻工作者提供了"一个有趣的发展机会"②，但是更多的研究者表现出了明显的忧虑，认为机器嵌入新闻生产改变着原本的新闻场域③，还会引发"道德和社会问题"④。查达（K. Chadha）和韦尔斯（R. Wells）的访谈结果显示，新闻工作者们承认自动化写作等技术为新闻生产提供了便利，但是大多数新闻工作者依然对数字技术表现出了极其谨慎的态度。⑤ 蒙塔尔（T. Montal）和莱奇希（Z. Reich）更是提出了一个令人深思的问题：机器人和新闻工作者究竟谁才是作者？⑥ 卡尔森（M. Carlson）指出，"在新兴的以数据为中心的新闻实践中，没有一种像'自动化新闻'那样具有破

---

① V. Belair-Gagnon, T. Owen and A. Holton, "Unmanned Aerial Vehicles and Journalistic Disruption Perspectives of Early Professional Adopters", *Digital Journalism*, Vol.5, No.10, 2017, pp.1226-1239.

② T. Lokot, N. Diakopoulos, "News Bots Automating News and Information Dissemination on Twitter", *Digital Journalism*, Vol.4, No.6, 2016, pp.682-699.

③ W. Wu, E. Tandoc and C. Salmon, "A Field Analysis of Journalism in the Automation Age: Understanding Journalistic Transformations and Struggles Through Structure and Agency", *Digital Journalism*, Vol.7, No.4, 2019, pp.428-446.

④ N. Thurman, K. Dörr and J. Kunert, "When Reporters Get Hands-on with Robo-Writing: Professionals Consider Automated Journalism's Capabilities and Consequences", *Digital Journalism*, Vol.5, No.10, 2017, pp.1240-1259.

⑤ K. Chadha, R. Wells, "Journalistic Responses to Technological Innovation in Newsrooms: An Exploratory Study of Twitter Use", *Digital Journalism*, Vol.4, No.8, 2016, pp.1020-1035.

⑥ T. Montal, Z. Reich, "I, Robot. You, Journalist. Who is the Author? Authorship, Bylines and Full Disclosure in Automated Journalism", *Digital Journalism*, Vol.5, No.7, 2017, pp.829-849.

坏性"①，原因就在于这项技术的运用彻底动摇了人类在新闻业的核心地位，进一步侵蚀了整个行业的合法性根基。特别是一些新闻机构出于成本和其他考量，选择使用机器代替人工从事新闻生产。② 从长远来看，由于人工生产的新闻并不能够达到人们的预期，用户很可能选择接受自动化生产的新闻，而非人工生产的新闻。③ 自动化新闻的背后是算法的运行，它在改变新闻传播模式的同时，也挑战了新闻生产中人的主体性地位和新闻业的中心地位。安德森（C. W. Anderson）指出，"算法在调节记者、受众、新闻室和媒体产品等方面发挥着越来越重要的社会技术作用，这种调节兼具社会性和规范性的意义。"④ 在新闻生产中，算法驱动的决策工具所起的作用愈发重要，对算法和数据的新闻使用已经从数据分析和新闻选择迈向了一个更为先进的自动化状态，在不需人工介入的情况下，程序就能够将数据转换为可发表的新闻报道。这导致原本的新闻实践模式被彻底无视，人的主体性正在遭遇机器的侵蚀。⑤ 迪亚科普洛斯（N. Diakopoulos）认为，这种越来越被广泛使用的数字技术事实上正在模糊人们的判断。自动化的信息处理方式并非绝对地客观公平，其开发者和使用者应当履行相应的责任。⑥ 德尔

---

① M. Carlson, "The Robotic Reporter Automated Journalism and the Redefinition of Labor, Compositional Forms, and Journalistic Authority", *Digital Journalism*, Vol.3, No.3, 2015, pp.416-431.
② E. Tandoc Jr., L. Yao and S. Wu, "Man vs. Machine? The Impact of Algorithm Authorship on News Credibility", *Digital Journalism*, Vol.8, No.4, 2020, pp.548-562.
③ M. Haim, A. Graefe, "Automated News: Better than Expected?", *Digital Journalism*, Vol.5, No.8, 2017, pp.1044-1059.
④ C. W. Anderson, "Towards a Sociology of Computational and Algorithmic Journalism", *New Media & Society*, Vol.15, No.7, 2012, pp.1005-1021.
⑤ M. De Vito, "From Editors to Algorithms A Values-based Approach to Understanding Story Selection in the Facebook News Feed", *Digital Journalism*, Vol.5, No.6, 2017, pp.753-773.
⑥ N. Diakopoulos, "Algorithmic Accountability Journalistic Investigation of Computational Power Structures", *Digital Journalism*, Vol.3, No.3, 2015, pp.398-415.

（K. Dörr）和霍恩布赫纳（K. Hollnbuchner）认为算法导致专业新闻业面临变革和新的道德挑战，因为算法挑战了原本新闻业所坚守的客观性、权威性、透明性等原则，正在让冰冷的机器代替人从事新闻传播工作。①

面对数字技术存在的多重面向，研究者们也展现出了不同的态度。如拉塞尔（F. Russell）等人持积极看法，认为社交平台正在给新闻业带来新的机遇。②哈钦斯（R. Hutchins）和博伊尔（R. Boyle）也表示在移动媒介环境和机构变迁环境下的体育新闻记者正在形成新的"实践共同体"，数字技术使新闻职业群体比以往更加团结。③奥珀高（B. Oppegaard）和拉比（M. Rabby）相信，在某些情况下，这些数字技术比人更了解用户喜欢什么，也更知道用户想要什么。④当然，也有大量研究则指出了数字技术的有限性。沃尔夫（C. Wolf）和施瑙费尔（A. Schnauber）就发现，尽管移动端已经成为普通民众获取新闻的最主要方式，但是这些移动端所传递的信息相当大的一部分来自传统新闻机构。⑤哈德（R. Harder）等人的研究表明，即使在 Twitter 这样看似公平自由的平台上，传统新闻机构和政治人物等在线下社会具备重要影响力的主体依然占据着线上的主导地

---

① K. Dörr, K. Hollnbuchner, "Ethical Challenges of Algorithmic Journalism", *Digital Journalism*, Vol.5, No.4, 2017, pp.404-419.

② F. Russell, M. Hendricks, H. Choi and E. Stephens, "Who Sets the News Agenda on Twitter? Journalists' Posts During the 2013 US Government Shutdown", *Digital Journalism*, Vol.4, No.6, 2015, pp.925-943.

③ B. Hutchins, R. Boyle, "A Community of Practice Sport Journalism, Mobile Media and Institutional Change", *Digital Journalism*, Vol.5, No.5, 2017, pp.496-512.

④ B. Oppegaard, M. Rabby, "Proximity Revealing New Mobile Meanings of a Traditional News Concept", *Digital Journalism*, Vol.4, No.5, 2016, pp.621-638.

⑤ C. Wolf, A. Schnauber, "News Consumption in the Mobile Era the Role of Mobile Devices and Traditional Journalism's Content Within the User's Information Repertoire", *Digital Journalism*, Vol.3, No.5, 2015, pp.759-776.

位。① 约翰逊（M. Johnson）等人的实证分析结果也显示，Twitter 使用目前是新闻生产和传播中的一个环节，有着内嵌的特征，因此其本质上不具有颠覆性。② 新闻工作者在 Twitter 上尝试通过话语建构自身的专业形象以及发布者地位，以维系资深权威。因此，使用 Twitter 等社交平台从事新闻实践，更像是新闻工作者传播内容和树立威信的一种手段。③ 林登（C. Linden）更是坚持，尽管数字技术已经渗透到新闻业数十年，但是该行业依然有着众多未被技术替代的从业者，原因就在于新闻工作者已经表现出了强大的适应和缓解新技术的能力。④

无论如何，新闻业都正在经历一场革命，如何通过创新摆脱行业危机成了全世界新闻机构都要面对的问题。⑤ 一些新闻机构尝试开展阅读付费，以扩大收入来源。但让许多美国新闻机构头痛的是，愿意付费的读者依然较少。⑥ 德鲁（K. Drew）和托马斯（R. Thomas）的研究指出，在生存压力之下，原本新闻部门和业务部门分割的情况正在发生变化，两者正在逐渐走向"协同"。⑦ 在这个

---

① R. Harder, S. Paulussen and P. Aelst, "Making Sense of Twitter Buzz The Cross-media Construction of News Stories in Election Time", *Digital Journalism*, Vol.4, No.7, 2016, pp.933-943.

② M. Johnson, S. Paulussen and P. Aelst, "Much Ado About Nothing? The Low Importance of Twitter as a Sourcing Tool for Economic Journalists", *Digital Journalism*, Vol.6, No.7, 2018, pp.869-888.

③ U. Olausson, "The Reinvented Journalist: The Discursive Construction of Professional Identity on Twitter", *Digital Journalism*, Vol.5, No.1, 2017, pp.61-81.

④ C. Linden, "Decades of Automation in the Newsroom Why are There Still So Many Jobs in Journalism?", *Digital Journalism*, Vol.5, No.2, 2017, pp.123-140.

⑤ A. Mare, "New Media Technologies and Internal Newsroom Creativity in Mozambique the Case of @verdade", *Digital Journalism*, Vol.2, No.1, 2014, pp.12-28.

⑥ H. Chyi, Y. Margaret Ng, "Still Unwilling to Pay: An Empirical Analysis of 50 U.S. Newspapers' Digital Subscription Results", *Digital Journalism*, Vol.8, No.4, 2020, pp.526-547.

⑦ K. Drew, R. Thomas, "From Separation to Collaboration Perspectives on Editorial-business Collaboration at United States News Organizations", *Digital Journalism*, Vol.6, No.2, 2018, pp.196-215.

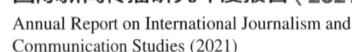

过程中，受众的新闻消费行为对新闻业的存续日益重要，通过受众分析技术来发掘"量化的受众"（quantified audiences）已经成为引导新闻生产的重要指针。[1]新闻制作者在他们的观念选择与受众喜好之间不断平衡，生产新闻产品。[2] 不过，过分地追求"受众中心"并不总是产生积极作用，其背后可能蕴含着危机。[3] 一定程度上，上述新闻机构对商业模式的探索和受众分析技术的采纳都属于新闻创新的举措，在过去十多年，它已经成为新闻学研究中的热门议题。帕夫利克（J. Pavlik）就表示，在全球新闻业都进入了动态化的今天，创新比以往任何时候都更为重要。[4] 霍夫施泰特尔（B. Hofstetter）和舍恩哈根（P. Schoenhagen）探讨了新闻室创新的机遇与阻力。两位学者认为，新闻规范与价值观之间的冲突以及新闻生产时间性的要求，正在影响新闻机构的融媒体新闻生产。[5] 尽管新闻业尝试将数字技术纳入自身的运行轨迹之中，但是依然需要面对新闻编辑室领导、组织文化和创新速度等因素的张力。[6]

（二）新闻室外：数字技术带来的环境变化

新闻编辑室内的实践变化涉及社交媒体、自动化新闻、新闻创新等热门议题，更多是从新闻业的角度出发考虑问题，有着典型的行业中心视角。但是仅仅

---

[1] R. Zamith, "Quantified Audiences in News Production A Synthesis and Research Agenda", *Digital Journalism*, Vol.6, No.4, 2018, pp.418-435.

[2] R. Ferrer-Conill, E. Tandoc Jr., "The Audience-Oriented Editor Making Sense of the Audience in the Newsroom", *Digital Journalism*, Vol.6, No.4, 2018, pp.436-453.

[3] E. Tandoc Jr., R. Thomas, "The Ethics of Web Analytics Implications of Using Audience Metrics in News Construction", *Digital Journalism*, Vol.3, No.2, 2015, pp.243-258.

[4] J. Pavlik, "Innovation and The Future of Journalism", *Digital Journalism*, Vol.1, No.2, 2013, pp.181-193.

[5] B. Hofstetter, P. Schoenhagen, "When Creative Potentials are Being Undermined By Commercial Imperatives: Change and Resistance in Six Cases of Newsroom Reorganization", *Digital Journalism*, Vol.5, No.1, 2017, pp.44-60.

[6] J. Boyles, "The Isolation of Innovation Restructuring the Digital Newsroom Through Intrapreneurship", *Digital Journalism*, Vol.4, No.2, 2016, pp.229-246.

关注新闻业内部已经无法准确地理解新闻业的现在和未来，必须将新闻业的变化置于一个更广阔的空间范围内予以解析。对新闻业由"固态"走向"液态"的描摹就意味着新闻研究领域正在发生视角上的变化，需要在新闻编辑室之外考察新闻业所处的环境。

数字技术对新闻业的影响，不仅体现在其重塑了传统新闻业的实践和生产常规，更体现在原本不具备传播权力的主体拥有了传播的权力，并开始与新闻业同台竞争。公民新闻或参与式新闻就是技术催生下的新传播模式的典型代表。巴恩斯（R. Barnes）在一项以参与式新闻作为对象的研究中指出，相比以往任何时刻，今天的人们有着更多的机会接近传播媒介。[1] 沃尔（M. Wall）将以往研究者们对公民新闻的分析归纳成了几个类型：与主流新闻媒介的互动；独立公民倡议的优缺点；维权性的公民新闻参与者。[2] 在过去十年的时间里，人们对公民新闻的态度正在发生转变。莫滕森（T. Mortensen）等人使用因子分析将公民新闻参与者的自我认同区分为了三个维度：坚定、自我实现的追求者，看门狗的看门狗和热忱的希望。[3] 无论以何种方式，公民新闻存在的重要先决条件都是个人能够对传播技术进行运用。起源于"业余新闻博客"的公民新闻参与者们，正在利用各种各样的数字技术手段，参与到新闻活动和公共生活中。今天的公民新闻实际上早已超越了新闻本身的范畴，成为新的公民现象。[4] 尽管在实际的新闻活动中，准确区分职业群体参与和非职业群体参与并不容易，但毫无疑问的是普通公民正

---

[1] R. Barnes, "The 'Ecology of Participation': A Study of Audience Engagement on Alternative Journalism Websites", *Digital Journalism*, Vol.2, No.4, 2014, pp.542-557.
[2] M. Wall, "Citizen Journalism: A Retrospective on What We Know, an Agenda for What We Don't", *Digital Journalism*, Vol.3, No.6, 2015, pp.797-813.
[3] T. Mortensen, A. Keshelashvili and T. Weir, "Who We Are a Q-study of Types of Citizen Journalists", *Digital Journalism*, Vol.4, No.3, 2016, pp.359-378.
[4] V. Campbell, "Theorizing Citizenship in Citizen Journalism", *Digital Journalism*, Vol.3, No.5, 2015, pp.704-719.

在新闻活动中承担起越来越重要的角色。①

公民新闻的出现并非偶然，这种现象与职业群体在某些方面的缺失存在着关联。②③瓦格纳（M. Wagner）和博奇科夫斯基（P. Boczkowski）的调查结果表明，数字时代虚假新闻泛滥，职业群体的中心地位也在发生偏转，今天的人们对新闻的信任程度明显较低。④因此，公民新闻运动被认为是在帮助"解决社会的'民主赤字'"，以此重建公民身份。⑤一项来自英国的研究也证实，传统新闻机制正在被越来越多的人所怀疑。人们希望新闻业提供更为有效的解决现实生活问题的方案。⑥在假新闻越来越多的情况下，甚至出现了专门从事事实核查的公民机构。这些机构并非由传统意义的新闻从业者组成，却从事着与新闻密切相关的工作。⑦奥贝尔（A. Auber）和尼西（J. Nicey）的研究也表明，这些公民新闻参与者选择参与到新闻活动中也受到了社会责任感和新闻逻辑的影响。⑧

---

① A. Krumsvik, "Newspaper Ownership And The Prioritization of Digital Competences", *Digital Journalism*, Vol.3, No.5, 2015, pp.777-790.

② M. Wall, S. Zahed, "Syrian Citizen Journalism: A Pop-up News Ecology in an Authoritarian Space", *Digital Journalism*, Vol.3, No.5, 2015, pp.720-736.

③ P. Straub-Cook, "Source, Please? A Content Analysis of Links Posted in Discussions of Public Affairs on Reddit", *Digital Journalism*, Vol.7, No.10, 2019, pp.a1314-1332.

④ M. Wagner, P. Boczkowski, "The Reception of Fake News: The Interpretations and Practices That Shape the Consumption of Perceived Misinformation", *Digital Journalism*, Vol.7, No.7, 2019, pp.870-885.

⑤ T. Harcup, "Alternative Journalism as Monitorial Citizenship? A Case Study of a Local News Blog", *Digital Journalism*, Vol.4, No.5, 2016, pp.639-657.

⑥ A. Williams, D. Harte and J. Turner, "The Value of UK Hyperlocal Community News Findings from a Content Analysis, an Online Survey and Interviews with Producers", *Digital Journalism*, Vol.3, No.5, 2015, pp.680-703.

⑦ D. Cheruiyot, R. Ferrer-Conill, "'Fact-Checking Africa' Epistemologies, Data and the Expansion of Journalistic Discourse", *Digital Journalism*, Vol.6, No.8, 2018, pp.964-975.

⑧ A. Auber, J. Nicey, "Citizen Photojournalists and Their Professionalizing Logics: The Case of Contributors to the Citizenside Agency", *Digital Journalism*, Vol.3, No.4, 2015, pp.552-570.

除公民发布新闻外，研究者们还关注到了普通用户在新闻平台上发表的公共言论。与公民新闻类似，这些在线用户评论同样针对某些特定的议题展开探讨，并能够影响到新闻生产者所具有的权威性。尽管不同网站或平台的在线讨论功能在设计和可操作性等方面存在差异，但是越来越多的网站和平台加入了这一功能。[1] 通过对线上新闻网站进行民族志观察，沃尔夫冈（D. Wolfgang）发现来自这些新闻网站的评论审查者实际上在寻求一种艰难的平衡：一方面，审查者希望用户发表更多的评论；另一方面，审查者又不希望用户发表低质量甚至是挑战自身权威地位的评论。[2] 这种做法并不鲜见，早前的一些研究也表明，专业新闻媒体在有意识地排除公众对新闻生产的介入。除了来自专业媒体的抗拒之外，还有一些学者对这种形式的公共讨论本身表现出了较为悲观的态度。新闻平台评论区出现不理解、谩骂甚至是攻击现象，让人们"普遍认为这些公共空间无法实现与他人理性讨论的目标"[3]。开放评论可能会降低人们对新闻的满意度和信任程度[4][5]，以至于一些在线平台不允许公众展开评论，以此维护其权威性[6]。克西

---

[1] N. Stroud, J. Scacco and A. Curry, "The Presence and Use of Interactive Features on News Websites", *Digital Journalism*, Vol.4, No.3, 2016, pp.339-358.

[2] D. Wolfgang, "Cleaning up the 'Fetid Swamp': Examining How Journalists Construct Policies and Practices for Moderating Comments", *Digital Journalism*, Vol.6, No.1, 2018, pp.21-40.

[3] T. Ksiazek, L. Peer and A. Zivic, "Discussing the News Civility and Hostility in User Comments", *Digital Journalism*, Vol.3, No.6, 2015, pp.850-870.

[4] J. Lischka, M. Messerli, "Examining the Benefits of Audience Integration Does Sharing of or Commenting on Online News Enhance the Loyalty of Online Readers?", *Digital Journalism*, Vol.4, No.5, 2016, pp.597-620.

[5] M. Dohle, "Recipients' Assessment of Journalistic Quality Do Online User Comments or the Actual Journalistic Quality Matter?", *Digital Journalism*, Vol.6, No.5, 2018, pp.563-582.

[6] J. Hatcher, M. Currin-Percival, "Does the Structural Pluralism Model Predict Differences in Journalists' Perceptions of Online Comments?", *Digital Journalism*, Vol.4, No.3, 2016, pp.302-320.

亚泽克（T. Ksiazek）和斯普林格（N. Springer）通过研究数字新闻平台上的用户评论，发现影响用户评论数量的因素主要有文章主题、记者为新闻事件赋予了什么样的语境、记者如何解释新闻事件等。①

除了公民新闻和在线评论外，数字创业公司（digital start-ups）也成为研究者关注的对象，是一个新的研究热点。② 这些数字新闻初创公司作为新闻场域中的新来者，正在获得大投资商、风险资本和技术企业的青睐，未来将会在新闻生态系统中扮演着日益重要的角色。③ 普赖斯（J. Price）表示它们的创立甚至也和新闻业的社会责任感有着关联。④ 厄舍（N. Usher）也指出一些数字创业公司的成立与传统新闻业的危机以及不能满足人们的需求有关。⑤ 不过，这些创业公司并不可以真正完全与新闻业划清界限。在与新闻业保持着紧密又暧昧关系的同时，卡尔森和厄舍对数字新闻初创公司创业宣言的研究就发现，这些新媒体平台的创刊宣言不仅是要将自身的定位、宗旨以及对于未来的畅想向读者进行说明，还是一种针对受众、广告主和投资者等群体进行的劝说和动员，是创建新媒体平台过程的构成部分。⑥ 宣言给这些新闻场域的新成员提供了一个公共空间，它们可以在其中就如何改变新闻，如何想象并最终创造新模式和新实践进行理想化的

---

① T. Ksiazek, N. Springer, "User Commnets in Digital Journalism: Current Research and Future Directions", in *The Routledge Handbook of Developments in Digital Journalism Studies*, New York: Routledge, 2019, pp.475-486.

② M. Deuze, T. Witschge, "Beyond Journalism: Theorizing the Transformation of Journalism", *Journalism*, Vol.19, No.2, 2017, pp.165-181.

③⑤ N. Usher, "Venture-backed News Startups and the Field of Journalism Challenges, Changes, and Consistencies", *Digital Journalism*, Vol.5, No.9, 2017, pp.1116-1133.

④ J. Price, "Can The Ferret Be a Watchdog? Understanding the Launch, Growth and Prospects of a Digital, Investigative Journalism Start-up", *Digital Journalism*, Vol.5, No.10, 2017, pp.1336-1350.

⑥ M. Carlson, N. Usher, "News Startups as Agents of Innovation", *Digital Journalism*, Vol.4, No.5, 2016, pp.563-581.

表达。

另外一个值得重视的新的新闻行动者是平台媒体,这些原本不属于新闻业的数字创业公司,却在从事着与新闻业密切相关的工作。尼尔森(R. K. Nielsen)和甘特尔(S. A. Ganter)的研究结果表明,平台媒体已经凭借自身的垄断地位建立起了新的传播规则,新规则下的双方地位明显不对等,平台媒体可以通过规则的修改影响传统新闻机构的利润收益。① 传统新闻机构的新闻生产必须按照平台制定的规则进行,一旦违背了平台媒体的意愿,新闻的推送率就会受到明显的影响。尽管已经在新闻场域中扮演关键角色,但Facebook、Google等平台公司拒绝将自己定位为媒体公司,理由主要有"我们不生产内容""我们的员工是计算机科学家""我们没有对内容编辑进行人工干预"。纳波利(P. M. Napoli)和罗宾(C. Robyn)从经济、历史、政策的角度对上述理由逐一进行批驳。为何这些平台公司纷纷强调自己是技术公司,拒绝承认自己是传媒公司?他们分析了其中的潜在动机:一是为了吸引投资,技术公司的分类和定位对于吸引投资而言十分重要,投资者一般认为技术公司的盈利潜力大于传媒公司;二是为了规避传媒法规的监管。②

更令学者担忧的是新闻业和平台之间的天平正在发生倾斜。厄尔曼(J. Ørmen)甚至使用"Gooling新闻"(Googling the news)形容搜索引擎巨头Google给新闻业带来的巨大影响。在他看来,这些技术平台正在改变着新闻的传播模式,推动着新闻从传播走向分发。③ 焦梅拉基斯(D. Giomelakis)和韦格

---

① R. K. Nielsen, S. A. Ganter, "Dealing with Digital Intermediaries: A Case Study of the Relations Between Publishers and Platforms", *New Media & Society*, Vol.20, No.4, 2018, pp.1600-1617.
② P. M. Napoli, C. Robyn, "Why Media Companies Insist They're Not Media Companies, Why They're Wrong, and Why It Matters", *First Monday*, Vol.22, No.5, 2017.
③ J. Ørmen, "Googling the News: Opportunities and Challenges in Studying News Events Through Google Search", *Digital Journalism*, Vol.4, No.1, 2016, pp.107-124.

里斯（A. Veglis）的研究也证实，搜索引擎对新闻业有着极其深远的影响：一方面，搜索引擎为新闻网站进行引流；另一方面，新闻网站利用搜索引擎并对搜索引擎结果进行优化，以此对自身展开推广。[1]哈洛（S. Harlow）和萨拉韦里亚（R. Salaverría）的调查证实，这些新型数字平台的出现绝不只是单纯丰富了新闻领域，而是体现出强大的替代性的野心。通过探讨拉丁美洲的本地数字新闻平台，两位学者认定这些平台除了开展数字新闻相关业务外，还开启了一系列看似有些过时的新闻业务，其目的正是撼动新闻机构的地位。[2]卡尔森对Facebook的研究也显示，这些以数字技术为典型特征的平台对新闻业的具体实践、行业地位以及公众形象都有明显的影响。[3]涅丘什泰（E. Nechushtai）引入俘获理论（Theory of Capture），认为数字新闻业中已经表现出被设施俘获的倾向，即新闻业失去了对自身基础设施的掌控权，这种掌控权落入了数字平台之手。[4]新闻业原本担负着监督数字平台的责任，现在却反而受制于后者，关键原因在于，新闻组织的受众来自数字平台。

三、数字新闻学的盲点与不足

鉴于数字新闻业相对于传统新闻业的不同，已有大量研究讨论了新闻业受

---

[1] D. Giomelakis, A. Veglis, "Investigating Search Engine Optimization Factors in Media Websites The Case of Greece", *Digital Journalism*, Vol.4, No.3, 2016, pp.379-400.

[2] S. Harlow, R. Salaverría, "Regenerating Journalism Exploring the 'Alternativeness' and 'Digital-ness' of Online-native Media in Latin America", *Digital Journalism*, Vol.4, No.8, 2016, pp.1001-1019.

[3] M. Carlson, "Facebook in the News Social Media, Journalism, and Public Responsibility Following the 2016 Trending Topics Controversy", *Digital Journalism*, Vol.6, No.1, 2018, pp.4-20.

[4] E. Nechushtai, "Could Digital Platforms Capture the Media Through Infrastructure?", *Journalism*, Vol.19, No.8, 2018, pp.1043-1058.

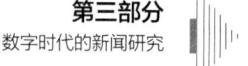

技术变迁影响所发生的变化，广泛涉及新闻融合、生产常规、参与式新闻、社交媒体等不同领域。博奇科夫斯基和米切尔施泰因（E. Mitchelstein）通过对过往二十多年在线新闻研究的梳理发现，有关研究者集中讨论了五个关键主题：历史脉络和市场环境、创新过程、新闻业的实践、对既定专业动力的挑战、与受众的关系和用户生产内容的角色。① 这些主题更多是在新情境下需要解决的问题，尤其是新闻行业自身面临危机、挑战、冲击后的变化以及相应的变革。

不过，学者们对数字新闻的研究进展不太满意，主要的批评有两点：一是研究落后于在线新闻的现实发展。研究存在的主要问题就在于方法和理论的创新性不够。大量研究运用内容分析、问卷或访谈等方式对产品、实践、认知等问题进行描述，这在学科发展早期还是有价值的，有助于研究者明确研究对象究竟是什么。但随着学科发展成熟，这种研究方式就不够有效了。还有一些研究更具概念性，但这些概念或理念往往仍然来自传播研究的早期理论，难以适用于新的社会场景中。二是现有研究只能做到从其他学科输入，而无法有效地输出。博奇科夫斯基和米切尔施泰因形容以往对在线新闻的研究一直走在一条单行道上（one-way street），他们希望实现的是一种双向的交换，将网络视角引入对新闻的研究为网络研究中对技术和组织因素的讨论提供了一个可能的场景。② 研究者们已经注意到数字新闻学研究近些年得以快速发展，学科领域有了很大的扩张，但与此同时，学科所需的思想体系依然需要在一个没有边界、缺少规则的领域内不断增长。

斯廷森等人提出了数字新闻学研究目前存在的盲点：一是在方法与理论层面都存在社会科学偏向，这会导致一些问题，尤其与将新闻业作为数字化时代的意

---

①② P. J. Boczkowski, E. Mitchelstein, "Scholarship on Online Journalism: Roads Traveled and Pathways Ahead", in *Remaking the News*: *Essays on the Future of Journalism Scholarship in the Digital Age*, Cambridge, MA and London: MIT Press, 2017, pp.15-26.

义和知识生产者有关；二是存在当代化偏向，从而忽视了新闻学研究的一些历史遗产；三是没有很好地吸纳计算机科学与信息科学等领域的理论视角。① 如何应对第一个盲点？社会科学的视角与方法本身没有问题，但为了解决下述问题，为了给未来的研究者一个交代，数字新闻学研究必须从人文科学中吸纳学术视角和质化分析方法：新闻文本中的观念和话语是如何被建构的？数字新闻业如何为其所服务的社会与文化创造意义？数字新闻业如何发挥知识创造系统的功能？上述问题与历史发展进程有何联系？为了应对第二个盲点，数字新闻学研究应当加强对于过去的关注，以更好地理解现在、预测未来。为了应对第三个盲点，数字新闻学研究应当在更为理论化的层面与计算机科学和信息科学建立联系。例如，理论计算机科学提供了一些描述、解释算法的基本语言和概念。如今，随着数字新闻业愈发依赖算法，数字新闻学界就很有必要吸纳这些语言和概念。

针对当前数字新闻学研究存在的问题，别的研究者也提出了很多解决方案。埃尔德里奇等人就认为，数字新闻学研究应当承认"连续性"与"改变"之间的张力，即不能只强调理论、方法创新而无视以往的研究成果。② 斯廷森等人也警告说，很多研究者高度关注正在变化的事物，会导致忽视不变的事物。③ 探究新闻业与社会之间较为稳定的深层关系十分重要，也是数字新闻学研究或新闻学研究的重要任务。埃尔德里奇等人还指出，不要局限于研究数字新闻的生产、分发、消费这些为学界所熟悉的领域，也不要局限于易于识别、辨认的文本内容层面，应当进一步探究如何在数字化领域给新闻业定位；数字新闻学研究应当

---

① S. Steensen, A. M. Grøndahl Larsen, Y. Benestad Hågvar and B. Kjos Fonn, "What Does Digital Journalism Studies Look Like?", *Digital Journalism*, Vol.7, No.3, 2019, pp.320-342.

② S. Eldridge II, K. Hess, E. Tandoc Jr. and O. Westlund, "Navigating the Scholarly Terrain: Introducing the Digital Journalism Studies Compass", *Digital Journalism*, Vol.7, No.3, 2019, pp.386-403.

③ S. Steensen, A. M. Grøndahl Larsen, Y. Benestad Hågvar and B. Kjos Fonn, "What Does Digital Journalism Studies Look Like?", *Digital Journalism*, Vol.7, No.3, 2019, pp.320-342.

吸收那些关注到社会中个体与机构之间力量斗争的研究。① 这些力量斗争可能是由新闻业和技术所塑造的，也可能力量斗争塑造了后面两者。还应当关注这种斗争对社会、新闻业、公众、个体以及我们周边世界的影响。研究者进一步指出，数字新闻研究需要处理好数字（digital）与新闻业（journalism）之间、变革（change）与连续性（continuity）之间的内在张力，在下面五个方面有所推进：其一，承认连续性和变革之间的紧张关系；其二，拥抱与现有理论和概念相关的学术研究，包括有助于增进理解数字新闻业的跨学科视角；其三，避免将研究局限在熟悉的新闻生产、发行或消费方面；其四，重新思考新闻业与数字化之间的关系；其五，拥抱那些承认社会中的个体和机构之间持续进行权力斗争的工作。②

基于对变化中的新闻实践的考量，罗宾逊等人提出了理解数字新闻业的几个路径：历史脉络的敏感性（contextual sensitivity）、整体的关系性（holistic relationality）、比较倾向（comparative inclination）、规范意识（normative awareness）、嵌入式的传播权力（embedded communicative power）以及方法论的多元主义（methodological pluralism）。③ 这些既是新闻学研究的核心承诺，同样也应该成为数字新闻研究遵循的核心承诺，以促进数字新闻学研究。斯廷森和韦斯特隆德指出，数字新闻学研究在跨学科研究、知识积累、理论与概念的发展等方面仍然有改进空间：其一，它应该敏锐关注新闻业以外的社会行业，以及新闻业与社会之间的关系；其二，无论是否包含新闻业内部的合作，实验研究、应用研究、行动研究都要致力于进一步开发新的理论维度；其三，学术领域

---

①② S. Eldridge II, K. Hess, E. Tandoc Jr. and O. Westlund, "Navigating the Scholarly Terrain: Introducing the Digital Journalism Studies Compass", *Digital Journalism*, Vol.7, No.3, 2019, pp.386-403.

③ S. Robinson, S. Lewis and M. Carlson, "Locating the 'Digital' in Digital Journalism Studies: Transformations in Research", *Digital Journalism*, Vol.7, No.3, 2019, pp.368-377.

内的（理论）发展并不意味着不与其对应的数字新闻行业产生任何关联。他们认为，当下的数字新闻研究者应当停下脚步，重新思考他们的规范化观念以及研究路径，以提升其未来研究议程的价值。① 布勒尔斯马（M. Broersma）也指出，尽管听起来像是悖论，但是新闻学研究向前推进的路径之一，就是不要只关注新闻业。如果适当减少对于新闻业的关注，反而有助于新闻学研究。他建议，不要局限于从技术、平台、运营的角度探讨数字化如何被融入新闻业，而应该关注新闻业如何被融入数字化环境。②

综上所述，学界指出的改进方向大体上可以分为下面几类：加强对于其他学科领域的借鉴，尤其要关注人文科学与计算机科学、信息科学等；除了关注正在变化的事物，也应当继承新闻学研究的遗产，适当关注新闻业的过去；不要沉迷于大数据等新兴研究方法，也不要只关注容易获取研究数据的问题，重点在提出真正有价值的研究问题；加强对新闻业以外各行业的关注，将数字新闻业放置于整个社会系统中进行观察；加强学界成果向业界的转化。数字新闻学研究这门领域的诞生时间不长，所取得的研究成果也仅仅是初步的。面对快速变化的数字新闻实践，数字新闻学研究也不断地面临着各种新问题、新挑战，学界需要保持对现实变化的敏锐度，在更为丰富的理论视角的支撑下，探讨、解决各类新问题。

结语

本文梳理了数字新闻学的学科边界、研究议题、盲点与不足等，初步勾勒出这一新兴研究领域的样貌。不难看出，这一领域之所以诞生，主要是因为传媒

---

① S. Steensen, O. Westlund, *What is Digital Journalism Studies?*, London, New York: Routledge, 2021.
② M. Broersma, "Situating Journalism in the Digital: A Plea for Studying News Flows, Users, and Materiality", in *The Routledge Handbook of Developments in Digital Journalism Studies*, Abingdon, New York: Routledge, 2019, pp.515-526.

业和传播技术面临百年未有之大变局,新闻学者迫切感受到"追赶现实变化"的压力。如果不审时度势,对传统新闻学的研究方法、学科视角、研究议题进行更新,那么新闻学很有可能丧失其存在的合法性,数字新闻学正是在这种焦虑和压力的作用下形成的。

与传统新闻学的诞生、演进过程截然不同,数字新闻学出现伊始就好比一位手忙脚乱、奋力追赶公交车的游客,每当公交车进站,他就快要赶上之时,公交车司机又突然发车,驶离车站,于是他又不得不继续追赶——如此循环往复,终究难以赶上。在这种"向前追赶"的强大压力的作用下,数字新闻学来不及孕育自己的理论方法与学科视角,于是经常向其他学科借用方法与视角。这也契合了新闻传播学作为一门交叉学科的属性。传统新闻学在演进过程中大量吸收了社会学、心理学、政治学等学科的成果。如今,数字新闻学将其触角伸向了更多学科的领域,计算机科学、信息科学等也成为其借鉴对象,数字新闻学的交叉学科属性表现得更为显著。应当肯定这种四处借鉴的倾向。回顾历史,新闻传播学的理论建构和学科发展,离不开社会学、心理学、政治学、社会心理学等各学科研究者的参与。在传播形态急剧更新的当下,数字新闻学的成形壮大,更是少不了其他学科的养分供给。

尽管面临向前追赶的巨大压力,数字新闻学研究者也应当在焦虑和变化之中保持清醒:某些新传播现象或许只是昙花一现,并不值得投入大量研究精力。学者一味地追赶新现象、新变化未必是好事,有时应当适当放缓步伐或者回首过往,将目光投向新闻业与社会之间的深层关系,由此方能推动学科整体的健康发展。面对纷繁复杂、日新月异的数字传播现象,数字新闻学研究者需要开发出具备科学性、解释力,能够经受时间检验的理论研究成果。一方面要继承传统新闻学的理论成果与视角方法,另一方面又要从其他学科吸收理论、视角、方法;既要关注新业态,又不能遗忘深层的关系与问题。由此观之,数字新闻学面临的任务还很艰巨。

(白红义:复旦大学新闻学院教授;
曹诗语:上海社会科学院新闻研究所硕士研究生)

技术驱动下数字新闻创新与再适应：
以 BBC 沉浸式新闻的探索为例

Innovation and Re-adaptation of Digital News Driven by Technology：
A Case Study of BBC's Immersive News Exploration

辛艳艳

Xin Yanyan

摘　要： 沉浸式新闻作为数字新闻业的一种新创新形式，不仅带来了理念转型与新闻叙事变迁，也引发了对传统新闻业真实性原则与舆论操纵的伦理风险讨论。本文采取典型案例的研究方法，以英国广播公司（BBC）的沉浸式新闻探索为例，分析传统媒体在空间叙事、真实转化与用户引导方面的策略和路径。目前，受制于技术精英主义的影响，传统媒体对沉浸式新闻的探索仍然处于"工具性"运用而非"生态性"创新阶段，导致沉浸式新闻这一形式在数字新闻高度网络化的特征下具有明显的关联缺陷，也无法形成稳定的新文化分支，从而始终属于新闻产品的非主流样态。

Abstract： As a new form of innovation in digital journalism, immersive journalism has not only brought about conceptual transformation and news narrative changes, but also triggered discussions on the ethical risks associated with the principle of authenticity in traditional journalism and manipulation of public opinion. This paper adopts a typical case study approach, taking the BBC's exploration of immersive journalism as an example to analyze the strategies and paths of traditional media in spatial narrative, authenticity transformation and user guidance. Due to the influence of technological elitism, traditional media's exploration of immersive journalism is still an "instrumental" use rather than an "ecological" innovation. This has resulted in a form of immersive journalism that has obvious relevance deficits in the highly networked nature of digital journalism, and has failed to form a stable new cultural branch, which keeps it out of the mainstream of news products.

关 键 词： 新闻创新　沉浸式新闻　BBC
Keywords: journalism innovation, immersive journalism, BBC

新闻业作为一种信息技术产业，它的发展始终与技术紧密结合。面对数字技术的蓬勃发展，"新闻创新"（journalism innovation）成为学界和业界颇受关注的主题，各类前沿技术的运用成为传统媒体数字化转型的重要探索路径，这种探索不仅在于借技术之手更快速、准确地报道新闻，更重要的是寻找新闻业的增长点，丰富新闻实践的内涵，实现与新闻用户的共生。

在这一背景下，以虚拟现实技术（virtual reality，VR）为代表的沉浸技术曾被媒体寄予厚望。自 2010 年以来，英美国家的媒体将以 VR 新闻为典型样式的沉浸新闻（immersive journalism）视作其从传统媒体向数字化战略转型的一个重要组成部分，《纽约时报》（The New York Times）、《今日美国》（USA Today）、《卫报》（The Guardian）、美国有线电视新闻网（CNN）、英国广播公司（BBC）、美联社（The Associated Press）等媒体都相应成立了 VR 新闻工作室，开辟了 VR 新闻专栏，试图通过场景再现和强化感官的方式重新唤起公众对于新闻业的热情。虽然沉浸式新闻的热潮从全球延烧至中国，新华社、《人民日报》、中央电视台等国内

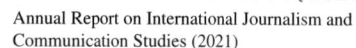

媒体也在不断积极探索，但其发展势头明显减缓，甚至部分互联网科技公司乃至传统媒体已经放弃了沉浸新闻战略。同时，沉浸新闻作为一种全新的新闻样式与传统新闻理念和职业规范之间的摩擦也不断成为学界和业界讨论的重点。

本文旨在从沉浸新闻的发展历程和传统媒体的前沿探索案例入手，分析技术驱动下数字新闻业的创新尝试，和这种创新在何种维度超越了传统新闻业的实践方式，以及这种创新遭遇了哪些困境，反映了数字新闻业在技术驱动下有哪些需要重视的问题。

一、文献综述：数字化转型新闻创新背景下的沉浸式新闻

数字化（digitalization）对传统新闻业的一大挑战是让业界重新认识到技术变革对于新闻业发展的重要性，没有一个学者会否认互联网的网络架构变化是"划时代的"[1]。

（一）数字化转型下的新闻创新实践

帕夫利克（John V. Pavlik）指出，新闻业的历史在很多方面都是由技术变革定义的，互联网是改变新闻业最明显的技术案例，不断变化的技术至少在四个广泛的领域影响着新闻工作，分别是：（1）记者如何工作；（2）新闻内容；（3）新闻编辑室的结构或者组织机构；（4）新闻机构、新闻工作者与公众之间的关系。[2]在技术挑战下，传统媒体所秉持的专业性边界以及商业盈利模式均遭遇危机。

一方面，"模糊的边界"（blurring boundaries）被研究者视为数字时代新闻业的重要特征之一[3]。杜兹（Mark Deuze）借用鲍曼（Zygmunt Bauman）的

---

[1] C. Shirky, *Here Comes Everybody: The Power of Organizing Without Organizations*, New York: Penguin Press, 2008, p.18.

[2] J. Pavlik, "The Impact of Technology on Journalism", *Journalism Studies*, Vol.1, No.2, 2000, pp.229-237, https://www.tandfonline.com/doi/pdf/10.1080/14616700050028226?needAccess=true.

[3] W. Loosen, "The Notion of the 'Blurring Boundaries' Journalism as a Differentiated Phenomenon", *Digital Journalism*, Vol.3, No.1, 2015, pp.68-84.

"液态现代性"(liquid modernity)①概念来概括数字时代的复杂媒体生态,"液态新闻业"意味着新闻业不再是稳定的实体,需要面对越来越多新客体的出现,这些新客体既包括借助用户、社群等非专业力量不断强化"个人主义"(individualism)的"新新媒体"②,也包括技术导向下的物质性(materiality)客体③。相比前者,后者在技能(skill)维度对媒体提出了全新的要求,原本新闻业所生成的社会专业生产不仅是信息生产,还体现在实际、实用的技能上④。

另一方面,商业盈利模式的崩塌直接被视为影响行业存续的危机。安德森(Michael Anderson)早在2009年就在《重构美国新闻业》("The Reconstruction of America Journalism")的报告中将报纸受众下降、经济状况迅速恶化、新闻编辑部的裁员缩减列为数字化转型危机的典型症候。"经济不确定性"(economic uncertainty)特征⑤也让新闻媒体意识到仅仅是在线付费新闻内容不足以成为新闻业赖以生存的可持续商业模式⑥。

在此背景下,创新(innovation)日益受到新闻业的重视,这种创新既包含

---

① Z. Bauman, *Liquid Modernity*, Cambridge: Polity Press, 2000; M. Deuze, "The Chaning Context of News Work: Liquid Journalism and Monitorial Citizenship", *International Journal of Communication*, Vol.2, No.5, 2008, pp.848-865.
② [美]保罗·莱文森:《新新媒介》,何道宽译,复旦大学出版社2011年版。
③ C. Anderson, J. De Maeyer, "Objects of Journalism and the News", *Journalism*, Vol.16, No.1, 2015, pp.3-9.
④ H. Collins, R. Evans, *Rethinking Expertise*, Chicago: University of Chicago Press, 2007.
⑤ B. Franklin, "The Future of Journalism: In an Age of Digital Media and Economic Uncertainty", *Journalism Studies*, Vol.15, No.5, 2014, pp.481-499.
⑥ M. Myllylahti, "Newspaper Paywalls: The Hype and the Reality", *Digital Journalism*, Vol.2, No.2, 2014, pp.179-194; B. Brandstetter, J. Schmalhofer, "Paid Content: A Successful Model for Publishing Houses in Germany?", *Journalism Practice*, Vol.8, No.5, 2014, pp.499-507; P. Bakker, "Aggregation, Content Farms and Huffinization: The Rise of Low-pay and No-pay Journalism", *Journalism Practice*, Vol.6, No.5-6, 2012, pp.627-637.

对新的技术设备的研究，也包括对媒体创新的内容研究（如格式、标题等），以及创新本身作为动态、复杂的社会过程。在对新闻创新的概念解释中，有学者指出了影响创新的十大关键因素，包括：技术（technology）、市场机会和用户行为（market opportunities and user behavior）、竞争者行为（behavior of competitors）、监管（regulation）、行业规范（industry norms）、公司战略（company strategy）、领导力和愿景（leadership and vision）、组织结构（organizational structure）、能力资源（capacity and resources）与文化和创造力（culture and creativity）。[①] 这些因素最终汇聚在新闻编辑室（newsroom）这个场域中。

此外，有学者提出新闻创新应考量两个维度：其一，什么在改变（changing），即媒体的哪一方面正在被创新；其二，创新的新颖性（degree of novelty），即这种创新是有限的还是深远的，最终产生怎样的影响。在这种维度划分下，新媒体平台的发展、新商业模式的建立和新闻媒体文本的制作方式，都属于媒体创新的范畴。[②] 结合新闻业遭遇的数字化危机，其创新必须满足好的新闻业和好的商业模式双重目标[③]，并在运作方式上以即时性（immediacy）、互动性（interactivity）、参与性（participation）的观念塑造新的新闻实践[④]。

（二）沉浸式新闻创新：理念转型、叙事变迁与伦理风险

虚拟现实之所以被新闻业看重并视为数字化转型过程中的重要战略，主要得益于其技术特点能够最大限度再现"场景"，并通过调动用户的感官感知，突破传统新闻业的参与感边界。这种突破带来的变化可以归纳为理念转型、叙事变迁

[①②] T. Storsul, A. H. Krumsvik, "What is Media Innovation?", in A. Krumsvik, T. Storsul, *Media Innovations: A Multidisciplinary Study of Change*, London: Coronet Books Incorporated, 2013.

[③] S. Quinn, "Convergence's Fundamental Question", *Journalism Studies*, Vol.6, No.1, 2005, pp.29-38.

[④] N. Usher, *Making News at the New York Times*, Ann Arbor: The University of Michigan Press, 2014.

与伦理探讨三大主题。

1. 理念转型：以"场景"为中心的意义交流

自美国媒介理论学者梅罗维茨（Joshua Meyrowitz）建构媒介场景理论以来，新闻传播学界对于"场景"的认知，便不再局限于基于地理位置的物质场所，而是延伸到了以电子媒介为代表的、由中介传播的信息系统，认为新消息交流的模式决定了人们互动的性质。虽然梅罗维茨的"场景"理论是建立在电子媒介的形式中，但他也预见到了未来新技术会带来社会地点和物质地点关系的破坏。因此，他所说的场景并非指向空间的场景，而是一种感觉区域及信息流通的型式。①VR 技术的出现恰恰让梅罗维茨的预见变成了现实。

根据美国市场研究公司高德纳（Gartner）的定义，VR 技术是围绕一个用户并根据其个体行为提供一种自然响应方式，一般是通过身临其境的头戴式显示器，提供由计算机生成的 3D 环境（包括计算机图形和 360 度视频）。这里的"场景"更贴近罗伯特·斯考伯（Robert Scoble）2013 年提出的新的"场景"，即基于移动设备、社交媒体、大数据、传感器和定位系统提供的应用技术，可以营造一种在场感。② 这种新的"场景"代表了虚拟与现实之间的延伸、链接、转换。自此，"场景"被视为移动传播中一种新的时空描述维度和新的构成要素。媒体不仅要理解特定场景中的用户，还要能够迅速地找到并推送出与之相适应的内容或服务。③ 以 VR 新闻为代表的沉浸式新闻在最大限度上凸显了场景的意义，也让地点（place）成为新闻业重视的中心④，甚至有学者认为应该开发"空间新闻

---

① 张咏华：《媒介分析：传播技术神话的解读》，复旦大学出版社 2002 年版，第 125—126 页。
② [美]罗伯特·斯考伯、[美]谢尔·伊斯雷尔：《即将到来的场景时代》，赵乾坤、周宝曜译，北京联合出版公司 2014 年版，第 9—16 页。
③ 彭兰：《新媒体传播：新图景与新机理》，《新闻与写作》2018 年第 7 期，第 5—11 页。
④ N. Usher, "Putting 'Place' in the Center of Journalism Research: A Way Forward to Understand Challenges to Trust and Knowledge in News", *Journalism & Mass Communication Monographs*, Vol.21, No.2, 2019, pp.84-146.

框架"（spatial journalism framework），以能够将空间、地点或位置（物理的、增强的和虚拟的）整合到新闻的过程和实践位置中来[1]。

因此，在沉浸式新闻制作的过程中，"地点"成为塑造新闻业的行为者和结构[2]，"地方"也不再是新闻发生之地，而成为意义交流之处。正如泽利泽（Barbie Zelizer）所说，每一个新闻故事"都以一种地点感开始，每个记者都必须以某种方式将自己与已经沟通的地点感相结合"[3]。不同的是，借助数字技术架构和功能，虚拟空间成为新的"地方"，是源自它们是意义生成和协调行动的场所[4]。

2. 叙事变迁："第一人称"的非线性叙事与共情导向的故事铺陈

布尔代亚（Grigore Burdea）和科菲特（Philippc Coiffet）在《虚拟现实技术》（*Virtual Reality Technology*）一书中总结了虚拟现实最突出的特征，即"3I"——交互性（interactivity）、沉浸感（illusion of immersion）、构想性（imagination）[5]。为了最大限度利用VR技术的长处，沉浸式新闻也在不断改变传统的叙事方式，最大限度拉近新闻业与用户的距离。具体表现为以下两点：

其一，"第一人称"的非线性叙事。与传统新闻不同的是，沉浸式新闻

---

[1] A. S. Weiss, "Journalism Conundrum: Perceiving Location and Geographic Space Norms and Values", *Westminster Papers in Communication and Culture*, No.13, No.2, 2018, pp.46-60.

[2] N. Usher, "Putting 'Place' in the Center of Journalism Research: A Way Forward to Understand Challenges to Trust and Knowledge in News", *Journalism & Mass Communication Monographs*, Vol.21, No.2, 2019, pp.84-146.

[3] B. Zelizer, "Achieving Journalistic Authority Through Narrative", *Critical Studies in Media Communication*, Vol.7, No.4, 1990, pp.366-376.

[4] P. C. Adams, "Place and Extended Agency", in N. J. Enfield, P. Kockelman, *Distributed Agency*, NY: Oxford University Press, 2017, pp.213-220.

[5] G. Burdea, P. Coiffet, "Virtual Reality Technology", *Presence*, Vol.12, No.6, 2003, pp.663-664，转引自史安斌、张耀钟：《虚拟/增强现实技术的兴起与传统新闻业的转向》，《新闻记者》2016年第1期，第34—41页。

强调的是"浸润"（immersion）和"在场"（presence），沉浸式新闻通过实现信息对用户的高度包裹，来增强用户对新闻事件的在场感。① 根据常江等人的研究，虚拟新闻的叙事模式改变了过去由传者单向输送给受者的线性叙事模式，通过加强用户在新闻事件的化身感来感知新闻、参与新闻。因此，用户对于沉浸式新闻来说是新闻事件的角色化身，而非简单的旁观者。在英美主流新闻业界的 VR 新闻叙事模式中，普遍达成了三阶段结构的共识，分别是：（1）开端（inception），指用户开始进入场景，通过自行捕捉场景中的细节和信号判断自身的角色和所处的环境；（2）探索（exploration），用户了解自己的场景化身后寻找与事件有关的细节，主要通过感官直觉完成；（3）指意（signification），用户完成沉浸体验后重返现实空间，并基于虚拟现实体验归纳对于该新闻事件的理解和意义。② 在这个过程中，新闻报道作者的概念在用户的体验中是"隐匿"乃至"消失"的③，同时也突破了传统视觉媒介的"再现性生产"，转向"体验性生产"，沉浸式新闻以体验式生产的方式将用户接受新闻的方式转化为彻底身临其境的体验，使人类与信息的关系变得前所未有的亲密④。

其二，情感导向的故事铺陈。全球 VR 项目先锋克里斯·米尔克（Chris Milk）在 2015 年的 TED 演讲中提出，虚拟现实技术的力量在于能够在用户与新闻事件、新闻人物之间建立起一种独特的移情关系，是"终极移情机器"

---

① 邓建国：《时空征服和感知重组——虚拟现实新闻的技术源起及伦理风险》，《新闻记者》2016 年第 5 期，第 45—52 页。
② 常江、徐帅：《从"VR+新闻"到"VR新闻"——美英主流新闻业界对虚拟现实新闻的认知转变》，《新闻记者》2017 年第 11 期，第 35—43 页。
③ 朱瑞娟：《连接与隔离：虚拟现实新闻叙事的伦理风险》，《新闻界》2017 年第 4 期，第 48—53 页。
④ 常江：《蒙太奇、可视化与虚拟现实：新闻生产的视觉逻辑变迁》，《新闻大学》2017 年第 1 期，第 55—61、148 页。

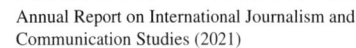

(empathy machines)。① 在此基础上，共情（empathy）和化身（embodiment）成为沉浸新闻中最重要的因素。② 相关学者认为，VR 技术激发的特定类型情感包括怜悯（compassion）、同情（sympathy）、共鸣（empathy）甚至是眼泪（tears）③，其不仅能够打破人际压迫、歧视和误解，还能促进亲社会变革，增加对不同种族、不同性别人员、老年人、无家可归者、残疾人和减贫居民的理解，有助于理解战争、气候变化和其他灾难带来的痛苦④。为此，西方主流媒体在进行相应题材报道时都会事先衡量新闻题材是否适合沉浸新闻，并且不断测试叙事导向是否真能引起共情。诸如 CNN 对 VR 新闻的叙事标准在于能否通过"目击者测试"（witness test）⑤——会考虑这个故事如果由一个了解环境的人讲述能否更好；当这个故事通过房间、城市或广场展示出来的时候，会帮助你更深地理解它吗？即使是在最简单的 360 度全景视频的呈现过程中，也是通过"放开框架"（let go of the frame）的方式，以增加特定环境中相应的故事能量。

3. 伦理风险：新闻的真实性与操纵性

与沉浸式新闻创新同时引发热议的是这一新闻形式对于原有新闻伦理的冲

---

① TED, "Chris Milk: How Virtual Reality can Create the Ultimate Empathy Machine", https://www.ted.com/talks/chris_milk_how_virtual_reality_can_create_the_ultimate_empathy_machine, Apr. 22, 2015.
② E. Dominguez, "Going Beyond the Classic News Narrative Convention: The Background to and Challenges of Immersion in Journalism", *Front. Digit. Humanit*, Iss.4, 2017, p.10.
③ D. Terdiman, "Why 2018 Will Be The Year Of VR 2.0", https://www.fastcompany.com/40503648/why-2018-will-be-the-year-of-vr-2-0, Jan. 1, 2018.
④ M. Foxman, D. M. Markowitz and D. Z. Davis, "Defining Empathy: Interconnected Discourses of Virtual Reality's Prosocial Impact", *New Media & Society*, Vol.23, No.8, 2021, pp.2167-2188.
⑤ Z. Watson, "VR For News: The New Reality?", https://reutersinstitute.politics.ox.ac.uk/sites/default/files/research/files/VR%2520for%2520news%2520-%2520the%2520new%2520reality.pdf, Apr. 24, 2017.

击，其中主要集中在新闻真实性原则以及可能引发的舆论操纵问题上。

从新闻真实性的角度切入，沉浸式新闻之间"虚拟"与"现实"的切换挑战了新闻业长期坚持以客观性再现新闻事实的职业规范，因为虚拟情境的创造并不只是为了呈现纯粹的新闻真实，而是要让用户"陷入"相关情境[1]。在此背景下，新闻的真实观发生了明显的改变，传统新闻的客观性理念在技术与人的具身关系下让位于真实是相对的主观性事实[2]。"体验真实"与"本质真实"的冲突也代表了技术逻辑与新闻逻辑之间的矛盾。另一方面，由于沉浸式新闻是视觉主导的新闻叙事，鲍德里亚（Jean Baudrillard）等人在视觉文化中探讨的真实与拟像的边界、超真实等问题也再次成为VR新闻的伦理风险。

由新闻真实性相联系所引发的另一个伦理争议在于沉浸式新闻是否具有操纵性。沉浸新闻的优势虽然在于可以调动用户的参与性，但真正用户的感知如何，一直是学界研究的一个焦点。一方面，申东熙（Donghee Shin）等人的研究结果显示，用户在沉浸式新闻的体验中有高度参与感和有意识行为[3]；另一方面，另有学者的研究发现，只有少数作品才能实现用户互动或者由用户控制故事发展的可能性，在大多数作品中，用户只是一个被困在边线上的观察者，观看记者想讲的故事[4]。正是用户参与程度不一引发了对虚拟现实具有欺骗性和操纵性的担忧。国内诸如常江、邓建国等学者指出，沉浸式新闻实际上是"导演"的产物[5]，VR

---

[1] 常江:《虚拟现实新闻：范式革命与观念困境》，《中国出版》2016年第10期，第8—11页。
[2] 华维慧:《从诠释到具身：虚拟现实技术对新闻真实的再生产》，《新闻界》2020年第11期，第86—93页。
[3] D. Shin, F. Biocca, "Exploring Immersive Experience in Journalism", *New Media & Society*, Vol.20, No.8, 2018, pp.2800-2823.
[4] K. D. Bruin, Y. D. Haan and S. Kruikemeier et al., "A First-person Promise? A Content-analysis of Immersive Journalistic Productions", *Journalism*, Vol.23, No.2, 2022, pp.479-498.
[5] 常江:《导演新闻：浸入式新闻与全球主流编辑理念转型》，《编辑之友》2018年第3期，第70—76页。

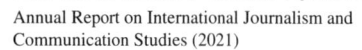

新闻仍然具有极强的把关、议程设置和显化功能，甚至可能会带来"缸中大脑"的可怕未来[1]。不仅如此，为了达到某种共情效应，沉浸式新闻可能会将原本属于边缘化群体的痛苦变成一种情感商品。[2]

二、研究设计

从已有文献来看，针对沉浸式新闻的研究虽然兼顾了理念转型、叙事变迁和伦理风险等多维度，分析了沉浸式新闻对传统新闻业的突破以及挑战，但是其中创新主体如何从传统新闻转向沉浸式新闻的研究尚有不足。事实上，每一种新闻创新最终都落脚在新闻编辑部或具体的创新部门。因此，本文选择以开展沉浸新闻创新的特定媒体为研究对象进行典型案例分析，探讨传统新闻业探索新兴新闻样式的策略以及遇到的挑战，并从中分析传统新闻媒体如何利用自身优势进行沉浸式新闻探索，并在技术创新之余实现对传统新闻理念的再适应。

（一）研究对象：BBC 的沉浸式新闻创新实践

英国广播公司（BBC）作为全球知名的广播电视媒体，一直关注数字技术如何改变媒体格局。1997—2005 年间，BBC 就已经开发了混合现实电视制作技术，随后陆续在 2010 年之后研发增强现实跟踪系统、3D 音频、环绕视频等新兴数字技术，对数字新闻创新进行布局。

2017 年 11 月，BBC 成立了虚拟现实实验中心（BBC VR Hub），中心在 BBC 内部与新闻部门、研发部门等合作，对外开放与业界的伙伴关系，共同探索沉浸式新闻的应用。从实际效果来看，自 2015 年进行 360 度全景视频新闻测试到 2019 年试验 5G 智能旅游项目，BBC 推出了诸多具有代表性、获得业界认可的沉浸式作品。但遗憾的是，2019 年底 BBC VR Hub 负责人齐拉·沃森

---

[1] 邓建国：《时空征服和感知重组——虚拟现实新闻的技术源起及伦理风险》，《新闻记者》2016 年第 5 期，第 45—52 页。

[2] L. Nakamura, "Feeling Good about Feeling Bad: Virtuous Virtual Reality and the Automation of Racial Empathy", *Journal of Visual Culture*, Vol.19, No.1, 2020, pp.47-64.

（Zillah Watson）在网络上宣布，因资金问题，BBC VR Hub 将结束运营。BBC VR Hub 的骤然关停与谷歌、三星等科技公司停售纸盒眼镜（Google Cardboard）、取消 VR 头戴显示器生产线等在时间线上存在一定呼应，这反映了虚拟现实技术在具体场景落地中仍然存在明显的不适应性。

对此，本文将从 BBC 2015—2019 年的 13 个经典 VR 作品、26 篇相关博客和 7 份内部发布的白皮书、1 份 VR 实践指南（Making VR a Reality）以及 5 个相关研究项目入手，分析 BBC 的沉浸式新闻创新实践。

（二）研究问题

结合上述文献综述，本文将重点围绕 BBC 在理念与叙事中的创新实践，以及 BBC 在探索沉浸式新闻时如何权衡技术创新与自身既有优势，尤其是备受学界和业界关注的新闻真实性及情感导向的伦理问题进行探究。具体包括以下三点：

其一，BBC 的沉浸式新闻创新实践是如何进行的？在这个过程中如何实现空间叙事的理念变革？

其二，BBC 的沉浸式新闻实践如何处理从客观真实向主观真实的理念转换？

其三，在 BBC 的沉浸式新闻作品中，如何处理与用户的关系以及情感导向？

三、研究发现

（一）空间叙事：主角化身与原子式新闻

沉浸式新闻创新中，"场景"是空间叙事的核心，只有搭建好这个基础的舞台（或称为原型），才有后续的内容。为了尽可能实现"在场感"，沉浸式新闻利用头戴式显示器（HMD）、智能手机（smartphone）等设备，通过多种感官与用户沟通的能力，为传递微妙的信息提供更丰富的环境。[①] 因此，沉浸式新闻

---

① Gartner, "Top 10 Strategic Technology Trends for 2019", https：//www.gartner.com/smarterwithgartner/gartner-top-10-strategic-technology-trends-for-2019, Oct. 15, 2018.

的空间营造离不开技术对感官的强化。关于技术与感官的关系，盖伦（Arnold Gehlen）认为二者是在"器官代替"（organ substitution）和"器官强化"（organ strengthening）两个原则中共同协作。①一方面，媒介以中介的形式代替身体/器官感知，被视作人体的延伸；另一方面，莱文森（Paul Levinson）认为，媒介在一定程度上只不过是人类各种器官功能的外化。各种媒介组合而成的系统在宇宙中像一个虚拟的人体，在互相影响中、在人的需要中进化②，并且媒介注定朝着功能聚合、消弭时空障碍的方向进化③。

根据表1所示，从BBC的沉浸式新闻发展历程来看，2015年起BBC同时推进从360度全景视频到VR应用的视觉创新和以空间音效为主的听觉创新，在题材上覆盖灾难、科技、人物、历史、自然、城市等多主题报道，不断尝试新的技术应用，以增强相关作品的沉浸感。

1. 主角化身：从360度全景到音效主导的沉浸体验

在沉浸式新闻发展早期，360度全景新闻由于技术难度较低，成为各媒体探索VR新闻的主要视觉拍摄手法，BBC作为广播电视媒体更是将360度全景拍摄与新闻报道有机融合在一起。2015年11月，在巴黎恐怖袭击发生后，BBC发布了360度全景新闻视频《巴黎袭击：共和国广场》（"Paris Attacks：Place de la République"），观众可以通过电脑和智能手机在Youtube上走进共和国广场，感受巴黎民众对这一事件的哀悼。从实际效果来看，360度全景的呈现仅仅扩展了观众的视角，只能引起用户在情感上对恐怖袭击事件情感上的共鸣，但无法使其化身成为新闻主角走进场景。从表1所展示的BBC沉浸式作品发展来看，需要视觉效

---

① [德]阿诺德·盖伦：《技术时代的人类心灵：工业社会的社会心理问题》，何兆武、何冰译，上海科技教育出版社2008年版，第3页。
② [美]保罗·莱文森：《人类历程回放：媒介进化论》，邬建中译，西南师范大学出版社2017年版，译者序。
③ 陈功：《保罗·莱文森的人性化趋势媒介进化理论》，《湖南科技大学学报（社会科学版）》2016年第1期，第178—184页。

果与空间音频的双重加持，用户才能真正化身为新闻主角，走进某一新闻事件。

表1　BBC相关沉浸式新闻作品

时间	作品名称	题材	技术探索
2015年	《巴黎袭击：共和国广场》	灾难	360度全景新闻测试
2016年	《大型强子对撞机》	科技	图形增强360度全景视频
	《我们等待》	灾难	VR应用使观众与角色有互动的目光接触
	《蜂蜜的抵抗》	人物	沉浸式声音和电影叙事结合，强化沉浸体验
	《转动森林》	童话	魔法音效主导的VR音频体验，展示高质量3D声音制作对虚拟内容生产的影响
	《复活节崛起：反叛者之声》	历史	每个场景都有固定观看点呈现360度环境，以创新人们参与历史的方式
2017年	《罗马的隐形城市》	城市	使用标准网络技术提供VR体验
	《家：VR太空漫步》	科技	最先进的视觉效果与空间音频探索合作
	《爱丁堡节庆》	城市	开放式WebVR技术体验
2018年	《筑坝尼罗河》	自然	360度全景系列纪录片
	《1943柏林闪电战》	历史	基于广播档案与VR技术的融合
	《没什么能写的》	历史	以音频为主导的VR作品
2019年	《罗马浴场》	城市	5G技术下如何基于智能手机位置创建实时VR视图

资料来源：根据BBC研发部网站、BBC网络博客及Oculus等应用商店信息整理。

从视觉效果来看，根据BBC VR Hub的总结，新闻媒体所掌握的2D视频拍摄技术是实现360度全景的基础，相应地也是沉浸式新闻实现场景还原乃至原型设计（prototyping）的最简单方式。一方面，新闻媒体可以通过增加摄像机机位、调整拍摄角度、改变镜头切换顺序等方式尽可能提高360度全景视频的制作质量和用户体验，但360度视频的缺陷也是显而易见的，即需要用户时刻保持四处张望，身体的不舒适感大大降低了用户进入故事的可能。

相比之下，依托真实故事采取3D动画方式重建人物和场景成为沉浸式新闻的另一种选择。2016 年起,《大型强子对撞机》《我们等待》《转动的森林》《复活节崛起：反叛者之声》等作品都相继与专业的 VR 制作机构（诸如阿德曼工作室、VRTOV 等）合作，使用专业的 3D 建模开发工具（如跨平台游戏引擎 Unity、构建虚拟现实体验的开源 Web 框架 A-Frame）等重新进行原型设计，简化原有 360 度全景视频中的过多细节。从后期 BBC 的运用来看，这种动画式的原型设计基本取代了除自然报道、直播活动报道外的几乎所有 VR 作品主题。

在视觉效果之外，BBC 更多地将沉浸感体验的研发精力放在声音效果上。从表 1 来看，诸多 VR 作品的技术探索都聚焦在音效呈现上。根据笔者对 BBC 技术研发项目的整理，早在 2011 年，基于声音的技术探索就与沉浸式体验紧密结合。2011—2012 年，BBC 启动了"双耳声音"（Binaural Sound）项目，通过模仿头部和耳部产生的自然听觉效果，在耳机上营造出 3D 声音。这项技术的难度在于每个人的听觉线索模式会由自身的身体形状产生，并且随着听者位置移动而变化，因此对于测量和专业设备的要求极高。[①] 2016 年《转动森林》VR 作品的推出实现了动态双耳声音的突破，借助 VR 系统和设备处理听者移动所需要的双耳声音，在场景更迭之外创建音景（soundscape）。

相比其他 VR 项目，BBC 在处理沉浸式作品时没有选择以音效妥协视觉呈现，相反，是依托独特的音轨再进行可视化。据 BBC 首席音频研发工程师克里斯·派克（Chris Pike）和 BBC 虚拟现实实验中心主任齐拉·沃森介绍，《转动森林》委托 Oscar Raby 和 VRTOV 工作室将其进行 VR 场景转化，但工作流程是由 BBC 提供 3D 音乐场景，合作伙伴再围绕音景进行用户场景的视觉建模。[②] 无独有偶，BBC 2018 年出品的 VR 纪录片《没什么能写的》也是以音频为主，记

[①] BBC R & D, "Binaural Sound", https：//www.bbc.co.uk/rd/projects/binaural-broadcasting, May 21, 2022.

[②] C. Pike, Z. Waston, "Virtual Reality Sound in The Turning Forest", https：//www.bbc.co.uk/rd/blog/2016-05-virtual-reality-sound-in-the-turning-forest, May 10, 2016.

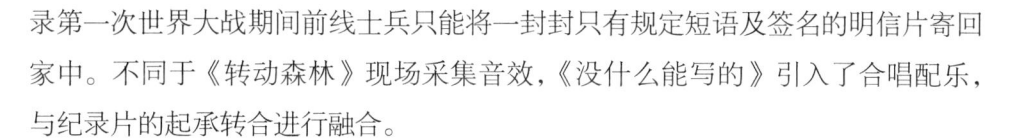

录第一次世界大战期间前线士兵只能将一封封只有规定短语及签名的明信片寄回家中。不同于《转动森林》现场采集音效,《没什么能写的》引入了合唱配乐,与纪录片的起承转合进行融合。

2. 原子式新闻:新闻事件的分解与重组

沉浸式新闻的目标是"体验"新闻,因此新闻报道更具有"设计"成分。这主要表现在两个维度:其一,无论是360度全景视频还是3D图像建模,都需要合理设置与观众的交互点以建立新闻叙事的层次结构,这就意味着沉浸式新闻打破了传统的线性叙事习惯;其二,沉浸式新闻叙事要与感官体验结合,因为感官是调动用户情绪甚至产生行为的重要影响因素,因此新闻叙事的细节应充分考虑个人移动的舒适性以及可能带来的器官压力和情绪压力。

根据BBC VR Hub的总结,其新闻制作的第一步是现实新闻题材的选择,其次是对新闻叙事的改写。在这个过程中,用户不再是与新闻事件无关的旁观者,而是探险家。为了达到探险效果,BBC采取了一种"原子式新闻"(atomising news)[1]的叙事调整,将新闻故事分解成事件和参与者的"原子",再将其拟合到数据模型中创建出可用的故事片段(这个故事片段的基本要素在于关键事件、人物和地点),并以不同的方式再次组合。为此,BBC试验并开发了故事建模工具来生产结构化的故事数据,层次1指故事世界,由人(主角)、地点和关系组成;层次2指故事中的事件;层次3指故事讲述方式。BBC以其平台上的某日常广播剧为例,根据前两个系列的故事定义故事情节、每个故事情节中的事件或场景、人物和涉及的地点,并按照场景和人物从情节中剪辑音频片段、写下文字摘要,以此形成每个场景和人物自成一体、以我描述的媒体"原子"。[2] 在实现"原子化新闻"的故事拆解后,BBC研发团队进一步设计了自动处理并创建故事数据的数据库(图1),实现基于对象的半自动化创作。

---

[1][2] M. Evans, T. Ferne and Z. Watson et al., "Creating Object-Based Experiences in the Real World", *Smpte Motion Imaging Journal*, Vol.126, No.6, 2017, pp.1-7.

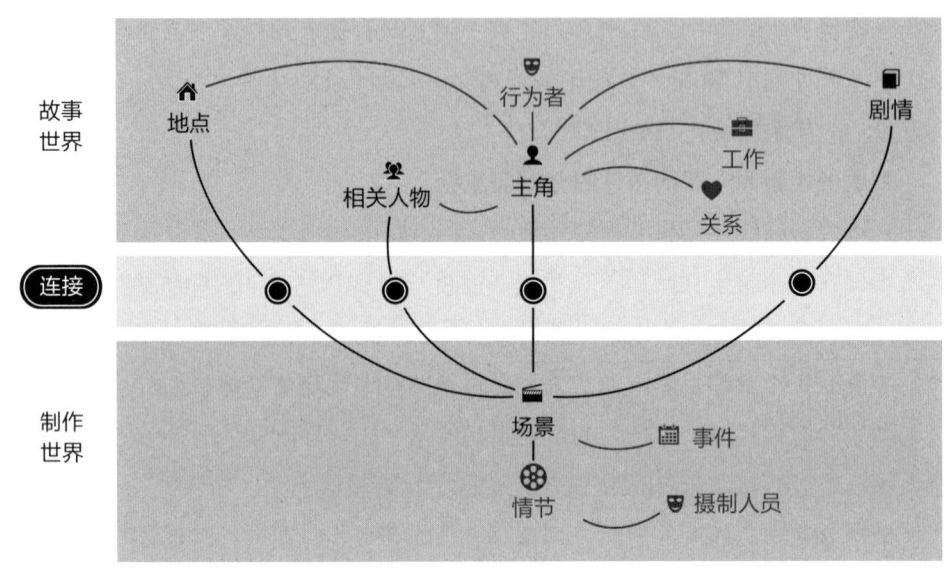

图 1　Story Arc 模型展示如何利用数据连接制作世界与故事世界

　　这种结构化的调整对于处理不同屏幕、平台、背景以及 VR 体验的调整尤为重要。事实上，为了尽可能扩大沉浸式新闻的触达率，西方主流媒体分别与谷歌、三星、HTC 等科技公司合作，提高内容分发的广度。例如，《纽约时报》曾与谷歌和三星公司合作，三星公司向《纽约时报》的记者提供 Gear 360 相机和设备，供他们实地报道使用，谷歌则为其 VR 订阅者提供超过一百万份的纸盒眼镜，辅助智能手机的虚拟现实体验；与之类似，BBC VR Hub 同样与谷歌、Oculus Rift 和三星公司合作，将相应 VR 作品分发到 Google Daydream、Oculus Rift 以及 Gear VR 平台。虽然跨平台能够提升沉浸式新闻的传播面，但对于新闻生产者来说，跨平台的"移植"并不简单，不同平台端口的技术门槛决定了每次移植都可能是"重建"。因此，尝试多平台分发的 VR 作品，其新闻叙事往往要基于特定的技术和音频要求开始，而基于现实新闻素材开发的 VR 作品则更多选择单一平台进行分发，以减少因后期调整而产生的各种成本。例如，《转动森林》作为同时发在 Google Daydream、Oculus Rift 以及 Gear VR 平台的作品，其项目作者的叙事写作就需要迎合技术特性，考虑视觉与音频效果；相反，《我们等待》将 BBC 对叙利亚难民的大量真实采访和报道重新组合，并完整讲述某叙利亚难民家庭第二次尝试偷渡地中海的经过,则更注重准确、敏感地描述难民的处境,以激发与用户的眼神交流。

(二)真实转化:基于历史档案的主观真实建构

新闻的第一要素是真实,沉浸式新闻处于虚拟与现实中间,使得"虚拟"与"现实"这两个既矛盾又交互的概念难以融洽使用,这也是目前各界对沉浸式新闻的主要诟病之一。长期以来,新闻业坚守的"客观真实"原则遭遇挑战,沉浸式新闻所期待的人机交互效果使意义判断的重要性远远大于事实判断,有学者提出,基于技术之上的"合理想象"在沉浸新闻中悄然兴起,如果它被人们坦然接受,必将对新闻真实性原则中的客观性理念构成巨大冲击[1]。从这一角度来说,"虚拟"与"现实"之间的转化恰恰也是新闻真实的转化,因此纪实性题材往往是沉浸式新闻青睐的对象。

与《纽约时报》、CNN 等媒体不同,BBC 的真实转化更多是将虚拟现实技术与记忆连接,实现对时空的超越。例如,2016 年推出的《复活节崛起:反叛之声》是为纪念 1916 年爱尔兰复活节起义 100 周年而作,其内容叙事源自公民利亚姆·麦克内韦(Liam McNeive)所提供的一份 20 世纪 70 年代制作的录音带,里面详细记录了他祖父 60 年前参与复活节起义的情况。2018 年,BBC VR Hub 出品《1943 柏林闪电战》,通过虚拟现实技术复原第二次世界大战期间 BBC 战地记者温福德·沃恩-托马斯(Wynford Vaughan-Thomas)和录音师雷格·皮兹利(Reg Pidsley)进行战争报道时的原始录音档案,将人们从未体验过的历史代入生活。

在 BBC 的诸多 VR 作品中,由 BBC 新闻、合作伙伴提供的原始新闻报道素材和历史档案成为重要的叙事线索。这种创作策略既缘于 BBC 作为广播公司拥有大量的视频、音频积累,也取决于其对沉浸式新闻的创作原则,即虚拟现实技术的研发目的是尝试了解该技术在实现 BBC 公共目的(public purposes)方面的

---

[1] 宋亮:《对 VR 新闻虚拟真实与新闻真实的认知》,《青年记者》2017 年第 2 期,第 13—14 页。

潜力①。利用历史档案重新进行沉浸式新闻创作恰恰反映了新闻叙事从一种即时性的报道转化为历史性的记忆叙事，发挥了一定的教育功能。正如齐拉·沃森对《1943 柏林闪电战》的评价，"VR 为一个特殊的、不寻常的新闻作品增加了一个生动的、有形的维度，并将过去和未来完美地结合在一起——用一个 75 年前的广播来展示这种新的讲故事形式所能提供的最佳效果。"②相关作品也在正式上线应用商店前于英国皇家空军费尔福德基地的田野帐篷里与英国公民进行了用户互动。

（三）用户引导："移情"还是"体验"

沉浸式新闻的生产逻辑中另一个不可回避的问题就是媒体将用户置于怎样的生产位置。从前述文献综述来看，目前最大的争议在于沉浸式新闻虽然强调以用户为中心，强调用户的体验性、交互性，但不可否认的是，媒体依然发挥着强大的引导功能。这就回到了新闻伦理的探讨，沉浸式新闻究竟是操纵用户（即 VR 是终极移情机器）还是引导用户（即 VR 是体验机器）。

根据 BBC VR Hub 和研发部门针对不同 VR 作品的用户测试情况来看，当用户使用专业设备观看沉浸式新闻作品时，"身临其境"的沉浸体验感受虽然能够使用户更接近内容，最大限度减少现实世界的干扰，但是其探索场景的自由与叙事关注存在一定的矛盾。这种矛盾具体体现在三个方面：其一，用户有时不知道应该看向哪里，或者担心随时可能会错过一些有趣的信息；其二，相比角色主导的叙事，人们更关注记者主导的叙事；其三，关注记者叙事与探索环境自由度存在矛盾，过多关注前者会使用户探索场景的自由度降低。③

由此可见，真正主导用户移情的关键更多地还是来源于沉浸式新闻本身的题

---

① S. Lumb, "2016 in Review-Virtual Reality", https://www.bbc.co.uk/rd/blog/2016-12-bbc-virtual-reality-360-video-2016, Dec. 26, 2016.

② P. Graham, "Experience the BBC's Latest VR Film 1943 Berlin Blitz This Week", https://www.gmw3.com/2018/10/experience-the-bbcs-latest-vr-film-1943-berlin-blitz-this-week, Oct. 3, 2018.

③ M. Glancy, "360 Viewing Scenarios Study", https://www.bbc.co.uk/rd/blog/2016-03-360-viewing-scenarios-study, Mar. 3, 2016.

材，而非沉浸式体验本身。事实上，每一种媒介都能产生移情效应，传统的文字、图片、影像都能唤起用户情绪的调动，不同的是虚拟现实以一种加强"体验"的方式似乎使得"移情"更容易发生。但现实却是过度关注移情反而从根本上限制了沉浸式新闻的探索广度，将自身限制在过度聚焦战争、表现灾难的"黑暗媒介"（a very dark medium），使沉浸新闻的创新愈发走向窄化。从 BBC VR Hub 与市场调研公司益普索（Ipsos Connect）对用户的实际调查来看，短时间的沉浸式新闻并不能将科技公司与媒体的热情转化成大众市场的需求，相比更高程度的移情，"体验"的舒适性与独特性更影响沉浸式新闻的未来。其中有一个悖论就是，当所有沉浸式新闻都能适当简化成普通的 2D 视频时，沉浸式新闻的意义又在何处？

四、结论与讨论：寻找生态性的创新转变

本文重新回顾了 BBC 在发展沉浸式新闻过程中的创新操作，包括空间叙事、真实转化和用户引导。事实上，每一次新技术的出现都会在新闻业引起波澜，并产生一种全新的数字新闻形式，然而并非所有的新数字新闻形式都能够成为颠覆传统新闻业的颠覆性力量。技术创新能否赋能新闻业的关键最终还是需回到两个根本问题：第一，技术特征以及技术应用能否与新闻业长期形成的专业理念和职业规范磨合自洽，从简单的工具性运用转换成为生态性创新；第二，技术形式的更迭是否能够形成全新的文化氛围。从这两点来看，沉浸式新闻的颠覆力存在较为明显的不足。

科瓦奇（Bill Kovach）和罗森斯蒂尔（Tom Rosenstiel）在《新闻的元素》（"The Elements of Journalism"）一文中指出，新闻业的目的不是由技术定义的，也不是由记者或他们采用的技术定义的。相反，新闻业的原则和目的是一些更基本的东西定义的：新闻在人们生活中发挥的功能。[1]因此，虽然数字创新是新闻

---

[1] B. Kovach, T. Rosenstiel, "The Elements of Journalism", https://www.americanpressinstitute.org/journalism-essentials/what-is-journalism/purpose-journalism, Jun. 10, 2022.

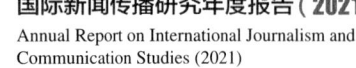

业不断应对技术变革的应有之义，但也必须正视和回应新闻业自身的边界问题。数字新闻业的各种新形式看似是一种"杂合"（hybrid/hybridity）症候，然而其存在的基础是对新闻实践与新闻业文化的生态性改造。①

从沉浸式新闻的发展来看，VR 技术虽然通过技术优势实现了征服时空的信息生产，同时也高度关联了技术与感官、身体联动，但是沉浸式新闻产品在现实社会中的作用远不如其他视觉产品。这种差异的原因部分在于虚拟现实本身的技术门槛导致沉浸式新闻的生产仍然是精英主义的，空间技术的研发与应用、新闻叙事的变化都未能触及日常新闻生产的流程与机制。从 BBC 的沉浸式新闻探索来看，其提供的虚拟现实产品叙事虽然符合其公共价值导向，但无论是新闻题材主题、内容分发渠道还是生产频率都不足以形成与用户日常生活的强关系，在数字新闻高度网络化的特征下具有明显的关联缺陷。这就自然带来了文化层面的问题。过去每一种媒介技术的发展都在大众化的过程中形成了新的文化氛围，然而沉浸式新闻虽被赋予了一定的导向期待，却并未在现代总体的文化系统中衍生出稳定的文化分支，进一步影响了沉浸式新闻这一新形式在整体新闻业的稳定性。当然，沉浸式新闻发展的波折并不意味着其毫无前景，毕竟它将视觉和听觉等感官元素带到了最前面，这种原始的感官交流提高了意义交流的可能，只是需要探索的是，如何将这种意义交流与新闻紧密结合，使之变得更加普遍化，这才是下一个沉浸式浪潮需要考虑的重点。

（辛艳艳：复旦大学发展研究院助理研究员）

---

① 常江：《理解杂合新闻：技术祛魅与边界重构》，《青年记者》2022 年第 8 期，第 9—11 页。

人工智能重塑新闻生产中的"人机关系"研究*

Research on Artificial Intelligence Reshaping the Relationship Between Human and Machine in News Production

陈 曦 孟 晖

Chen Xi Meng Hui

摘　要： 人工智能技术如今全方位地介入新闻信息生产、分发、互动、反馈等流程，对新闻业产生着深远影响，但是也出现一些令人担忧的价值导向及伦理问题。本文主要从技术维度切入，结合"场域""消费社会"等理论，对中外学界近期对于"人机关系"的研究加以梳理，进而对机器与人的关系作道德伦理层面的审视，以及对机器给新闻业带来的变化进行研究，并且就理性对待人工智能造成的冲击等提出相应的策略。

Abstract: The development of the media industry is related to the progress of communication technologies. AI technology is involved in the production, distribution, interaction, feedback and other processes of news information. But there are also some worrying value orientations

---

* 本文系国家社会科学基金一般项目"移动出版中的法律与伦理问题及其治理研究"（20BXW052）阶段性成果。

and ethical issues. This article mainly starts from the technical dimension, combines the theories of "field", "consumer society", "landscape society", etc., sorts out the recent research on "human-computer relationship" in Chinese and foreign academic realms, examines the relationship between machines and people at the ethical level, and studies the changes brought about by machines to the news industry. And finally it puts forward corresponding countermeasures on the impact of rational treatment of artificial intelligence and the coping strategies of journalists.

关 键 词： 人工智能　人机关系　媒介技术　技术伦理
Keywords: artificial intelligence, human-machine relationship, media technologies, technological ethics

传媒产业的发展一直与传播技术的进步密切相关。如今人工智能正全方位地介入新闻信息生产、分发、互动、反馈等流程，对其产生着深远影响，但是也出现一些令人担忧的价值导向及伦理问题。本文主要从技术维度切入，重点从新闻传播伦理的研究视角，对中外学界近期对于"人机关系"的研究加以梳理，对机器与人的关系作道德伦理层面的审视，以及对新闻业带来的变化进行研究，并且就理性对待人工智能造成的冲击和新闻从业者的应对策略等展开探讨。

一、"人机关系"的历史进程与现实观照

人与机器的关系问题是一个老命题，随着大数据挖掘、人工智能算法、可穿戴媒体设备等新技术向信息生产领域渗透，该命题又被新闻业界及学界重新提及和探讨。在马克思对机器生产的描述中，机器是由中央自动机推动的工作机组织体系，人不再是生产的主要动力，而是作为看守者与生产过程进行联结。在这种生产条件下，不仅可以用机器制造机器，也可以用机器操纵机器。生产的自动化便建立在机器之间的耦合上。有学者探讨了从古登堡印刷机时期开始的人机

关系，并指出：现代社会复杂的数据集，人类大脑无法破译，这促进了更强大的计算机和算法的使用，增加了技术参与者作为能够转换最终输出的中介者的作用。① 但从马克思对机器的描述中看智媒体，人工智能自动化新闻生产可被视为信息机器生产信息产品的过程，而人工智能算法恰恰符合马克思对自动化生产的工作机组织的特征描述。在自动化新闻生产中，曾经作为信息生产者的新闻记者的部分功能让位于机器。

第二次工业革命之后，人们的工作环境、生产方式和生活方式逐渐与机器紧密勾连在一起。马克思揭示了资本主义生产方式下，在人与机器使用和异化的对抗性冲突中"人机关系"紧张对立的面向。马克思曾这样描述资本主义社会矛盾尖锐时期的人与机器的关系："在工具生产阶段，工人依靠个人技巧操纵工具，生产资料从工人出发；在机器生产阶段，工人随着劳动资料运动，活的工人成为死的机器的附属物。"② 马克思看到在这一历史时期，机器分工将"权力"引入了劳动领域，并改变了生产关系。正如在媒介技术建构作用下，新闻从业者的工作方式被机器所形塑。如摄影记者，镜头既是摄影记者视觉的延伸，又驯化了摄影师的眼睛。当摄影师进入场景中，由机器的视听语言建立起的规则范式便开始对摄影师的行为起到制约和引导作用。如何选一个极好的角度进行构图，如何根据人物的状态变化选择景别，如何选取新闻现场冲突性和矛盾性的画面进行裁剪，皆在遵循摄影机器视听规则下被建构起来。

而资本经由机器的中介作用对劳动力具有形塑作用。"机器生产延长了工人的剩余劳动时间，使人们的生活和生产发生了革命性改变，随着资本侵入，剩余劳动时间成了对工人精神生活和肉体生活的侵占。机器劳动消除了肌肉的多方面紧张，它不让肉体上和精神上有任何活动的余地。"③ 在这一时期，人机矛盾突出

---

① Shangyuan Wu, Edson C. Tandoc Jr. and Charles T. Salmon , "Journalism Reconfigured", *Journalism Studies*, Vol.20, No.10, 2019, pp.1440-1457.
② ［德］卡尔·马克思：《资本论（修订版）》，李睿编译，武汉出版社 2012 年版。
③ 《马克思恩格斯全集》第 47 卷，人民出版社 1973 年版。

体现为机器资本使得劳动力贬值，科学与资本的结合加速了工人的失业。马克思强调："使用劳动工具的技巧，也同劳动工具一起，从工人身上转移到了机器上面。"[1] 作为新机器的人工智能并没有解决马克思指出的人机矛盾，而是与旧机器暴露出相同的问题，并为"问题"本身披上了一层现代化的外衣。正如卡尔森（M. Carlson）指出的"自动化新闻是指将数据转换为叙事性新闻文本的算法过程，具有潜在破坏性"[2]，这种破坏性不仅加剧了新闻工作者失业的风险，同时对新闻业的权威性造成了威胁。

而在另一个面向中，人与机器的融合程度却不断加深。不可否认的事实是人的"机器化改造"早已有之。从维京海盗的钩子手到南非刀锋战士的奔跑利器——碳纤维假肢，再到人工耳蜗、人工心脏，以及未来学者提出的"脑机接口"概念，每一次与机器的融合都似乎是在弥补人类肉身的局限性。而在新闻生产领域，随着大数据挖掘技术的不断优化、云计算能力的进一步增强、算法对用户需求分析能力的进一步提高，内容生产者与推送者也不可避免地融合机器以提高效率。机器人新闻写作、数据新闻、算法新闻、自动化新闻生产等新兴新闻生产方式，迫使新闻业界审视新闻从业者与人工智能的关系，并在其中定义"人的工作"的重要性。流量思维、5G、全能记者、人工智能等技术话语在人机"角色互构"中渗透到记者身份、角色话语之中。如"全能记者"这一概念便是曾经对经由机器化改造的新闻从业者的未来展望，其突出特征表现为各种视听机器的加持。有学者将全能记者定义为："全能记者主要是指传媒从业人员集采访、写作、编辑、摄影、视频、剪辑以及各种网络编辑功能于一身。能够了解并掌握文字、图片、

---

[1] 陈永正：《马克思的生产工具思想及其当代启示》，《南京政治学院学报》2015 年第 5 期，第 47—53 页。

[2] M. Carlson, "Journalistic Epistemology and Digital News Circulation: Infrastructure, Circulation Practices, and Epistemic Contests", *New Media and Society*, Vol.22, No.2, 2020, pp.230-246.

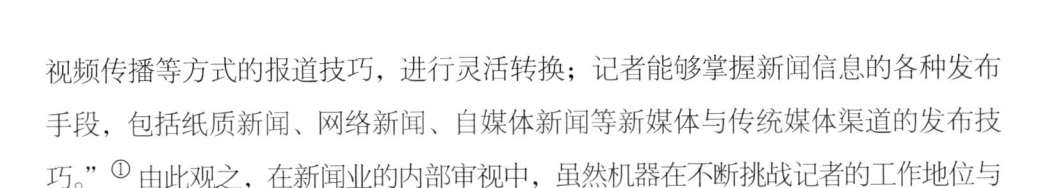

视频传播等方式的报道技巧,进行灵活转换;记者能够掌握新闻信息的各种发布手段,包括纸质新闻、网络新闻、自媒体新闻等新媒体与传统媒体渠道的发布技巧。"① 由此观之,在新闻业的内部审视中,虽然机器在不断挑战记者的工作地位与专业权威,但技术因素仍被看作未来新闻从业者必须接纳与融合的因素。

本文探讨的现实问题可分为以下几个维度:人工智能是如何在重塑新闻生产流程中改变新闻从业者与机器关系的?新闻界是如何在人工智能等技术的冲击中定义自身社会角色的?新闻从业者如何在新的"人机关系"中调整自身角色,以适应不断变化的新媒体环境?

二、新闻生产中的"人机关系"现状探讨

人工智能给新闻工作者和新闻行业带来怎样的影响,在争论中主要有两种不同主张。一种观点对人工智能发展持谨慎态度,认为自动化新闻生产会造成新闻从业者失业以及对新闻权威的损害。而对技术持乐观主义倾向的学者,认为自动化将助力而不是取代人类记者,它将极大地提升新闻产出能力。人工智能生产新闻开辟了从前新闻工作者未能涉足的领域,开辟了新的"利基市场"。并将其解释为"长尾经济"主导的广阔领域。

这样两种截然不同的声音,反映出的问题是:机器人新闻写作究竟是对传统新闻业的替代还是补充?机器人新闻写作到底是传统新闻湮灭的催化剂,还是促使其迈入历史新环节的助推器?本节致力于从新闻生产流程中的人机互动切入,分析人工智能是如何在重塑新闻生产流程中改变新闻从业者与机器的关系的。

(一)替代还是融合?算法技术下新闻记者的不确定性风险

乌尔里希·贝克(Ulrich Beck)在其《风险社会》一书中指出:"现代性正从古典工业社会的轮廓中脱颖而出,正在形成一种崭新的形式——(工业的)风

---

① 陈征:《媒介融合语境下全能记者培养路径探析》,《新媒体研究》2017年第1期,第86—87页。

险社会。"① 从人工智能给新闻业带来的变化看，媒体行业的裁员成为一种趋势，也无形中加剧了新闻从业者失业的风险。有研究指出："读者已经无法区分自动生成的内容和人类记者生成的内容。"② 正如印刷业让一代抄写员失业，而《电讯报》则让信使们匆忙寻找新的工作。机器生产内容，让新闻从业者的工作变得越来越不稳定，使其成为漂移的、不稳定的信息工作者，成为马克思所指出的随时面临被替换风险的产业后备军。

有学者谨慎地指出："自动化新闻生产是否会导致进一步裁员，还有待观察。"但这也不可避免地暴露出一些事实：记者在某种程度上的流离失所是必然的。卡尔森指出："因为叙事科学软件（Narrative Science）而被'释放'的记者……实际上可以找到其他能支付费用的地方，在这个地方他们可以做机器人做不到的真正有价值的工作。如果他们做不到，那么他们将只是失业的记者。"③ 而记者可被机器替换的原因在于，他们在日常工作惯习中，倾向于遵循已有的模板，以使事实符合新闻报道形式。舒德森（M. Schudson）指出："新的叙事逐渐演变呈现出传统的一般形式。"④ 人工智能程序模仿这种形式的能力暴露了新闻文本的相似性。可见，实际上新闻记者依据习俗和惯例做着大量重复且循环的工作，而当机器也能模仿这种范式去制作文本时，新闻生产者很容易被人工智能所替换。

从人工智能生产新闻逐渐替换人类记者生产新闻的过程来看，安德森（C. W. Anderson）指出："对于在线新闻来说，缺乏空间限制加上劳动力的限制，为自动化新闻的蓬勃发展提供了条件。但这也将新闻从一个限定的重要性选择转

---

① ［德］乌尔里希·贝克：《风险社会》，何博闻译，译林出版社2004年版。
② Rodrigo Zamith, "Algorithms and Journalism", in *Oxford Research Encyclopedia of Communication*, 2019.
③ Matt Carlson, "The Robotic Reporter", *Digital Journalism*, Vol.3, No.3, 2015, pp.416-431.
④ Michael Schudson, "The Politics of Narrative Form: The Emergence of News Conventions in Print and Television", *Daedalus*, Vol.111, No.4, 1982, pp.97-112.

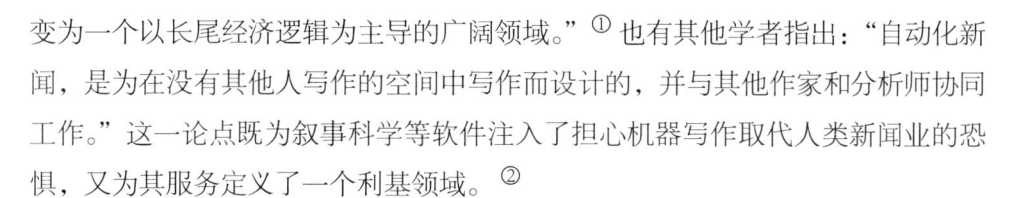

变为一个以长尾经济逻辑为主导的广阔领域。"① 也有其他学者指出："自动化新闻，是为在没有其他人写作的空间中写作而设计的，并与其他作家和分析师协同工作。"这一论点既为叙事科学等软件注入了担心机器写作取代人类新闻业的恐惧，又为其服务定义了一个利基领域。②

但是，如果借用安德森的长尾理论，结合新闻业所面临的现实，很难找到新闻业依靠人工智能机器得以存续的锚点。长尾理论指出，在非正态分布关系中，需求曲线向下拖出一条长长的尾巴。这意味着在该领域，不仅有大众市场，还有一系列细分的"利基"市场。在需求曲线的头部，是主流市场；在需求曲线的尾部，则是细分的、小众的或者可称其为非主流的市场，如果这些小规模市场集聚起来，将会产生比主流市场更庞大的市场。但长尾理论发生作用的机制在于，具有坚实的头部是长尾得以盈利的前提。长尾理论带来的启示是既要头部也要兼顾长尾，如果没有坚实的头部，长尾亦无从谈起。于是，依靠人工高质量新闻生产以区别于机器生产新闻，从而塑造独特的竞争优势，便成为新闻传媒产业开拓生存空间的策略之一。

有学者指出："计算机生成的新闻文章可能无法与各大新闻机构提供的高质量新闻相比，但在互联网上免费获得的信息，门槛设置相对较低，自动新闻内容可以与之竞争。"③ 如果忽略高质量的新闻生产，上游的头部市场无法塑造其权威形象，下游的利基市场亦难在羸弱的头部平台上形成聚合力。奥托（D. H. Autor）等人指出："使用'机器人'和'新闻业'这两个词并不总是能激发出良

---

① C. W. Anderson, "Deliberative, Agonistic, and Algorithmic Audiences: Journalism's Vision of Its Public in an Age of Audience Transparency", *International Journal of Communication*, Iss.5, 2011, pp.529-547.

② P. Hammond, "From Computer-assisted to Data-driven: Journalism and Big Data", *Journalism*, Vol.18, No.4, 2015, pp.408-424.

③ A. Van Dalen, "The Algorithms Behind the Headlines: How Machine-written News Redefines the Core Skills of Human Journalists", *Journalism Practice*, Vol.6, No.5-6, 2012, pp.648-658.

好的氛围，在过去十年中的裁员和裁员比例超过了机器人投入使用的市场份额。这里的敏感性源于新闻人员的不断减少，因为在线和离线都很难产生新闻内容收入。"① 奥托等人反映的现实状况是新闻业在头部上受了重创。如果新闻媒体在头部羸弱的情况下转而在长尾上寻求出路，很大程度上难以得到预期效果。

实际上，新闻业是在以稀缺为特征的新闻格局中运作的。长期以来新闻业的头部表现在稀缺性的信息上。而在人工智能生产新闻时代，信息不再稀缺，而是变得过剩。实际上，稀缺性信息仍为公众所需，但这些信息被淹没在缺乏价值的过剩信息之中。新闻业在人工智能重塑的新闻业态中生存，则须寻找稀缺性信息，重新树立新闻权威。卡尔森指出："即使在模仿人类写作的过程中，叙事科学的自动化技术在新闻中的应用也促使人们重新思考支撑新闻写作的核心品质"；"好的作品体现了人类的特点，比如想象力、幽默感和批判性思维"；"这些品质是否可以简化为一个数学公式，目前还不十分清楚"。② 但新闻作为一种创造性活动的吸引力也将人类与自动化新闻区分开来。

（二）时间压缩：被人工智能加速的新闻从业者

人工智能技术作为一种驱动力，改变了其背后的资本运作模式，也改变了新闻在时空上的操作模式，从而在微观上给记者的工作、中观上给媒介产业组织、宏观上给整个媒介社会环境带来了颠覆性变化。从发展现状看，人工智能算法与信息个性化推荐引擎的发展，打破了新闻发布周期，各个媒体的新闻时间和截稿日期逐渐趋于一致，变成了一个共享的截止日期——"现在"。可以看到，新闻时间在不断地被压缩，从遵循新闻发布周期，到及时播报新闻，再到全天候的全时新闻发布。不断更新换代的人工智能算法，成为新闻业乃至整个社会的"加速器"。

---

① David H. Autor, Frank Levy and Richard J. Murnane, "The Skill Content of Recent Technological Change: An Empirical Exploration", *The Quarterly Journal of Economics*, Vol.118, No.4, 2003, pp.279-333.

② Matt Carlson, "The Robotic Reporter", *Digital Journalism*, Vol.3, No.3, 2015, pp.416-431.

新闻媒介是一种时间组织。时间一方面帮助记者确立了关键位置,另一方面又对记者的工作有了一种限制。新闻是一种历史的商品,随着时间的流失,新闻的时间价值也在降低。人工智能技术的发展带来新闻生产流程节奏加快,同时也改变着新闻从业者的工作方式和方法。

这首先体现为加速时代下新闻文本的加速贬值。安德森指出:传统新闻机构已经适应了网络,受众以新的方式参与,新的数字新闻机构正在蓬勃发展。为了应对时间压缩的变化,报业采取的一个策略便是集中发布增量新闻和时时更新,其中以都市报最为典型,而内容上则偏好突发性新闻报道。[1]而当人工智能新闻生产和分发不断扩大新闻发行增量时,新闻时间则被进一步压缩。在人工智能生产新闻阶段,过剩的信息使得探寻真相的成本不断增加,但留给新闻从业者探寻真相的时间却越来越短。然而,不断更新和对新鲜新闻的追求可能会导致错误。[2]新闻业的"正确"部分被快速、不充分的信息所损害。[3]斯塔克曼(D. Starkman)将新闻编辑室的即时性实践称为"仓鼠轮新闻"或"以卷换量",认为其目的是寻求点击,而很少关注质量。[4]在人工智能时间机器下,如果报纸仅仅为了保持时时更新而追求那些他们认为不值得报道的新闻,可能反过来会损害它们在都市新闻生态中的整体权威。在时间机器下,技术成为社会控制中更有效的、更"令人愉快"的方式。而受众,则在其中观看着记者在时间压力下制造的社会景观,在"一种痴迷和惊诧的全神贯注状态"中沉醉地观赏着"少数人"制

---

[1] C. W. Anderson, Breaking Journalism Down: Work, Authority, and Networking Local News, 1997-2009 Ph. D. dissertation, Columbia University, 2009.

[2] N. Usher, "Breaking News Production Processes in US Metropolitan Newspapers: Immediacy and Journalistic Authority." *Journalism*, Vol.19, No.1, 2017, pp.21-36.

[3] M. Karlsson, "The Immediacy of Online News, the Visibility of Journalistic Processes and a Restructuring of Journalistic Authority." *Journalism*, Vol.12, No.3, 2011, pp.279-295.

[4] D. Starkman, "The Hamster Wheel", *Columbia Journalism Review*, 2010, http://www.cjr.org/cover_story/the_hamster_wheel.php.

造和操控的"景观性演出",这意味着控制和默从,分离和孤独。①

在新闻时间压缩的情况下,记者可能会痴迷于使用人工智能的机器指标来了解他们的内容是如何吸引观众的。增加流量、击败竞争对手、留住观众……以证明自己作为记者的重要性。然而这种过于注重流量的偏向,使得新闻文本重要性不断降低而贬值,成为猎奇目光下的文化快餐。新闻工作者不是致力于营造促进社会良性发展意义上的信息环境,而是以突发性新闻报道在短时间内塑造一个个"奇观",争夺受众有限的时间资源,从而刷足新闻媒介在受众生活中的存在感,进而彰显其权威。但是以数量换质量,以更新换深度的做法可能会使新闻文本变得单薄。在时间压力下,"新闻业界"以快速更新突发新闻报道的方式捍卫权威。但智能算法又提醒着该行业留住受众注意力。然而,新闻权威的来源是受众信任,而在媒介机器加速下,对新闻文本质量的短视,使得新闻报道本身难以超越眼前事件,无法着眼于更为深刻的社会现象,从而拉低了新闻业的权威。

在算法逻辑下,新闻文本被流量、点击率、评论数等量化指标所框限,而社会效益则是人工智能机器难以衡量的。然而,在算法逻辑下,量化数据等显性因素成为衡量文本质量的硬指标,新闻从业者的工作方式也由此被技术形塑,转而关注一系列量化指标。正如厄舍(N. Usher)观察到的,在一个新闻编辑室里,创造了一种高风险的文化,糟糕的流量表现会带来情感成本,影响编辑内容,影响工作安全,乃至影响新闻工作者的新闻判断。② 出于时间成本和发稿效率的"逼迫",事实核查的难度也不断增加,这使得新闻稿件在生产过程中不断修改、更正报道的错误,使新闻成了一个"不完美的产物",进而不断削减新闻媒介的权威。而人工智能的推送机制依据用户兴趣将新闻产品推送给受众,当受众的兴趣发生改变并追逐下一个热点时,跟进新闻事件后续的作品或许无法触及

---

① [法]居伊·德波:《景观社会》,王昭凤译,南京大学出版社 2006 年版。
② N. Usher, "Newsroom Moves and the Newspaper Crisis Revisited: Space, Place and Cultural Meaning", *Media, Culture & Society*, Vol.37, No.3, 2015, pp.1005-1021.

受众，容易割裂新闻文本的连贯性。在人工智能快速迭代的新闻生产与推送环境中，时间的压力迫使新闻从业者不能像传统报业时期那样，以俯视的视角从头到尾地去呈现新闻事件的来龙去脉，而是在最新的时间节点上提供给受众最新消息的片段。这使得新闻报道越来越过程化，也使得事实的展示越来越碎片化。记者不再像以往那样将整个事件以故事模式讲述给受众，提供事实细节的描写以及事件深度的挖掘，而是降到和受众相同视平线上，和受众一同观望事件的进展，不同的是记者仍是专业的事件记录者。但在时间压力下，记者被困在了算法机器编织的"仓鼠轮"中。

（三）消失的边界：新闻场域中的新行动者

随着互联网和人工智能算法的发展，越来越多的互联网平台具有了信息服务的功能和属性，也成为新闻生产场域中的新进入者和行动者。在人工智能算法不断优化和其他行业向新闻业涌入的压力下，传统媒体以"媒介融合"为旗帜，进入了新闻生产创新的"阵痛期"。与此同时，算法加持下的新闻初创公司异军突起，在风险投资的助推下进驻新闻生产腹地，成为新闻创业的先锋。今日头条等基于算法推荐技术的聚合类平台，使得传统媒体作为内容提供者退居其次，而新闻算法公司则基于平台技术运算能力和用户聚合力走上信息流量舞台中央。大量新行动者涌入新闻场域中，使得新闻业的专业边界在以人工智能算法为核心的信息生产、编发过程中被消解。然而，在新型人机关系中，新闻场域中的新行动者不但包括新闻创业公司，还包括技术本身。

场域理论把社会划分为多个半自治域，每个"半自治域"有其特有的"游戏规则"，而参与到场域中的主体被这种规则所支配。布尔迪厄（P. Bourdieu）指出，在每一个领域，都有一场"试图突破进入壁垒的新来者与试图捍卫垄断、排斥竞争的主导者之间的斗争"[1]。在人工智能塑造传媒产业形态的变革中，催生了

---

[1] Pierre Bourdieu, "Some Properties of Fields". in *Sociology in Question*, London: SAGE Publications, 1993, pp.72-77.

新闻场域中的两极。一个是内部的自治极,一个是外部的异质极。传统媒体在自治性极中,试图在现有机构内提高新闻业的创造力和经济实力。在自治性极中,行动者遵循新闻伦理准则,但也受到来自政治、受众和商业利益的影响。同理,新闻生产创新也受到这些方面的影响。初创企业位于异质极,通常被视为挑战新闻生产场域的现状的外部尝试。

此外,技术本身亦是场域中的新行动者。行动者网络理论将技术塑造为具有主体性的行动者。从认识论上看,如拉图尔在《我们从未现代过》一书中指出的,现代社会创造出两种完全不同的本体领域——人类和非人类。科学知识和人类社会作为两个被人为建构的截然不同的领域,被放在了"中间王国"的两极。[1]而行动者网络理论的哲学前提在于承认技术的主体间性,把技术作为行动者网络中的参与者之一。所谓行动者,是指任何通过制造差别而改变了事物状态的东西,既可以是人,也可以是动植物、技术,甚至某种观念。在新闻研究领域,行动者网络关注到技术作为行动者对新闻业产生的影响。技术不再是媒介中心论者描述的主导性力量,也不是技术批判论者强调的造成人的异化的工具,而是作为行动者网络的主体参与到新闻创作中。如安德森在对新闻聚合器的研究中,特别关注网络在本体论互动和认识论知识生产中的作用,并指出批评者批评的内容不是"传统"的新闻聚合,而是索引和搜索这一庞大的算法过程。[2]

由此观之,边界工作并不仅仅局限于场域之中处于不同社会位置的人,还包括技术这样的行动者。技术作为网络中的主体,与其他主体之间的相互作用被置于网络框架之中。尽管对人机关系的研究未上升到强调技术本身的主体意识的程度,但也需注重研究技术介入后给其他新闻生产的行动者造成的影响。有学者运

---

[1] [法]布鲁诺·拉图尔:《我们从未现代过:对称性人类学论集》,刘鹏、安涅思译,苏州大学出版社2010年版。

[2] C. W. Anderson, "What Aggregators Do: Towards a Networked Concept of Journalistic Expertise in the Digital Age", *Journalism*, Vol.14, No.8, 2013, pp.1008-1023.

用"强制通过点"来描述行动者网络中的技术实体，它是一个参与者，其他参与者必须通过它来连接参与者网络的其他部分，或者对自身或网络进行操作。^① 例如，手机没有让人"发疯"的主体意识，但它们是新闻工作的参与者，当网络崩溃或没有服务时，技术可以施加一定的力量使人"发疯"。有学者曾研究旧有的编辑室档案馆等被数字化技术逐渐取代，以及报纸编辑室档案馆人员与数字技术的"互构"过程。^② 一些美国报纸新闻编辑室档案馆用机器代替人力，缩减了挑选档案内容的体力劳动，这导致部分编辑室档案馆人员的失业，但也使得在大多数情况下，编辑室的图书档案管理员不再需要手动维护报纸的历史记录。然而，与其他行业以前向自动化劳动的过渡类似，新闻档案馆中的人类工作并没有完全过时，即技术并没有完全取代人的位置，而是在人机互动中建立一种新型的工作关系。

三、新闻业应对新型"人机关系"：技术接纳与边界排斥

人工智能、算法等技术的发展，带来了新闻业态的嬗变，形塑了新的传播环境。随着媒介技术的变革，信息生产的成本不断缩减、信息传播的门槛逐渐减低，新媒体平台的聚合优势逐渐凸显。新行动者纷纷涌入媒体行业之中，与传统媒体展开愈演愈烈的流量与受众争夺战。伴随着报纸形态的衰落、新闻边界被挑战和新闻权威被打破，传统媒体被迫走上了媒介转型的道路。新闻媒体在"新闻场域"的人机博弈之中进行边界工作，捍卫新闻权威，拓展生存空间。

新闻媒体对新媒体技术的态度倾向主要表现为技术接纳和边界排斥。技术接纳体现为媒体采取一种积极的态度接受并使用新媒体。边界排斥体现为新闻媒体表达出对技术的"敌意"或强调人区别于技术的无可替代的独特价值。

---

① Victor Wiard, "Actor-Network Theory and Journalism", in *Oxford Research Encyclopedia of Communication*, May 23, 2019.
② J. L. Boyles, J. Meisinger, "Automation and Adaptation: Reshaping Journalistic Labor in the Newsroom Library", *Convergence*, Vol.26, No.7, 2018, pp.178-192.

媒体运用人工智能优化新闻生产流程的尝试并不少见，如新华社推出的新闻写作机器人"快笔小新"、长城新媒体的虚拟主播"冀小蓝"以及《浙江日报》打造的媒体大脑"媒立方"等。人工智能技术的介入，在一定程度上改变了新闻采编流程和新闻分发机制。如《浙江日报》"媒立方"可为稿件信息建立自动标签，方便后续分发渠道选择及个性化推荐，"媒立方-资源中心"机器人创作的稿件也方便记者快速引用信息。又如央视新闻推出的"一带一路"特别报道《数说命运共同体》，便是动用了超级计算机从海量数据中挖掘"一带一路"沿线人民最感兴趣的话题，并形成可视化报道。2020年新冠疫情发生后，央视上线了"云监工"视频直播平台，依托5G技术的高传输率、低延迟等优点，得以打造内容高清、实时在场的电视形态，24小时不间断地直播展示"火神山"和"雷神山"医院的建造过程，给予观众实时的在场感和陪伴感，缓解公众在疫情暴发初期的紧张焦虑情绪。在新闻生产中，新闻单位实际上已将人工智能用于新闻收集、采编、分发的各个环节，可以说人工智能正在"重塑"着新闻生产。

然而，这种努力并不能缓解人工智能带来的危机感在传统新闻媒体中的蔓延。在一些媒体的"记者节"致词中，传统新闻媒体在反映人工智能给传媒业带来深刻变化时，也会描摹"传统媒体衰落"的状况。如致词中反映出的记者生存困境、新闻媒体业务压缩等情况，以及对传统媒体繁荣时记者云集的旧日盛景的追思。可以看到，在新闻业界的认知里，人工智能并不是对新闻记者的救赎，而是他们迫于"不拥抱新技术，则在时代的洪流中消亡"后果的一种无奈选择。卡尔森指出："数字流通同时意味着一种技术和制度的转变，即媒体融合程度的提高，以及一种文化的转变。但算法拥有一种特殊的知识逻辑，以机械中立性假设为标志，这种假设往往掩盖了根深蒂固的认知属性。"[1] 这也反映出新闻媒介对人

---

[1] M. Carlson, "Journalistic Epistemology and Digital News Circulation: Infrastructure, Circulation Practices, and Epistemic Contests", *New Media and Society*, Vol.22, No.2, 2020, pp.230-246.

工智能技术的采纳是"刺激—反应"式的，而非内生性的。

新闻媒体对人工智能算法等媒介机器的介入，存在一种即接纳又排斥的互动策略。首先，新闻媒体致力于形成一种危机意识，让媒介从业者感知到人工智能算法技术的发展带来的失业危机。同时，新闻媒体会以积极的姿态接纳技术，但在此过程中存在将"人工智能"神化，在技术本体论的泥淖中吹捧人工智能技术的决定性作用等一些极端现象。最后，在积极开展边界工作时，又会将机器工具化，单方面强调使用技术的人的价值。如对新闻从业者专业主义精神、承担的社会责任及其具有的人文关怀等强调，强调这些是人工智能算法不具有的，从而突出人的竞争优势，捍卫新闻边界与权威。

综上所述，在探讨新闻生产中"人机关系"这一论题时，要避免陷入技术决定论、技术本体论和技术工具论等思维中，而是要将"人机关系"置于新闻产业形态、媒介组织方式等更为复杂的社会关系和各种力量博弈的"场域"之中，既看到技术的主体性，亦看到人的主观能动性。

结语

机器的破坏性创新，不仅指向加剧了的新闻工作者失业的风险，也指向了对新闻业的权威性的威胁。当技术前进的步伐将一代从业者抛在身后时，或许连说"再见"的机会都不留给他们。我们不妨设想在未来的某个时间点，街边的摄像头和天上的无人机自动记录下一个英勇行为、一场自然灾害或一起社会事件，并将视频内容传回中心电脑，中心电脑的算法系统迅速识别、读取并分析视频内容，配上文字自动发布在网络媒体平台以供公众"共时"知晓，这一切都无需记者参与。不远的未来，新闻从业者的生存空间，可能在机器人新闻写作尚难以触及的领域，如深度报道分析，或强调情感性、有温度的新闻"故事"写作等。这是目前新闻从业者寻找差异化竞争优势的突破口，也是新闻业不得不直面冲突、给予回应的关键所在。

（陈曦：上海社会科学院新闻研究所硕士研究生；

孟晖：上海社会科学院新闻研究所副研究员）

智能媒体时代短视频新闻的传播价值和新趋势

Communication Values and New Trends of Short Video News in the Era of Intelligent Media

张 卓

Zhang Zhuo

摘 要： 美国多家研究调查机构数据显示，在移动社交时代，美国受众的新闻消费模式已逐渐发生改变，出现新闻消费视频化、移动化、社交化等趋势，短视频新闻的传播形态恰好适应当前美国受众的新需求。本文试图通过梳理近年来的相关文献，对短视频新闻的界定、创作现状、叙事特点、传播价值和未来发展趋势进行分析和展望，以期为我国短视频新闻行业发展提供思路和实践借鉴。

Abstract: According to the data from several research institutions in the United States, in the era of mobile social communication, the news consumption mode of American audiences has changed with the trend of video, mobile and social news consumption emerging. The communication form of short video news meets the new needs of current American audiences. This paper attempts to analyze and prospect the definition, creation status, narrative characteristics, communication value and future development trend of short video news by combing the relevant literature in recent years, with the view to provide ideas and practical reference for the development of short video news industry in China.

关 键 词： 智能媒体　短视频新闻　传播价值　Tik Tok

Keywords: smart media, short video news, communication value, Tik Tok

一、短视频新闻的界定

（一）短视频新闻的定义

何谓短视频新闻？目前学界尚未作统一的定义。近年来，学者们主要从新闻产品的形式、属性和特点上进行了归纳和界定。从新闻产品形式来看，按照产品时长来界定，短视频新闻是指以秒为单位且总时长一般不超过 5 分钟的一种新型视频新闻产品[①]；还有学者认为，短视频新闻是播放时长较短，以 4—5 分钟的视频内容为主，具有移动化、碎片化和社交化的特点[②]。从新闻产品属性来看，学者们认为，短视频新闻是将具有社交属性的短视频软件作为传播新闻信息的载体，从而实现在移动社交平台传播的新闻产品。[③] 从新闻产品特点来看，有学者认为，短视频新闻应该是短而精、短而美、短而快和短而广，素材采集方式非常重要。[④]

简述之，短视频新闻是将短视频和新闻结合与融合的形式，在特点上体现了碎片化、移动化和视频化，能够满足用户对新闻信息获取的碎片化、娱乐化与快速化的需求。

（二）Tik Tok 平台的短视频新闻实践

近年来深受国内外网民追捧的代表性应用程序 Tik Tok 在短视频新闻的生产

---

① 常江、徐帅：《短视频新闻：从事实导向到体验导向》，《青年记者》2017 年第 3 期。
② 殷乐、高慧敏：《具身互动：智能传播时代人机关系的一种经验性诠释》，《新闻与写作》2020 年第 9 期。
③ 殷俊、刘瑶：《我国新闻短视频的创新模式及对策研究》，《新闻界》2017 年第 5 期。
④ 吴梅君：《新闻移动视频直播创优路径探析》，《新闻与写作》2019 年第 9 期。

和呈现上就颇具代表性。Tik Tok是字节跳动的应用程序，用于创建和分发长达1分钟左右的短视频："15秒钟的剪辑的巨大全球集合正在改变大众唱歌、跳舞、摆姿势、开玩笑、穿衣、协作和烹饪的方式"①。该应用程序的中文版抖音2016年在中国推出，伴随2018年与以短视频和假唱为特征的Musical.ly的合并以及在印度和中国的高人气，Tik Tok不断发展扩张，深受Z世代欢迎。目前在全球拥有8亿月活跃用户，成为全球第六大受欢迎的社交媒体移动应用。②

事实上，一些新闻媒体在加入Tik Tok之前就已尝试短视频新闻的制作和播出，譬如，英国广播公司（BBC）第一广播电台和《青少年时尚》栏目就使用短视频的方式尝试播出了音乐剧。而诸如美国《华盛顿邮报》则选择直接入驻Tik Tok平台。③媒体入驻Tik Tok开启短视频的探索体现了传统新闻媒体如何适应在新兴平台上建立忠实受众的变迁过程④，同原生数字新闻媒体的发展过程相似⑤。在拉丁美洲，克拉林和普尔佐等媒体也加入了Tik Tok。⑥

Tik Tok平台上受众耳熟能详的《华盛顿邮报》记者戴夫·乔根森（Dave Jorgenson）、《YTN新闻》的朴贤实（Park Hyun Sil）、《赫芬顿邮报》的阿什·珀西瓦尔（Ash Percival）以及《民族报》的几位记者发布短视频的频率较高，几乎呈现每周更新几次新内容的趋势。通过他们的Tik Tok个人主页资料显示的账号

---

① J. V. Pavlik, "Advancing Engaged Scholarship in the Media Field", *Media and Communication*, Vol.7, No.1, 2019, pp.114-116.
② "We Are Social", in Digital in 2020, https://wearesocial.com/digital-2020, 2020.
③ C. Schmidt, "Meet Tik Tok: How the Washington Post, NBC News, and The Dallas Morning News Are Using the of-the-Moment Platform", Nieman Lab. 6(18).
④ F. Zaffarano, "Tik Tok Without Generational Prejudice", https://www.niemanlab.org/2019/12/tiktok-without-generational-prejudice, 2019.
⑤ S. Scire, "BuzzFeed News is Recruiting Teenagers to Make Election-themed Tik Tok and Instagram Videos", https://www.niemanlab.org/2020/02/teen-ambassadorsbuzzfeed, 2020.
⑥ F. González, "Qué están haciendo los medios latinoamericanos en Tik Tok?", https://blog.wan-ifra.org/2020/02/27/que-estan-haciendo-los-medios-latinoamericanos-entiktok, 2020.

活跃期间发布视频的平均数量,可以看到,19个账号中,有12个用户每周至少发布2个视频,其他用户每周发布的视频则超过4个(表1)。这些新闻媒体在Tik Tok所发布视频的平均时长为22秒(这是一种长度从6秒到1分钟不等的视听微格式)。每个发布的视频都附有标题文本,通常用于引发受众对内容的关注与期待,根据内容标记一系列相关标签。Tik Tok在应用程序中的编辑功能很方便用户使用和制作,包括最受欢迎的元素(文本、过渡、滤镜和视觉效果、贴纸和gif),通过这种方式,让受众可以观察到不同寻常的媒体实践,比如有趣的日常视频或挑战以及对更经典格式的改编,例如新闻或采访片段。

Tik Tok的新闻媒体节目中也有公共服务信息,特别是与防治新冠肺炎扩散的措施有关的信息。在内容上除了提供信息之外,新闻视频还沿着不同的路线开展宣传工作。一方面,展示镜头背后发生的故事,通常不为受众所知晓的信息。还有在新闻制播间布置场景,邀请新闻创作人员参与,例如《20分钟》节目头版的设计。另一方面,宣传目的是通过预告下一个节目的特别新闻报道或相关内容,展示自己品牌所制作的内容。

Tik Tok展现的是社交媒体逻辑[1]下在平台之外以及在生产、分销和消费的所有阶段的典型案例。其自身的特点,特别是与语言和美学相关的特点,被新闻媒体广泛采用,大胆脱离传统思路,通过更接地气的方式融入年轻受众。例如,将品牌精准定位,报道新闻时辅以休闲的音乐氛围展示幕后作品,从而更贴近短视频受众喜好。在内容设计上,是以一种有趣、简单和吸引人的语气,寻求事实信息与积极情绪和受众心理之间的平衡,符合当前的传播趋势。[2][3]

---

[1] J. Van Dijck, T. Poell, "Understanding Social Media Logic", *Media and Communication*, Vol.1, No.1, 2013, pp.2-14.

[2] T. Harcup, D. O'neill, "What is News? News Values Revisited (Again)", *Journalism Studies*, Vol.18, No.12, 2017, pp.1470-1488.

[3] K. Wahl-Jorgensen, "An Emotional Turn in Journalism Studies?", *Digital Journalism*, Vol.8, No.2, 2020, pp.175-194.

表1 Tik Tok 上的短视频新闻节目

用户	首次发布时间	新闻机构	粉丝数量	点赞数量	视频数量	国家	类型
staytunednbc	05/02/19	Stay Tuned NBC	600.5K	18.9M	261	US	TVP
20minutesfrance	02/04/19	20 Minutes	2.2K	9.9K	20	France	P
washingtonpost	21/05/19	The Washington Post	452.9K	21.5M	316	US	P
cairo24	26/06/19	Cairo24	54.9K	154.7K	260	Egypt	TV
ytnnews	02/07/19	YTN news	27.2K	1.2M	282	South Korea	TV
sadaelbalad	02/07/19	Sada EL-balad	109.5K	383.3K	153	Egypt	P
hindustantimes	09/07/19	Hindustan Times	16.0K	130.7K	86	India	P
lefigarofr	09/08/19	Le Figaro	1.8K	16.0K	34	France	P
guradianaustralia	16/08/19	Guradian Australia	16.8K	283.4K	50	Australia	P
dailymail	01/10/19	Daily Mail	639.7K	16.4M	315	UK	P
brutofficiel	01/10/19	Brut	130.6K	1.4M	127	France	DN
gma	11/10/19	Good Morning America	365.1K	3.9M	105	US	TVP
lanacioncom	16/10/19	La Nación	4.6K	60.5K	23	Argentina	P
usatoday	04/11/19	USA Today	605.4K	14.2M	188	US	P
tagesschau	20/11/19	Tagesschau	484.1K	8.2M	78	Germany	TVP
br24	12/12/19	BR24	7.4K	146.1K	37	Germany	RTV
a3noticias	19/12/19	Antena 3 Noticias	23.2K	140.4K	43	Spain	TVP
cbsthismorning	20/01/20	CBS This Morning	43.9K	771.5K	11	US	TVP
huffpost	21/04/20	Huff Post	53.8K	12.7K	4	US	DN

注：DN：数字原住民（digital-native）；P：报纸（press）；TV：电视台（TV channel）；TVP：电视节目（TV programme）；RTV：广播电视（radio & television）。

数据来源：J. Vazquez-Herrero, M. C. Negreira-Rey and X. Lopez-Garcia, "Let's Dance the News! How the News Media Are Adapting to the Logic of Tik Tok", Journalism, Vol.23, No.8, 2022, pp.1717-1735。

由于 Tik Tok 算法存在信息茧房效应[1][2]，产生了"新闻生产和内容的流动性和异质性"[3]。内容推荐算法在该平台中起着核心作用，用户一打开应用程序就能看到喜爱和偏好的内容。新闻媒体意识到这一动态，并通过参与短视

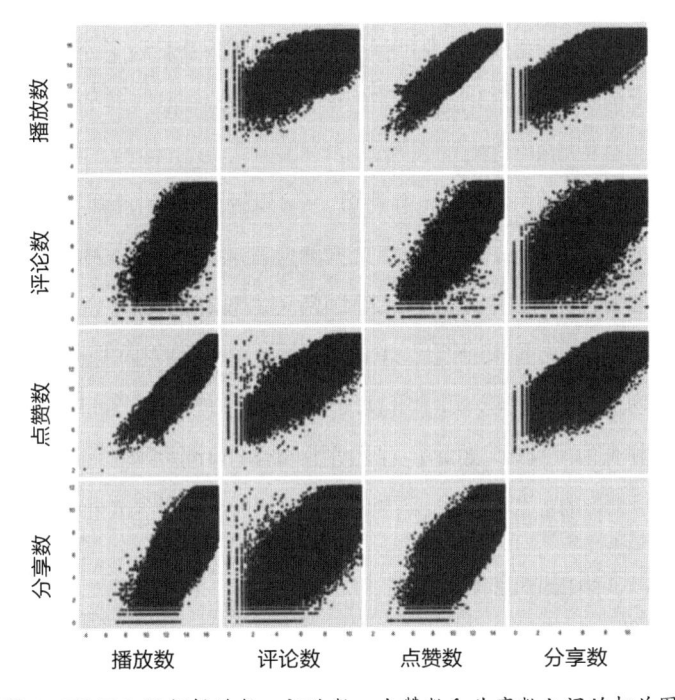

图 1 Tik Tok 视频播放数、评论数、点赞数和共享数之间的相关图

图片来源：D. Klug, Y. Qin and M. Evans et al., "Trick and Please: A Mixed-method Study on User Assumptions about the Tik Tok Algorithm", 13th ACM Web Science Conference, 2021.

---

[1] S. C. Lewis, O. Westlund, "Actors, Actants, Audiences, and Activities in Cross-media News Work: A Matrix and a Research Agenda", *Digital Journalism*, Vol.3, No.1, 2015, pp.19-37.

[2] A. Primo, G. Zago, "Who and What Do Journalism? An Actor-network Perspective", *Digital Journalism*, Vol.3, No.1, 2015, pp.38-52.

[3] E. Hemmingway, *Into the Newsroom: Exploring the Digital Production of Regional Television News*, Routledge, 2007.

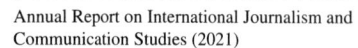

频的制作和播放，支持其内容的虚拟性，提升内容的影响力、传播力和品牌价值。①

从这种意义来说，他们利用"趋势标签"来定位内容，以期受到更多的关注。相比之下，共享内容在创作上的时间成本要小很多，用户根据当期的流行声音，参与和主题相关联的"挑战"任务来生成 Tik Tok 背景下的新内容。然而，这种媒体现象受到技术及其用途的高度制约，视频新闻内容形式被应用程序的功能所限制，会随其功能的更新而发生新的演变。

新闻媒体节目要适应短视频的逻辑，在某种程度上，新闻媒体通过其原创的内容等以及不断更新作品动态，与受众建立稳定的关联。从新闻媒体的角度来看，面临的挑战在于将其传统的角色进行转化，使用数字平台的语言来建立与未来受众之间的关系，从而提升受众忠诚度。伴随着商业模式的探索和更新研究，新闻媒体要更为关注用户的兴趣和偏好，深挖用户所感兴趣的领域，了解当前平台演变的逻辑和创作现状，如此，在短视频新闻的创作和传播上才能有的放矢、游刃有余。

二、短视频新闻的创作现状

社交网络的出现将大众媒体逻辑②转变为社交媒体逻辑③或网络媒体逻辑④，在这种情况下，"社交媒体有能力将其逻辑传输到产生它们的平台之外，而其独特的技术、分散、经济和组织策略往往保持隐含或显得'自

---

① A. Al-Rawi, "Viral News on Social Media", *Digital Journalism*, Vol.7, No.1, 2019, pp.63-79.

② D. L. Altheide, R. P. Snow, "Media Logic and Culture: Reply to Oakes", *International Journal of Politics, Culture, and Society*, 1992, pp.465-472.

③ J. Van Dijck, T. Poell, "Understanding Social Media Logic", *Media and Communication*, Vol.1, No.1, 2013, pp.2-14.

④ U. Klinger, J. Svensson, "The Emergence of Network Media Logic in Political Communication: A Theoretical Approach", *New media & society*, Vol.17, No.8, 2015, pp.1241-1257.

然'"①。这种社交媒体逻辑改变了制作、分发和媒体使用的过程。②

智能媒体时代的通讯社短视频新闻内容，按照提供者主要可划分为三种，第一种是用户原创内容/用户生成内容（user generated content，UGC），第二种是专业生产内容（professional generated content，PGC），第三种是专业用户生产内容（professional user generated content，PUGC）。

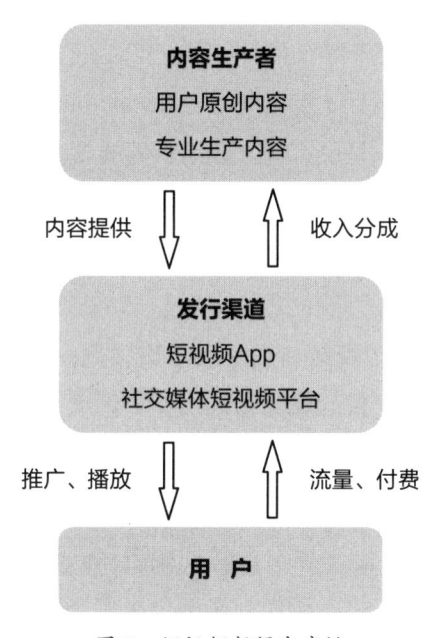

图 2　短视频新闻生产链

（一）用户原创内容

随着新媒体的出现，用户可以在社交媒体平台上发布自己的作品，从而获得

---

① J. Van Dijck, T. Poell, "Understanding Social Media Logic", *Media and Communication*, Vol.1, No.1, 2013, pp.2-14.

② U. Klinger, J. Svensson, "The Emergence of Network Media Logic in Political Communication: A Theoretical Approach", *New media & society*, Vol.17, No.8, 2015, pp.1241-1257.

娱乐和社交功能。用户原创内容是由非专业媒体或非专业新闻从业人员创作的，其中大部分创作者是普通用户，其语言呈现口语化、通俗化特征，更贴近用户的日常生活，所以他们更了解用户的需求。因此，根据用户原创内容制作的短视频新闻往往关注用户的需求，倾向用户的喜好，从而扩大用户群体，提高用户的活跃度和黏性。例如，路透社即使用用户原创内容来满足更广泛的客户需求。

2018年11月，路透社将伦敦视频新闻公司Newsflare带到了平台上。它是首批向用户展现乌特勒支电车枪击事件的用户原创内容视频的新闻机构之一。路透社内容合作产品经理贾丝廷·弗莱特利（Justine Flatley）认为，用户原创内容的方式是有新闻价值的，只是没有进入政治新闻的领域，但路透社的客户喜欢这种新闻。轻松愉快的用户原创内容正在各类新闻中变得逐渐重要起来，也逐渐成为新闻报道的一种方式。①

（二）专业生产内容

随着新媒体的出现，短视频新闻出现了许多用户原创内容，并以此来吸引用户。但是用户没有经过系统的新闻培训，且文化水平高低不同，导致他们所创作的短视频新闻良莠不齐。用户观看短视频新闻很大一部分原因是想掌握时事热点，了解每天所发生的事情。他们往往会选择观看权威性、真实性较高的新闻媒体生产的新闻内容。因此，大部分的短视频新闻仍然掌握在专业的新闻媒体手中，由专业的新闻从业人员进行制作。在用户看来，虽然用户原创内容给观众带来了娱乐性，但很难保证新闻的真实性，短视频新闻制作者无法掌握新闻报道的"度"，所以很容易造成新闻内容的失真。

（三）专业用户生产内容

随着新闻媒体生产短视频新闻数量的不断增加，用户开始注重短视频新闻的质量，高品质的短视频新闻更容易获得用户的喜欢。因此，短视频新闻不仅要具

---

① 《全媒派：路透社成为UGC守望者：大媒体服务正当时》，https://mp.weixin.qq.com/s/F28AHqqKHpJcf_CTXy_YPQ，2019年6月21日。

有时效性和真实性，还要具有专业性和趣味性。而这就表示单一的用户原创内容或专业生产内容新闻的模式已经很难满足用户的需求，只有将两者融合，才能更好地满足用户的需求，优化用户体验。

一些突发性新闻的报道，由于新闻事件发生的时间与地点的不确定性，记者无法在第一时间赶到新闻现场，新闻时效性的要求使然，新闻媒体这时便会选择以现场观众拍摄的新闻画面为主，同时结合专业新闻从业人员的编辑与加工，进行新闻报道，确保了新闻信息来源的广泛性和播报的及时性。而这种由用户原创内容和专业生产内容融合起来的方式，便成为一种新的新闻生产模式，即专业用户生产内容。这种新闻短视频制作模式在一定程度上弥补了专业生产内容的新闻信息素材来源不足、消息滞后以及用户原创内容的内容质量参差不齐、新闻专业性不足等问题，丰富了短视频新闻内容的生产模式。专业用户生产内容模式，具有专业生产内容和用户原创内容两方面的新闻生产优势。

概述之，专业生产内容模式具备非常专业的新闻媒体素养和丰富的媒体资源，在新闻信息的敏感性、选题角度的独特性、审核把关的严谨性方面都有着丰富的经验。用户原创内容能满足专业生产内容模式带来的信息源不足问题，拓宽了新闻信息来源的渠道。因此，可以说，用户需求是推动专业用户生产内容模式发展的主要原因。

三、短视频新闻的叙事特点

媒体采用在每个平台上最有效的新闻价值观和叙事技巧。[1][2] 新闻事件时间和地点的不确定性，新闻报道的时效性以及人们获取新闻信息的迫切心理，导致

---

[1] J. Strömbäck, "Four Phases of Mediatization: An Analysis of the Mediatization of Politics", *The International Journal of Press/Politics*, Vol.13, No.3, 2008, pp.228-246.

[2] K. Welbers, M. Opgenhaffen, "Presenting News on Social Media: Media Logic in the Communication Style of Newspapers on Facebook", *Digital Journalism*, Vol.7, No.1, 2019, pp.45-62.

短视频新闻往往只能对新闻事件进行碎片化、零散的报道。

（一）蜂巢型叙事模式

短视频新闻的叙事改变了以往传统的新闻叙事模式，形成了一种新型的新闻叙事模式。有学者认为，短视频新闻的碎片化导致新闻事件各方证据先后出现，就像蜜蜂筑巢，记者、当事人和围观者纷纷填补事件"蜂巢"中的一个个黑洞，形成蜂巢型叙事。①

当下由于短视频新闻传播碎片化、及时性的特点，新闻工作人员很难在短时间内获取新闻事件的全部信息。为了抢占新闻报道的及时性，新闻媒体只能把获取到的新闻信息一个接着一个地进行连续报道。而这时，除了专业的新闻媒体外，其他自媒体、社交媒体也会主动搜集关于新闻事件的信息内容，并对事件形成报道。诸多媒体对事件多方面的信息的报道，就像是蜂巢上的一个个黑洞一样，由不同的媒体对同一新闻事件从不同角度进行报道，将新闻事件的一个个黑洞补充完整。由此，诸多的新闻信息形成了短视频新闻"蜂巢型叙事"模式。

（二）微叙事方式

也有学者认为，短视频新闻摆脱了以往的"宏大叙事"，转向了"微叙事"。"微叙事"通过自由开放的文本结构和无定向的语言表达，不仅更新了文本的审美面貌，也为后现代个体自身的存在找到合法化基础。②短视频新闻就是以微叙事的方式进行叙事的，并能在短短的几分钟之内就完成新闻叙事的全过程，还能为观众提供交流、互动等社交功能。此外，一些短视频新闻还具有趣味性与人格化特征，从而吸引观众的注意力。如"Vlog+新闻"的短视频新闻，会以主人公的身份，将新闻事件以趣味性、人格化、娱乐化的形式传递给观众，并且新闻事

---

① 曾庆香：《新媒体语境下的新闻叙事模式》，《新闻与传播研究》2014年第11期。
② 裴萱：《从"碎微空间"到"分形空间"：后现代空间的形态重构及美学谱系新变》，《福建师范大学学报（哲学社会科学版）》2017年第5期。

件的主人公还可以以"第一人称视角"与观众进行交流与互动。短视频新闻以微叙事的方式向观众展现新闻事件，符合用户碎片化阅读新闻的需求。

四、短视频新闻的传播价值

Trustdata 2020年发布的数据研究显示，在中国，有将近80%的互联网用户都习惯通过新闻门户网站、新闻短视频获取新闻信息资源。短视频新闻在内容、语言、信息接受、受众审美上都体现了独特的传播价值。

（一）内容更具创造性和个性

随着智能手机制造技术的提高，手机摄影的效果更加逼真。使用社交短视频软件时，用户还可以同步拍摄和编辑，制作方式更流畅。同时，短视频的信息内容更加个性化和富有创造性。随着互联网的发展，信息的数量不断增加，传播形式更加多样化，互动性和实时性增强。与传统传播方式相比，短视频传播属于动态媒体传播，利用动态的现代技术进行传播。相比文字、图片等传播手段，短视频新闻互动方式所呈现的信息量更大，互动性更强，传输效率更高，传输速度更快，传输范围更广。①

短视频从私人传播走向公共传播是以自我表达为主要诉求的民间阶段。无论是基于摄像设备还是手机媒体，网民参与视频生产的原动力是将短视频作为个人与生活记录、自我表达的一种新手段。②

短视频作为一种视觉证据，创造了新意见表达和舆论引导形态。从网络视频技术发展来看，短视频降低了技术门槛，激发了个性创造，使得以视频为载体的社交传播成为可能。从媒体融合趋势来看，短视频为传统媒体延伸了话语空间，

---

① Siyi Ding, "The Impact of Self-media Short Videos on College English Teaching", *Sound Screen World*, Vol.456, No.3, 2020, pp.99-100.
② 彭兰：《短视频：视频生产力的"转基因"与再培育筒》，《新闻界》2019年第1期，第34—43页。

同时正在创造新的舆论引导形态。①

（二）语言更具真实感和趣味性

庞大的用户人群吸引大量平台资本，将新闻短视频的内容制作、再生产分配推向又一个高度。创新新闻报道，提升产品影响力要求新闻短视频在传受互动层面上继续深入，在打造专业化杠杆的同时贴近生活、拉近与受众的距离。无论是严肃宏大的主题报道，还是理念阐释类报道，新闻短视频皆是通过建立情感认同和价值层面的磨合，在坚持普惠与真实的同时，增强趣味性。短视频的社交属性决定了新闻短视频在传播正能量，正确引导人生观、价值观、世界观，表扬先进、鞭挞落后的同时，还需增强新闻话语口吻、语态，用带有温度的语言强化意义。

（三）信息接受度更高

短视频内容简洁、重点突出、生动活泼，以秒为单位进行个体计数的特点，使得用户更具黏性，鼓励消费者利用碎片化时间，更直观、更快速地获取信息。相比过去的播报方式——如果某个地方发生突发事件，专业的新闻媒体工作者需要第一时间赶赴现场取回最新的报道，目前快节奏的生活和高压力的工作，促使大部分人在获取日常信息时，选择自由截取、追求短而快的消费方式。短视频充分利用人脑最经济的时间尺度，以此作为出发点，让用户在轻松的心情下获取信息。短视频兴起后，人们可以通过短短几分钟的视频了解异常事故的全过程，从而减少不必要的认知消耗，也不会花费太多时间。② 短视频信息的内容更直观，其特点相对鲜明，具有较强的导向性，更容易被受众理解，信息传递和接受程度更高。短视频新闻可以是剪辑整个画面最精彩的部分，后面没有任何内容，也可以将整个短视频的精彩部分以新闻预告片的形式进行剪辑。为了充分发挥主题，

---

① 王晓红、包圆圆、吕强:《移动短视频的发展现状及趋势观察》,《中国编辑》2015年第3期,第6页。

② Fujun Mo, "Research on the Dissemination Phenomenon of Mobile Short Video in the Field of New Media", *Satellite TV and Broadband Multimedia*, Vol.506, No.1, 2020, pp.137-138.

语言要精心编写，主题要设计清晰，内容需精心制作，这样才能一目了然地抓住观众的眼球从而脱颖而出。

（四）注重受众审美体验

随着内容展现形式的逐渐多元化与消费者对内容要求的提升，新媒体平台凭借着其内容强化且表达形式多样的优势，使得消费者的互联网日常使用习惯不断向新媒体平台转移。①

但对短视频新闻来说，在短短的十数秒或数十秒内真实地展示事件、再现事件恰恰又是最大的困难。真实的新闻要求细节与本质相契合、过程与原因相统一。短视频由于时间的限制，表现形式主要有两种：一种是只展示新闻现场的某一片段，通过选取整个新闻事件中具有代表性的片段，以影像、声音、图表、动画、文字注释等元素，将信息密度高度浓缩于单位时间内，用简洁明快的方式突出事件核心、凸显事件重点、放大事件价值。另一种则将长视频拆条，即将一条新闻视频分为若干条视频依次播出，每一条视频都具有独立的意义，且没有脱离完整的背景，这种表现形式目前在新闻短视频中使用较多。无论哪种形式，短视频新闻都需通过平台的智能分发匹配到精准的目标用户，以轻量化的长度重构审美感受和审美习惯，以平等的消费情境推动新闻叙事方式的改革和垂直内容的聚合。

五、短视频新闻传播的新趋势

（一）技术创造增值

多项技术走向应用，推动短视频产业持续发展。短视频总是随着技术的发展快速演进，自动播放、垂直视频、根据情境自动静音、自动加载字幕等，技术的每一步发展都快速体现在移动视频的传播上。2022 年，新技术的应用将带领短视频行业步入发展转折期。同时，单一技术不再是一个个的孤岛，而是变得越来

---

① 《Trust Data：2018 年短视频行业发展简析》，http://www.199it.com/archives/730075.html，2018 年 5 月 30 日。

越紧密，技术间相互依存和相互影响，其直接结果是技术应用的增值。在这些技术的交互作用下，未来移动视频的相关应用将更智能、更高速、更有价值、更个性化、更互动化、更有预测性且更加真实。

以《华盛顿邮报》为例，其主要将新技术应用于两个环节：一是视频生产环节，使用更优质的视频制作工具，使该报的视频团队在更精简的流程下，高效地实现新闻现场图像的剪辑工作；二是视频呈现环节，先后进行了竖屏播放、360度沉浸式播放等探索，极大地满足了受众求新求变的需求。该报在Youtube上研发了360度沉浸式系列短视频，以全景式方式带受众参观博物馆、进行飞行体验，轻点视频左上方按钮便可对视频360度拖动，观看新闻现场的任何角落，受众仅需动动手指即可完成视觉体验。

（二）多元场景的链接与融合

新技术的发展对短视频的内容和应用提出更高要求，促使各类平台也在不断发展演进。当前的移动互联网应用功能不再单一，大部分应用平台在演进中不断添加新功能，兼具了视频、直播、社交、信息传播和综合服务等多重应用，例如，Netflix于2019年在其移动应用程序中发布了垂直查看功能，用户可以垂直观看剧集预告片。短视频在其中发挥了重要作用，短视频可以链接多元场景，承接更多资源，生态环境愈加清晰，通过与多领域的交叉渗透逐渐演变成一种互联网生活方式。

短视频的巨大意义在于从技术上解决了每个人"被看见"的问题。每一条视频都是对生活的微观记录，而海量的微内容显然在更广阔的层次上展现了社会的样貌和时代的情绪。未来短视频生产能否把握又如何更好契合视频消费对象和消费情境的需求，可能成为行业创新突破需要思考的问题。①

仍以《华盛顿邮报》为例，其为不同的社交平台制作不同的视频内容，而不

---

① 王晓红：《以抖音为代表的短视频，究竟给社会活动和社会创新带来了什么？》，https：//www.sohu.com/a/336600346_570245，2019年8月27日。

是把一个视频一揽子分发到不同平台。目前，《华盛顿邮报》已入驻美国全部主流社交平台。社交平台方面，《华盛顿邮报》在 Facebook、Twitter、Youtube 以及 Snapchat 已入驻多年。《华盛顿邮报》充分利用 Facebook 提供的静音播放功能，在视频动态画面的侧边、底边配以大量大字号文字进行内容解说，并结合自动播放功能，对同一新闻事件为用户提供十多个短视频，以实现全方位和多角度的呈现。《华盛顿邮报》专门在 Twitter 上开设视频账户，每天推送 4—6 条短视频新闻，内容以原创性新闻解读为主，辅以娱乐和趣味性内容，每条视频的推文都会附上该媒体官网视频的链接，吸引受众浏览更多原创性新闻视频。在用户黏性强、年轻人众多的 Snapchat，《华盛顿邮报》是最早入驻该平台 Discover 频道的传统新闻媒体之一，在该平台每日几乎更新十个左右专题或页面，以突发新闻、头条政治新闻和前瞻性的分析为特色，注重向国内外读者展示幕后故事。

（三）语态创新凸显内容价值

社交语态和治愈减压语态可以成为短视频语态创新的着眼点。未来精品短视频新闻将是平台内容变现的重要渠道，如何用 15 分钟甚至更短的时间讲好故事，吸引更多用户关注，正成为短视频内容竞争的核心。美国社交分享网站 Wattpad 推出了剧本工作室，主要职责是将用户分享的故事改编成电视节目脚本、电影剧本，或者整合成书籍。他们不断与传统电视网、电视制作机构进行合作，推出新的电视节目，还为其他机构撰写故事，通过许可费和版税获得营收。

短视频将成为未来新闻发布的主要方式，在内容选择上，"副话题新闻"是短视频新闻可以聚焦的发力点。副话题新闻指的是围绕热点展开的、由核心主题以外衍生而来的热点周边新闻。副话题新闻只要进行妥善的加工处理，既可以更加完整地反映热点事件的全貌，也可以产生很大的影响力。[①]

社交语态巧助力。2019 年全国两会期间，CGTN 创新推出 4K 竖屏社交互

[①] 张琳、李良荣：《短视频将成为未来新闻发布的主要方式》，《光明日报》2018 年 10 月 10 日，http://economy.gmw.cn/2018-10/10/content_31631135.html。

动全媒体产品《问中国》，为其 Facebook 主账号的 9000 万粉丝进行定制化生产。通过收集包括英国、美国、加拿大、墨西哥、印度等 G20/G7 国家在内的全球网友近千条关于中国的各类提问，以官方回应、客观数据、实际案例的"硬核"回答，实现对外传播的针对性和实效性。数据显示，《问中国》系列短视频报道共获得全球阅读量 5200 万。

治愈减压语态传播效果显著。例如，在 2019 年的改版升级中，CGTN 官网增加了文化、旅游、自然等软性题材短视频内容。《美丽中国：自然》是 CGTN 重点原创短视频产品，通过对我国地形地貌、气候特征、珍稀野生动植物生存状态的真实记录，展示中国极具特色的自然生态和生物多样性。《美丽中国：自然》已经拍摄了 17 个省区的 21 个系列，每个系列节目海外阅读量均超 1000 万，视频观看量约为 200 万。

（四）专业的团队打造优质内容

由于制作门槛低、制作流程简单，短视频新闻的制作团队往往不够专业，视频制作方式的改进需要专业制作团队的参与。随着短视频的不断传播，传统媒体开始借用相关网络平台，借助短视频扩大新闻节目的影响力，改变了旧的新闻播出模式，注重事件的真实性和场景性，更容易引起观众的情感共鸣。

由于新媒体与短视频息息相关，推动短视频新闻发展要注重新媒体自身技术的团队建设。在传统媒体转型过程中，也要充分认识到建设专业短视频制作团队对推动自身转型发展的重要性。要加强短视频文化建设，形成明确的教育导向，完善短视频运营机制，从而有利于短视频行业健康有序发展。短视频行业发布的视频内容多样，质量参差不齐。要满足观众多样化的需求，就要整合特色内容，让观众在选择中找到符合自己胃口的视频，其中，具有特色和正确价值观的文化内容更容易被观众认可[1]。因此，对于每天发布大量移动短视频的平台，网信与

---

[1] 沈阳：《融媒体时代新闻短视频发展现状及策略探析》，《卫星电视与宽带多媒体》2019 年第 20 期。

平台监管部门需要加强平台管理和内容审查。由于短视频传播速度极快，即使平台可以在后台删除，网友还是会通过其他方式保存下来，在其他社交平台传播，所以内容审核就显得尤为关键。传播者需要研究受众的意识形态、价值观、文化背景等，以便使用合适的话语系统和视频内容进行有针对性和目的性的交流。

结语

在短视频的未来发展过程中，网络发挥着基础性的作用，技术成为推动短视频发展的核心动力。新一代网络通信技术凭借自身的优势，不仅能够将互联网推进一个全新的发展时代，还能够为5G网络通信技术与虚拟现实技术、人工智能技术、物联网技术的相互融合提供更多的条件，有助于打造多元化形态、内容新颖的短视频产品，短视频新闻的发展势头良好。

在技术和资本的驱动下，为更好地满足市场及社会需求，短视频呈现垂直化、专业化、多样化、智能化等新动向，逐渐向生产既有经济价值又有艺术审美价值，更有社会价值的优质视频内容过渡。但是，短视频新闻仍存在内容同质化、缺乏市场监管、未能摆脱资本控制下的商品化逻辑等问题。在多利益攸关方的治理模式下，需要依靠政府、短视频平台和用户的协同合作，分别从激励内容创新、开展全面治理、探索打破商业操纵的道路等方面共同发力，从而优化短视频新闻行业生态，以使其更好地为公共传播和经济发展服务。

（张卓：上海社会科学院新闻研究所助理研究员）

新闻业与记者安全研究：定义、现状及应对策略

Research on Journalism and Journalists' Safety: Definition, Current Situation and Coping Strategies

吕 鹏

Lyu Peng

摘　要： 记者安全问题一直以来都是记者工作中面对的极为重要的一个议题。相对于国外对于相关问题的研究以及各种机构对于记者安全的重视，国内对于相关问题的研究仍属鲜见。本文在界定记者安全的定义的基础之上，论述了当下世界范围，尤其是中国语境下的记者安全的现状，以及忽视记者安全问题可能会造成的各种重要的影响和后果；另外，研究特别对女性记者的安全问题进行了探讨；基于上述讨论，本文结合国际上各种不同的机构的实践准则和对记者安全的研究，提出适用于我国新闻工作者的安全对策。

Abstract: The issue of journalists' safety has always been an extremely important topic in the work of journalists: comparing with foreign research on relevant issues and various institutions' attention to journalists' safety, domestic research is almost absent. Based on the definition of journalists' safety, this paper discusses the current situation of journalists' safety in the world, especially in the context of China, and various important impacts and consequences that maybe caused by neglecting journalists' safety; in particular, the study explored the safety of women journalists. Onthis basis, combined with the practice guidelines of various international institutions and the research on journalists' safety, the paper discusses some safety measures for our journalists.

关 键 词： 新闻业　记者安全　数字侵害　女记者
Keywords: journalist, journalists'safety, digital infringement, female journalist

2018 年底，供职于美国《华盛顿邮报》的沙特阿拉伯籍记者在沙特阿拉伯驻土耳其大使馆被杀害，成为令全世界哗然的事件，此后，该新闻的热度一度持续。① 新闻热度的持续自然是因为事件本身的巨大的新闻价值，当然还因为其牵扯到复杂的跨国以及地缘政治问题。相对来说，隐藏在戏剧化而复杂的表面关系之后的新闻从业者也即新闻记者的安全问题，成为除了新闻从业者之外，被社会广泛关注的一个重要议题。

记者的安全问题，并不是一个才凸显的问题，早在 2003 年，就有两个重要的事件使得记者安全问题成为中国国内一个重要的全民议题。对于相关问题的讨论，虽然也富有一定程度的争议，却使民众明白了记者工作存在的危险。这两个事件一个是水均益在伊拉克战争中的报道事件②，另外一个是非典（SARS）时期

---

① 央视网：《沙特记者卡舒吉被杀　死前最后一句话曝光》，http://m.news.cctv.com/2018/11/13/ARTIL774ztcOXH9H5njlnTYA181113.shtml，2018 年 12 月 12 日；BBC：《沙特大臣承认记者卡舒吉被谋杀的前前后后》，https://www.bbc.com/zhongwen/simp/world-45936714，2018 年 12 月 12 日。
② 凤凰卫视：《水均益十年首回应伊战逃兵质疑：与闾丘有关》，2018 年 11 月 6 日，http://phtv.ifeng.com/program/lyyy/detail_2014_04/23/35978828_3.shtml。

以柴静为代表的新闻记者的采访问题[1]。

相对于可以称为新闻事件或者争议问题的富有戏剧性的新闻工作者遇到的暴力事件，记者日常工作中所经历的各种显在和潜在的安全问题，是更加值得被关注和探讨的。相对于国外对于相关问题的研究以及各种机构对于记者安全的重视，国内对于相关问题的研究几乎不见。本文在界定记者安全的定义之上——尤其是新媒体环境下的安全问题的时新性——的基础，论述当下世界范围，尤其是中国语境下的记者安全的现状，以及忽视记者安全问题可能会造成的最为重要的影响和后果；并特别关注性别视角下女记者的安全问题。综上，结合国际上各种不同的机构的实践准则和理论研究，提出适用于我国新闻工作者的安全对策。

一、记者安全的定义：杀害、暴力与网络下的数字安全

联合国发布的"可持续发展目标"（Sustainable Development Goal）中列举的记者安全涉及以下内容：杀害、绑架、"被消失"、任意拘留、酷刑，另外还包括威胁和恐吓、殴打、没收采访设备、强制流放以及性骚扰；同时在数字虚拟环境中，记者安全问题还包括对网站和仪器的攻击、任意的监测以及在线骚扰等。[2]

记者除了要面对身体上的各种可见的伤害之外，因为其职业的特殊性，面对战火、凶杀、各种残酷场面的概率远远大于其他职业，这也使得新闻记者心理上所受到的创伤远远大于其他很多职业。目前，全世界范围内，对于终极形式的对记者的伤害如杀戮等以及各种形式的其他侵扰属于记者安全问题，已经有了比较

---

[1] 参见柴静：《看见》，广西师范大学出版社2013年版。

[2] "Indicator 16.10.1: Number of Verified Cases of Killing, Kidnapping, Enforced Disappearance, Arbitrary Detention and Torture of Journalists, Associated Media Personnel, Trade Unionists and Human Rights Advocates in the Previous 12 Months", in U. N., Sustainable Development Goals, https://unstats.un.org/sdgs/metadata/files/Metadata-16-10-01.pdf, Oct. 5, 2018.

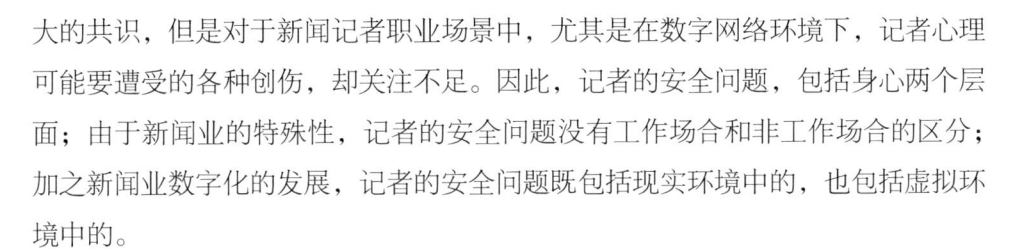

大的共识，但是对于新闻记者职业场景中，尤其是在数字网络环境下，记者心理可能要遭受的各种创伤，却关注不足。因此，记者的安全问题，包括身心两个层面；由于新闻业的特殊性，记者的安全问题没有工作场合和非工作场合的区分；加之新闻业数字化的发展，记者的安全问题既包括现实环境中的，也包括虚拟环境中的。

根据以上的各种形式，可以将记者所面临的安全问题大体分为以下三种：

（一）暴力伤害

暴力伤害是记者在工作过程中最容易遭遇的职业伤害。按照联合国的定义，杀害、绑架、"被消失"、拘留、酷刑以及殴打等都属于暴力伤害的范畴，其中最严酷的为杀害，而殴打则是暴力伤害中最为常见的形式。记者在突发事件或者调查性、监督性的报道的工作过程中，很大程度上会危及相关利益群体的利益，因此"防火防盗防记者"就成为某些不法利益集团和群体的"工作准则"。当发现记者要进行曝光的时候，就会采取各种暴力阻挠。国内关于记者被殴打的新闻，也常常见诸媒体[1]，虽然大多数此类事件被报道后，涉嫌犯罪的当事人都受到了惩处，但是记者被打、遭遇各种暴力伤害的案例仍不断传出。

（二）各式侵扰

相比于非常显而易见的暴力伤害，各式侵扰则是记者更多面临的安全问题。这类侵扰，既有"作为四处奔波在各种突发事件现场的记者，尤其是从事舆论监督报道的记者，遇到采访对象的威胁、谩骂、推搡"[2]、没收采访设备等，也有跟踪、电话威胁恐吓记者本人甚至是其家人，还有侵害、扰乱记者正常的工作环境等。关于侵扰新闻工作者的工作场所，有两个非常著名的例子，一例是窦唯因

---

[1] 中国新闻网：《记者周至医院采访遭殴打 涉事6人被拘院长被停职》，http://www.chinanews.com/sh/2017/12-06/8393553.shtml，2018年10月12日；新华网：《郑州一处厂房失火 多名记者采访遭殴打》，http://www.xinhuanet.com//local/2017-02/07/c_1120423922.htm，2018年10月12日。

[2] 刘畅：《"官员殴打记者"为何没了下文》，《中国青年报》2014年4月3日。

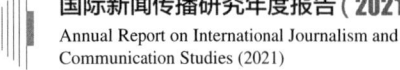

为不满记者的报道大闹报社并火烧汽车①；还有一例是孙玉胜曾经在其著作《十年：从改变电视的语态开始》中好似开玩笑地提到《焦点访谈》最火的时候，每天都排了两队人，一队人是请求报道，另一队人是请求节目组不要报道②。第二个例子中，前者暂且不论，后者则显然是对于新闻工作者的侵扰，并更多地以"缠""求""压"等各种"软暴力"的形式实施。

（三）数字侵害

随着新闻业逐渐向数字化发展，网络环境下，记者的安全问题也呈现了新的形式。记者们以前的工作地点更多是现实的世界，现在的工作场域则延展到虚拟世界之中，因此记者的安全问题，也延展到虚拟世界之中。比如黑客对于新闻网站的攻击，以及网络"喷子"对于记者的匿名留言辱骂等。新闻数字化时代，记者实际上又可以分为两种。一种我们所谓的正规新闻生产机构雇用的员工，还有一种是"新闻个体户"，即自雇的新闻从业者。后者又主要有两种自雇的形式，一种是依托新闻媒体，只给各个机构供稿，还有一种是自己写作报道新闻，营利与否并不在最大的考量范畴。

基于中国的新闻体制，只有前者，即正规新闻生产机构的雇员才属于新闻记者的行列。但这并不排除生成内容的网络用户的内容生产具有新闻的性质。由此，就可能会出现非记者发布了信息之后遭遇如同记者的安全问题的状况。如2018年造成一定轰动效应的广东医生被跨省追捕的"鸿茅药酒事件"。③

在中国当下的语境下，除个人随机式的信息评论和发布之外，各式自媒体

---

① 新浪娱乐：《窦唯冲入新京报社火烧汽车 怒斥负面新闻》，http://ent.sina.com.cn/s/m/2006-05-10/19071077699.html，2018年9月10日；中国新闻网：《窦唯火烧记者汽车毁坏财物罪名成立 免刑事处罚》，http://www.chinanews.com/yl/mxzz/news/2007/11-01/1066221.shtml，2018年9月10日。
② 孙玉胜：《十年：从改变电视的语态开始》，人民文学出版社2012年版。
③ 汪宜青：《鸿茅药酒事件：广东医生被跨省追捕背后》，https://www.bbc.com/zhongwen/simp/chinese-news-43818901，2018年10月10日。

也大量兴起。这些个人或群体，既没有安全培训与教育，也没有作为"后台"的媒体机构可以为他们提供支持和保障，因此他们所面对的安全问题，更加迫切和现实。

二、记者安全的现状：数字虚拟环境下的危机日益加深

互联网及数字技术的发展，为记者的工作提供了越来越便捷的挖掘新闻的途径和手段。而与此相对应的是，虚拟环境的深化，非但没能够使记者们的安全得到保障，反而使他们在现实世界中遭遇更多的伤害。更甚的是，虚拟世界的各种伤害和安全问题，也日益突出。

（一）记者安全现状：以被杀害记者为例

1. 全球状况

据联合国教科文组织 2018 年最新的数据统计，2012—2016 年间，有多达 530 名记者被杀害，平均每周被杀的就有 2 人。而 2007—2011 年这 5 年间，被杀的记者是 316 名。2012 年是记者被杀有史记载最多的一年，此后虽然每年有些微减少，但整体而言，被杀害的记者数量还是十分惊人。[1]

而据另一家非政府组织的数据显示，2012—2016 年这一相同的时期，被杀害的媒体从业人员是 479 名[2]，其中记者是 457 人[3]。虽然两家的数据统计因为口

---

[1] United Nations Educational Scientific and Cultural Organization (UNESCO), *World Trends in Freedom of Expression and Media Development: 2017/2018 Global Report*, Paris, 2018, p.137.

[2] Committee to Protect Journalists (CPJ), https://cpj.org/data/killed/?status=Killed&motiveConfirmed%5B%5D=Confirmed&motiveUnconfirmed%5B%5D=Unconfirmed&type%5B%5D=Journalist&type%5B%5D=Media%20Worker&start_year=2012&end_year=2016&group_by=year, Nov. 7, 2018.

[3] Committee to Protect Journalists (CPJ), https://cpj.org/data/killed/?status=Killed&motiveConfirmed%5B%5D=Confirmed&motiveUnconfirmed%5B%5D=Unconfirmed&type%5B%5D=Journalist&start_year=2012&end_year=2016&group_by=year, Nov. 7, 2018.

径不同数目有些出入，但是同样都能够证明被杀害的记者人数令人触目惊心。

联合国的最新报告数据显示，2012—2016 年 530 名被杀害的记者中，处于武装冲突国家和地区的占据 56% 的比例[①]，可见战火因素是记者被杀害的最主要原因之一——在战乱地区，记者可能遭遇"醉醺醺的民兵和处于僵持状态愤怒的士兵、被炮火袭击、被游击队员抓捕、与拿着 AK47 的年轻人搭讪，甚至在暗夜于一无所知的路上极快又危险地驾车"，"在这样的状况下，众多记者在工作中被杀害或受伤就一点也不奇怪了"[②]。有 79% 的记者有机构雇用，而另外 21% 的记者是自由新闻从业者[③]——随着互联网络的发展，以用户生成内容（user generated content, UGC）为特征的自由新闻记者越来越多，这也使得这些自由新闻从业者被杀害的数量激增。传统新闻媒体被杀害的记者依然是主流，530 名被杀害的记者中，电视记者最多，有 166 名；纸媒记者 142 名，广播记者 118 名；网络以及跨平台的记者分别是 75 名和 29 名。[④] 这些被杀害的记者，92% 属于本土记者，8% 来自其他国家。[⑤]

从国际的情形来看，世界范围内，新闻记者的安全状况极其堪忧，尤其是阿拉伯等战乱频发的地区，情形尤甚。记者被杀害的如此之多，而其他形式的伤害侵扰就更不胜枚举。

2. 中国情形

联合国教科文组织的数据统计显示，在 2012—2016 年间，没有中国记者被

[①] United Nations Educational Scientific and Cultural Organization (UNESCO), *World Trends in Freedom of Expression and Media Development: 2017/2018 Global Report*, Paris, 2018, p.140.

[②] Howard Tumber, Frank Webster, *Journalists Under Fire: Information War and Journalistic Practices*, London, Thousand Oaks and New Delhi: Sage Publications, 2006, p.116.

[③④] United Nations Educational Scientific and Cultural Organization (UNESCO), *World Trends in Freedom of Expression and Media Development: 2017/2018 Global Report*, Paris, 2018, p.141.

[⑤] Ibid., p.142.

定性为被杀害的。从被杀害这一角度而言，整体上中国新闻记者的安全状况是较好的。但这并不是说中国就没有记者被杀害的案例。另外，诸如"抢劫杀人"的洛阳电视台的李翔[1]、被殴打致死的《北疆晨报》的孙虹杰[2]以及《中国贸易报》的兰成长[3]等，死因虽然最后被定性为与工作无关，却也因为他们之前的报道或相关工作，引起了公众对于记者行业职业安全的关注。

而唯一无异议，因工作被殴打致死的中国记者是《台州晚报》的吴湘湖。[4]相较于其他国家和地区的数据，中国新闻记者被杀害的数量以及频率都是极低的。但记者安全受到损害的其他形式，如关押、殴打、恐吓等[5]，却呈常态化和多发化的趋势。中国新闻业的从业者，都是属于新闻体制内的一员，与西方独立或商业的新闻媒体的从业记者不同。中国的新闻记者原则上与党、国家和政府以及人民没有相异的利益诉求，而是党、国家和人民的利益代表者和报道者。在享受一定的体制优势和保障的前提下，新闻记者在采访的过程中或之后受到各种报复伤害，各种不法行为的猖獗以及有关工作环境的恶化，更加凸显了记者安全问题的严重性。

（二）记者安全遭受威胁的后果：民众是最大的损失者

新闻记者日常工作中遭受的各种威胁，乃至终极形式被杀害，使得记者的工作面临更加复杂的外部环境，而这些外部环境进一步地影响了整个新闻业的内部

---

[1] 肖欢欢：《洛阳记者被害案：家属证实与地沟油报道无关》，《广州日报》2011年9月28日，载中国新闻网：http://www.chinanews.com/fz/2011/09-28/3358161.shtml，2018年9月1日。

[2] 刘刚：《北疆晨报—记者遇袭致脑死亡》，《新京报》2010年12月21日，载新京报网：http://www.bjnews.com.cn/news/2010/12/21/92531.html，2018年8月18日。

[3] 谭人玮：《兰成长被打死调查：媒体成矿主用金钱攻克对象》，《南方都市报》2007年2月3日，载凤凰网：http://news.ifeng.com/society/5/detail_2007_02/03/924722_0.shtml，2018年7月10日。

[4] 中国记协：《不满舆论监督 闯报社抓副总》，http://www.xinhuanet.com//zgjx/2007-01/22/content_5635421.htm，2017年9月15日。

[5] 人民网传媒频道：《记者频遭报复 舆论监督任重道远》，http://media.people.com.cn/GB/22114/48319/index.html，2016年10月10日。

运作。上述因素和变化直接作用于新闻记者和新闻媒体的后果，是妨碍民众的知情权和对于新闻信息的获取，损害民众的利益，最终影响整个社会的和谐有序运转。最为主要的几个直接影响如下：

1. 记者的自我审查加剧

担心被伤害报复，首先就会使新闻记者在新闻报道的过程中，加大自我审查的力度——这里的自我审查特指新闻报道发出之后，可能会因为触及相关利益群体的利益而危及作为个体的新闻记者的身心安全，从而令其自动避免报道相关的新闻。舆论监督类报道是新闻记者首要面对的在此情境下需进行自我审查的报道。这样就使得正常的新闻报道秩序受到影响。"铁肩担道义"是对新闻从业者美好的期许，也是很多记者的自我职业标榜，但是任何一种职业都不能以自身安全被剥夺作为从业的代价。因此，在安全受到威胁的状态之下，新闻从业者理性选择远离伤害，实为无奈之举。

不可否认的是，可能面临伤害是新闻业的特色，在某种程度上也是其魅力之一，然而这种"特色"或"魅力"只是针对极为特别的情况而言。日常的新闻报道和从业履职面临各种安全问题，则显然是机制保障上出现了问题。

2. 民众的知情权和新闻媒体的社会监守职能衰退

新闻记者过度进行自我审查所带来的直接后果，就是舆论监督、调查类报道减少或者不见。新闻媒体的社会监督功能，很大程度是凭借信息的透明、经过新闻报道、通过舆论环境得以实现。没有新闻报道，只会使民众少知情或不知情。而网络的发达、社交媒体的发展，又使得信息海量增加，媒体环境异常复杂。没有新闻媒体的发声以及监督，社会难免陷入舆论的海啸漩涡中。媒体功用不彰，民众权益不得。与此同时，也很有可能危及国家的社会治理。①

---

① 孙五三：《批评报道作为治理技术——市场转型期媒介的政治-社会运作机制》，《新闻与传播评论》2002年第2辑。

3. 一线新闻业的从业人员日趋减少

新闻记者人身安全不保，职业环境变差，使得愿意从事调查性报道、监督性报道或揭示性报道的记者越来越少。新闻媒体的新闻记者，按照布尔迪厄（Pierre Bourdieu）的说法，是拥有社会资本的一群人[①]，他们积攒的社会关系和资源，可使他们在受到威胁或觉得不安加剧的时候，或者个人的新闻抱负或理想追求不能实现的时候，调离新闻业。这也是国内新闻记者频频离职的重要原因之一。名优记者离职，新入职记者不愿或不能从事一线可能危及安全的报道，长此以往，必然导致媒体的传播力受损，公信力下降。

4. 新闻的日益软化和娱乐化

虽然新闻消费主义是新闻业越来越商业化，新闻报道越来越软化和娱乐化的主因[②]，但挖掘这一主因背后的逻辑和其中深藏的原因，我们会发现，这也跟记者安全问题有极大的关系。因为软新闻和娱乐化的新闻很难引起争议并触及某些利益群体的利益，使记者的安全受到威胁，所以从职业理性的角度来说，是记者安全边际成本最小的抉择。

苛求新闻记者在身心安全受到威胁的情形之下，坚守新闻和职业理想，无疑是强人所难。但记者安全问题迫使新闻记者通过策略性选择规避安全风险，可能会造成的一系列后果是显而易见的。记者的职业成就感、使命感难以达成，职业理想难以实现，会直接削弱新闻业的传播力、影响力和公信力。新闻媒体无法进行更好的社会监督和信息传达，则势必会妨害民众的信息获取和新闻权益。而媒体与民众之间互动不协，最终会使得社会和谐和国家的长治久安得不到保障。从这个角度而言，记者安全无小事。

---

① Pierre Bourdieu, *Distinction: A Social Critique of the Judgment of Taste*, trans. by Richard Nice, London: Routledge, 1998.
② 吕鹏:《新闻消费主义:概念界定、历史脉络与电视新闻生产表现》,《新闻记者》2013 年第 4 期。

三、女记者：一个更加需要关注安全的群体？

我们知道，记者安全问题受记者所处国家和地区、文化、社会状况甚至记者个人能力以及社会关系等的影响。此外，对于记者安全的研究，由于女性主义和对人们性别投入更多关注的缘故，越来越加入性别视角进行考量。

对女性记者而言，性别有可能是一种优势。如通常情况下，女记者被派往战乱频仍或比较危险的环境中去采访的可能性不大，在这方面会受到特别的关照。但也有女性从业者及研究者认为这是一种变相的性别歧视。[1] 在这种争论中，就可见女性记者的安全问题是一个更加实际和被特别考量的问题。

尽管并不能确定女记者遭遇安全问题是因为她们是女性还是因为她们是记者，不过有一种普遍的看法是"新闻报道工作对一个女人来说可能是更危险的"[2]。有在一线从事新闻工作的女记者现身说法，具体列举了很多可能与特别性别相关的危险或困难，比如性侵，比如因为性别受到采访对象以及同僚的歧视，以及对于女性记者相貌和年纪的苛刻要求等。[3]

对于女性记者安全问题的关注，除了与男性记者共通的问题外，有关的讨论和研究，更多聚焦在性骚扰和性侵方面女记者所遭遇的危险。正如相关问题的研

---

[1] Tina Susman, "Tina Suman", in Hannah Storm, Helena Williams (eds.), *No Women's Land: On the Frontlines with Female Reports*, London: International News Safety Institute, 2012, pp.25-28.

[2] Janet Harris, Nick Mosdell and James Griffiths, "Gender, Risk and Journalism", *Journalism Practice*, Vol.10, No.7, 2016, pp.902-916.

[3] Zeina Awad, "On the Front Lines with Female Journalists, Practising Journalism Carries Inherent Risks, but Female Journalist Still Have to Deal with Gender-specific Issues", *Al Jazeera English*, Mar. 8, 2012, http://www.aljazeera.com/indepth/2012/03/20123882326479522.html, Jan. 1, 2019.

究者所述："对于新闻报道来说，作为一个女人可能有优势，但很多研究提到的一个问题是女性在面对性骚扰问题的时候处于弱势。这些骚扰既可能来自女记者的工作田野，也可能来自办公室。因而这些危险既可能来自被报道的对象，也可能来自同僚及上司们。"[1]

由于"MeToo"运动在全世界范围内的兴起，更多的女记者被性骚扰和性侵的事件被曝光，也有更多国家和地区如英国[2]、印度[3]、墨西哥[4]、中国[5]等的女性记者，揭露了新闻业中女记者遭遇的性骚扰和性侵。一时之间，此话题受到了极大的关注，但也引发了一定的争议。《中国女记者职场性骚扰状况调查报告》的发起者是前记者黄雪琴。这次"调查共有 1762 人参与，收回有效问卷 416 份。调查结果显示，超过八成（83.7%）的受访女记者曾遭受性骚扰，42.4% 的受访者遭遇的性骚扰不止一次，18.2% 的受访者遭遇 5 次以上"。"性骚扰实施者当中，超过九成（91%）为男性。其中，40.9% 的实施者是当事人的领导，30% 为同事，37.1% 为陌生人，17.3% 的性骚扰实施者为工作中的采访对

---

[1] Janet Harris, Nick Mosdell and James Griffiths, "Gender, Risk and Journalism", *Journalism Practice*, Vol.10, No.7, 2016, pp.902-916.

[2] Fasmine Andersson, "For Too Long, Female Journalists Have Been Subject to Sexual Harassment, Assault and Discrimination. We're Here to Make Sure That Never Happens Again", *The Independent*, Nov. 3, 2017, https://www.independent.co.uk/voices/sexual-harassment-journalism-take-a-stand-abuse-assault-sexism-a8035336.html, Jan. 3, 2019.

[3] Zeenat Saberin, "#MeToo: Women Journalists, Writers in India Name Sexual Harassers", *Aljazeera*, Oct. 7, 2018, https://www.aljazeera.com/news/2018/10/metoo-women-journalists-writers-india-sexual-harassers-181007103211625.html, Jan. 3, 2019.

[4] Nina Lakhani, "MeToo reaches Mexico: Majority of Women in Media Report Harassment at Work", *The Guardian*, Mar. 27, 2019, https://www.theguardian.com/world/2019/mar/27/mexico-metoo-workplace-abuse-sexual-harassment-media, Mar. 29, 2019.

[5] Alison Zhao, "#MeToo in China: Female Journalists Confront Sexual Harassment", *Women's Media Center*, Jan. 11, 2019, http://www.womensmediacenter.com/news-features/metoo-in-china-female-journalists-confront-sexual-harassment, Mar. 1, 2019.

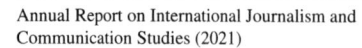

象。"① 虽然调查的方式方法和结果的获得可能存在一定的问题,如有些情况下,比较难以区分是因为女性而遭遇性骚扰还是因为女记者的身份而遭遇性骚扰,但该调查在某种程度上可以印证之前的研究:相比于男性记者,女性记者确实在面临诸多共通的安全问题的同时,也遭遇着性骚扰这一更加与性别相关的安全问题。

四、保障记者安全：原则、理论与实践

鉴于记者职业的特殊性,安全问题一直以来都是各国新闻业共同面临的问题。如何解决这一问题,不同专家学者给出了不同的对策建议。有学者认为需要各种不同的群体和机构,如"公众、市民社会组织、国际组织以及国家机关共同合作实施战略决策来解决这一问题"②。这种共同协作以保障记者的工作与安全的方式,无疑是必要也是必需的。对新闻记者而言,从事新闻工作除了是一种谋生的手段之外,也是对社会责任的承担。因为这一职业的特殊性,他们可能常常会遭遇安全问题,而这些安全问题又常常和其职业理想的实现以及成名的欲望相关联。然而对于一个新闻记者,涉及安全问题时,首要也是唯一的原则应该是安全第一位。任何理由都不能成为漠视记者安全的借口,任何目的都不能以牺牲记者安全为代价。

明确原则的基础之上,对于记者安全,应该有一系列的理论和实践来进行保障。笔者认为,主要但并不限于以下几个方面：

（一）制度保障

鉴于记者职业对于党和国家人民群众的重要性,也鉴于记者在我国新闻体制

---

① 全媒派:《专访〈中国女记者性骚扰调查〉发起者黄雪琴》,https://new.qq.com/omn/20180323/20180323A08OYN.html,2019年1月1日。

② Africanus L. Diedong, "Donkor: A Case Study of the Safety of Journalists in Ghana", *Ghana Journal of Development Studies*, Vol.14, No.1, 2017, pp.188-207.

之下身份的特殊性，国家在制度层面出台或制定相关的法规来保障记者的安全，在某种程度上是理所应当之事。

有论者认为威胁记者安全的行为应以"妨碍公务"论处。"某种意义上说，新闻媒体的采访报道也是在行使公共职能，记者履行职责也是在执行'公务'，因此，对非法阻挠记者采访报道，甚至对履行采访报道职责的记者施暴的行为，应当以'妨碍公务'论处。"[①]而更具保障性的，是制定记者安全保护条例或者记者安全保护法之类的政策法规，以在制度和法规层面确保我国记者的安全。

另外，除了在法律法规层面建议立法来保障记者的安全之外，各新闻单位也应该利用社会商业保障体系，如保险等，加大对记者的保障力度，以在记者遭到伤害之后，能够有相应的经济上的保障。

（二）社会重视

社会对于记者安全问题应达成重视和尊重的共识。针对这种共识，由于媒介自身具有议程设置和观念培养的功能，其应该借用自身的资源进行相关内容的报道和讨论，以引起公众的注意和形成普遍的认知。国内的媒体在记者遭遇安全问题（最主要是暴力伤害）时，基本上能够同仇敌忾地对施暴者进行讨伐。但相对而言，这种报道的力度和对公众议程的设置都是较小的，遑论培养重视记者安全问题的共识。上文提到的民众对于水均益的揶揄很大程度上表明民众对于新闻记者尤其是战地记者的期待，但这一期待视野中很少考虑到记者本人的安全问题。

另外一种对于重视记者安全问题的话语建构途径是学界对此议题的重视、讨论和研究。有学者针对印度的新闻记者安全问题批判了印度学界的漠视。[②]我国

---

① 朱忠保：《殴打记者应以"妨碍公务"论处》，《中国青年报》2017年12月9日。
② C. S. H. N. Murthy, "Safety and Security of Journalists: Yet Awaiting Intervention from Indian Academy and Industry", *Asia Pacific Media Educator*, Vol.28, No.1, 2018, pp.131-149.

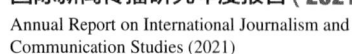

学术界对于记者安全问题的讨论和研究，基本上也付之阙如。①中国学界，尤其是新闻传播研究领域的学者，理应重视和研究记者安全问题，以通过知识生产影响更多的公众。

（三）安全培训

"增强记者对于安全问题的关注的一个办法是开发培训课程，以为特殊期情境作好准备。"②有经验记者的现身说法和安全专家的理论经验对于记者安全课程而言，都是重要的。这种关于记者安全的培训，应该是持续而规律的，并应针对各种新情境的发展而作出不同的调整。培训课程应该包括但不限于采访中的安全常识与自我保护、反性骚扰意识的增强、情感上的自我关怀以及数字安全等方面。

安全评估与培训应该成为新闻媒体为新闻记者提供的必要支持。同时，由于我国新闻媒体在体制上属于党和国家的宣传机构，新闻记者理应得到相关组织和机构的培训保障。如各级宣传管理部门以及各级新闻记者协会，都应该负起安全评估与培训的职责。

另外，记者本人也应发挥自己的能动性，在重视安全问题的基础上，寻求各种途径对记者安全问题进行自我赋权。实际上，对由于制度或经济因素无法提供安全培训和安全评估的新闻记者，就有个人或机构开发或提供了公开而实用的资源，以供他们进行自我安全评估和自我安全培训。比如 Salama（salama.io）就是

---

① 笔者通过中国知网以"记者安全"为主题词进行精确检索，只检索到4条结果。其中2篇基本为无效结果（阿兰纳·巴顿、汉娜·斯托姆：《女记者安全采访建议》，刘利群、陈志娟编译，《中国妇女报》2015年5月26日；佚名：《世界媒体峰会全球记者安全培训班在北京举办》，《青年记者》2012年第19期），也即仅有2篇文献是进行记者安全研究的，分别是：陈怡：《记者安全，谁来保障？》，《中国报业》2012年第21期；刘枫、胡智慧：《媒介融合时代冲突现场记者安全问题探讨》，《媒体时代》2010年第11期。

② Howard Tumber, Frank Webster, *Journalists Under Fire: Information War and Journalistic Practices*, London, Thousand Oaks and New Delhi: Sage Publications, 2006, p.130.

一款在线记者安全评估软件,它通过简单的答题给出测评结果,并提供相应的对策建议。这即便对于可以得到常规性培训的新闻记者而言,也是一项非常有用的资源。

不过需要明了的是,"所有的培训课程和所有的安全装备在这个世界上都不能彻底保障记者安全无虞。"[1]因此在培训的基础上,把这些技巧运用在实际的新闻工作中,并时刻保持对于安全的警醒,才是正确的途径。

(四)心理辅导

众所周知,在不断的行业和同行竞争、采访遇阻以及随时存在的截稿期等诸多重压之下,记者行业本身面临巨大压力,加之越来越多的各种形式的安全问题,尤其是遭逢危险之后的创伤后应激障碍,使得新闻行业的从业者比其他行业的人员更加可能遭遇心理问题。前人的研究已经佐证了这种假设。学者们通过研究发现,战地记者[2]、美国的报纸新闻记者[3],以及墨西哥的记者[4]尤其是墨西哥报道战争的记者[5]都会受到与精神创伤相关事件产生的负面影响,从而导致心理健康问题。也有研究表明,新闻从业者有更大可能产生酒精[6]和药物依赖与滥

---

[1] Howard Tumber, Frank Webster, *Journalists Under Fire: Information War and Journalistic Practices*, London, Thousand Oaks and New Delhi: Sage Publications, p.141.

[2] A. Feinstein, J. Owen and N. Blair, "A Hazardous Profession: War, Journalists and Psychopathology", *American Journal of Psychiatry*, Vol.159, No.9, 2002, pp.1570-1575.

[3] C. Pyevich, E. Newman and E. Daleiden, "The Relationship Among Cognitive Schemas, Job Related Traumatic Exposure and Posttraumatic Stress Disorder in Journalists", *Journal of Traumatic Stress*, Vol.16, No.4, 2003, pp.325-328.

[4] Anthony Feinstein, "Mexican Journalists: An Investigation of Their Emotional Health", *Journal of Traumatic Stress*, Iss.25, 2012, pp.480-483.

[5] Anthonony Feinstein, "Mexican Journalists and Journalists Covering War: A Comparison of Psychological Wellbeing", *Journal of Aggression, Conflict and Peach Research*, Vol.5, No.2, 2013, pp.77-85.

[6] R. Cosper, F. Hughes, "So-called Heavy Drinking Occupations: Two Empirical Tests", *Journal of Studies on Alcohol*, Iss.43, 1982, pp.110-118.

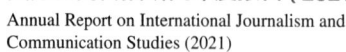

用①问题。

但是国内外对于记者的心理及精神状态的关怀和关注是极其有限的。心理健康及精神安全是记者职业安全的重要组成部分之一，在当下的社会中，记者的心理安全问题是应被更加重视的问题。人们可能可以直观看到杀害和暴力伤害对于记者的戕害，但是很少能够注意到在一些诸如战地、灾害以及犯罪等现场工作对于经常经历这些情境的记者造成的心理创伤。因此，新闻机构或针对新闻工作者的管理机构和组织理应也必须设置常规性的心理辅导部门，对记者心理问题进行辅导和排解，从而保障记者安全。

（吕鹏：上海社会科学院新闻研究所研究员、新闻学研究中心主任）

---

① Jasmine B. MacDonald, Anthony J. Saliba and Gene Hodgins, "Journalists and Substance Use: A Systematic Literature Review", *Substance Abuse*, Vol.37, No.3, 2016, pp.402-411.

图书在版编目(CIP)数据

国际新闻传播研究年度报告.2021 / 徐清泉,白红义主编 .— 上海：上海社会科学院出版社，2022
 ISBN 978-7-5520-4032-6

Ⅰ.①国… Ⅱ.①徐… ②白… Ⅲ.①国际新闻—新闻工作—研究报告—中国—2021 Ⅳ.①G219.26

中国版本图书馆 CIP 数据核字(2022)第 248458 号

国际新闻传播研究年度报告(2021)

主　　编：徐清泉　白红义
责任编辑：陈慧慧
封面设计：黄婧昉
出版发行：上海社会科学院出版社
　　　　　上海顺昌路 622 号　邮编 200025
　　　　　电话总机 021-63315947　销售热线 021-53063735
　　　　　http://www.sassp.cn　E-mail:sassp@sassp.cn
照　　排：南京理工出版信息技术有限公司
印　　刷：上海景条印刷有限公司
开　　本：710 毫米×1010 毫米　1/16
印　　张：24.75
字　　数：402 千
版　　次：2022 年 12 月第 1 版　2022 年 12 月第 1 次印刷

ISBN 978-7-5520-4032-6/G·1233　　　　　　　　　　　　定价:120.00 元

版权所有　翻印必究